Die Verhaltensverantwortlichkeit nach dem Bundes-Bodenschutzgesetz

Zur Sanierungsverantwortlichkeit des Verursachers einer schädlichen Bodenveränderung oder Altlast und seines Gesamtrechtsnachfolgers unter besonderer Berücksichtigung der Rückwirkungsproblematik

von

Björn Höltje

Tectum Verlag
Marburg 2005

Coverabbildung:
Jean Eugène Auguste Atget – Landstraße.

Höltje, Björn:
Die Verhaltensverantwortlichkeit nach dem Bundes-Bodenschutzgesetz.
Zur Sanierungsverantwortlichkeit des Verursachers einer schädlichen
Bodenveränderung oder Altlast und seines Gesamtrechtsnachfolgers unter besonderer
Berücksichtigung der Rückwirkungsproblematik.
/ von Björn Höltje
- Marburg : Tectum Verlag, 2005
Zugl.: Bonn, Univ. Diss. 2005
ISBN 978-3-8288-8893-7

Tectum Verlag
Marburg 2005

Meiner Mutter

Vorwort

Die vorliegende Arbeit wurde im Sommersemester 2004 von der Rechts- und Staatswissenschaftlichen Fakultät der Rheinischen Friedrich-Wilhelms-Universität Bonn als Dissertation angenommen. Rechtsprechung und Schrifttum konnten für die Drucklegung noch bis Juni 2005 berücksichtigt werden.

Mein besonderer Dank gilt Herrn Prof. Dr. Pietzcker für die Betreuung der Arbeit und die zügige Erstellung des Erstgutachtens sowie Herrn Prof. Dr. Breuer für die Übernahme des Zweitgutachtens.

Ganz herzlich danke ich schließlich meiner Mutter sowie allen Freunden und Kollegen, die mich während der Arbeit unterstützt haben.

Köln, im Juni 2005

Björn Höltje

Inhaltsverzeichnis

Kapitel 5: Bundes-Bodenschutzgesetz und Rückwirkungsverbot 173

Kapitel 1
Problemaufriss

Der Boden erfüllt vielfältige Funktionen für Natur und Gesellschaft. Er ist Lebensgrundlage und -raum, beeinflusst das Klima, wirkt als Filter, Puffer und Speicher im Wasser- und Stoffkreislauf und dient dem Menschen als ökologische und ökonomische Ressource[1]. Daher stellen Bodenverunreinigungen durch umwelt- und gesundheitsschädliche Stoffeinträge, die von früheren Abfallablagerungen und ehemaligen industriellen Standorten ausgehen, ein erhebliches Umweltproblem der Gegenwart dar. Durch die Wiedervereinigung hat sich die Problematik noch verschärft[2].

Das Thema Altlasten ist etwa Anfang bis Mitte der achtziger Jahre in den Blickpunkt der Öffentlichkeit gerückt. Dies ist insbesondere auf einzelne spektakuläre Fälle wie die Dioxinfunde auf der Deponie in Hamburg-Georgswerder oder die Bebauung einer unbewohnbaren Deponie in Bielefeld-Brakwede sowie ein gesteigertes Umweltbewusstsein zurückzuführen. Heute stellen mehr als 360.000 bundesweit erfasste Altlasten[3] Vollzugsbehörden wie Betroffene vor schwierige ökologische, ökonomische und rechtliche Probleme.

Seit dem 1.3.1999 steht mit dem Gesetz zum Schutz vor schädlichen Bodenveränderungen und zur Sanierung von Altlasten (Bundes-Bodenschutzgesetz – BBodSchG) vom 17.3.1998[4] ein umfassendes und bundeseinheitliches Regelungswerk zur Erfassung, Untersuchung, Bewertung und Sanierung von Altlasten zur Verfügung. Als Bodenschutzgesetz geht es aber über die Altlastensanierung hinaus. Denn Bodenschutz erfolgt nicht nur im Nachhinein durch die Sanierung bereits vorhandener Bodenbelastungen, insbesondere Altlasten – üblicherweise als reparierender oder nachsorgender Bodenschutz bezeichnet. Eine wesentliche Bedeutung kommt auch dem vorsorgenden Bodenschutz zu, der vor allem in der Vermeidung einer übermäßigen Flächeninanspruchnahme (so genannter quantitativer Bodenschutz) sowie der Vermeidung andauernder Schadstoffeinträge und physikalischer Bodenbelastungen (so genannter qualitativer Bodenschutz) besteht[5]. Das Bundes-Bodenschutzgesetz regelt nur den nachsorgenden Bodenschutz abschließend.

---

[1] Wolf, NuR 1999, 545; Knopp/Heinze, altlasten spektrum 2000, 227; instruktiv Sparwasser/Engel/Voßkuhle, Umweltrecht, § 9 Rn. 2 ff.

[2] Vgl. speziell zur Altlastensituation in den neuen Bundesländern SRU, Altlasten II, BT-Drucks. 13/380, Tz. 227 ff.

[3] SRU, Umweltgutachten 2004, BT-Drucks. 15/3600, Tz. 799 (Stand: 2000).

[4] Verkündet als Art. 1 des Gesetzes zum Schutze des Bodens (BGBl. I S. 502).

[5] Vgl. SRU, Altlasten II, BT-Drucks. 13/380, Tz. 6.

Vorsorgender Bodenschutz[6] erfolgt daneben mittelbar auch noch über andere Fachgesetze, etwa über § 1 Abs. 5 Nr. 7 BauGB.

Die vorliegende Arbeit beschränkt sich auf den Teilaspekt Altlasten, der nach wie vor das Bodenschutzrecht dominiert[7].

Im Folgenden soll in die Altlastenthematik eingeführt werden. Anhand der Definitionen einzelner Begrifflichkeiten werden zunächst die rechtlichen Grenzen abgesteckt. Es folgt die Darstellung der Ursachen für die Entstehung von Altlasten. Sodann werden Ausmaß, Rechtsentwicklung und -probleme sowie sonstige Aspekte der Altlastenproblematik aufgezeigt, bevor der Gegenstand der Arbeit sowie der Gang der Untersuchung vorgestellt werden.

§ 1 Begriffsbestimmungen

Den Begriff „Altlast" verwendet das Bundes-Bodenschutzgesetz in zahlreichen Vorschriften als Tatbestandsmerkmal, unter anderem in § 4 Abs. 3 S. 1 BBodSchG, in dem die Pflicht zur Sanierung von Altlasten und schädlichen Bodenveränderungen geregelt ist und auch – ergänzt von § 4 Abs. 6 BBodSchG – die dafür verantwortlichen Personen benannt sind. Meist im gleichen Atemzug verwendet das Gesetz daneben den neu eingeführten Begriff der „schädlichen Bodenveränderung". Beiden Begriffen kommt für die rechtliche Eingrenzung der Altlastenproblematik zentrale Bedeutung zu[8].

A. Begriff „Altlast"

Obwohl der Begriff der Altlast oft als zentrales Schlagwort gebraucht wird und seit Anfang der achtziger Jahre in der umweltrechtlichen Diskussion etabliert ist[9], gab es lange Zeit keine einheitliche oder gar rechtsverbindliche Definition. Im weitesten Sinne umschreibt der Begriff jede in der Vergangenheit begründete Umweltbelastung[10]. Bei näherer Konkretisierung bestanden jedoch unterschiedliche Gebrauchsweisen. Diese sind insbesondere

---

[6] Zum vorsorgenden Bodenschutz nach dem Bundes-Bodenschutzgesetz siehe z.B. Knopp/Heinze, altlasten spektrum 2000, 227 ff.

[7] Sparwasser/Engel/Voßkuhle, Umweltrecht, § 9 Rn. 47.

[8] Damit ist aber noch nicht gesagt, dass auch das Bundes-Bodenschutzgesetz zur Anwendung kommt. Der Anwendungsbereich wird vielmehr von § 3 BBodSchG abgesteckt.

[9] Soweit ersichtlich wurde der Begriff Altlast erstmals verwendet von SRU, Umweltgutachten 1978, Tz 662.

[10] Breuer, NVwZ 1987, 751 (752).

auf verschiedene Ansatzpunkte bei dem Versuch einer Definition zurückzuführen, je nachdem, ob – teilweise auch kombiniert – auf bestimmte Tatbestände und damit auf die Handlungsbezogenheit, auf ehemalige Standorte und damit auf die Ortsbezogenheit oder auf eine erfolgte Bodenverunreinigung sowie ihre Folgen und somit auf die Wirkungsbezogenheit abstellt wurde[11].

Durch das Bundes-Bodenschutzgesetz ist der Begriff der Altlast nunmehr legaldefiniert und damit bundesweit einheitlich geregelt worden. Nach § 2 Abs. 5 BBodSchG sind Altlasten

> *„1. stillgelegte Abfallbeseitigungsanlagen sowie sonstige Grundstücke, auf denen Abfälle behandelt, gelagert oder abgelagert worden sind (Altablagerungen), und*
> *2. Grundstücke stillgelegter Anlagen und sonstige Grundstücke, auf denen mit umweltgefährdenden Stoffen umgegangen worden ist, ausgenommen Anlagen, deren Stilllegung einer Genehmigung nach dem Atomgesetz bedarf (Altstandorte), durch die schädliche Bodenveränderungen oder sonstige Gefahren für den einzelnen oder die Allgemeinheit hervorgerufen werden.“*

Diese Definition, insbesondere die Aufteilung der Altlasten in Altablagerungen und Altstandorte, entspricht im Wesentlichen der Definitionsempfehlung des Rates von Sachverständigen für Umweltfragen[12] sowie den Ende der achtziger und Anfang der neunziger Jahre eingeführten Altlastendefinitionen der Bundesländer[13].

B. Begriff „schädliche Bodenveränderung"

Der Begriff der schädlichen Bodenveränderung ist eine Neuerung des Bundes-Bodenschutzgesetzes, allerdings abgeleitet vom Begriff der schäd-

---

[11] Vgl. SRU, Altlasten I, BT-Drucks. 11/6191, Tz. 53. Zu den unterschiedlichen Ansätzen Fehn, Verantwortlichkeit und Haftung für Altlasten, S. 3 ff; siehe ferner die instruktive Darstellung bei Brandt, Altlastenrecht, Kap. I Rn. 13 f.

[12] Altlasten I, BT-Drucks. 11/6191, Tz. 58; Altlasten II, BT-Drucks. 13/380, Tz. 12 ff.

[13] Vgl. § 22 LAbfG Bad.-Württ.; Art. 26 BayAbfAlG; § 29 BbgAbfG; § 15c BremAGKrW-/AbfG; § 2 HAltlastG; § 22 AbfAlG M-V; § 31 NdsAbfG; § 28 LAbfG NW; § 19 LAbfWAG Rh.-Pf.; § 34 SAWG; § 29 AbfG LSA; §16 ThAbfAG. Diese Regelungen sind nicht mehr in Kraft, die zugrunde liegenden Gesetze (siehe die Übersicht in Kapitel 2 § 8 D. II. (S. 57 f.) nach Inkrafttreten des Bundes-Bodenschutzgesetzes überwiegend aufgehoben oder angepasst worden. Eine Übersicht über die aktuellen landesrechtlichen Altlasten- und Bodenschutzgesetze findet sich bei Kloepfer, Umweltrecht, § 12 Rn. 71.

lichen Umwelteinwirkung in § 3 BImSchG. Nach der Legaldefinition in § 2 Abs. 3 BBodSchG sind schädliche Bodenveränderungen

> *„Beeinträchtigungen der Bodenfunktionen, die geeignet sind, Gefahren, erhebliche Nachteile oder erhebliche Belästigungen für den einzelnen oder die Allgemeinheit herbeizuführen."*

C. Verhältnis beider Begriffe zueinander

Da in der Legaldefinition des Begriffs Altlast in § 2 Abs. 5 BBodSchG auf den Begriff der schädlichen Bodenveränderung Bezug genommen wird, kommt es zwischen beiden Begriffen zu Überschneidungen. Es ist jedoch ein Irrtum zu glauben, der Begriff der Altlast sei ein Spezial- oder Unterfall der schädlichen Bodenveränderung, dem keine eigenständige Bedeutung neben dem der schädlichen Bodenveränderung zukomme[14]. Zwar ist es richtig, dass der Begriff Altlast eigentlich nur auf zwei ausgesuchte Herkunftsarten einer Gefahrenquelle hindeutet, nämlich Altablagerungen und Altstandorte. Auch besteht in den wohl häufigsten Fällen, in denen eine schädliche Bodenveränderung durch eine Altablagerung oder einen Altstandort hervorgerufen wird, die Sanierungspflicht schon alleine aufgrund der schädlichen Bodenveränderung, ohne dass es zusätzlich darauf ankäme, dass diese von einer Altlast herrührt. Gleichwohl gibt es Fälle, in denen beide Begriffe nicht deckungsgleich sind. Insbesondere ist der Begriff der schädlichen Bodenveränderung im Gegensatz zu dem der Altlast, der schon vom Wortlaut des § 2 Abs. 5 BBodSchG her nur in der Vergangenheit liegende Vorgänge erfasst, zeitlich offen. Er erfasst auch zukünftige Schadstoffeinträge – so genannte Neulasten –, ohne dass die Behandlung, Lagerung oder Ablagerung (§ 2 Abs. 5 Nr. 1 BBodSchG) oder der Umgang mit umweltgefährdenden Stoffen (§ 2 Abs. 5 Nr. 2 BBodSchG) abgeschlossen sein muss[15]. In diesen Fällen liegt nur eine schädliche Bodenveränderung vor. Dagegen liegt nur eine Altlast und keine schädliche Bodenveränderung vor, wenn von einer Altablagerung oder einem Altstandort keine Beeinträchtigung der Bodenfunktion, sondern nur sonstige Gefahren ausgehen. Als Beispiel für eine sonstige Gefahr nennt die Begründung des Regierungsentwurfs etwa stillgelegte Deponien, bei denen die Gefahren nicht auf Bodenveränderungen, sondern

---

[14] So wohl Natter, NuR 1999, 541 (544); wie hier dagegen Hipp/Rech/Turian, BBodSchG, Rn. 61; Bihler/Koch/Mücke/Weindl, Kursbuch Altlasten, Rn. 22.

[15] A. A. wohl Kobes, NVwZ 1998, 786 (788), nach dem auch bis heute genutzte Grundstücke Altlasten im Sinne des Bundes-Bodenschutzgesetzes sein können.

den abgelagerten Abfällen beruhen[16], etwa eine Explosions- oder Vergiftungsgefahr durch Gasentwicklung.

§ 2 Ursachen für die Entstehung von Altlasten

Die Entstehung von Altlasten ist eng mit der Entwicklung der modernen Industrie- und Konsumgesellschaft, der betrieblichen Praxis sowie der Praxis der Abfallbeseitigung in früheren Jahrzehnten verbunden[17]. Entsprechend der begrifflichen Differenzierung zwischen Altablagerungen und Altstandorten lassen sich zwei Hauptursachen ausmachen.

Eine Hauptursache liegt darin begründet, dass es bis zu Beginn der siebziger Jahre des 20. Jahrhunderts üblich war, sich der meisten Abfälle ohne ausreichende Rücksicht auf den Schutz des Bodens und des Grundwassers zu entledigen, indem man diese an Berghänge, auf Halden oder in natürliche oder künstlich geschaffene Bodenvertiefungen kippte oder auf dem eigenen Betriebsgelände vergrub. Neben genehmigten oder geduldeten Müllablagerungsplätzen gab es bis zum Inkrafttreten des Abfallgesetzes im Jahre 1972 zudem eine Vielzahl so genannter wilder Müllkippen. Diese wurden zwar geschlossen, die im Umweltprogramm der Bundesregierung von 1971[18] forcierte Sanierung und Rekultivierung beschränkte sich jedoch oftmals auf das Abdecken und Bepflanzen. Damit wurden die potentiellen Gefahrenherde überdeckt statt beseitigt.

Die andere Hauptursache für die Entstehung von Altlasten ist der – aus heutiger Sicht – nicht sachgerechte Umgang mit – nach heutigen Erkenntnissen – umweltgefährdenden Stoffen auf den Geländen früherer betrieblicher Anlagen. Häufig handelt es sich um Standorte ehemaliger Produktionsanlagen, beispielsweise der chemischen oder der metallverarbeitenden Industrie, oder um Gelände von ehemaligen Gewerbebetrieben wie Färbereien, Gerbereien oder Tankstellen. Abfälle aus der Produktion wurden im Rahmen einer innerbetrieblichen Entsorgung häufig auf den Industrie- und Gewerbeflächen abgelagert. Durch mangelnde Kenntnis oder die Unterbewertung des Gefahrenpotentials, durch undichte Leitungs- und Kanalsysteme, durch den Abbruch stillgelegter Anlagen sowie nicht zuletzt auch durch den sorglosen

---

[16] BT-Drucks. 13/6701, S. 30.
[17] Dazu und zum Folgenden ausführlich SRU, Altlasten I, BT-Drucks. 11/6191, Tz. 4 ff.
[18] BT-Drucks. VI/2710, S. 31.

und leichtfertigen Umgang mit Betriebsstoffen und Abfällen kam es vielfach zu Bodenverunreinigungen[19].

Die genannten Ursachen verdeutlichen, dass Altlasten im weiteren Sinne nicht ausschließlich Zeugnisse der Vergangenheit sein müssen. Wegen noch unzureichender Erkenntnisse über die Eigenschaften von Stoffen und ihre Wirkung auf Ökosysteme oder wegen menschlicher wie technischer Fehler lassen sich weder heute noch zukünftig Bodenverunreinigungen im Sinne von schädlichen Bodenveränderungen verhindern[20]. Sie werden jedoch in weit geringerem Ausmaß als früher entstehen.

Keine eigenständige Kategorie neben den Altablagerungen und Altstandorten bilden die so genannten Rüstungsaltlasten[21]. Wegen ihrer eigenständigen Entstehungsgeschichte und den daraus resultierenden Besonderheiten werden sie jedoch regelmäßig separat genannt. Unter Rüstungsaltlasten werden – grob umrissen – alle Boden-, Wasser- und Luftverunreinigungen verstanden, die durch Chemikalien von chemischen oder konventionellen Kampfstoffen bei deren Herstellung, Verarbeitung, Lagerung, Transport und Vernichtung hervorgerufen wurden[22]. Dazu zählen nicht nur die Hinterlassenschaften aus den beiden Weltkriegen, sondern auch diejenigen der Bundeswehr und ihrer alliierten Verbündeten sowie der Nationalen Volksarmee und der sowjetischen Truppen.

§ 3 Ausmaß der Altlasten und der Bearbeitungsstand

Lange Zeit war das Ausmaß der Altlastenproblematik kaum überschaubar, so dass die Erfassung und die sich anschließende Gefährdungsabschätzung im Vordergrund standen. Erst danach konnte entschieden werden, ob die Sanierung zur Abwehr drohender oder weiterer Schäden sofort eingeleitet oder in einer nach Dringlichkeit gestuften Folge geplant und durchgeführt oder ob zunächst nichts weiter unternommen werden musste[23].

---

[19] SRU, Altlasten I, BT-Drucks. 11/6191, Tz. 6.

[20] Vgl. SRU, Altlasten I, BT-Drucks. 11/6191, Tz. 3.

[21] Näher Peine, DVBl. 1990, 733 ff.; ausführlich Brandt, Altlastenrecht, Kap. VI.

[22] Vgl. BT-Drucks. 11/6972, S. 1; Hipp/Rech/Turian, BBodSchG, Rn. 73 f. Der Begriff wird vom Bundes-Bodenschutzgesetz zwar nicht verwendet, ist in der Literatur und Altlastenpraxis aber weit verbreitet. Eine einheitliche oder gar bundesgesetzliche Definition existiert allerdings nicht, der Begriff ist vielmehr nur eine schlagwortartige Zusammenfassung eines speziellen Problemkreises, vgl. Brandt, Altlastenrecht, Kap. VI Rn. 2.

[23] Bender/Sparwasser/Engel, Umweltrecht, 4. Aufl. 2000, Kap. 7 Rn. 24.

20

Die lange Zeit bestehenden Unsicherheiten hinsichtlich der Gesamtanzahl der Altlasten beruhten zum einen auf voneinander abweichenden Begriffs-bestimmungen, zum anderen auf dem Umstand, dass die Zahlen teilweise geschätzt waren. Die erste bundesweite Erfassung aus dem Jahre 1988 wies für die alten Bundesländer 48.377 Altablagerungen und Altstandorte aus[24]. Ende 1993 waren bundesweit 146.269 altlastenverdächtige Flächen erfasst, und zwar 71.815 in den alten und 74.454 in den neuen Bundesländern[25]. Der Begründung zum Regierungsentwurf des Bundes-Bodenschutzgesetzes liegt die Erfassung von bundesweit 170.000 Verdachtsflächen bis Dezember 1995 zugrunde[26]. Bis Ende Dezember 2000 hat sich die Zahl auf über 360.000 alt-lastenverdächtige Flächen und Altlasten erhöht, bestehend aus rund 100.000 Altablagerungen sowie rund 260.000 Altstandorten[27]. Aufgrund der weit vorangeschrittenen Erfassung und der inzwischen bundesweit einheitlichen Begrifflichkeiten kann aber davon ausgegangen werden, dass die Zahlen nicht mehr drastisch ansteigen werden.

Diese Zahlen müssen im richtigen Kontext betrachtet werden. Der Anstieg der altlastenverdächtigen Flächen und Altlasten belegt zwar, dass es sich bei Altlasten um ein drängendes Umweltproblem handelt. Ihm lässt sich aber nicht entnehmen, dass sich die Lage zugespitzt hat. Denn selbst wenn es im Einzelfall einer technisch aufwendigen und teuren Sanierung bedarf, werden oftmals auch schon vergleichsweise einfache Maßnahmen, etwa die bloße Oberflächenabdichtung, ausreichen, um zumindest noch eine eingeschränkte gefahrlose Nutzung des Bodens zu ermöglichen. Zudem weist *Sparwasser*[28] zutreffend darauf hin, dass nicht unbedingt jede Altlast, noch dazu sogleich, saniert werden muss. Bedeutsamer als die Aussage über die Gesamtzahl aller Altlasten ist daher die Anzahl der konkret sanierungsbedürftigen Altlasten. *Sparwasser/Engel/Voßkuhle*[29] gehen davon aus, dass nur 10 bis 15 % konkret sanierungsbedürftig sind.

Der Stand der Altlastenerfassung soll mangels bundesweit einheitlicher Daten beispielhaft am Land Nordrhein-Westfalen aufgezeigt werden[30]: Zum

---

[24] BT-Drucks. 11/4104, S. 25.
[25] Vgl. die Tabelle bei Schink, GewArch 1995, 441; ferner SRU, Altlasten II, BT-Drucks. 13/380, Tz. 55 (alte Bundesländer) und Tz. 248 (neue Bundesländer).
[26] BT-Drucks. 13/6701, S. 19.
[27] SRU, Umweltgutachten 2004, BT-Drucks. 15/3600, Tz. 799.
[28] In Anwaltshandbuch für Verwaltungsverfahren, Kap. 23 Rn. 16.
[29] Umweltrecht, § 9 Rn. 27. Die Angaben schwanken jedoch: In der Vorauflage von 2000, Kap. 7 Rn. 23, wurden nur etwa 3 bis 10 % aller Altlastenverdachtsflächen als sanierungsbedürftig angesehen, in der 3. Aufl. von 1995, Kap. 5 Rn. 22, noch etwa 10 %. Vgl. auch SRU, Umweltgutachten 2004, BT-Drucks. 15/3600, Tz. 800.
[30] Die folgenden Zahlen beruhen auf den Angaben des Landesumweltamtes NRW im Internet unter http://www.lua.nrw.de (Stand 31.1.2004).

31.1.2004 waren 54.419 altlastenverdächtige Flächen und Altlasten erfasst, davon rund 21.000 Altablagerungen und rund 33.000 Altstandorte. Die Zahl hat sich seit 1990 mehr als verdreifacht. Bemerkenswert ist, dass die Zunahme der letzten Jahre im Wesentlichen durch die gestiegene Zahl von bekannt gewordenen Altstandorten verursacht wurde.

Nach der Erfassung lassen sich grob vier Stadien unterscheiden: die grobe Erstbewertung, die konkretere Gefährdungsabschätzung, die Sanierungsplanung und schließlich die Sanierungsdurchführung. Von den 54.419 altlastenverdächtigen Flächen und Altlasten waren in 10.201 Fällen die Gefährdungsabschätzungen abgeschlossen, in 1.489 Fällen liefen sie noch, in 500 Fällen wurde nicht differenziert nach abgeschlossen und noch laufend. Dies bedeutet, dass nur in 12.190 Fällen über eine Erstbewertung hinaus orientierende Untersuchungen und – bei Bestätigung des Gefahrenverdachtes – Detailuntersuchungen für eine abschließende Gefahrenbeurteilung begonnen oder abgeschlossen wurden. In 1.857 Fällen waren über die Gefährdungsabschätzungen hinaus auch die Sanierungsuntersuchungen abgeschlossen, in 187 Fällen liefen sie noch, in 46 Fällen wurde nicht differenziert nach abgeschlossen und noch laufend. Die Sanierung war schließlich bereits in 3.654 Fällen abgeschlossen, während sie in 919 Fällen noch andauerte.

§ 4 Rechtsentwicklung und -probleme im Bodenschutz- und Altlastenrecht

Aufgrund der engen Verknüpfung mit der umweltpolitischen Entwicklung im Bereich des Bodenschutzes wird die rechtliche Dimension der Altlastenproblematik im Kontext der Entwicklung des Bodenschutz- und Altlastenrechts dargestellt.

A. Entwicklung auf Bundesebene bis zum Entwurf des Bundes-Bodenschutzgesetzes

Das Bodenschutzrecht kann wie das Umweltrecht im Allgemeinen erst auf eine relativ kurze Geschichte zurückblicken. Es bietet sich daher an, am Anfang der ausdrücklichen Umweltpolitik und -gesetzgebung in Deutschland Anfang der siebziger Jahre zu beginnen, nicht zuletzt da in dieser Zeit bereits die Weichen für die Entwicklung des Bodenschutzrechts in Deutschland entscheidend gestellt wurden.

Den Beginn einer ausdrücklichen Umweltpolitik und -gesetzgebung markiert das Umweltprogramm der Bundesregierung von 1971[31], das den Bodenschutz als umweltpolitische Aufgabe neben dem Schutz von Wasser und Luft festschrieb[32]. Das Aktionsprogramm beschränkte sich jedoch weitgehend auf die Medien Luft und Wasser, die mit dem Bundes-Immissionsschutzgesetz von 1974 und der Novellierung des Wasserhaushaltsgesetzes im Jahre 1976 einen ausgeprägten rechtlichen Schutz erhielten. Diesen erhielt das Medium Boden nur in Teilbereichen über die umfassenden Normierungen des Abfallrechts 1972 und des Naturschutzrechts 1976. Es dauerte bis 1999, bis auch der Bodenschutz in einem eigenen Gesetz geregelt wurde.

Diese langjährige Vernachlässigung des Bodenschutzes hat verschiedene Ursachen. Die Umweltprobleme in den Bereichen Wasser und Luft wie das Umkippen von Gewässern und das Waldsterben schienen wichtiger. Sie traten – zumindest für die breite Öffentlichkeit – offensichtlicher zutage als die meist über längere Zeiträume entstehenden Bodenverunreinigungen. Außerdem wurde die Belastung von Boden und Grundwasser durch wilde Müllablagerungen und ungesicherte Deponien nicht als bodenspezifisches, sondern vielmehr als abfallspezifisches Problem angesehen, das mit Hilfe des 1972 erlassenen Abfallgesetzes angegangen werden sollte und schließlich auch erfolgreich angegangen wurde. Der Rückgang wilder Müllkippen sowie die geordnete Deponierung des anfallenden Abfalls stellten für den Bodenschutz zwar einen bedeutsamen Fortschritt dar, gleichwohl wurden dadurch aber nur die sichtbarsten Probleme im Bereich des Bodenschutzes beseitigt, so dass für eine umfassende Regelung des Bodenschutzes kein Handlungsbedarf gesehen wurde.

Schließlich herrschte lange Zeit die Einschätzung, dass nur die freien Umweltmedien Luft und Wasser eines besonderen Schutzes bedürften, da gerade in deren freier, unbeschränkter und meist kostenloser Nutzung ein wesentlicher Grund für das Entstehen der Umweltprobleme gesehen wurde[33]. Der Boden dagegen wurde nie in dem gleichen Maße als Gemeingut betrachtet. Er war einem bestimmten Eigentümer oder Nutzungsberechtigten zugeordnet, und man nahm an, dieser werde schon im eigenen Interesse einer weiteren Nutzbarkeit verantwortungsbewusst mit dem Boden umgehen und ihn vor übermäßigem Verbrauch und Kontaminationen bewahren[34]. Flankierend sollte das Abfallgesetz Müllablagerungen verhindern.

---

[31] BT-Drucks. VI/2710.
[32] BT-Drucks. VI/2710, S. 7.
[33] Sanden/Schoeneck, BBodSchG, Einl. Rn. 2.
[34] Vgl. v. Lersner, NuR 1982, 201 (202).

Ein Stimmungsumschwung setzte Anfang der achtziger Jahre durch die immer deutlicher zutage tretende Altlastenproblematik ein, die bis heute das Thema Bodenschutz besonders dominiert. Durch einzelne und spektakuläre Fälle – wie die eingangs genannten in Hamburg-Georgswerder oder Bielefeld-Brakwede – wurde die Altlastenthematik einer breiten Öffentlichkeit bekannt.

Bei der Bewältigung vieler Altlastenfälle entstanden Schwierigkeiten, insbesondere Vollzugsprobleme. Mangels spezialgesetzlicher, insbesondere bodenschutz- oder altlastenrechtlicher Regelungen mussten die rechtlichen Probleme zunächst unter Rückgriff auf die vorhandenen gesetzlichen Vorschriften angegangen werden. Innerhalb kurzer Zeit wurde klar, dass das bisher geschaffene umweltrechtliche Normenarsenal im Bereich des Abfall-, Wasser- und Immissionsschutzrechts zur Erfassung, Untersuchung, Bewertung und Sanierung von Altlasten kaum verwendbar war, so dass auf das allgemeine Polizei- und Ordnungsrecht zurückgegriffen werden musste[35]. Die Notwendigkeit einer Regulierung der Altlastenthematik und damit des Bodenschutzes ließ sich nicht mehr länger leugnen.

Als Reaktion auf die offensichtlich gewordenen Probleme im Bereich des Bodenschutzes folgte 1985 die Bodenschutzkonzeption der Bundesregierung[36]. Diese sah den Bodenschutz als typische Querschnittsaufgabe des Umweltschutzes, die in die unterschiedlichsten Regelungsbereiche hineinwirke[37]. Aus diesem Grund wurden im Rahmen der Umsetzung zahlreiche Umweltgesetze um bodenschützende Regelungen ergänzt[38]. In der Folgezeit gab es eine langanhaltende Diskussion über die Frage, ob unter Aufrechterhaltung der Ansicht, dass der Bodenschutz Querschnittscharakter habe, eine Auffüllung der bodenschutzrelevanten Fachgesetze mit bodenschützenden Vorschriften ausreiche[39] oder ob es eines speziell auf das Medium Boden bezogenen Gesetzes bedürfe[40].

---

[35] Siehe dazu die grundlegenden Untersuchungen von Koch, Bodensanierung; Kloepfer, NuR 1987, 7 ff.; Papier, Altlasten; ders., DVBl. 1985, 873 ff.; ders., NVwZ 1986, 256 ff. und Breuer, NVwZ 1987, 751 ff.

[36] BT-Drucks. 10/2977; dazu Frenz, BBodSchG, § 1 Rn. 4.

[37] BT-Drucks. 10/2977 S. 5.

[38] Vgl. Bericht der Bundesregierung in BT-Drucks. 11/1625 sowie Antwort der Bundesregierung auf die Große Anfrage der Fraktion „Die GRÜNEN", BT-Drucks. 11/8410, S. 4 ff. Änderungen oder Ergänzungen wurden insbesondere im Baugesetzbuch, Abfallgesetz, Wasserhaushaltsgesetz und Bundes-Immissionsschutzgesetz vorgenommen.

[39] So Storm, DVBl. 1985, 317 (321 f.), Ziegler, NVwZ 1991, 1154 (1156); SRU, Umweltgutachten 1987, Tz. 641.

[40] So Lübbe-Wolf, NVwZ 1986, 178 (184, Fn. 58); Bender/Sparwasser/Engel, Umweltrecht, 1. Aufl. 1988, Rn. 4.

Anfang der neunziger Jahre wurde endgültig deutlich, dass ein wirksamer Bodenschutz mit den bisherigen querschnittsorientierten Instrumentarien kaum zu erreichen war[41]. Zudem hatte sich die Problematik infolge der Wiedervereinigung und der Vielzahl der Altlasten in den neuen Bundesländern drastisch verschärft. Nun wurde auch auf Bundesebene die Notwendigkeit eines eigenen Bodenschutzgesetzes erkannt. Die Bundesregierung stellte erstmals im Umweltbericht 1990 konkrete Überlegungen zur Schaffung einer eigenständigen Regelung der Altlastenproblematik auf Bundesebene an[42] und entfernte sich damit von ihrer in der Bodenschutzkonzeption von 1985 vertretenen Position. In seinem Umweltgutachten von 1994 sprach sich auch der Rat von Sachverständigen für Umweltfragen für ein eigenes Bodenschutzgesetz aus[43]. Auch die Entwürfe für ein Umweltgesetzbuch sahen für den Bodenschutz eigene Abschnitte vor (§§ 283-312 UGB-BT[44] bzw. §§ 326-354 UGB-KomE[45]).

B. Entwicklung in den Bundesländern

Angesichts der Untätigkeit des Bundesgesetzgebers haben die Bundesländer ab Ende der achtziger Jahre begonnen, nach und nach ihre Abfallgesetze um altlastenrechtliche Regelungen zu ergänzen. Nordrhein-Westfalen[46] und Hessen[47] hatten bereits 1988 bzw. 1989 einzelne Altlastenregelungen er-

---

[41] Vgl. Holzwarth, in Holzwarth/Radtke/Hilger/Bachmann, BBodSchG, Einf. Rn. 23. Rid/Peterson, NVwZ 1994, 844 verweisen insbesondere auf die fehlende untergesetzliche Konkretisierung bodenschutzrelevanter Regelungen. So sei etwa im Bundes-Immissionsschutzgesetz der Boden zwar als Schutzgut aufgenommen, dieser Schutz jedoch weder im Gesetz selbst noch im untergesetzlichen Regelwerk konkretisiert und instrumentiert. Weder die Regel- noch die Sonderfallprüfung der TA-Luft enthalte bodenspezifische Beurteilungskriterien, erst recht fehlten Bodenbelastungswerte, die das Vorliegen einer schädlichen Umwelteinwirkung nach § 3 Abs. 1 BImSchG indizieren und bei empfindlichen oder vorbelasteten Böden gebietsbezogen Schutz- oder Vorsorgeanforderungen begründen. Ähnliches gelte auch für das Bau-, Pflanzenschutz- und Düngemittelrecht. Dazu auch Seibert, NVwZ 1993, 16 (20).

[42] BT-Drucks. 11/7168 S. 222 f.

[43] BT-Drucks. 12/6995, S. 183 ff.

[44] Entwurf eines Besonderen Teils eines Umweltgesetzbuches durch eine Arbeitsgruppe von Professoren, Verhandlungen des 60. DJT; Bd. I, S. B 87 ff. Zum Professorenentwurf siehe Landel, in Landel/Vogg/Wüterich, BBodSchG, Einf. C Rn. 60 ff.

[45] Entwurf einer Sachverständigenkommission; BMU, UGB-KomE, S. 232 ff. und S. 970 ff. (Entwurfsbegründung). Dazu Landel, in Landel/Vogg/Wüterich, BBodSchG, Einf. C Rn. 64 ff.

[46] Abfallgesetz für das Land Nordrhein-Westfalen (LAbfG NW) vom 21.6.1988, GV. S. 250), §§ 28-33.

[47] Hessisches Abfallwirtschafts- und Altlastengesetz (HAbfAG) vom 10.7.1989 (GVBl. I S. 197), §§ 16-25.

lassen, Baden-Württemberg, Bayern, Sachsen und Thüringen folgten bis Ende 1991[48].

Zu den zentralen rechtlichen Problemen der Thematik gehörte die Sanierungsverantwortlichkeit, also die Frage, wer die Sanierung durchzuführen und – wohl noch wichtiger – die oftmals immensen Kosten zu tragen hat[49]. Gerade über Umfang und Grenzen der Sanierungsverantwortlichkeit bestand allerdings in vielen Punkten Streit, so etwa über die Zulässigkeit von Gefahrerforschungseingriffen, die Legalisierungswirkung öffentlich-rechtlicher Genehmigungen, die Verantwortlichkeit des Gesamtrechtsnachfolgers des Verursachers, die Beschränkung der Zustandsverantwortlichkeit sowie die zeitlichen Grenzen der Verantwortlichkeit. Auf der Grundlage des allgemeinen Polizei- und Ordnungsrechts ließen sich viele dieser Fragen nicht zufriedenstellend klären und selbst die Altlastenregelungen oder -gesetze der Länder enthielten allenfalls zu einzelnen Problemen normative Regelungen. Da es sich zudem um nicht revisibles Landesrecht handelte, war auch eine höchstrichterliche Klärung vieler Streitfragen nicht möglich.

In ihrer Regelungsdichte – vor allem bei der Regelung der Sanierungsverantwortlichkeit – wichen die Landesregelungen teilweise weit voneinander ab[50]. Die einschlägigen Ländergesetze ließen sich dabei hinsichtlich der Sanierungsverantwortlichkeit zwei Regelungsmodellen zuordnen[51]: Entweder wurde dem klassischen Modell des allgemeinen Polizei- und Ordnungsrechts gefolgt, so dass verantwortlich nur der Handlungs- und der Zustandsstörer waren[52], oder es kam ein „umweltrechtlich" aufgeladenes Modell mit einer eigenständigen Regelung und Ausweitung der Sanierungsverantwortlichkeit zur Anwendung[53].

---

[48] Zu den landesrechtlichen Regelungen siehe Kapitel 2 § 8 D. II. (S. 57 ff.).

[49] So auch Brandt, in Erbguth, Aktuelle Fragen des Altlasten- und Bodenschutzrechts, S. 29 (39); Knopp/Albrecht, Altlastenrecht, Rn. 15.

[50] Zu den unterschiedlichen Regelungsinhalten siehe Kapitel 2 § 8 D. II. 1. und 2. (S. 59 ff.).

[51] Zutreffend Vierhaus, NZG 2000, 240 f.

[52] So in Bayern, Baden-Württemberg, Brandenburg, Bremen, Hamburg, Mecklenburg-Vorpommern, Nordrhein-Westfalen, Rheinland-Pfalz, Saarland, Sachsen, Sachsen-Anhalt und Schleswig-Holstein. Zu den Einzelheiten siehe Kapitel 2 § 8 D. II. 2. a) (S. 62 f.).

[53] So in Berlin, Hessen, Niedersachsen und Thüringen. Zu den Besonderheiten in diesen Ländern siehe Kapitel 2 § 8 D. II. 2. b) - e) (S. 63 ff.).

Zusammenfassend lässt sich festhalten, dass das Bodenschutz- und Altlas-tenrecht bis zum Inkrafttreten des Bundes-Bodenschutzgesetzes von einer rechtstechnischen Zersplitterung geprägt war[54].

C. Entstehungsgeschichte des Bundes-Bodenschutzgesetzes

Parallel bzw. leicht zeitversetzt zu der Entwicklung in den Bundesländern begannen die Vorarbeiten für ein Bundes-Bodenschutzgesetz, die bis in die zwölfte Legislaturperiode von 1990 bis 1994 zurückreichen. Die Arbeiten kamen aber über mehrere Referentenentwürfe des Bundesumweltministe-riums nicht hinaus[55]. Das Gesetzgebungsverfahren[56] wurde erst am 25.9.1996 eingeleitet, als das Bundeskabinett den ihm vom Bundesumweltministerium vorgelegten Entwurf eines Gesetzes zum Schutze des Bodens vom 22.3.1996, das in Art. 1 das Bundes-Bodenschutzgesetz vorsah, als Regierungsentwurf beschloss[57]. Dieser regelte in § 4 Abs. 3 RegE-BBodSchG die Sanierungsver-antwortlichkeit des Verursachers, des Grundstückseigentümers sowie des Inhabers der tatsächlichen Gewalt, ging also nicht über den schon nach dem allgemeinen Polizei- und Ordnungsrecht verantwortlichen Personenkreis hinaus.

Der Regierungsentwurf wurde gemäß Art 76 Abs. 2 S. 1 GG dem Bundesrat zugeleitet, der am 29.11.1996 eine Stellungnahme beschloss, die zwar kon-krete Änderungsvorschläge enthielt, die Konzeption insgesamt aber unberührt ließ[58]. Im Hinblick auf die Regelung der Sanierungsverantwort-lichkeit in § 4 Abs. 3 RegE-BBodSchG forderte der Bundesrat jedoch erheb-liche Veränderungen. Zur Klärung der streitigen Rechtsfrage der Gesamt-rechtsnachfolge in die abstrakte Verhaltensverantwortlichkeit sollte der Kreis der Sanierungsverantwortlichen um den Gesamtrechtsnachfolger des Ver-

---

[54] Zutreffend Kloepfer, Umweltrecht, 2. Aufl. 1998, § 12 Rn. 20; Vierhaus, NZG 2000, 240.

[55] Ein erster Arbeitsentwurf wurde am 23.7.1992 vorgelegt, die einzelnen Referenten-entwürfe datieren vom 15.9.1992, 16.12.1992, 22.9.1993, 7.2.1994 (abgedruckt in: Verhandlungen des 60. DJT; Bd. I, S. B 5 ff.), 21.3.1995 und 18.8.1995. Die einzelnen Entwürfe werden ausführlich von Ewer, in Landmann/Rohmer, Umweltrecht, Vorb. BodSchRecht Rn. 67-105 dargestellt. Zur Entstehungsgeschichte des § 4 BBodSchG siehe die ausführliche Darstellung von Giesberts, in Fluck, Kreislaufwirtschafts-, Ab-fall- und Bodenschutzrecht, § 4 BBodSchG Rn. 1 ff.

[56] Siehe dazu Sanden/Schoeneck, BBodSchG, Einf. Rn. 83 ff. sowie ausführlich Ewer, in Landmann/Rohmer, Umweltrecht, Vorb. BodSchRecht Rn. 106 ff.

[57] BT-Drucks. 13/6701, S. 7 ff.

[58] BR-Drucks. 702/2/96.

ursachers[59] und zur Vereitelung von Umgehungs- und Spekulationsgeschäften um ehemalige Grundstückseigentümer, soweit sie während der Zeit ihres Eigentums die Verunreinigung kannten oder kennen mussten[60], erweitert werden. In Abweichung vom allgemeinen Polizei- und Ordnungsrecht sollte allerdings die Verantwortlichkeit des Eigentümers ausgeschlossen sein, soweit er beim Grundstückserwerb eine bestehende Verunreinigung nicht kannte oder kennen musste[61]. Schließlich sollte das klassische System der polizeirechtlichen Verantwortlichkeit an die dem Sanierungspflichtigen durch das bürgerliche sowie das Handels- und Gesellschaftsrecht eingeräumten Handlungsmöglichkeiten angepasst werden, indem zur Sanierung auch verpflichtet sein sollte, wer aus handelsrechtlichem, gesellschaftsrechtlichem oder sonstigem Rechtsgrund für eine juristische Person einzustehen hat, der ein belastetes Grundstück gehört[62].

In der von der Bundesregierung am 14.1.1997 beschlossenen Gegenäußerung wurden die die Sanierungsverantwortlichkeit betreffenden Änderungsvorschläge mit der Begründung abgelehnt, dass die Einbeziehung des Gesamtrechtsnachfolgers und früherer Eigentümer erhebliche rechtliche Risiken berge und die Durchgriffshaftung die Vollzugstauglichkeit mit Auslegungsfragen und der Ermittlung des zivilrechtlich Verantwortlichen belaste[63].

Der Bundestag hat die Annahme des Gesetzes am 12.6.1997 nach zweiter und dritter Lesung in der Fassung der Bundestags-Drucksache 13/7891 beschlossen. Der darauf folgende so genannte zweite Bundesratsdurchgang endete am 4.7.1997 mit der Anrufung des Vermittlungsausschusses nach Art. 77 Abs. 2 GG mit dem Ziel einer grundlegenden Überarbeitung des Gesetzesbeschlusses unter Berücksichtigung seiner Ausschussempfehlungen[64].

---

[59] BR-Drucks 702/2/96 S. 23 (Nr. 35). Ähnliche Regelungen befanden sich bereits in mehreren Landesgesetzen, so in § 13 Abs. 1 und 2 Bln BodSchG, § 12 Abs. 1 Nr. 1 und 2 HAltlastG, § 31 Abs. 6 Nr. 4 NdsAbfG und § 20 Abs. 1 Nr. 1 und 2 ThAbfAG.

[60] BR-Drucks 702/2/96 S. 24 (Nr. 37). Der Vorschlag entspricht der Regelung in § 12 Abs. 1 Nr. 6 HAltlastG.

[61] BR-Drucks 702/2/96 S. 25 (Nr. 38).

[62] BR-Drucks 702/2/96 S. 25 (Nr. 39). Dieser Vorschlag war völlig neu und in keinem Ländergesetz enthalten. In seiner Begründung führte der Bundesrat insbesondere Fälle gesellschaftsrechtlicher Durchgriffshaftung wegen Unterkapitalisierung oder qualifizierter Konzernabhängigkeit an.

[63] BT-Drucks. 13/6701 S. 62 f. (Nr. 13-15).

[64] Vgl. BT-Drucks. 13/8182, die die Ausschussempfehlungen des federführenden Ausschusses für Umwelt, Naturschutz und Reaktorsicherheit (BR-Drucks. 422/97) als Anlage enthält. Der Ausschuss behält darin die bereits im ersten Bundesratsdurchgang in Bezug auf die Regelung der Sanierungsverantwortlichkeit gemachten Änderungsvorschläge bei.

Am 14.1.1998 legte der Vermittlungsausschuss sein Vermittlungsergebnis als Beschlussempfehlung vor[65]. Die wichtigsten Änderungen betrafen den Ausgleich wirtschaftlicher Nachteile bei Einschränkungen der land- und forstwirtschaftlichen Bodennutzung aufgrund von Bodenverunreinigungen (§ 10 Abs. 2 BBodSchG), den Wertausgleich im Sinne einer Vorteilsabschöpfung bei Sanierungen durch die öffentliche Hand (§ 25 BBodSchG), den Vorrang der Dekontamination vor anderen Sanierungsmaßnahmen für nach Inkrafttreten des Gesetzes eingetretene Bodenverunreinigungen (§ 4 Abs. 5 BBodSchG) sowie die Erweiterung des Kreises der Sanierungsverantwortlichen. In § 4 Abs. 3 S. 1 BBodSchG wurde die Verantwortlichkeit des Gesamtrechtsnachfolgers des Verursachers eingefügt, in § 4 Abs. 3 S. 4 BBodSchG eine handels- und gesellschaftsrechtliche Durchgriffshaftung normiert sowie in § 4 Abs. 6 BBodSchG die Verantwortlichkeit früherer Eigentümer aufgenommen. Bezüglich der Regelung der Sanierungsverantwortlichkeit haben sich die Länder also durchgesetzt.

Der Bundestag stimmte der Beschlussempfehlung am 5.2.1998 zu, der Bundesrat am 6.2.1998[66].

Die Verkündung des Gesetzes zum Schutze des Bodens vom 17.3.1998, dessen Art. 1 das Gesetz zum Schutz vor schädlichen Bodenveränderungen und zur Sanierung von Altlasten (Bundes-Bodenschutzgesetz – BBodSchG) beinhaltet[67], erfolgte am 24.3.1998 im Bundesgesetzblatt[68]. Gemäß Art. 4 traten einen Tag später die Verordnungsermächtigungen und am 1.3.1999 die übrigen, unmittelbar wirkenden Vorschriften in Kraft.

D. Bundes-Bodenschutzgesetz im Überblick

Mit dem Bundes-Bodenschutzgesetz wird nach Wasser und Luft der Boden als drittes Umweltmedium in einer eigenen Kodifikation unter Schutz gestellt. Ziel war vor allem die Überwindung der Rechtszersplitterung und eine Aufwertung des Schutzgutes Boden insgesamt.

---

[65] BT-Drucks. 13/9637.
[66] BR-Drucks. 90/98.
[67] Art. 2 und Art 3 des Gesetzes zum Schutze des Bodens beinhalten Änderungen des Kreislaufwirtschafts- und Abfallgesetzes (siehe Kapitel 2 § 10 B. S. 70 ff.) und des Bundes-Immissionsschutzgesetzes (siehe Kapitel 2 § 10 C. S. 74 f.).
[68] BGBl. I S. 502.

I. Grundentscheidungen

In Bezug auf den Bodenschutz hat der Gesetzgeber mit dem Bundes-Bodenschutzgesetz zwei wichtige Grundentscheidungen getroffen.

Die erste Grundentscheidung liegt in der Regelung von vorsorgendem und nachsorgendem Bodenschutz in einem Gesetz. Gemäß § 1 S. 2 BBodSchG hat das Gesetz nicht nur die bloße Gefahrenabwehr bereits bestehender schädlicher Bodenveränderungen im Auge, sondern auch die Vorsorge gegen solche Veränderungen. Damit hat sich der Gesetzgeber gegen ein reines Altlastensanierungsgesetz entschieden. Besonders für den Vollzug kommt der Verbindung von vorsorgendem und nachsorgendem Bodenschutz Bedeutung zu. Dadurch ist eine Loslösung der Altlastensanierung vom abfallrechtlichen Vollzug und eine Zusammenführung der Organisationsstrukturen von Altlastensanierung und Bodenschutz zu erwarten[69]. Dieser Trend hatte auf Landesebene mit dem Berliner Bodenschutzgesetz[70] schon vor dem Erlass des Bundes-Bodenschutzgesetzes eingesetzt.

Die zweite Grundentscheidung[71] liegt in der Festlegung des Sanierungsniveaus. Hier wären zwei Lösungen denkbar gewesen: einerseits die Ausrichtung am ursprünglichen Zustand des Bodens im Sinne einer Totalsanierung zur Wiederherstellung der Multifunktionalität des Bodens oder andererseits die Ausrichtung an der Art und Weise der bestehenden bzw. künftig planerisch zulässigen Art und Weise der Bodennutzung. Das Bundes-Bodenschutzgesetz hat sich in § 4 Abs. 4 BBodSchG für einen Mittelweg entschieden[72]. Ziel ist nicht die Wiederherstellung der Multifunktionalität, sondern die Abwehr bzw. Beseitigung schädlicher Bodenveränderungen unter Beachtung der planungsrechtlich zulässigen Nutzung und dem sich daraus ergebenden Schutzbedürfnis (Grundsatz der nutzungsbezogenen Sanierung). Die Sanierung einer als Parkplatz genutzten Fläche in einem Industriegebiet unterliegt daher geringeren Anforderungen als eine Sanierung in einem Wohngebiet. Die Orientierung am Nutzungsbezug wird allerdings begrenzt durch die erforderliche Vereinbarkeit mit den in § 2 Abs. 2 Nr. 1 und Nr. 2

---

[69] Sanden/Schoeneck, BBodSchG, Einf. Rn. 39.

[70] Berliner Gesetz zur Vermeidung und Sanierung von Bodenverunreinigungen (Berliner Bodenschutzgesetz – Bln BodSchG) vom 10.10.1995 (GVBl. S. 646). Entgegengesetzt war noch Baden-Württemberg verfahren: Dort gab es zwar seit 1991 ein Bodenschutzgesetz (Gesetz zum Schutze des Bodens vom 24.6.1991, GBl. S. 434). Es erfasste aber gerade nicht die Altlastensanierung. Diese richtete sich stattdessen nach §§ 22-27 des Gesetzes für die Vermeidung und Entsorgung von Abfällen und die Behandlung von Altlasten in Baden-Württemberg (LAbfG Bad.-Württ.) vom 8.1.1990 (GBl. S. 1).

[71] Ebenso Wüterich, in Landel/Vogg/Wüterich, BBodSchG, § 4 Rn. 168.

[72] Siehe dazu im Einzelnen Frenz, BBodSchG, § 4 Abs. 4 Rn. 3 ff.; Schoeneck, in Sanden/Schoeneck, BBodSchG, § 4 Rn. 52; kritisch Bickel, BBodSchG, § 4 Rn. 66.

BBodSchG genannten Bodenfunktionen, die sozusagen ein Mindestniveau begründen.

II. Aufbau und Regelungsinhalt

Das Bundes-Bodenschutzgesetz besteht aus fünf Teilen:

Der erste Teil enthält allgemeine Vorschriften. Nach § 1 S. 1 BBodSchG ist es der Zweck des Gesetzes, die Bodenfunktionen nachhaltig zu sichern oder wiederherzustellen. Dazu nennt das Gesetz in § 1 S. 2 BBodSchG drei Handlungsziele: Gefahrenabwehr, Sanierung und Vorsorge. Auch wenn alle Handlungsziele gleichwertig sind, kommt dem Handlungsziel der Sanierung besondere Bedeutung zu. Dies zeigt sich auch in der materiellen Regelungsdichte, so beziehen sich neben §§ 4 Abs. 3 und 5 BBodSchG auch die §§ 9 und 10 BBodSchG sowie die Sonderregelungen für Altlasten in den §§ 11 bis 16 BBodSchG auf dieses Handlungsziel. § 2 BBodSchG definiert die wesentlichen im Gesetz verwendeten Begriffe, unter anderem die Begriffe Boden, schädliche Bodenveränderungen und Altlasten, während § 3 BBodSchG den Anwendungsbereich des Gesetzes regelt[73].

Im zweiten Teil werden die wesentlichen Pflichten, die Art und Weise ihrer Durchführung, ihre Durchsetzung sowie die Pflichtigen geregelt. Jedem Handlungsziel sind entsprechende bodenschutzrechtliche Pflichten zugeordnet: § 4 Abs. 1 und 2 BBodSchG der Gefahrenabwehr, § 4 Abs. 3 und Abs. 6 sowie § 5 BBodSchG der Sanierung und §§ 6 und 7 BBodSchG der Vorsorge. Maßstäbe, wie schädliche Bodenveränderungen oder Altlasten zu sanieren sind, enthalten § 4 Abs. 3 S. 1 und Abs. 4 BBodSchG sowie die auf der Basis von § 8 BBodSchG erlassene Bundes-Bodenschutz- und Altlastenverordnung[74]. § 9 und § 10 BBodSchG schließlich stellen die behördlichen Ermächtigungsgrundlagen dar: § 9 BBodSchG gibt den Behörden Handlungsmöglichkeiten für die Ermittlung und Erforschung von schädlichen Bodenveränderungen bzw. Altlasten und regelt in Abs. 2 ausdrücklich die Möglichkeit der Anordnung von Gefahrerforschungsmaßnahmen durch den gemäß § 4 Abs. 3 und Abs. 6 BBodSchG Verantwortlichen. § 10 BBodSchG dient allgemein der Durchsetzung der im zweiten Teil genannten Pflichten. Sein Hauptanwendungsbereich liegt bei der Anordnung von Sanierungsmaßnahmen.

---

[73] Siehe Kapitel 2 § 10 (S. 69 ff.).
[74] Bundes-Bodenschutz- und Altlastenverordnung (BBodSchV) vom 12.7.1999 (BGBl. I S. 1554); dazu sogleich.

Der dritte Teil beinhaltet ergänzende Vorschriften für Altlasten zur Erfassung altlastenverdächtiger Flächen (§ 11 BBodSchG), zur Information der Betroffenen (§ 12 BBodSchG), zur Sanierungsplanung (§§ 13, 14 BBodSchG), zur Überwachung von Altlasten und altlastenverdächtigen Flächen (§ 15 BBodSchG) und eine Ermächtigungsgrundlage für ergänzende Anordnungen (§ 16 BBodSchG). Der dritte Teil besteht damit aus verfahrensbezogenen Vorschriften zum Altlastenmanagement[75], die der besonderen Komplexität und dem großen Gefahrenpotential vieler Altlastenfälle Rechnung tragen. Die zentrale Vorschrift in diesem Teil ist § 13 BBodSchG, der bei komplexen Altlastensanierungen das Instrument des Sanierungsplans vorsieht, um die wesentlichen Voraussetzungen, Maßnahmen und Ziele einer Sanierung zu ermitteln und verbindlich festzulegen.

Der vierte Teil besteht nur aus § 17 BBodSchG, der die Anforderungen an die Erfüllung der Pflichten des zweiten Teils bei der landwirtschaftlichen Bodennutzung konkretisiert.

Der fünfte und letzte Teil enthält Schlussvorschriften. Besondere Bedeutung kommt den §§ 24 und 25 BBodSchG zu, die die im Altlastenrecht zentrale Frage nach der Finanzierung von Sanierungsmaßnahmen regeln. Nach § 24 Abs. 1 S. 1 BBodSchG trifft grundsätzlich den zur Durchführung von Maßnahmen Verpflichteten auch die Kostenlast. In § 24 Abs. 2 BBodSchG wurde ein gesetzlicher Ausgleichsanspruch zwischen mehreren Verpflichteten normiert[76] und damit eine langjährige Streitfrage geklärt[77]. Schließlich normiert

---

[75] So die zutreffende Umschreibung von Knopp/Albrecht, Altlastenrecht, Rn. 22.
[76] Ausführlich zu den Ausgleichsansprüchen zwischen mehreren Verantwortlichen Knoche, Altlasten, S. 79 ff. Speziell zum internen Störerausgleich nach § 24 Abs. 2 BBodSchG siehe BGH, Urt. v. 2.4.2004, NVwZ 2004, 1267 ff.; Schlette, VerwArch 91 (2000), 41 ff.; Pützenbacher, NJW 1999, 1137 ff.; Niewerth, NuR 1999, 558 ff.; Knoche, NVwZ 1999, 1198 ff.; Wagner, BB 2000, 447 ff.; Frenz, DB 2000, 2461 ff.; Fluck/Kirsch, UPR 2001, 253 ff.; Sandner, NJW 2001, 2045 ff. Zum zeitlichen Anwendungsbereich von § 24 Abs. 2 BBodSchG siehe Mohr, UPR 2001, 258 f.
[77] Dem allgemeinen Polizei- und Ordnungsrecht der Länder fehlt eine interne Ausgleichsregelung zwischen mehreren Störern. Eine Schließung dieser Lücke über die analoge Anwendung von § 426 BGB wurde insbesondere vom BGH, Urt. v. 11.6.1981, NJW 1981, 2457 f., abgelehnt; ebenfalls ablehnend: Papier, Altlasten, S. 73 f.; ders. NVwZ 1986, 257 (263); ders., JZ 1994, 810 (818); Schwachheim, NVwZ 1988, 225 ff.; Pape, NJW 1992, 2661 (2668). Der BGH hat aber in einigen Fällen einen Rückgriff nach den Regeln über die Geschäftsführung ohne Auftrag zugelassen, BGH, Urt. v. 18.9.1986, NJW 1987, 187 (188 f.); Urt. v. 8.3.1990, NJW 1990, 2058 (2059). Einen Innenausgleich zwischen mehreren Störern analog § 426 BGB bejahen dagegen Seibert, DÖV 1983, 964 ff.; Kornmann, UPR 1983, 281 (285 ff.); Koch, Bodensanierung, 69 ff.; Brandt, Altlastenrecht, Kap. IV Rn. 81, Pohl, NJW 1995, 1645 (1648). Instruktiv zum Ganzen Knoche, Altlasten, S. 104 ff. Vor Erlass des BBodSchG hatten bereits einige Bundesländer Ausgleichsregelungen geschaf-

§ 25 BBodSchG einen Wertausgleich, durch den sanierungsbedingte Verkehrswerterhöhungen abgeschöpft werden können, sofern die Sanierungsmaßnahmen mit öffentlichen Mitteln finanziert worden sind[78].

III. Exkurs: Das untergesetzliche Regelungswerk – Bundes-Bodenschutz- und Altlastenverordnung

Die Bundes-Bodenschutz- und Altlastenverordnung[79] regelt nunmehr bundeseinheitlich und detailliert, unter welchen Voraussetzungen und wie altlastenverdächtige Flächen und Altlasten zu untersuchen und anhand welcher Maßstäbe die Untersuchungsergebnisse zu bewerten sind. Sie hat daher maßgeblichen Einfluss auf die Entscheidung, ob eine Altlast saniert werden muss. Ferner enthält sie vier Anhänge. Von Bedeutung sind insbesondere Anhang 1, der die Anforderungen an Probennahme, Analytik und Qualitätssicherung bei der Untersuchung enthält, Anhang 2, der die Maßnahmen-, Prüf- und Vorsorgewerte beinhaltet, und Anhang 3, der die Anforderungen an Sanierungsuntersuchungen und den Sanierungsplan festlegt.

Kernbestandteil der Bundes-Bodenschutz- und Altlastenverordnung sind die verbindlich festgelegten Prüf- und Maßnahmenwerte in Form von schadstoffspezifischen Konzentrationsangaben zur Beurteilung des Gefahrenpotentials, nach denen sich beurteilt, ob eine Altlast oder schädliche Bodenveränderung besteht oder nicht. Dadurch wird die Vielzahl vorher verwendeter Grenzwertlisten[80] abgelöst, die mangels bundesweit einheitlichen und allgemein

---

fen, etwa Brandenburg in § 33 Abs. 2 i. V. m. § 24 Abs. 4 BbgAbfG, Hessen in § 12 Abs. 2 S. 4 HAltlastG, Sachsen in § 10 Abs. 5 S. 2 SächsEGAB und Thüringen in § 20 Abs. 1 S. 4 u. 5 ThAbfAG, deren kompetenzielle Verfassungsmäßigkeit allerdings von Oerder, NVwZ 1992, 1031 (1038) sowie Raeschke-Kessler, NJW 1993, 2275 (2281) angezweifelt wurde.

[78] Als typische Fälle einer Sanierung durch die öffentliche Hand kommen etwa die mangelnde Solvenz des Grundstückseigentümers, eine unklare Rechtslage über die Grundstückseigentümerstellung oder die Abwehr akuter Gefahren in Betracht, vgl. Albrecht, NVwZ 2001, 1120. Siehe zu § 25 BBodSchG im Einzelnen Albrecht, NVwZ 2001, 1120 ff. sowie Peine, NuR 2000, 255 ff.

[79] Bundes-Bodenschutz- und Altlastenverordnung (BBodSchV) vom 12.7.1999 (BGBl. I S. 1554). Dazu ausführlich Kobes, NVwZ 2000, 261 ff.; Sandner, NJW 2000, 2542 (2543 ff.) und Schmidt-Ränsch/Sanden, NuR 1999, 555 ff.

[80] Die Praxis verwendete Listen aus dem In- und Ausland, etwa die so genannte „Holland-Liste" einer niederländischen Sachverständigenkommission (dazu OVG Lüneburg, Beschl. v. 7.3.1997, NJW 1998, 97 ff.). Zur Vielzahl der Listen bemerkt Sandner, NJW 2000, 2542 (2543, Fn. 8) treffend: „Die genaue Anzahl kennt wohl niemand." Eine Übersicht über die gängigsten Prüflisten findet sich bei Ott, Grenzwerte zum Schutz des Bodens, S. 325 ff. Daneben existierten auch einige Verwaltungsvorschriften und ministerielle Leitlinien auf Landesebene, etwa die „Berliner Liste 1996"

anerkannten Zahlenwerten eine Beurteilung des Gefährlichkeitsgrades von Bodenverunreinigungen erschwerten.

§ 5 Sonstige Aspekte der Altlastenproblematik

Altlasten werfen nicht nur unter rechtlichen Gesichtspunkten Probleme auf. Bei ihrer Diskussion dürfen weder die gesundheitlichen und ökologischen Auswirkungen noch die finanziellen und wirtschaftlichen Folgen und ebenso wenig technische Aspekte außer acht gelassen werden. Der Sinn mancher Beitrages oder mancher Meinung erschließt sich erst vor dem Hintergrund dieser außerhalb rechtlicher Aspekte liegenden Dimensionen der Altlastenproblematik.

A. Gesundheitliche und ökologische Auswirkungen

Durch den Eintrag von Schadstoffen[81] unterliegt der Boden als Lebensgrundlage und Lebensraum für Menschen, Tiere, Pflanzen und Bodenorganismen einer ständigen Gefährdung. Von Altlasten drohen insbesondere Gefahren für die Gesundheit des Menschen oder sein Wohlbefinden, etwa durch das Einatmen von Gasen und Stäuben oder durch Hautkontakt mit verunreinigtem Erdreich, durch den Verzehr schadstoffhaltiger Pflanzen- oder Tierprodukte und insbesondere durch die Aufnahme verunreinigten Trinkwassers. Selbst wenn keine direkten Gesundheitsgefahren bestehen, drohen Schädigungen des Bodens, des Wasserhaushaltes und der Luft sowie der Tier- und Pflanzenwelt und damit über unterschiedliche Wirkungspfade[82] mittelbar auch wieder der menschlichen Gesundheit.

(ABl. 1996, 957). Nach Ansicht des OVG Lüneburg, Beschl. v. 3.5.2000, DÖV 2000, 825 ff. können diese Regelwerke auch weiterhin zur Bewertung von Altlasten herangezogen werden, soweit das Bundes-Bodenschutzgesetz und die Bundes-Bodenschutz- und Altlastenverordnung keine oder keine gegenteiligen Festlegungen enthalten.

[81] Schadstoffe sind gemäß § 2 Nr. 6 BBodSchV Stoffe und Zubereitungen, die aufgrund ihrer Gesundheitsschädlichkeit, ihrer Langlebigkeit oder Bioverfügbarkeit im Boden oder aufgrund anderer Eigenschaften und ihrer Konzentration geeignet sind, den Boden in seinen Funktionen zu schädigen oder sonstige Gefahren hervorzurufen. Einen guten Überblick über die chemischen Stoffe in der Umwelt und ihre toxischen Wirkungen geben Bihler/Koch/Mücke/Weindl, Kursbuch Altlasten, Rn. 177 ff.

[82] Wirkungspfad ist gemäß § 2 Nr. 8 BBodSchV der Weg eines Schadstoffs von der Schadstoffquelle bis zu dem Ort einer möglichen Wirkung auf ein Schutzgut. Siehe zu den unterschiedlichen Wirkungspfaden Bihler/Koch/Mücke/Weindl, Kursbuch Altlasten, Rn. 380 ff.

B. Finanzielle und wirtschaftliche Folgen

Neben den gesundheitlichen und ökologischen Auswirkungen sind besonders die finanziellen und wirtschaftlichen Folgen von Altlasten erheblich. Dabei geht es primär um den erheblichen Aufwand für die Ermittlung, Bewertung und Sanierung. Es gibt verschiedene, allerdings entsprechend den oben genannten Schwierigkeiten bei der Erfassung des Ausmaßes der Altlastenproblematik nur sehr vage Schätzungen des Gesamtaufwandes, die – noch zu Zeiten der Deutschen Mark – einen Kostenaufwand von bis zu mehreren hundert Milliarden Mark ermittelten[83]. Angesichts dieser Tatsache verwundert es nicht, dass insbesondere die Frage, wer Altlasten zu sanieren und die Kosten zu tragen hat, im Vordergrund der altlastenrechtlichen Diskussion stand und noch immer steht[84]. Altlastenrecht ist zwar Gefahrenabwehrrecht, ist in seinen Auswirkungen aber vor allem – plakativ ausgedrückt – Kostenrecht.

Auch wenn aktuelle Zahlen über den Finanzbedarf nicht vorliegen und sich der genaue Finanzbedarf wohl kaum genau kalkulieren lässt, steht fest, dass schon ein Volumen von 50 bis 100 Milliarden Euro die öffentlichen Haushalte vor kaum lösbare Probleme stellt, selbst wenn verstärkt Privatpersonen oder Unternehmen herangezogen werden, wozu nicht zuletzt auch die Erweiterung des sanierungspflichtigen Personenkreises in § 4 Abs. 3 und Abs. 6 BBodSchG dient. In nicht wenigen Fällen werden die Sanierungspflichtigen aber jedenfalls mit der vollständigen Übernahme aller Kosten finanziell überfordert sein. Seit längerer Zeit wird daher über verschiedene Finanzierungsmodelle nachgedacht[85], etwa Kooperationsmodelle zwischen

---

[83] Die Schätzungen stiegen im Laufe der letzten Jahre kontinuierlich, vgl. SRU, Altlasten I, BT-Drucks. 11/6191, Tz. 686 ff., wobei der Sachverständigenrat im Jahre 1989 noch von einem Bedarf von mehr als 20 Mrd. DM für die nächsten 10 Jahre ausging, Tz. 697. Eine Übersicht über verschiedene Kostenschätzungen aus den Jahren 1989 bis 1991 enthält auch SRU, Altlasten II, BT-Drucks. 13/380, Tz. 164 ff. Die dort genannten Quellen gehen von Kosten in Höhe von bis zu mehreren hundert Mrd. DM aus. Siehe ferner auch Breuer, DVBl. 1994, 890, der mit bis zu 300 Mrd. DM rechnet, sowie Spieth, altlasten spektrum 1996, 163, der von Kosten in einer Höhe zwischen 60 und 200 Mrd. DM ausgeht. Vgl. auch Sparwasser/Engel/Vosskuhle, Umweltrecht, § 9 Rn. 27. Mit den methodischen Problemen bei der Kostenermittlung beschäftigt sich Brandt, Altlastenrecht, Kap. II Rn. 23.

[84] Versteyl, in Versteyl/Sondermann, BBodSchG, § 4 Rn. 1; Spieth/Wolfers, altlasten spektrum 1998, 75 (77 f.); dies., NVwZ 1999, 355 (360); Vierhaus, NZG 2000, 240 (241); Knopp, DÖV 2001, 441. Ebenso schon Oerder, NVwZ 1992, 1031.

[85] Ausführlich zu den Finanzierungsansätzen in den Bundesländern Brandt, Altlastenrecht, Kap. VII Rn 17 ff.; SRU, Altlasten II, BT-Drucks. 13/380, Tz. 171 ff.; SRU, Umweltgutachten 2004, BT-Drucks. 15/3600, Tz. 801 ff. Siehe auch Stollmann, in Erbguth, Aktuelle Fragen des Altlasten- und Bodenschutzrechts, S. 78 f.

dem Staat und der Wirtschaft oder Sonderabgaben wie die in einigen Ländern zeitweise erhobene Abfallabgabe[86].

Zu den unmittelbaren finanziellen Folgen der Altlastensanierung kommen noch volkswirtschaftliche Auswirkungen hinzu. Die Aufwendungen für die Sanierung können bei schwerwiegenden Verunreinigungen oder weit fortgeschrittener Schadstoffausbreitung die wirtschaftliche Existenz von Unternehmen bedrohen oder gar vernichten[87]. Ferner kann das Bestehen und auch schon der Verdacht von Altlasten die Wirtschafts- und Gebietsentwicklung von betroffenen Flächen behindern und sich investitionshemmend auswirken[88].

C. Technische Dimension

Ebenfalls nicht unterschätzt werden darf die technische Seite. Der wissenschaftliche Erkenntnisstand und der andauernde technische Fortschritt spielen bei der Erkundung, Untersuchung, Bewertung und Sanierung von Altlasten eine entscheidende Rolle[89]. Das beginnt schon damit, dass die Tragweite der Altlastenproblematik neben der Änderung des allgemeinen Umweltbewusstseins erst durch neue Erkenntnisse über das Verhalten und das Gefährdungspotential von Schadstoffen erkennbar wurde und die Entwicklung der Messtechnik erheblich empfindlichere Nachweise von Schadstoffspuren und somit deren Aufspüren ermöglichte.

Nicht zuletzt stellt auch die Durchführung der Sanierung, also die Entfernung der Schadstoffe aus dem Boden oder zumindest die Verhinderung der weiteren Ausbreitung die Umwelttechnik vor Probleme, etwa die Entwicklung geeigneter Sanierungsverfahren und die Optimierung vorhandener.

§ 6 Gegenstand der Arbeit

Gegenstand der Arbeit ist die Untersuchung der in § 4 Abs. 3 S. 1 BBodSchG geregelten Sanierungsverantwortlichkeit des Verursachers einer schädlichen

---

[86] Mit Urt. v. 7.5.1998, NJW 1998, 2346 ff. hat das BVerfG landesrechtliche Abfallabgaben allerdings für verfassungswidrig erklärt.
[87] SRU, Altlasten I, BT-Drucks. 11/6191, Tz. 35.
[88] SRU, Altlasten I, BT-Drucks. 11/6191, Tz. 37; Spieth, altlasten spektrum 1996, 163.
[89] Zu den technischen Fragen ausführlich Bihler/Koch/Mücke/Weindl, Kursbuch Altlasten, Rn. 507 ff. (Erkundung und Untersuchung), 682 ff. (Analytik und Bewertung) und 968 ff. (Sanierungstechniken). Zu den unterschiedlichen Sanierungsverfahren siehe auch Kapitel 3 § 13 C. (S. 100 ff.).

Bodenveränderung oder Altlast und seines Gesamtrechtsnachfolgers. Auch wenn es sich bei dem Begriff der Sanierungsverantwortlichkeit um keinen gesetzestechnischen Begriff handelt, wird darunter allgemein die Verpflichtung einer Person zur Durchführung von Sanierungsmaßnahmen (gemäß § 4 Abs. 3 und Abs. 6 BBodSchG) und zur Tragung der anfallenden Sanierungskosten (gemäß § 24 Abs. 1 S. 1 i. V. m. § 10 Abs. 1 S. 1 BBodSchG) verstanden.

Auf der Grundlage des allgemeinen Polizei- und Ordnungsrechts konnten nur der Verursacher als Verhaltensverantwortlicher und der Grundstückseigentümer, der Inhaber der tatsächlichen Gewalt sowie – zumindest in den meisten Bundesländern – der Derelinquent eines belasteten Grundstücks als Zustandsverantwortliche in Anspruch genommen werden. Das Bundes-Bodenschutzgesetz dagegen hat – wie schon die Altlastenregelungen einzelner Bundesländer zuvor – den Kreis der Verantwortlichen beträchtlich erweitert, indem es einen umfangreichen Katalog von sanierungspflichtigen Personen benennt. Nunmehr sind auch der Gesamtrechtsnachfolger der Verursachers, der handels- und gesellschaftsrechtlich Einstandspflichtige und der bösgläubige frühere Eigentümer zur Sanierung von schädlichen Bodenveränderungen oder Altlasten verpflichtet.

Die Erweiterung des Kreises der Sanierungsverantwortlichen ist weniger vor dem Hintergrund der Verbesserung einer effektiven Gefahrenabwehr als vielmehr vor dem Hintergrund zu sehen, dass derjenige, der für die Sanierung verantwortlich ist, regelmäßig nach § 24 Abs. 1 S. 1 BBodSchG auch deren Kosten zu tragen hat. Altlast bedeutet in erster Linie eben Kostenlast[90]. Das Kostenproblem verschärft sich, wenn man bedenkt, dass die kostenpflichtige Inanspruchnahme oftmals aus rechtlichen oder auch tatsächlichen Gründen nicht möglich ist, der Verursacher beispielsweise nicht mehr existiert oder einzelne Verantwortliche nicht solvent genug sind. In der Ausdehnung des pflichtigen Personenkreises in § 4 Abs. 3 und Abs. 6 BBodSchG hat sich wie schon in den altlastenrechtlichen Regelungen einiger Landesgesetzgeber das Interesse des Gesetzgebers niedergeschlagen, eine Abwälzung des Sanierungsaufwandes auf die öffentliche Hand zu verhindern[91]. Je mehr Pflichtige – ggf. auch nebeneinander jeweils zu einem Teil – in Anspruch genommen werden können, desto geringer ist die Wahrscheinlichkeit, dass die öffentliche Hand einspringen muss.

[90] So die treffende Umschreibung von Knopp/Albrecht, Altlastenrecht, Rn.15. Ebenso Kloepfer, Umweltrecht, § 12 Rn. 146; Versteyl, in Versteyl/Sondermann, BBodSchG, § 4 Rn. 1; Spieth/Wolfers, altlasten spektrum 1998, 75 (77 f.); dies., NVwZ 1999, 355 (360); Vierhaus, NZG 2000, 240 (241); Oerder, NVwZ 1992, 1031.

[91] BT-Drucks. 13/8182, S. 3 f.; vgl. auch Stellungnahme des Bundesrates vom 29.11.1996, BT-Drucks. 13/6701, S. 52; Ginzky, DVBl. 2003, 169 (170).

Die Erweiterung des Kreises der sanierungspflichtigen Personen wirft eine Vielzahl rechtlicher Probleme auf und hat zu einer wahren Flut von Literatur geführt. Aus diesen beiden Gründen beschränkt sich die vorliegende Arbeit auf die Untersuchung der Sanierungsverantwortlichkeit des Verursachers einer schädlichen Bodenveränderung oder Altlast und seines Gesamtrechtsnachfolgers.

Die vorliegende Arbeit verfolgt zwei Ziele:

Zum einen soll der Frage nachgegangen werden, ob und in welchem Umfang die Regelungen der Sanierungspflicht und der Sanierungsverantwortlichkeit in § 4 Abs. 3 S. 1 BBodSchG in Konflikt mit dem verfassungsrechtlichen Verbot der Rückwirkung von Gesetzen stehen. Insbesondere die Erweiterung des pflichtigen Personenkreises um den Gesamtrechtsnachfolger des Verursachers einer schädlichen Bodenveränderung oder Altlast steht nämlich in einem Spannungsverhältnis mit dem Vertrauen des Bürgers in den Fortbestand der bisherigen Gesetzes- und Rechtslage, auf deren Grundlage er seine Dispositionen – bezüglich der Altlastenproblematik insbesondere seine unternehmerischen – getroffen hat. Das Rückwirkungsverbot und die damit verbundene Frage, inwieweit das Vertrauen in die Beständigkeit des Rechts geschützt ist, ist im Altlastenrecht von zentraler Bedeutung. Dies liegt daran, dass die altlastenverursachenden Handlungen zumeist lange zurückliegen und zu einer Zeit vorgenommen wurden, als sich das Umweltrecht allenfalls gerade am Anfang seiner Entwicklung befand. Mit dem Wasserhaushaltsgesetz von 1960, dem Abfallgesetz von 1972, dem Bundes-Immissionsschutzgesetz von 1974, den spezialgesetzlichen Altlastenregelungen der Länder ab dem Ende der achtziger Jahre und schließlich dem Bundes-Bodenschutzgesetz ist das gesetzliche Altlastenregelungswerk nicht nur nach und nach spezieller und umfangreicher geworden, es wurde auch stetig verschärft. Gerade in Bezug auf die nunmehr umfassendste Regelung der Sanierung von schädlichen Bodenveränderungen und Altlasten im Bundes-Bodenschutzgesetz stellt sich damit besonders die Frage, ob und inwieweit gerade die Sanierungspflicht und die Verantwortlichkeit des Gesamtrechtsnachfolgers des Verursachers eine Verschärfung der früheren Rechtslage darstellen und damit in Konflikt mit dem Rückwirkungsverbot der Verfassung geraten[92].

Zum anderen soll untersucht werden, ob und welche die Sanierungsverantwortlichkeit des Verursachers und seines Gesamtrechtsnachfolgers betreffenden Unsicherheiten und umstrittenen Fragen das Bundes-Bodenschutzgesetz klärt und ob es damit die erwünschte Rechtssicherheit bringt.

---

[92] Nach Bender/Sparwasser/Engel, Umweltrecht, 4. Aufl. 2000, Kap. 7 Rn. 83 ist die Frage nach der Reichweite des Rückwirkungsverbots eine der wichtigsten Streitfragen.

§ 7 Gang der Untersuchung

Die Problematik um die Zulässigkeit rückwirkender Gesetze besteht nur, sofern spätere Regelungen die zuvor geltende Rechtslage verschärfen. Wird im Bundes-Bodenschutzgesetz lediglich spezialgesetzlich niedergelegt, was bereits zuvor, etwa auf der Grundlage des allgemeinen Polizei- und Ordnungsrechts angeordnet werden konnte, so stellt sich das Rückwirkungsproblem nicht. Aus diesem Grund kann das Bundes-Bodenschutzgesetz nicht isoliert untersucht werden. Daher werden im zweiten Kapitel der Arbeit die Rechtsgrundlagen der Altlastensanierung vor Inkrafttreten des Bundes-Bodenschutzgesetzes aufgezeigt, das Bundes-Bodenschutzgesetz skizziert und sein Verhältnis zu den anderen Rechtsgrundlagen untersucht.

Gegenstand des dritten Kapitels ist die Sanierungspflicht. Dargestellt werden ihre Art und Struktur, ihre Entstehungsvoraussetzungen und ihr Inhalt.

Den Schwerpunkt der Arbeit bilden das vierte und fünfte Kapitel. Im vierten Kapitel werden die Sanierungsverantwortlichkeit des Verursachers einer schädlichen Bodenveränderung oder Altlast und seines Gesamtrechtsnachfolgers sowie die damit einhergehenden Rechtsfragen näher untersucht. Im fünften Kapitel wird zunächst die Rückwirkungsdogmatik des BVerfG dargestellt und auf ihrer Grundlage ein Prüfungsraster für die im Anschluss zu klärenden Fragen entwickelt, ob und inwieweit die zuvor herauszuarbeitenden Veränderungen hinsichtlich der Sanierungspflicht und der Sanierungsverantwortlichkeit mit dem verfassungsrechtlichen Rückwirkungsverbot in Konflikt geraten und ob dadurch zeitliche Grenzen für die Anwendbarkeit des Bundes-Bodenschutzgesetzes auf vor seinem Inkrafttreten entstandene Altlasten bestehen.

Die Arbeit schließt im sechsten Kapitel mit einer zusammenfassenden Bewertung ab.

Kapitel 2
Rechtsgrundlagen der Altlastensanierung

§ 8 Rechtsgrundlagen vor Inkrafttreten des Bundes-Boden-schutzgesetzes

Bereits im Problemaufriss wurde kurz angesprochen, dass sowohl das vorhandene Normenarsenal im Bereich des Abfall-, Wasser- und Immissionsschutzrechts als auch das allgemeine Polizei- und Ordnungsrecht zur Sanierung von Altlasten kaum bzw. nur schwer verwendbar war. Diese Aussage soll nun ausgeführt und begründet werden. Ferner soll ein kursorischer Überblick über die Altlastenregelungen der Bundesländer gegeben werden.

A. Abfallrecht

Da eine Hauptursache für das Entstehen von Altlasten in der früheren Praxis der Müllbeseitigung liegt, weist die Altlastenproblematik eine Nähe zum Abfallrecht auf. Entsprechend wurde anfangs versucht, sie mit dem abfallrechtlichen Handlungsinstrumentarium zu lösen. Das Abfallrecht enthielt zunächst mit § 10 Abs. 2 AbfG und dann § 36 Abs. 2 S. 1 KrW-/AbfG[93] eine altlastenrelevante Regelung im Zusammenhang mit der Stilllegung einer Abfalldeponie. § 10 Abs. 2 AbfG und § 36 Abs. 2 S. 1 KrW-/AbfG in der bis zum 27.7.2001 geltenden Fassung ermächtigten die zuständige Behörde, den Inhaber einer stillzulegenden Deponie[94] dazu zu verpflichten, das Gelände zu rekultivieren und erforderliche Vorkehrungen zu treffen, um deponiebedingte Beeinträchtigungen des Wohls der Allgemeinheit zu verhüten. Letzteres umfasste auch die Sicherung und Sanierung, etwa die Auskofferung gefähr-

---

[93] § 36 Abs. 2 KrW-/AbfG ist zwei Mal geändert worden: 1998 wurde an Abs. 2 S. 1 durch Art. 2 Nr. 1 des Gesetzes zum Schutze des Bodens vom 17.3.1998 (BGBl. I S. 502) ein zweiter Satz angefügt, wonach bei dem Bestehen des Verdachts, dass von einer stillgelegten Deponie schädliche Bodenveränderungen oder sonstige Gefahren ausgehen, für die Erfassung, Untersuchung, Bewertung und Sanierung die Vorschriften des Bundes-Bodenschutzgesetzes Anwendung finden. Im Jahre 2001 wurde Abs. 2 S. 1 durch Art. 8 des Gesetzes zur Umsetzung der UVP-Richtlinie, der IVU-Richtlinie und weiterer EG-Richtlinien zum Umweltschutz vom 27.7.2001 (BGBl. I S. 1950) neu gefasst und erweitert.

[94] § 10 Abs. 2 AbfG erfasste noch sämtliche ortsfeste Abfallentsorgungsanlagen.

licher Abfälle[95]. Auf illegale Anlagen war § 36 Abs. 2 S. 1 KrW-/AbfG ebenfalls anwendbar, ebenso bei einer erzwungenen Stilllegung[96].

§ 10 Abs. 2 AbfG und § 36 Abs. 2 S. 1 KrW-/AbfG konnten jedoch keine große Bedeutung bei der Sanierung von Altdeponien erlangen. Insbesondere der zeitliche und sachliche Anwendungsbereich beider Normen schränkte ihre Tauglichkeit in vielen Fällen erheblich ein.

In zeitlicher Hinsicht waren § 10 Abs. 2 AbfG und § 36 Abs. 2 S. 1 KrW-/AbfG a. F. auf vor dem Inkrafttreten des Abfallgesetzes am 11.6.1972 stillgelegte Deponien und abgeschlossene Ablagerungen wegen des verfassungsrechtlich verankerten Rückwirkungsverbots nicht anwendbar[97]. Für die Sanierung von vor dem 11.6.1972 entstandene Altlasten bot das Abfallrecht daher keine rechtliche Grundlage, es sah in § 40 Abs. 1 S. 2 KrW-/AbfG lediglich deren Überwachung vor.

In sachlicher Hinsicht erfassten die Vorschriften mit stillzulegenden bzw. stillgelegten Deponien nur einen Ausschnitt des Altlastenspektrums, wenn auch einen bedeutenden. Aber selbst wenn § 10 Abs. 2 AbfG und § 36 Abs. 2 S. 1 KrW-/AbfG a. F. trotz der schon genannten Einschränkungen grundsätzlich Anwendung finden konnten, waren die Möglichkeiten zum Erlass von Sanierungsanordnungen aufgrund der engen Tatbestandsvoraussetzungen begrenzt.

Erstens musste das behördliche Einschreiten aufgrund einer Verletzung des Gebotes der ordnungsgemäßen und schadlosen Abfallverwertung (§ 5 KrW-/AbfG) oder gemeinwohlverträglichen Abfallbeseitigung (§ 10 Abs. 4 KrW-/AbfG) erfolgen, da Ziel der Regelung die Sicherstellung der Erfüllung der Grundpflicht zur gemeinwohlverträglichen Abfallbeseitigung während der Nachbetriebsphase war. Bestand dagegen eine von einer Sache ausgehende konkrete Gefahr für ein Rechtsgut, so war das besondere Landesordnungsrecht, gegebenenfalls auch das allgemeine Polizei- und Ordnungsrecht einschlägig[98].

---

[95] Paetow, in Kunig/Paetow/Versteyl, KrW-/AbfG, 1. Aufl. 1998, § 36 Rn. 21.

[96] BVerwG, Beschl. v. 5.2.1995, NVwZ-RR 1995, 498; VGH Kassel, Beschl. v. 31.8.1989, NVwZ 1990, 383.

[97] Allgemeine Auffassung: Paetow, in Kunig/Paetow/Versteyl, KrW-/AbfG, 1. Aufl., § 36 Rn. 5; ders., NVwZ 1990, 510 (514); Papier, DVBl. 1985, 873; Schink, GewArch 1996, 6 (10); Mosler, Altlastensanierung, S. 38 ff.

[98] BVerwG, Urt. v. 18.10.1991, NVwZ 1992, 480; OVG Schleswig, Urt. v. 19.1.1993, NVwZ-RR 1994, 75 (76); OVG Hamburg, Urt. v. 1.12.1992, NVwZ-RR 1993, 602.

Zweitens war der Kreis potentieller Adressaten klein: Anordnungen konnten ausschließlich gegen den (ehemaligen) Inhaber[99] der Deponie – bei mehreren Inhabern in zeitlicher Abfolge sogar nur gegen den letzten – erlassen werden[100].

Schließlich ging das Gesetz in der bis zum 27.7.2001 geltenden Fassung davon aus, dass Anordnungen nach § 36 Abs. 2 S. 1 vor oder mit der Stilllegung getroffen würden. Zwar war anerkannt, dass entgegen dem gesetzlich vorgesehenen Regelfall Anordnungen auch nach der Stilllegung ergehen konnten, allerdings nur zeitlich begrenzt[101].

Aufgrund der genannten Einschränkungen in zeitlicher und sachlicher Hinsicht schieden viele Fälle von Altablagerungen aus dem Anwendungsbereich der Vorschrift aus[102]. Dann musste auf das besondere Landesordnungsrecht oder das allgemeine Polizei- und Ordnungsrecht zurückgegriffen werden, dessen Anwendbarkeit von § 10 Abs. 2 AbfG und § 36 Abs. 2 S. 1 KrW-/AbfG a. F. insoweit nicht ausgeschlossen wurde[103].

---

[99] Inhaber ist, wer nach den konkreten rechtlichen, wirtschaftlichen und sonstigen Begebenheiten als Betreiber der Deponie anzusehen ist, siehe VGH Mannheim, Urt. v. 15.12.1987, NVwZ 1988, 562 (563); VGH München, Urt. v. 10.12.1996, NuR 1997, 409 (410). Ausführlich zum Begriff des Inhabers einer Deponie OVG Weimar, Urt. v. 11.6.2001, NuR 2002, 172 (178).

[100] BVerwG, Beschl. v. 7.12.2000, LKV 2001, 228 (229); VGH München, Beschl. v. 1.3.1993, BayVBl. 1993, 304 (306); Paetow, in Kunig/Paetow/Versteyl, KrW-/AbfG, 1. Aufl. 1998, § 36 Rn. 8; Kloepfer, NuR 1987, 7 (20); a. A. Schink, DVBl. 1985, 1149 (1156).

[101] Da § 36 Abs. 2 S. 1 KrW-/AbfG keine zeitliche Grenze festschreibt, griff das BVerwG zur zeitlichen Begrenzung auf den Verhältnismäßigkeitsgrundsatz zurück, für den es die 10-Jahresfrist des § 17 Abs. 4a BImSchG als Anhaltspunkt heranzog, BVerwG, Beschl. v. 6.5.1997, NuR 1997, 550 (551). Siehe ferner VGH Kassel, Beschl. v. 31.8.1989, NVwZ 1990, 383; OVG Hamburg, Urt. v. 1.12.1992, NVwZ-RR 1993, 602; OVG Münster, Urt. v. 16.11.2000, ZfW 2001, 201 (202). Anderer Ansicht sind VGH München, Urt. v. 10.12.1996, NVwZ 1997, 1023 (1024), wonach die Frist jedenfalls noch nicht nach 13 bis 15 Jahren abgelaufen sei, sowie Schink, DVBl. 1985, 1149 (1156), der eine unbegrenzte Nachhaftung des früheren Anlageninhabers annimmt. Kritisch zur Rechtsprechung des BVerwG auch Frenz, KrW-/AbfG, § 36 Rn. 14.

[102] So auch Paetow, NVwZ 1990, 510 (514).

[103] Ganz überwiegende Meinung: BVerwG, Urt. v. 19.1.1989, NJW 1989, 1295 (1296); VGH Kassel, Beschl. v. 5.10.1989, NVwZ 1990, 381; OVG Hamburg, Urt. v. 1.12.1992, NVwZ-RR 1993, 602 (605); Paetow, in Kunig/Paetow/Versteyl, KrW-/AbfG, 1. Aufl. 1998, § 36 Rn. 25 ff.; Papier, NWVBl. 1989, 322 (323); Seibert, DVBl. 1992, 664 (665 f.); a. A. wohl VGH Mannheim, Urt. v. 15.12.1987, NVwZ 1988, 562.

B. Immissionsschutzrecht

Eine der abfallrechtlichen Vorschrift des § 36 Abs. 2 KrW-/AbfG a. F. vergleichbare Regelung zur Nachsorge bei der Stilllegung von Anlagen enthielten die – inzwischen an das Bundes-Bodenschutzgesetz angepassten – §§ 5 Abs. 3, 17 Abs. 1 und Abs. 4a BImSchG a. F. Nach der auf der Dritten Novelle des Bundes-Immissionsschutzgesetzes vom 11.5.1990[104] beruhenden Vorschrift des § 5 Abs. 3 BImSchG hatte der Betreiber einer genehmigungsbedürftigen Anlage sicherzustellen, dass auch nach einer Betriebseinstellung von der Anlage oder dem Anlagengrundstück keine schädlichen Umwelteinwirkungen ausgehen (Nr. 1) und vorhandene Abfälle schadlos verwertet oder beseitigt werden (Nr. 2)[105]. Damit wurden die Betreiberpflichten des § 5 BImSchG auch auf stillgelegte Anlagen ausgedehnt.

Wie im Abfallrecht bestanden auch im Immissionsschutzrecht Einschränkungen in sachlicher und zeitlicher Hinsicht. Der sachliche Anwendungsbereich richtete sich nach den §§ 1, 2 und 4 BImSchG. In zeitlicher Hinsicht galt die Nachsorgepflicht aufgrund des verfassungsrechtlichen Rückwirkungsverbots nicht für Anlagen, deren Betrieb bereits vor dem Inkrafttreten der dritten Änderungsnovelle um Bundes-Immissionsschutzgesetzes am 1.9.1990 vollständig eingestellt worden war[106]. Erfolgte die Stilllegung allerdings erst nach dem 1.9.1990, so war es unerheblich, ob Gefahren oder Bodenkontaminationen vor oder nach dem Stichtag verursacht wurden[107].

War der sachliche und zeitliche Anwendungsbereich eröffnet, konnte die Pflicht zur Vermeidung von Altlasten mittels einer Nachsorgeanordnung nach § 17 Abs. 1, 4a BImSchG noch innerhalb eines Zeitraumes von zehn Jahren nach Betriebseinstellung durchgesetzt werden[108]. Als Handlungsstörer konnte dabei jeder Betreiber in Anspruch genommen werden, der einen sanierungsbedürftigen Zustand hervorgerufen hatte. Daneben war er als Zustandsstörer auch für Gefahren verantwortlich, die andere Personen auf seinem Grundstück verursacht hatten. Aus diesem Grund war der letzte Anlagenbetreiber insbesondere auch für durch frühere Betreiber hervorgerufene Gefahren verantwortlich. Die Vorschläge, die Pflicht des § 5 Abs. 3 BImSchG auf den letzten Anlagenbetreiber[109] oder auf den Anlagenbetreiber,

---

[104] BGBl. I, S. 870 ff.

[105] Eingehend zu den Nachsorgepflichten Hansmann, NVwZ 1993, 921 ff.

[106] Allgemeine Meinung, siehe z. B. Jarass, BImSchG, § 5 Rn. 106; Vallendar, UPR 1991, 91 (95).

[107] Schink, GewArch 1996, 6 (13); Hansmann, NVwZ 1993, 921 (923).

[108] Zu den Pflichten im Falle einer Betriebseinstellung und zu den Voraussetzungen für Nachsorgeanordnungen siehe Vallendar, UPR 1991, 91 ff.

[109] Jarass, BImSchG, § 5 Rn. 107; Vallendar, UPR 1991, 91 (95).

der die Gefahr verursacht hat[110], zu beschränken, sind abzulehnen. Der erste Vorschlag würde die Handlungshaftung des Verursachers ausschalten. Ferner bestünde die Gefahr, dass sich ein früherer Betreiber durch Übertragung seiner Anlage an einen nicht leistungsfähigen Rechtsnachfolger seiner Nachsorgepflichten entledigen könnte[111]. Der zweite Vorschlag würde die Zustandshaftung des letzten Betreibers ausschalten. Eine tragfähige Begründung für die mit beiden Einschränkungen einhergehende Privilegierung des Betreibers nach dem Bundes-Immissionsschutzgesetz im Vergleich zum allgemeinen Polizei- und Ordnungsrecht, nach dem weder die Handlungshaftung noch – zumindest in den meisten Bundesländern – die Zustandshaftung durch Entledigung der gefahrbegründenden Sache ausgeschlossen werden kann, ist nicht ersichtlich[112]. § 5 Abs. 3 BImSchG begründete also eine Handlungs- und eine Zustandshaftung[113]. Der in Bezug auf frühere Anlagenbetreiber weite Kreis von Verantwortlichen nach dem Bundes-Immissionsschutzgesetz steht auch nicht in Widerspruch zur Regelung im Kreislaufwirtschafts- und Abfallgesetz und zur Rechtsprechung des BVerwG, wonach nach § 36 Abs. 2 KrW-/AbfG nur der letzte Betreiber verantwortlich sei[114]. Denn während § 36 Abs. 2 KrW-/AbfG nur den Inhaber als Adressaten von Anordnungen benannte, war der Wortlaut von § 5 Abs. 3 BImSchG insoweit weiter gefasst, als die Nachsorgepflicht auch schon bei der Errichtung und dem Betrieb der Anlage zu berücksichtigen war.

C. Wasserrecht

Da von durch Altlasten verseuchten Böden häufig eine Gefahr für Gewässer, vor allem für das Grundwasser, ausgeht, bot sich auch das Wasserrecht als Eingriffsgrundlage für Sanierungsanordnungen an. Altlastenrelevante Vorschriften sind vor allem § 26 Abs. 2 WHG für oberirdische Gewässer und § 34 Abs. 2 WHG für das Grundwasser. Nach beiden Vorschriften dürfen Stoffe nur so gelagert oder abgelagert werden, dass eine Verunreinigung des Wassers bzw. Grundwassers nicht zu besorgen ist. Erforderlich ist allerdings ein zielgerichtetes Lagern oder Ablagern; bei Leckagen oder Unachtsamkeit während der Produktion in industriellen Anlagen sind die Vorschriften nicht anwendbar[115].

---

[110] So wohl Fluck, BB 1991, 1797 (1800).
[111] Hansmann, NVwZ 1993, 921 (923 f.).
[112] So auch Hoppe/Beckmann/Kauch, Umweltrecht, § 28 Rn. 35.
[113] Ebenso Hansmann, NVwZ 1993, 921 (924); Schink, GewArch 1996, 6 (13).
[114] Siehe Nachweise in Fn. 100.
[115] BVerwG, Urt. v. 16.11.1973, DÖV 1974, 207.

Ebenso wie im Abfallrecht ist aber der zeitliche Anwendungsbereich des am 1.3.1960 in Kraft getretenen WHG zu beachten. Da es älter als das Abfallgesetz ist, kommt ihm gerade in Bezug auf Abfallablagerungen vor Inkrafttreten des Abfallgesetzes am 11.6.1972 besondere Bedeutung zu. Wegen des Rückwirkungsverbots ist es aber nicht anwendbar, soweit Ablagerungen oder Bodenverunreinigungen vor dem 1.3.1960 abgeschlossen waren, soweit nicht im Einzelfall eine die Unzulässigkeit der Rückwirkung ausschließende Kontinuität mit früher geltenden wasserrechtlichen Vorschriften besteht[116].

Neben dieser zeitlichen Einschränkung wird die Bedeutung des Wasserrechts bei der Altlastensanierung zudem dadurch geschmälert, dass das Wasserhaushaltsgesetz eine „Benutzungsordnung" mit Verhaltensgeboten und -verboten sowie administrativen Präventiv- und Bewirtschaftungskontrollen regelt[117], jedoch keine Eingriffsermächtigung für Sanierungsanordnungen enthält. Auch die Landeswassergesetze enthalten zumeist keine oder nur eine der ordnungsrechtlichen Generalklausel nachgebildete Eingriffsermächtigung[118]. Damit ist das Wasserrecht überwiegend nur Rechtmäßigkeitsmaßstab, das für Sanierungsanordnungen aber kaum eine tragfähige Basis bietet. Der Rückgriff auf die Generalklausel und die Vorschriften der Verantwortlichkeit des allgemeinen Polizei- und Ordnungsrechts führte bei Sanierungsverfügungen der Wasserbehörden vielmehr zu den bereits angesprochenen und sogleich zu vertiefenden Problemen und Unsicherheitsfaktoren der polizei- und ordnungsrechtlichen Verantwortlichkeit.

D. Landesrecht

Die Altlastenproblematik ließ sich also auf bundesrechtlicher Grundlage mit den Instrumentarien des Abfall-, Wasser- und Immissionsschutzrechts kaum lösen. Wie sich aus der obigen Darstellung entnehmen lässt, ist der Anwendungsbereich der bundesrechtlichen Rechtsvorschriften in zeitlicher Hinsicht zumeist auf jüngere und in sachlicher Hinsicht auf nur einige spezielle Fälle beschränkt. Vor Inkrafttreten des Bundes-Bodenschutzgesetzes musste die Altlastenproblematik daher überwiegend auf der Basis landesrechtlicher Regelungen gelöst werden, zunächst mit dem allgemeinen Polizei- und Ordnungsrecht, später mit speziellen Altlastenregelungen in den Landesabfallgesetzen oder in eigenen Bodenschutz- oder Altlastengesetzen. Obwohl die landesrechtlichen Regelungen – zumindest die materiellen Altlastenrege-

---

[116] Etwa dem Preußischen Wassergesetz (PrWassG) vom 7.4.1913. Vgl. dazu OVG Münster, Beschl. v. 30.5.1996, NVwZ 1997, 507 (508 f.).
[117] Breuer, DVBl. 1994, 890 (893).
[118] Z. B. § 64 Abs. 2 Hamburgisches Wassergesetz.

lungen – seit Inkrafttreten des Bundes-Bodenschutzgesetzes weitgehend bedeutungslos geworden sind[119], markieren die mit ihnen gemachten Erfahrungen gleichwohl die Ausgangslage für das Bundes-Bodenschutzgesetz. Aus den Problemen bei der Anwendung des allgemeinen Polizei- und Ordnungsrechts ergaben sich die Notwendigkeit spezieller Altlastenregelungen und das Erfordernis einer bundeseinheitlichen Lösung in Form eines Bundes-Bodenschutzgesetzes. So wird das Bundes-Bodenschutzgesetz auch anhand der bisherigen Lösungsmöglichkeiten gemessen werden, ob es geeignet ist, die bestehenden Zweifels- und Streitfragen zu lösen. Schon *Breuer* bemerkte zutreffend, dass wenig oder nichts gewonnen sei, wenn sich eine spezialgesetzliche Regelung des Altlastenproblems darauf beschränken würde, bloß die bekannten Grundsätze des Polizei- und Ordnungsrechts inhaltsgleich zu wiederholen[120].

Im Folgenden soll daher ein Überblick über die landesrechtlichen Regelungen gegeben werden. Dabei sollen zunächst die Möglichkeiten und Grenzen der Altlastensanierung mit den Instrumentarien des allgemeinen Polizei- und Ordnungsrechts kurz skizziert werden, da die spezialgesetzlichen Altlastenregelungen der Länder auf den dabei gemachten Erfahrungen beruhen.

I. Allgemeines Polizei- und Ordnungsrecht

In der Zeit vom Aufkommen der ersten Altlastenfälle Mitte der achtziger Jahre bis zum Erlass der Altlastenregelungen der Länder musste die Altlastenproblematik mangels geeigneter Spezialregelungen überwiegend mit dem allgemeinen Polizei- und Ordnungsrecht bewältigt werden. Insoweit hat die Altlastenproblematik zu einer „Renaissance des Polizeirechts" geführt[121], während es in vielen anderen Bereichen des Umweltrechts mehr und mehr von zahlreichen spezialgesetzlichen Regelungen verdrängt wurde[122].

1. Zeitlicher Anwendungsbereich

Zeitliche Anwendungsprobleme bestehen nicht, da alle Polizei- und Ordnungsgesetze der Bundesländer im Wesentlichen auf das Preußische

---

[119] Ausführlich zum Verhältnis des Bundes-Bodenschutzgesetzes zu den landesrechtlichen Rechtsgrundlagen der Altlastensanierung, insbesondere den Regelungen der Sanierungsverantwortlichkeit siehe Kapitel 2 § 10 E. (S. 76 ff.).

[120] Breuer, DVBl. 1994, 890 (892).

[121] Breuer, JuS 1986, 359 (360); ders., NVwZ 1987, 751 (753); Brandt, Altlastenrecht, Kap. IV Rn. 30.

[122] Vgl. Martens, in Drews/Wacke/Vogel/Martens, Gefahrenabwehr, S. 131.

Allgemeine Landrecht von 1794 zurückgehen[123]. § 10 Teil II Titel 17 PrALR bestimmte: „Die nöthigen Anstalten zur Erhaltung der öffentlichen Ruhe, Sicherheit und Ordnung, und zur Abwendung der dem Publiko, oder einzelnen Mitgliedern desselben bevorstehenden Gefahr zu treffen, ist das Amt der Polizey". Auf der Grundlage dieser Vorschrift entwickelte das PrOVG[124] ein ausgefeiltes System des Polizeirechts, das im Preußischen Polizeiverwaltungsgesetz (PrPVG) von 1931[125] kodifiziert wurde[126]. § 14 Abs. 1 PrPVG lautete: „Die Polizeibehörden haben im Rahmen der geltenden Gesetze die nach pflichtgemäßem Ermessen notwendigen Maßnahmen zu treffen, um von der Allgemeinheit oder dem Einzelnen Gefahren abzuwehren, durch die die öffentliche Sicherheit bedroht wird."

Die polizeipflichtigen Personen waren in § 19 und § 20 PrPVG geregelt. In § 19 Abs. 1 PrPVG hieß es: „Wird die öffentliche Sicherheit oder Ordnung durch das Verhalten von Personen gestört oder gefährdet, so haben sich die Polizeibehörden an diejenigen Personen zu halten, die die Störung oder Gefahr verursacht haben." § 20 Abs. 1 PrPVG lautete: „Für den polizeimäßigen Zustand einer Sache ist deren Eigentümer verantwortlich."

Was die Generalklausel und die Verantwortlichen anbelangt, wurde die Rechtsentwicklung in Preußen nach der Verabschiedung des Grundgesetzes von den Polizei- und Ordnungsgesetzen der Länder im Wesentlichen ohne inhaltliche Abweichung übernommen[127]. Bei einem Einschreiten aufgrund der polizei- und ordnungsrechtlichen Generalklauseln kommt ein Verstoß gegen das verfassungsrechtliche Rückwirkungsverbot daher selbst bei weit zurückliegenden Bodenverunreinigungen nicht in Betracht.

2. Sachlicher Anwendungsbereich

Auch in sachlicher Hinsicht ist die Anwendbarkeit unproblematisch. Im Gegensatz zu den vielen Spezialgesetzen erfassen die rechtsbegriffliche

---

[123] Dies gilt auch für die neuen Bundesländer, da das gemein-deutsche Polizeirecht auch in der DDR ununterbrochen weitergegolten hat; siehe Rehbinder, DVBl. 1991, 421 (422 f.); Enders, DVBl. 1993, 82 (85); Müggenborg NVwZ 1992, 845 (846 f.).

[124] Von besonderer Bedeutung ist das so genannte Kreuzberg-Erkenntnis des PrOVG vom 14.7.1882, E 9, 353 ff.

[125] Preuß. GS. S. 77.

[126] Friauf, in Schmidt-Aßmann, Besonderes Verwaltungsrecht, 11. Aufl. 1999, 2. Abschn. Rn. 8.

[127] OVG Münster, Urt. v. 30.5.1996, NVwZ 1997, 507 (508); Friauf, in Schmidt-Aßmann, Besonderes Verwaltungsrecht, 11. Aufl. 1999, 2. Abschn. Rn. 8. Zur historischen Entwicklung, insbesondere zu § 10 Teil II Titel 17 PrALR und zum PrPVG siehe Götz, Polizei- und Ordnungsrecht, Rn. 10 ff.

Weite der Generalklausel und die objektive, verschuldensunabhängige Verantwortlichkeit des Verhaltens- und des Zustandsstörers gerade solche Gefahren, die aus schwer oder nicht abschätzbaren und spezialgesetzlich kaum zu erfassenden Entwicklungsrisiken erwachsen[128]. Diese Reservefunktion des allgemeinen Polizei- und Ordnungsrechts kam in den Altlastenfällen zum Tragen. Sie ist zwar eine der großen Vorzüge des allgemeinen Polizei- und Ordnungsrechts, ihr steht jedoch spiegelbildlich der zwingende Nachteil gegenüber, insgesamt und insbesondere hinsichtlich der komplexen Altlastenproblematik wenig konkret und präzise und damit schwer handhabbar zu sein.

Der Rückgriff auf das subsidiäre allgemeine Polizei- und Ordnungsrecht wird auch nicht durch das besondere Ordnungsrecht, insbesondere das Abfall-, Immissionsschutz- und Wasserrecht verwehrt, da dieses keine abschließenden Regelungen in dem Sinne erhält, dass ein polizeiliches Einschreiten bei einer spezialgesetzlich nicht erfassten Gefahrenlage ausgeschlossen wäre[129].

3. Voraussetzungen und Inhalt einer Sanierungsanordnung

a) Gefahr und Gefahrabwehrmaßnahmen

Verfügungen zur Gefahrenabwehr nach den polizei- und ordnungsrechtlichen Generalklauseln setzen das Bestehen einer konkreten Gefahr für die öffentliche Sicherheit oder Ordnung bzw. eine bereits eingetretene Störung voraus. Unter den staats- oder gemeinschaftsbezogenen Teil der öffentlichen Sicherheit fallen neben dem Schutz des Staates und seiner Einrichtungen im engeren Sinne auch die kollektiven Rechtsgüter, deren Schutz mit Rücksicht auf die Allgemeinheit geboten ist[130]. Durch Altlasten besonders gefährdete und vom Schutzgut der öffentlichen Sicherheit umfasste kollektive Gesamtrechtsgüter sind vor allem die menschliche Gesundheit[131] sowie der Wasser-

---

[128] Breuer, DVBl. 1994, 890 (893).
[129] Allgemeine Ansicht, z.B. VGH Mannheim, Beschl. v. 14.12.1989, UPR 1990, 310 (312); Kloepfer, Umweltrecht, 2. Aufl. 1998, § 12 Rn. 66 jeweils m. w. N.
[130] Friauf, in Schmidt-Aßmann, Besonderes Verwaltungsrecht, 11. Aufl. 1999, 2. Abschn. Rn. 33.
[131] Martens, in Drews/Wacke/Vogel/Martens, Gefahrenabwehr, S. 235; Götz, Polizei- und Ordnungsrecht, Rn. 115. Das OVG Schwerin, Urt. v. 16.1.1997, WM 1998, 1548 (1550) spricht von „Volksgesundheit". Der Schutz der menschlichen Gesundheit obliegt dem Staat schon wegen der grundgesetzlichen Verbürgung der körperlichen Unversehrtheit in Art. 2 Abs. 2 GG, die nicht allein ein bloßes Abwehrrecht gegen staatliche Eingriffe beinhaltet, sondern den Staat auch – allerdings unter Einräumung eines

haushalt[132], insbesondere das Grundwasser[133]. Auch der Boden wird als ein kollektives Rechtsgut anzusehen sein, selbst wenn das Eigentum des Einzelnen im Vordergrund steht.

Für die Schutzgüter besteht nach einer der üblichen Definitionen eine Gefahr, wenn ein Schadenseintritt bei ungehindertem Geschehensablauf hinreichend wahrscheinlich ist[134]. Der erforderliche Wahrscheinlichkeitsgrad ist dabei situationsabhängig: Je höherwertiger das bedrohte Rechtsgut und je größer der drohende Schaden ist, desto geringere Anforderungen sind an die Wahrscheinlichkeit des Schadenseintritts zu stellen[135]. Dementsprechend ist die zu erreichende Wahrscheinlichkeitsschwelle im Altlastenrecht gering, da regelmäßig das Rechtsgut Gesundheit gefährdet ist[136].

Der Gefahrbegriff bestimmt aber nicht nur die Eingriffsvoraussetzungen, sondern auch die Eingriffsgrenzen. Gefahrenabwehrmaßnahmen sind nur zulässig, soweit sie zur Abwehr der konkreten Gefahr erforderlich sind. Dementsprechend kann erforderlichenfalls zwar die Auskofferung und umweltgerechte Entsorgung kontaminierten Erdreichs verlangt werden, nicht aber eine umfassende Sanierung der Altlast einschließlich der Gefahrenvorsorge für die Zukunft oder – wie bei § 36 Abs. 2 KrW-/AbfG – die Rekultivierung[137]. Schon wegen dieses eingeschränkten Maßnahmenspektrums ist auch das allgemeine Polizei- und Ordnungsrecht zur Altlastensanierung nur bedingt geeignet[138].

---

erheblichen Spielraumes – zum aktiven Schutz verpflichtet; dazu BVerfG, Urt. v. 25.2.1975, E 39, 1 (41 ff.); Beschl. v. 14.1.1981, E 56, 54 (73); Beschl. v. 29.10.1987, NJW 1988, 1651 (1653); Jarass, in Jarass/Pieroth, GG, Art. 2 Rn. 70 ff.

[132] BVerwG, Urt. v. 16.11.1973, DÖV 1974, 207 (209).

[133] VGH München, Beschl. v. 13.12.1994, NVwZ-RR 1995, 647 (648).

[134] BVerwG, Urt. v. 13.12.1967, E 28, 310 (315 f.); Urt. v. 26.6.1970, DÖV 1970, 713 (715); OVG Münster, Urt. v. 24.2.1989, NVwZ 1989, 987 (988); OVG Koblenz, Urt. v. 7.5.1991, NVwZ 1992, 499; Götz, Polizei- und Ordnungsrecht, Rn. 140; Schenke, in Steiner, Besonderes Verwaltungsrecht, Kap. II Rn. 46.

[135] Allgemeine Ansicht: BVerwG, Urt. v. 26.6.1970, DÖV 1970, 713 (715); Urt. v. 11.11.1980, DÖV 1981, 421 (422); Beschl. v. 13.5.1983, ZfW 1984, 222 (223); OVG Münster, Beschl. v. 10.1.1985, NVwZ 1985, 355 (356); Urt. v. 24.2.1989, NVwZ 1989, 987 (988); VGH München, Beschl. v. 13.12.1994, NVwZ-RR 1995, 647 (648); Martens, in Drews/Wacke/Vogel/Martens, Gefahrenabwehr, S. 224.

[136] VGH Mannheim, Beschl. v. 14.12.1989, NVwZ 1990, 781 (782); OVG Schwerin, Urt. v. 16.1.1997, WM 1998, 1548 (1550); Schink, GewArch 1996, 50.

[137] Schink, GewArch 1996, 50 (51); Paetow, NVwZ 1990, 510 (516); Kloepfer, NuR 1987, 7 (19); Oerder, NVwZ 1992, 1031 (1033).

[138] Brandt, Altlastenrecht, Kap. IV Rn. 37.

b) Gefahrverdacht und Gefahrerforschungseingriff

Oftmals ist die Anwendung der eben genannten Grundsätze in der Praxis problematisch, da gerade bei altlastenverdächtigen Flächen das Vorliegen einer Gefahr häufig zweifelhaft sein wird und in der Regel zunächst nur ein Gefahrverdacht[139] aufgrund von ersten Anzeichen besteht. Die Ordnungsbehörde kann dann im Wege eines Gefahrerforschungseingriffs[140] Aufklärungsmaßnahmen veranlassen, um das tatsächliche Bestehen einer Gefahr sowie deren Art und Ausmaß zu ermitteln[141]. Streitig ist allerdings, ob Gefahrerforschungsmaßnahmen, etwa Probebohrungen, auch dem vermeintlich Verantwortlichen kostenpflichtig aufgegeben werden können. Während es bis etwa Ende der achtziger Jahre fast einstimmige Meinung war, dass die Behörde grundsätzlich die vorläufige Maßnahmen- und Kostenlast der Gefahrerforschung treffe[142], sind inzwischen mehrere Konstellationen zu unterscheiden[143]:

• Es liegt ein Gefahrverdacht vor, aber kein Verdachtsstörer. Um einen solchen Fall handelt es sich beispielsweise, wenn die Behörde in einem größeren Umkreis das Vorhandensein von Altlasten vermutet, ohne auch nur Anhaltspunkte für eine Verantwortlichkeit zu haben. In diesem Fall ist, da sich der Gefahrverdacht keinem Verdachtsstörer zuordnen lässt, unstreitig, dass die bloßen Verdachtsbetroffenen nicht bzw. allenfalls unter den Voraussetzungen des polizeilichen Notstandes in Anspruch genommen

---

[139] Zum Gefahrverdacht im Umweltrecht grundlegend Breuer, in Martens-Gedächtnisschrift, S. 317 (338 ff.).

[140] Allgemein zum Gefahrverdacht und Gefahrerforschungseingriff OVG Münster, Urt. v. 26.3.1996, DÖV 1996, 1049 (1050); OVG Bremen, Urt. v. 29.8.2000, NVwZ-RR 2001, 157 (158); Götz, Polizei- und Ordnungsrecht, Rn. 155; Schoch, in Schmidt-Aßmann, Besonderes Verwaltungsrecht, 2. Kap. Rn. 95 ff.

[141] Umstritten ist allerdings die theoretische Frage nach der rechtlichen Grundlage für Gefahrerforschungseingriffe, soweit sie nicht spezialgesetzlich geregelt sind. Teils wird der Gefahrverdacht als Gefahr im Rechtssinne, also im Sinne der Generalklausel, begriffen (so die herrschende Meinung: BVerwG, Urt. v. 16.12.1971, E 39, 190 (193 f.); OVG Münster, Urt. v. 10.6.1981, DVBl. 1982, 653 (654); Schoch, in Schmidt-Aßmann, Besonderes Verwaltungsrecht, 2. Kap. Rn. 97; Martens, in Drews/Wacke/Vogel/Martens, Gefahrenabwehr, S. 226), teils wird vertreten, dass Gefahrverdacht und Gefahr zwar nicht gleichgesetzt werden dürften, die Ermächtigung für Gefahrerforschungseingriffe aber sinngemäß in der Generalklausel enthalten sei (so insbesondere Götz, Polizei- und Ordnungsrecht, Rn. 155). Weiterführend dazu siehe Petri, DÖV 1996, 443 (444 ff.) sowie Losch, DVBl. 1994, 781 ff.

[142] Vgl. Breuer, NVwZ 1987, 751 (754) mit umfassenden Nachweisen.

[143] Ebenfalls nach – allerdings abweichenden – Gruppen differenzieren Würtenberger, in Achterberg/Püttner/Würtenberger, Besonderes Verwaltungsrecht II, § 21 Rn. 195; Breuer, in Martens-Gedächtnisschrift, S. 317 (347); Götz, Polizei- und Ordnungsrecht, Rn. 195.

werden dürfen[144]. Die Behörde muss also grundsätzlich zunächst selbst weitere Ermittlungen durchführen.

- Es liegt ein Gefahrverdacht mit einem Verdachtsstörer vor. Beispielsfall[145]: Es besteht der Verdacht, dass von dem Betriebsgelände einer Firma, die PVC-Fenster herstellt, nach einem Brand verunreinigtes Löschwasser in die Kanalisation gelangt. Der Bürgermeister lässt daraufhin den Zulauf zur Kanalisation sperren, das Löschwasser abpumpen und Proben entnehmen. Nach einer Ansicht ist der Verdachtsstörer beim Vorliegen eines Gefahrverdachts nur zur Duldung behördlicher Erforschungs- oder – im Eilfall – Abwehrmaßnahmen verpflichtet, wobei insbesondere auf den Grundsatz der Amtsermittlung verwiesen wird[146]. Nach anderer Auffassung können Maßnahmen, die der Klärung dienen, ob eine Gefahr tatsächlich vorliegt, dem Verdachtsstörer auf seine Kosten aufgegeben werden. Dies wird damit begründet, dass Gefahrerforschungseingriffe grundsätzlich die Vorstufe bzw. der erste Schritt zur Bekämpfung der Gefahr seien[147].

- Es besteht eine Gefahr, diese lässt sich aber nicht einem Störer zuordnen, allenfalls besteht ein Verdacht. Dieser Fall ist gerade im Altlastenrecht recht häufig, wenn eine Verunreinigung, beispielsweise durch Probebohrungen, feststeht und als Quelle etwa ein in der Nähe liegender Betrieb in Frage kommt. In dieser Konstellation geht es also darum, den Verantwortlichen zu ermitteln, weshalb *Götz*[148] von einem Störererforschungseingriff spricht. Da sowohl der Gefahrenverdacht wie auch das Vorliegen einer Gefahr ein Einschreiten nach der polizeilichen Generalklausel erlauben, verläuft die Lösung parallel zu den beiden vorherigen Fallgruppen. Ist der Verdacht nur vage, so dass der potenzielle Verursacher nur Verdachtsbetroffener ist, so obliegt die weitere Aufklärung der Behörde. Ist der Verdacht jedoch hinreichend konkret, so können dem Verdachtsstörer – je

---

[144] Breuer, in Martens-Gedächtnisschrift, S. 317 (347); Würtenberger, in Achterberg/Püttner/Würtenberger, Besonderes Verwaltungsrecht II, § 21 Rn. 195; Götz, Polizei- und Ordnungsrecht, Rn. 195.

[145] Nach OVG Münster, Urt. v. 26.3.1996, DÖV 1996, 1049 ff.

[146] VGH München, Beschl. v. 13.5.1986, DVBl. 1986, 1283 (1284); OVG Münster, Urt. v. 6.11.1989, NWVBl. 1990, 159; OVG Kassel, Beschl. v. 10.11.1990, NVwZ 1991, 498; tendenziell auch OVG Koblenz, Beschl. v. 25.3.1986, NVwZ 1987, 240 (241).

[147] OVG Münster, Urt. v. 26.3.1996, DÖV 1996, 1049 (1050); Urt. v. 3.6.1997, NWVBl. 1998, 64 (65); VGH Mannheim, Urt. v. 10.3.1994, VBlBW 1995, 64 (66). Bestätigt sich der Gefahrverdacht nicht, so steht dem Verdachtsstörer ein Entschädigungsanspruch in analoger Anwendung nach § 39 Abs. 1 Buchst. a) PolG NW zu, vgl. OVG Münster, Urt. v. 26.3.1996, DÖV 1996, 1049 (1050).

[148] Polizei- und Ordnungsrecht, Rn. 156. Siehe zu dieser Fallgruppe auch Breuer, in Martens-Gedächtnisschrift, S. 317 (341 f.).

nach Ansicht – Maßnahmen der Ursachenerforschung aufgegeben werden[149].

- Eine Gefahr liegt vor und der Verursacher ist bekannt, allerdings sind Art und Umfang der Gefahr noch zu ermitteln. Es geht also nicht um das „Ob" einer Gefahr, sondern nur um deren Eingrenzung und die Bestimmung der zur Sanierung erforderlichen Mittel, also etwa um die Inauftraggabe eines Sachverständigengutachtens. Nach einer Ansicht gehören solche weiteren Erkundungsmaßnahmen schon zu den zur Gefahrenabwehr erforderlichen Maßnahmen und können daher dem Verantwortlichen auferlegt werden[150]. Nach anderer Ansicht bleibt die weitere Erkundung des Gefahrenausmaßes Aufgabe der Behörde, deren Maßnahmen der Verantwortliche nur zu dulden habe[151].

Zusammenfassend lässt sich sagen, dass es für die Frage, wer Gefahrerforschungsmaßnahen durchzuführen und deren Kosten zu tragen hat, maßgeblich darauf ankommt, inwieweit der Verdacht gegen den potenziell Verantwortlichen gefestigt ist, insbesondere ob er oder Sachen von ihm den Verdacht durch eigenes Verhalten hervorgerufen haben[152] und ob Erkundungsmaßnahmen schon als Maßnahmen der eigentlichen Gefahrenabwehr bzw. als notwendige Vorstufe dazu angesehen werden.

4. Verantwortliche Personen

Ein zentraler Punkt in der Altlastendiskussion der letzten Jahre war die Frage, wer für die Sanierung verantwortlich ist und für die Kosten einzustehen hat. Verantwortlich für die Beseitigung einer Gefahr sind nach dem allgemeinen Polizei- und Ordnungsrecht grundsätzlich zum einen diejenige natürliche oder juristische Person, die die Gefahr verursacht hat (so genannter Verhaltensverantwortlicher oder -störer), und zum anderen der Eigentümer und der Inhaber der tatsächlichen Gewalt einer Sache, von der eine Gefahr ausgeht (so genannter Zustandsverantwortlicher oder -störer). Besonders die

---

[149] So insbesondere Götz, Polizei- und Ordnungsrecht, Rn. 156, jedenfalls dann, wenn diese als Bestandteil der Gefahrbeseitigung gewertet werden können und die Heranziehung pflichtgemäßer Ermessensausübung und dem Verhältnismäßigkeitsgrundsatz entspricht.

[150] OVG Bremen, Urt. v. 29.8.2000, NVwZ-RR 2001, 157 (158); VGH Mannheim in st. Rspr.: Beschl. v. 30.8.1990, NVwZ 1991, 491 (492); Urt. v. 10.5.1990, DÖV 1991, 165 (166); Urt. v. 8.2.1993, VBlBW 1993, 298 (300 f.).

[151] OVG Koblenz, Urt. v. 7.5.1991, NVwZ 1992, 499 (500 f.). Siehe auch Kloepfer, NuR 1987, 7 (19), nach dessen Ansicht den Verdachtsstörer aber bei einer Bestätigung des Verdachts die Kostenlast trifft.

[152] Darauf stellt Breuer, in Martens-Gedächtnisschrift, S. 317 (346 f.) maßgeblich ab.

Frage, wann eine Verursachung im Sinne der Polizei- und Ordnungsgesetze vorliegt, ist Gegenstand der rechtswissenschaftlichen Diskussion gewesen und bis heute nicht abschließend geklärt[153]. Egal ob man eine polizeirechtlich relevante Verursachung über die Theorie der unmittelbaren Verursachung und die Überschreitung der polizeilichen Gefahrenschwelle oder alternativ mit einer Pflichtwidrigkeit oder Risikozurechnung begründet, die stets erforderliche wertende Bestimmung der polizeirechtlich relevanten Verursachung führt zu Unsicherheiten. Diese werden speziell im Altlastenrecht dadurch verstärkt, dass regelmäßig eine Mehrzahl von oft weit zurückliegenden Handlungsbeiträgen vorliegt, die sich viele Jahre später kaum voneinander abgrenzen lassen, und sich daher die polizeirechtlich relevante Handlung nur schwer feststellen lässt.

Wegen der oft weit zurückliegenden Entstehung von Altlasten existierten die Verursacher häufig nicht mehr. War das verantwortliche Unternehmen inzwischen liquidiert oder mit einer anderen Gesellschaft verschmolzen oder der Verursacher gestorben, stellte sich ferner das Problem, ob und inwieweit der Gesamtrechtsnachfolger des Verursachers auf der Grundlage des allgemeinen Polizei- und Ordnungsrechts in Anspruch genommen werden konnte[154].

5. Ausschluss und Begrenzung der Verantwortlichkeit

Konnte nach den allgemeinen Regeln des Polizei- und Ordnungsrechts ein Verantwortlicher gefunden werden, so erschien eine Inanspruchnahme in manchen Fällen unbillig. Im Wesentlichen wurde ein Ausschluss oder eine Begrenzung der Verantwortlichkeit in vier Fällen erwogen.

a) Legalisierungswirkung von Genehmigungen

Erstens wurde diskutiert, ob früher erteilte Genehmigungen, Erlaubnisse oder sonstige Gestattungsakte eine nachträgliche Inanspruchnahme ausschließen. Während weitgehend anerkannt ist, dass solchen Gestattungsakten eine

---

[153] Ausführlich Kapitel 4 § 14 B. (S. 106 ff.).

[154] Ausführlich zur Rechtsnachfolgediskussion vor Inkrafttreten des Bundes-Bodenschutzgesetzes Kapitel 5 § 18 B. II. 2. (S. 210 ff.). Inzwischen regelt § 4 Abs. 3 S. 1 BBodSchG ausdrücklich die mögliche Inanspruchnahme des Gesamtrechtsnachfolgers des Verursachers einer schädlichen Bodenveränderung oder Altlast; ausführlich dazu Kapitel 4 § 15 (S. 154 ff.).

gewisse Legalisierungswirkung zukommen kann, war insbesondere die Reichweite der Legalisierungswirkung umstritten[155].

b) Gefahrenerkennbarkeit und fortschreitender naturwissenschaftlich-technischer Entwicklungsstand

Zweitens wurde über einen Ausschluss der Inanspruchnahme in Fällen nachgedacht, in denen die Gefährlichkeit der Stoffe durch den technisch-wissenschaftlichen Fortschritt erst nachträglich erkennbar geworden ist. Die Frage, ob die Verhaltensverantwortlichkeit in den Altlastenfällen – entgegen der im Gesetz angeordneten verschuldensunabhängigen und nur an objektiven Tatbeständen anknüpfenden Haftung – eine Gefahrenerkennbarkeit nach dem jeweiligen naturwissenschaftlichen Erkenntnisstand voraussetzt, ist bis heute umstritten[156].

c) Verjährung behördlicher Eingriffsbefugnisse

Drittens wurde über zeitliche Grenzen der Inanspruchnahme diskutiert, insbesondere über eine mögliche Verjährung der Polizei- und Ordnungspflicht bzw. der behördlichen Eingriffsbefugnisse[157].

d) Begrenzung der Zustandsverantwortlichkeit in den so genannten Opferfällen

Schließlich wurde über eine Begrenzung der Zustandsverantwortlichkeit bzw. der Kostentragungspflicht des Zustandsverantwortlichen diskutiert, sofern die Hervorrufung des gefährlichen Zustands der Sache in die Risikosphäre der Allgemeinheit fällt. Diskutiert wurden Fälle höherer Gewalt, etwa Unfälle des Massenverkehrs, Naturkatastrophen oder Kriegsfolgen und insbesondere auch Altlasten, da in diesen Fällen das Risiko nicht dem Einzelnen, sondern der Allgemeinheit zugerechnet werden müsste. Nach traditioneller Ansicht war es allerdings unerheblich, durch welche Umstände eine Sache störend oder gefährlich geworden war[158]. In der Literatur mehrten sich aber die Stimmen, die wegen der Eigentumsgarantie des Art. 14 Abs. 1 GG in solchen

---

[155] Umfassend beispielsweise Hilger, Legalisierungswirkung von Genehmigungen. Ausführlich Kapitel 4 § 14 C. V. (S. 140 ff.).

[156] Ausführlich zur Problematik der Gefahrenerkennbarkeit Kapitel 4 § 14 C. IV. (S. 134 ff.).

[157] Siehe Kapitel 4 § 14 C. VI. (S. 143 ff.).

[158] Siehe nur Götz, JuS 1994, 1026 f. und Martens, in Drews/Wacke/Vogel/Martens, Gefahrenabwehr, S. 320 f. mit umfangreichen Nachweisen.

Fällen eine Restriktion der polizeilichen Risikozurechnung – vornehmlich eine Begrenzung der Kostentragungspflicht, etwa auf den Verkehrswert des Grundstückes – forderten[159]: Für den Gesetzgeber sei Art. 14 Abs. 2 GG nicht nur Eingriffslegitimation, sondern auch Eingriffsbegrenzung: die Privatnützigkeit des Eigentums müsse gewahrt bleiben, eine ausschließliche gemeinnützige Verwendung sei unzulässig. Die Inanspruchnahme des Eigentümers sei daher verfassungswidrig, wenn infolge Fremdeinwirkung jede privatnützige Verwendung des Grundstücks ausgeschlossen werde und der Eigentümer sich selbst in einer Art Opferposition befinde. Auch von der Rechtsprechung wurde die Problematik mehrmals thematisiert[160]. Dabei folgte sie überwiegend der Leitlinie, dass die Zustandshaftung grundsätzlich unbeschränkt sei und etwaige Unbilligkeiten nur auf der Rechtsfolgenseite bei der Frage der Beachtung des Verhältnismäßigkeitsgrundsatzes und des Übermaßverbotes im Rahmen der behördlichen Ermessensentscheidung zu berücksichtigen seien[161] [162].

---

[159] Grundlegend Friauf, in Wacke-Festschrift, S. 293 (300 ff.). Siehe allgemein zur Beschränkung der Zustandsverantwortlichkeit Friauf, in Schmidt-Aßmann, Besonderes Verwaltungsrecht, 11. Aufl. 1999, 2. Abschn. Rn. 91 ff.; Pischel, JA 1999, 43 ff. Speziell zu den Altlastenfällen siehe Papier, DVBl. 1985, 873 (878); ders., NVwZ 1986, 256 (261 f.); Breuer, JuS 1986, 359 (363); ders., NVwZ 1987, 751 (756); Schink, VerwArch 82 (1991), 357 (378 ff.); Oerder, NVwZ 1992, 1031 (1037); Sparwasser/Geißler, DVBl. 1995, 1317 ff.; Bender/Sparwasser/Engel, Umweltrecht, 3. Aufl. 1995, Teil 5 Rn. 147 ff. Ausführlich zu der Thematik auch Foquet, Sanierungsverantwortlichkeit, S. 76 ff.

[160] Siehe etwa BVerwG, Beschl. v. 14.12.1990, NVwZ 1991, 475; Beschl. v. 14.11.1996, NVwZ 1997, 577 (578) sowie ferner VGH Mannheim, Urt. v. 11.10.1985, NVwZ 1986, 325 (326); VGH München, Beschl. v. 13.05.1986, NVwZ 1986, 942 (944 f.); OVG Münster, Urt. v. 24.02.1989, NVwZ 1989, 987 (988); Urt. v. 7.0.1996, NVwZ 1997, 804 (806). Nach BVerwG, Beschl. v. 14.12.1990, NVwZ 1991, 475; Beschl. v. 14.11.1996, NVwZ 1997, 577 (578); VGH Mannheim, Urt. v. 9.5.1995, NVwZ-RR 1996, 13 gebietet Art. 14 GG aber jedenfalls dann keine Einschränkung der polizeirechtlichen Zustandsverantwortlichkeit des Grundstückseigentümers für die Gefahrenbeseitigung bei so genannten Altlasten, wenn dieser bei Begründung des Eigentums vom ordnungswidrigen Zustand der Sache wusste oder doch zumindest Tatsachen kannte, die auf das Vorhandensein eines solchen Zustands schließen lassen konnten.

[161] BVerwG, Beschl. v. 14.11.1996, NVwZ 1997, 577 (578); VGH München, Beschl. v. 13.05.1986, NVwZ 1986, 942 (944 f.); OVG Münster, Urt. v. 24.02.1989, NVwZ 1989, 987 (988); OVG Koblenz, Urt. v. 1.10. 1997, NJW 1998, 625. Ebenso Kloepfer, Umweltrecht, 2. Aufl. 1998, § 12 Rn. 75.

[162] Das BVerfG hat in seinem grundlegenden Beschluss vom 16.2.2000 (E 102, 1 ff.) nunmehr festgestellt, dass die Zustandsverantwortlichkeit des Eigentümers in Altlastenfällen durch das Übermaßverbot begrenzt ist. Literaturnachweise zu dieser Entscheidung finden sich in Fn. 340.

II. Spezialgesetzliche Altlastenregelungen der Länder

Dass das allgemeine Polizei- und Ordnungsrecht sich nur notgedrungen zur Sanierung von Altlasten eignete, wurde schnell erkannt. Noch bevor bzw. während die Diskussion über eine bundeseinheitliche Regelung in Gang kam, haben die meisten Bundesländer Ende der achtziger und Anfang der neunziger Jahre eigene Altlastenregelungen – größtenteils in den Landesabfallgesetzen, vereinzelt auch in eigenen Bodenschutz- oder Altlastengesetzen – erlassen. Die Regelungen wurden nach Inkrafttreten des Bundes-Bodenschutzgesetzes überwiegend aufgehoben bzw. angepasst[163], im Übrigen durch Art. 31 GG außer Kraft gesetzt[164].

Die Regelungen reichten unterschiedlich weit, lehnten sich aber an die Grundsätze des allgemeinen Polizei- und Ordnungsrechts an. Teilweise erforderten sie, etwa bei der Bestimmung des Verantwortlichen, sogar den Rückgriff auf die Vorschriften der Polizei- und Ordnungsgesetze. Vor Inkrafttreten des Bundes-Bodenschutzgesetzes existierten auf Länderebene folgende Regelungen:
- Gesetz für die Vermeidung und Entsorgung von Abfällen und die Behandlung von Altlasten in Baden-Württemberg (LAbfG Bad.-Württ.) vom 8.1.1990[165], §§ 22-27
- Gesetz zur Vermeidung, Verwertung und sonstigen Entsorgung von Abfällen und zur Erfassung und Überwachung von Altlasten in Bayern (BayAbfAlG) vom 27.2.1991[166], Art. 26-28
- Berliner Gesetz zur Vermeidung und Sanierung von Bodenverunreinigungen (Berliner Bodenschutzgesetz – Bln BodSchG) vom 10.10.1995[167]
- Brandenburgisches Abfallgesetz (BbgAbfG) vom 6.6.1997[168], §§ 29-39
- Bremisches Ausführungsgesetz zum Kreislaufwirtschafts- und Abfallgesetz (BremAGKrW-/AbfG) vom 4.8.1998[169], §§ 15c, 15d

---

[163] Eine Übersicht über die aktuellen landesrechtlichen Regelungen findet sich bei Kloepfer, Umweltrecht, § 12 Rn. 71.

[164] Siehe ausführlich Kapitel 2 § 10 E. (S. 76 ff.).

[165] GBl. S. 1. Daneben gibt es in Baden-Württemberg auch ein eigenes Bodenschutzgesetz (Gesetz zum Schutze des Bodens vom 24.6.1991, GBl. S. 434), welches aber aufgrund der in § 3 BodSchG Bad.-Württ. angeordneten Subsidiarität in den Altlastenfällen nicht zur Anwendung kommt. Zum BodSchG Bad.-Württ. allgemein und zur Verdrängung des BodSchG Bad.-Württ. durch §§ 22-27 LAbfG Bad.-Württ. siehe Schlabach, VBlBW 1993, 121 ff. Zu den Altlastenregelungen im LAbfG Bad.-Württ. siehe Peters, VBlBW 1991, 49 ff.

[166] GVBl. S. 64.

[167] GVBl. S. 646.

[168] GVBl. 40.

[169] Verkündet als Art. 1 des Gesetzes zur Änderung abfallrechtlicher Vorschriften (GBl. S. 223).

- Hamburgisches Abfallwirtschaftsgesetz (HmbAbfG) vom 1.12.1992[170], §§ 16, 17
- (Hessisches) Gesetz über die Erkundung, Sicherung und Sanierung von Altlasten (HAltlastG) vom 20.12.1994[171]
- Abfallwirtschafts- und Altlastengesetz für Mecklenburg-Vorpommern (AbfAlG M-V) in der Fassung vom 15.1.1997[172], §§ 22-25
- Niedersächsisches Abfallgesetz (NdsAbfG) vom 14.10.1994[173], §§ 31-39
- Abfallgesetz für das Land Nordrhein-Westfalen (LAbfG NW) vom 21.6.1988[174], §§ 28-33
- (Rheinland-Pfälzisches) Landesabfallwirtschafts- und Altlastengesetz (LAbfWAG Rh.-Pf.) vom 2.4.1998[175], §§ 18-26
- Saarländisches Abfallwirtschaftsgesetz (SAWG) vom 26.11.1997[176], §§ 34-38
- Erstes Gesetz zur Abfallwirtschaft und zum Bodenschutz im Freistaat Sachsen (SächsEGAB) vom 12.8.1991[177], §§ 7-10
- Abfallgesetz des Landes Sachsen-Anhalt (AbfG LSA) vom 10.3.1998[178], §§ 27-29
- Abfallwirtschaftsgesetz für das Land Schleswig-Holstein (LAbfWG Schl.-H.) vom 6.12.1991[179], § 21
- (Thüringer) Gesetz über die Vermeidung, Verminderung, Verwertung und Beseitigung von Abfällen und die Sanierung von Altlasten (ThAbfAG) vom 31.3.1991[180], §§ 16-22

---

[170] GVBl. S. 251.

[171] Verkündet als Art. 1 des Gesetzes zur Neuordnung des Altlastenrechts in Hessen (GVBl. I S. 764), durch das die bisherigen Altlastenregelungen im Hessischen Abfallwirtschafts- und Altlastengesetz (HAbfAG) vom 10.7.1989 (GVBl. I S. 197) aufgehoben und in das neue Hessische Altlastengesetz (HAltlastG) überführt wurden. Zum HAltlastG von 1994 siehe Kochenburger, NVwZ 1996, 249 ff. Zum HAbfAG von 1989 siehe Knopp, DÖV 1990, 683 ff.

[172] GVBl. S. 43.

[173] GVBl. S. 468. §§ 31, 34, 36 geändert durch Gesetz vom 17.12.1997 (GVBl. S. 539).

[174] GV. S. 250. §§ 28-33 LAbfG NW geändert durch Gesetz vom 7.2.1995 (GV. S. 134).

[175] GVBl. S. 97. Die Altlastenvorschriften stimmen im Wesentlichen mit denen des früheren AbfWAG Rh.-Pf. vom 30.4.1991 (GVBl. S. 251) überein.

[176] ABl. S. 1352.

[177] GVBl. S. 306.

[178] GVBl. S. 112. §§ 27-29 AbfG LSA stimmen wörtlich mit der früheren Fassung der §§ 29-31 AbfG LSA vom 14.11.1991 (GVBl. S.422) überein.

[179] GVBl. S. 640.

[180] GVBl. S. 273. Siehe dazu insbesondere Kothe, LKV 1994, 312 ff. und ders., DÖV 1994, 716 ff.

1. Überblick über die Altlastenregelungen der Länder

Die einzelnen Landesregelungen unterschieden sich in ihrer Regelungsdichte zum Teil erheblich voneinander. Während Hessen mit dem Gesetz über die Erkundung, Sicherung und Sanierung von Altlasten und Berlin mit dem Berliner Gesetz zur Vermeidung und Sanierung von Bodenverunreinigungen besonders umfangreiche Normierungen in einem eigenen Altlasten- bzw. Bodenschutzgesetz erlassen hat, verfügten Hamburg und Schleswig-Holstein über keine altlastenspezifischen Regelungen. Beide Landesabfallgesetze erfassten mit einer Vorschrift über stillgelegte Abfallbeseitigungsanlagen[181] nur einen Teilbereich der Altlasten. Die übrigen Länder nahmen – meist in eigenen Abschnitten – Altlastenregelungen in ihre Abfallgesetze auf[182].

Sofern die Länder altlastenspezifische Vorschriften erlassen hatten, fand sich unter den ersten Normen eine, die Begriffsbestimmungen enthielt und den sachlichen Anwendungsbereich der Altlastenregelungen festlegte. Gleich hier zeigten sich erste Unterschiede hinsichtlich der Reichweite. Während Altlasten in einigen Ländern als Altablagerungen und Altstandorte, soweit von ihnen Gefahr für die öffentliche Sicherheit und Ordnung ausgeht[183], legaldefiniert wurden, ließen andere Länder bereits eine Beeinträchtigung des Wohls der Allgemeinheit genügen[184]. Als Altablagerungen wurden – teilweise unter Angabe eines Stichtages – stillgelegte Abfallentsorgungsanlagen, sonstige Ablagerungen von Abfällen sowie Verfüllungen und Aufhaldungen bezeichnet[185]. Der Begriff der Altstandorte umfasste stillgelegte Anlagen und sonstige Flächen, auf denen mit umweltgefährdenden Stoffen umgegangen worden ist[186]. Lediglich Berlin und Sachsen folgten diesen Begrifflichkeiten

---

[181] § 16 HmbAbfG; § 21 LAbfWG Schl.-H.

[182] §§ 22-27 LAbfG Bad.-Württ.; Art. 26-28 BayAbfAlG; §§ 29-39 BbgAbfG; §§ 15c, 15d BremAGKrW-/AbfG; §§ 22-25 AbfAlG M-V; §§ 31-39 NdsAbfG; §§ 28-33 LAbfG NW; §§ 18-26 AbfWAG Rh.-Pf.; §§ 34-38 SAWG; §§ 7-10 SächsEGAB; §§ 27-29 AbfG LSA; §§ 16-22 ThAbfAG.

[183] Art. 26 Abs. 4 BayAbfAlG; § 29 Abs. 1 BbgAbfG; § 22 Abs. 4 AbfAlG M-V; § 31 Abs. 2 NdsAbfG; § 28 Abs. 1 LAbfG NW; ähnlich § 19 Abs. 1 AbfWAG Rh.-Pf. und § 27 Abs. 1 AbfG LSA, die von einer Gefährdung der Umwelt, insbesondere der menschlichen Gesundheit sprechen.

[184] § 22 Abs. 4 LAbfG Bad.-Württ.; § 2 Nr. 5 HAltlastG; § 34 Abs. 1 SAWG.

[185] § 22Abs. 2 LAbfG Bad.-Württ.; Art. 26 Abs. 1 BayAbfAlG; § 29 Abs. 3 BbgAbfG; § 15c Abs. 3 N. 1 BremAGKrW-/AbfG; § 2 Nr. 2 HAltlastG; § 22 Abs. 2 AbfAlG M-V; § 31 Abs. 1 NdsAbfG; § 28 Abs. 3 LAbfG NW; § 19 Abs. 2 AbfWAG Rh.-Pf.; § 34 Abs. 2 SAWG; § 27 Abs. 3 AbfG LSA; § 16 Abs. 2 Nr. 1 ThAbfAG.

[186] § 22 Abs. 3 LAbfG Bad.-Württ.; Art. 26 Abs. 2 BayAbfAlG; § 29 Abs. 4 BbgAbfG; § 15c Abs. 3 N. 2 BremAGKrW-/AbfG; § 2 Nr. 3 HAltlastG; § 22 Abs. 3 AbfAlG M-V; § 31 Abs. 2 NdsAbfG; § 28 Abs. 4 LAbfG NW; § 19 Abs. 3 AbfWAG Rh.-Pf.; § 34 Abs. 3 SAWG; § 27 Abs. 4 AbfG LSA; § 16 Abs. 2 Nr. 2 ThAbfAG.

in ihren Gesetzen nicht, sondern eröffneten einen weiteren Anwendungsbereich, indem sie allgemein auf Bodenbelastungen im Sinne von nachteiligen Veränderungen der Beschaffenheit des Bodens abstellten[187].

Bei den in den Abfall- und Altlastengesetzen vorgesehenen Maßnahmen war
zwischen Erfassungs-, Erkundungs- und Überwachungsmaßnahmen einerseits und Sicherungs- und Sanierungsmaßnahmen andererseits zu unterscheiden. Teilweise kamen zudem noch Maßnahmen zur Rekultivierung in
Betracht.

Die Erfassung altlastenverdächtiger Flächen in einer zentralen Altlastendatei
(Altlastenkataster) sahen nahezu alle Länder mit ausdrücklichen Altlastenvorschriften vor[188]. Über die bloße Erfassung von altlastenverdächtigen
Flächen hinaus ermächtigten einige Gesetze die zuständigen Behörden auch,
Erkundungen durchzuführen, um Art, Umfang und Ausmaß der Verunreinigungen feststellen zu können[189], etwa die Entnahme von Luft-, Wasser- und
Bodenproben oder die Errichtung von Kontrollstellen. In einigen Ländern
konnte der Verantwortliche für die entstehenden Kosten herangezogen
werden[190]. Teilweise konnte der Verantwortliche auch verpflichtet werden,
selbst die Untersuchungen durchzuführen[191]. Ähnliche Regelungen bestanden
für die Überwachung von altlastenverdächtigen Flächen und Altlasten, wozu
in vielen Ländern Eigenkontrollmaßnahmen der Verantwortlichen angeordnet
werden konnten[192]. Mit den Erkundungs- und Überwachungsmaßnahmen
gingen umfangreiche Mitwirkungs- und Duldungspflichten des Eigentümers
oder des Nutzungsberechtigten bzw. des Verantwortlichen einher, etwa altlastenverdächtige Flächen zu melden, der zuständigen Behörde den Zugang
zum Grundstück oder Einsicht in Unterlagen zu gewähren, Auskünfte zu

---

[187] § 3 Abs. 2 Bln BodSchG; § 8 Abs. 2 SächsEGAB.
[188] § 23 LAbfG Bad.-Württ.; Art. 27 BayAbfAlG; § 23 Bln BodSchG; § 37 BbgAbfG;
§ 15d BremAGKrW-/AbfG; § 10 HAltlastG; § 23 Abs. 2 AbfAlG M-V; § 39
NdsAbfG; § 30 LAbfG NW; § 20 AbfWAG Rh.-Pf.; § 36 SAWG; § 29 AbfG LSA;
§ 17 ThAbfAG. Lediglich Sachsen sieht im SächsEGAB keine zentrale Erfassung
altlastenverdächtiger Flächen vor.
[189] § 24 LAbfG Bad.-Württ.; § 32 Abs. 1 BbgAbfG; § 9 Abs. 1 Nr. 1 SächsEGAB; § 17
Abs. 2 S. 1 ThAbfAG.
[190] §32 Abs. 5 S. 2 BbgAbfG; § 33 Abs. 2 NdsAbfG; § 31 Abs. 7 LAbfG NW; § 22
Abs. 1 S. 3 AbfWAG Rh.-Pf.; § 10 Abs. 4 SächsEGAB.
[191] § 7 Abs. 2 Bln BodSchG; §§ 5, 8 HAltlastG; § 31 Abs. 2 LAbfG NW; § 37 Abs. 1
SAWG; § 17 Abs. 3 ThAbfAG.
[192] § 8 HAltlastG; § 33 Abs. 1 NdsAbfG; § 31 Abs. 5 S. 2 LAbfG NW; § 38 Abs. 4
SAWG; § 18 Abs. 4 S. 1 ThAbfAG.

erteilen und Maßnahmen zum Zwecke der Erkundung oder Überwachung zu dulden[193].

Über die Erfassung, Erkundung und Überwachung hinausgehend enthielten die Abfall- und Altlastengesetze der Länder überwiegend – nämlich in Baden-Württemberg, Brandenburg, Hessen, Niedersachsen, Nordrhein-Westfalen, Rheinland-Pfalz, Sachsen und Thüringen – Ermächtigungsgrundlagen für die Bekämpfung der von Altlasten ausgehenden Gefahren. Diese unterschieden sich in ihrer Reichweite allerdings erheblich. So erlauben die Regelungen in Brandenburg, Niedersachsen und Nordrhein-Westfalen nur die Abwehr der durch Altlasten entstandenen Gefahren[194], während in Hessen und Rheinland-Pfalz die zur Sanierung erforderlichen Maßnahmen[195] und in Baden-Württemberg, Sachsen und Thüringen sogar allgemeine Maßnahmen zur Verhütung, Vermeidung oder Beseitigung von Beeinträchtigungen des Wohls der Allgemeinheit durch Altlasten zulässig waren[196]. In Berlin konnten Maßnahmen getroffen werden, die zur Beseitigung der Bodenverunreinigung oder zur Verminderung geeignet waren[197]. Die Abfallgesetze von Bayern, Hamburg, Mecklenburg-Vorpommern und dem Saarland enthielten keine umfassende, sondern nur eine spezielle, stillgelegte Abfallentsorgungsanlagen betreffende Ermächtigungsgrundlage[198]. In diesen Ländern musste in den übrigen Fällen auf die polizei- und ordnungsrechtliche Generalklausel zurückgegriffen werden; in Schleswig-Holstein und Sachsen-Anhalt mangels spezieller Ermächtigungsgrundlagen stets.

In einigen Bundesländern sahen die Abfall- und Altlastengesetze schließlich noch die Rekultivierung der Altlastenflächen vor, also die Wiedereingliederung in Natur und Landschaft. Umfassende Rekultivierungsmaßnahmen waren in Baden-Württemberg, Berlin, Rheinland-Pfalz, Sachsen sowie in Thüringen im Rahmen eines Sanierungsplans vorgesehen[199]. Dagegen war in Bayern, Mecklenburg-Vorpommern und dem Saarland nur die Rekulti-

---

[193] Art. 28 Abs. 2 BayAbfAlG; §§ 6, 12 Bln BodSchG; §§ 31 Abs. 4; 34 Abs. 1 BbgAbfG; § 15d Abs. 3, 6 BremAGKrW-/AbfG; §§ 6, 7 HAltlastG; § 24 Abs. 2 AbfAlG M-V; § 34 NdsAbfG; §§29 Abs. 4, 31a Abs. 1 LAbfG NW; §§ 35 Abs. 5, 37 Abs. 2 SAWG; § 10 Abs. 4 SächsEGAB; §§ 17 Abs. 2 S. 3, 18 Abs. 2, 3 ThAbfAG.
[194] § 32 Abs. 2 S. 1 BbgAbfG; § 35 Abs. 1 NdsAbfG; § 31 Abs. 3 S. 1 LAbfG NW.
[195] § 13 Abs. 1 S. 1 i.V.m. § 2 Nr. 7 HAltlastG; § 22 Abs. 1 S. 1 AbfWAG Rh.-Pf.
[196] § 25 Abs. 1, 2 LAbfG Bad.-Württ.; § 9 Abs. 1 SächsEGAB; § 19 Abs. 1 ThAbfAG.
[197] § 10 Abs. 1 S. 1 Bln BodSchG.
[198] Art. 22 Abs. 1 S. 1 BayAbfAlG; § 13 Abs.1 BremAGKrW-/AbfG; § 16 Abs. 1 HmbAbfG; § 21 Abs. 1 S. 1 AbfAlG M-V; § 33 Abs. 1 S. 1 SAWG.
[199] § 25 Abs. 1 i.V.m. § 27 Nr. 2 LAbfG Bad.-Württ.; § 10 Abs. 1 i.V.m. Abs. 3 Bln BodSchG; § 22 Abs. 1 S. 1 i.V.m. Abs. 2 AbfWAG Rh.-Pf.; § 9 Abs. 1 Nr. 4 i.V.m. § 7 Abs. 1 SächsEGAB (dazu Pohl, NJW 1995, 1645 (1647)); § 19 Abs. 1 ThAbfAG.

vierung stillgelegter Abfallentsorgungsanlagen durch die Betreiber vorgesehen[200]. In Brandenburg und Bremen dagegen hatte der Grundstückseigentümer staatliche Rekultivierungsmaßnahmen lediglich zu dulden[201]. Im Hessischen Gesetz über die Erkundung, Sicherung und Sanierung von Altlasten von 1994 waren im Gegensatz zu § 20 Abs. 1 S. 3 Nr. 2 HAbfAG von 1989 keine Rekultivierungsanordnungen mehr vorgesehen.

2. Regelungen der Sanierungsverantwortlichkeit

Auch die Länderregelungen über die Sanierungsverantwortlichkeit wichen stark voneinander ab. Dabei ist zwischen den Ländern, in denen die Verantwortlichkeit nicht über das Maß derer nach dem allgemeinen Polizei- und Ordnungsrecht hinausgeht, und denen, die spezielle, zumeist erweiternde Regelungen geschaffen haben, zu differenzieren.

a) Überblick über die Regelungsmodelle

Die Altlastenregelungen von Baden-Württemberg, Bremen, Hamburg, Sachsen-Anhalt und Schleswig-Holstein benannten keinen Verantwortlichen. Der Adressat von Sicherungs-, Sanierungs- und ggf. Rekultivierungsanordnungen war folglich nach dem allgemeinen Polizei- und Ordnungsrecht zu bestimmen. Dies führte dazu, dass als verantwortliche Personen nur der Verursacher oder der Eigentümer bzw. Inhaber der tatsächlichen Gewalt in Betracht kamen, deren Bestimmung mit den bereits angesprochenen Problemen behaftet war. Gleiches galt für Brandenburg, Nordrhein-Westfalen, Rheinland-Pfalz und Sachsen, deren Altlastenvorschriften hinsichtlich der Bestimmung des Sanierungspflichtigen auf die einschlägigen polizei- und ordnungsrechtlichen Normen verwiesen[202] bzw. im Falle Sachsens mit diesen inhaltlich übereinstimmten[203]. Ähnlich stellte sich auch die Situation in Bayern, Mecklenburg-Vorpommern und dem Saarland dar. Deren Abfallgesetze regelten die Verantwortlichkeit nur für den Spezialfall von stillgelegten Abfallentsorgungsanlagen, indem sie vorrangig die Inanspruchnahme der ehemaligen Betreiber vorschrieben und daneben nur eine nachrangige Verantwortlichkeit des Grundstückseigentümers vorsahen[204]. In den übrigen Altlastenfällen musste aber auch in diesen Ländern zur Bestimmung

---

[200] Art. 22 Abs. 1 S. 1 BayAbfAlG; § 21 Abs. 1 S. 1 AbfAlG M-V; § 33 Abs. 1 S. 1 SAWG.

[201] § 26 Abs. 1 BbgAbfG; § 13 Abs. 2 BremAGKrW-/AbfG.

[202] § 33 Abs. 1 BbgAbfG; § 31 Abs. 1 LAbfG NW; § 22 Abs. 1 AbfWAG Rh.-Pf.

[203] § 10 Abs. 1 SächsEGAB.

[204] Art. 22 Abs. 1 S. 1 BayAbfAlG; § 21 Abs. 1 S. 1 AbfAlG M-V; § 33 Abs. 1 S. 1 SAWG.

des Sanierungspflichtigen auf das allgemeine Polizei- und Ordnungsrecht zurückgegriffen werden.

Regelungen zur Bestimmung des Pflichtigen, die in ihrer Reichweite über die des allgemeinen Polizei- und Ordnungsrechts hinausgingen, gab es nur in Berlin, Hessen, Niedersachsen und Thüringen. Die Altlastenregelungen in diesen vier Ländern normierten einen umfangreichen Katalog von Sanierungsverantwortlichen und enthielten Veränderungen gegenüber dem allgemeinen Polizei- und Ordnungsrecht sowohl für die Verhaltens- wie für die Zustandsverantwortlichkeit.

b) Besondere Regelungen der Verhaltensverantwortlichkeit

Hinsichtlich der Verhaltensverantwortlichkeit zeigte sich in Berlin, Hessen, Niedersachsen und Thüringen deutlich das Bestreben, zwei Hauptprobleme bei der Bestimmung des Sanierungspflichtigen in den Altlastenfällen zu vermeiden:

Zum einen wurde die in rechtlicher und tatsächlicher Hinsicht schwierige Frage nach der Verursachung dadurch gelöst, dass die Gesetze vom Begriff und dem tatsächlichen Vorliegen einer Verursachung Abstand nahmen und Personen, die typischerweise zumindest einen Verursachungsbeitrag geleistet haben, aufgrund ihrer Nähe zur Altlast per Gesetz als Sanierungspflichtige festschrieben, unabhängig von der Frage, ob sie im Einzelfall die Altlast verursacht hatten. So waren nach § 12 Abs. 1 Nr. 1 HAltlastG, § 13 Abs. 2 BerlBodSchG und § 20 Abs. 1 Nr. 1 ThAbfAG der Betreiber und die ehemaligen Betreiber bereits aufgrund ihrer bloßen Eigenschaft als Betreiber für Verunreinigungen verantwortlich, die durch ihre Anlagen hervorgerufen worden sind. Nach § 12 Abs. 1 Nr. 2 HAltlastG und § 20 Abs. 1 Nr. 2 ThAbfAG galt das gleiche für Ablagerer und Abfallerzeuger hinsichtlich Altablagerungen. Die Abkehr vom Verursachungsbegriff wurde insbesondere auch dadurch deutlich, dass § 12 Abs. 1 Nr. 3 HAltlastG und § 20 Abs. 1 Nr. 3 ThAbfAG daneben die Verantwortlichkeit von „sonstigen" Verursachern von Verunreinigungen begründeten. Lediglich § 31 Abs. 6 Nr. 1 NdsAbfG verwies hinsichtlich der Verantwortlichkeit des Verursachers auf die einschlägige Vorschrift im Gefahrenabwehrgesetz.

Das zweite Hauptproblem, dass die verantwortlichen Personen wegen der oft weit zurückliegenden Entstehung von Altlasten nicht mehr existieren und die Möglichkeit einer Gesamtrechtsnachfolge in die Sanierungspflicht auf der Grundlage des allgemeinen Polizei- und Ordnungsrechts zumindest unklar ist[205], wurde durch die Einbeziehung von (Gesamt-) Rechtsnachfolgern in den sanierungspflichtigen Personenkreis gelöst. So waren gemäß § 13 Abs. 1 und Abs. 2 BerlBodSchG der Rechtsnachfolger des Verursachers sowie der Rechtsnachfolger des Anlagenbetreibers, nach § 12 Abs. 1 Nr. 1 und 2 HAltlastG sowie § 20 Abs. 1 Nr. 1 und 2 ThAbfAG der Rechtsnachfolger des Anlagenbetreibers sowie die Rechtsnachfolger der Ablagerer und Abfallproduzenten[206] und nach § 31 Abs. 6 Nr. 4 NdsAbfG der Gesamtrechtsnachfolger einer in § 31 Abs. 6 Nr. 2 oder Nr. 3 NdsAbfG genannten Person verantwortlich. Die Zulässigkeit solcher Regelungen war dabei insbesondere unter dem Aspekt der verfassungswidrigen Rückwirkung umstritten[207].

c) Besondere Regelungen der Zustandsverantwortlichkeit

Auch hinsichtlich der Zustandsverantwortlichkeit trafen die Gesetze von Berlin, Hessen, Niedersachsen und Thüringen spezielle Regelungen. Für die aktuell Zustandsverantwortlichen, also den derzeitigen Eigentümer des Grundstücks oder Inhaber der tatsächlichen Gewalt, bestanden allerdings kaum Abweichungen mit Ausnahme von Hessen. Dort wurde die Zustandsverantwortlichkeit im Vergleich zu den Normen des allgemeinen Polizei- und Ordnungsrechts sogar beschränkt, denn nach § 12 Abs. 1 Nr. 5 HAltlastG entfiel die Haftung des Eigentümers, wenn er die Verunreinigung beim Eigentumserwerb weder kannte noch kennen musste.

Neben dem aktuell Zustandsverantwortlichen konnten nach § 13 Abs. 4 BerlBodSchG, § 12 Abs. 1 Nr. 6 HAltlastG, § 31 Abs. 6 Nr. 2 NdsAbfG und § 20 Abs. 1 Nr. 5 ThAbfAG auch ehemalige Zustandsverantwortliche zur Sanierung herangezogen werden. Auch diese Regelungen waren nicht unumstritten[208], entfiel doch mit dem Verlust der Sachherrschaft der rechtliche Anknüpfungspunkt der Zustandsverantwortlichkeit. Allerdings unterschieden sich die Normen im Detail voneinander. Während nach § 13 Abs. 4 BerlBodSchG grundsätzlich nur verantwortlich war, wer im Zeitraum der Bodenverunreinigung Eigentümer oder Inhaber der tatsächlichen Gewalt gewesen ist, war gemäß § 12 Nr. 6 HAltlastG grundsätzlich jeder sanierungspflichtig, der Eigentümer des belasteten Grundstücks war. Damit wurden in

---

[205] Zur Frage der Anerkennung einer Gesamtrechtsnachfolge in die abstrakte Verhaltensverantwortlichkeit auf der Grundlage des allgemeinen Polizei- und Ordnungsrechts siehe Kapitel 5 § 18 B. II. 2. (S. 210 ff.).

[206] Erstaunlicherweise ist die Rechtsnachfolge in den Fällen, in denen die Verunreinigung auf einen sonstigen Verursacher nach § 12 Abs. 1 Nr. 3 HAltlastG und § 20 Abs. 1 Nr. 3 ThAbfAG zurückgeht, nicht normiert worden.

[207] Siehe insbesondere Papier, DVBl. 1996, 125 ff. Kritisch zu § 13 Bln BodSchG auch VG Berlin, Beschl. v. 3.12.1999, LKV 2000, 315 (316).

[208] Siehe etwa Kothe, DÖV 1994, 716 (723 ff.).

Hessen auch Eigentümer erfasst, die das Eigentum nach der Verunreinigung erworben und vor der Sanierungsanordnung wieder veräußert hatten, also weder im Zeitpunkt der Verunreinigung zustandsverantwortlich gewesen, noch im Zeitpunkt der Inanspruchnahme aktuell zustandsverantwortlich waren. In beiden Ländern war die Heranziehung aber ausgeschlossen, wenn der Eigentümer die Verunreinigung nicht kannte oder kennen musste. Allerdings stellte Hessen nur auf den Zeitpunkt des Erwerbes ab, während in Berlin auch die spätere Kenntniserlangung oder späteres Kennenmüssen während der Zeit als Eigentümer zur Sanierungspflicht führte. In Niedersachsen regelte § 31 Abs. 6 Nr. 2 NdsAbfG, dass Personen, die zur Zeit der Verunreinigung Grundstückseigentümer oder Inhaber der tatsächlichen Gewalt waren, in Anspruch genommen werden konnten, es sei denn, sie hatten die Altlast weder verursacht noch mitverursacht. Dagegen stellte § 20 Abs. 1 Nr. 5 ThAbfAG die geringsten Anforderungen an die Haftung eines früheren Grundeigentümers, denn die Haftung war weder auf einen bestimmten früheren Eigentümer begrenzt, noch bei „Gutgläubigkeit" ausgeschlossen.

d) Regelung einer „gesellschaftsrechtlich oder vertraglich beeinflussten Verantwortlichkeit"

Nach § 31 Abs. 6 Nr. 3 NdsAbfG waren sanierungsverantwortlich auch Personen, die zur Zeit der Verunreinigung kraft Gesellschaftsrechts oder Vertrages auf die Willensbildung einer nach § 31 Abs. 6 Nr. 1 oder Nr. 2 NdsAbfG verantwortlichen, also verhaltens- oder zustandsverantwortlichen juristischen Person entscheidenden Einfluss hatten. Diese Regelung kann als Vorläufer der in § 4 Abs. 3 S. 4 BBodSchG normierten handels- und gesellschaftsrechtlichen Durchgriffshaftung angesehen werden.

e) Regelungen zum Ausschluss der Verantwortlichkeit

Unabhängig von Verhaltens- oder Zustandsverantwortlichkeit entfiel in Hessen und Thüringen die Sanierungsverantwortlichkeit gemäß § 12 Abs. 3 HAltlastG bzw. § 20 Abs. 2 ThAbfAG in allen Fällen immer dann, wenn der Verantwortliche im Zeitpunkt des Entstehens der Verunreinigung darauf vertraut hatte, dass eine Beeinträchtigung der Umwelt ausgeschlossen sei und dieses Vertrauen schützwürdig war.

§ 9 Altlastensanierung nach dem Bundes-Bodenschutzgesetz

Von zentraler Bedeutung für die Altlastensanierung ist § 4 BBodSchG[209]. Mit Ausnahme der behördlichen Eingriffsbefugnisse enthält die Norm die materiellen Anforderungen an die Altlastensanierung. In Abs. 3 S. 1 sind die Sanierungspflicht und das Sanierungsziel, in Abs. 4 der Sanierungsmaßstab, in Abs. 3 S. 2 die Sanierungsmaßnahmen und in Abs. 3 S. 1 und S. 4 sowie in Abs. 6 die Sanierungspflichtigen genannt.

Die für die Altlastensanierung wichtigsten behördlichen Anordnungsbefugnisse sind in § 9 Abs. 2 S. 1, § 13 Abs. 1 und § 10 Abs. 1 S. 1 BBodSchG enthalten. Die Reihenfolge der Aufzählung entspricht dabei dem regelmäßigen zeitlichen Ablauf bei der Sanierung von Altlasten, anhand derer die verschiedenen Eingriffsbefugnisse kurz erörtert werden sollen.

A. Altlastenvermutung

Zu Beginn besteht meist nur eine Altlastenvermutung. Dieses Anfangsstadium der Altlastensanierung ist wie das darauffolgende Stadium des hinreichenden Altlastenverdachts in § 9 BBodSchG geregelt. Die Norm regelt den insbesondere in der Altlastenpraxis, aber auch im allgemeinen Polizei- und Ordnungsrecht umstrittenen[210] Bereich der Gefahrerforschung im Vorfeld der Feststellung einer schädlichen Bodenveränderung[211]. Dabei ist zwischen zwei Stufen der Altlastenerkundung zu differenzieren, die früher nicht immer strikt unterschieden wurden. Im Stadium der Altlastenvermutung regelt § 9 Abs. 1 BBodSchG eine rein behördliche Ermittlungspflicht[212] für den Fall, dass tatsächliche Anhaltspunkte für das Vorliegen einer schädlichen

---

[209] Giesberts, in Fluck, Kreislaufwirtschafts-, Abfall- und Bodenschutzrecht, § 4 BBodSchG Rn. 91 spricht von der Basisnorm des Bundes-Bodenschutzgesetzes.

[210] Siehe Kapitel 2 § 8 D. I. 3. b) (S. 51 ff.).

[211] Schoeneck, in Sanden/Schoeneck, BBodSchG, § 9 Rn. 3.

[212] Zu der Frage, ob die Kosten der Amtsermittlung unabhängig vom Ergebnis bei der Behörde verbleiben oder dem festgestellten Pflichtigen in Rechnung gestellt werden können, vgl. Schlabach/Heck, BayVBl. 2001, 262 ff, die der Ansicht sind, dass es sich bei Maßnahmen nach § 9 Abs. 1 BBodSchG um gebührenpflichtige Amtshandlungen handele und dies beispielhaft anhand des BayKostG aufzeigen. Ebenfalls auf die Landesgebühren- und Landeskostengesetze verweisen Landel, in Landel/Vogg/Wüterich, BBodSchG, § 24 Rn. 6 und Bickel, BBodSchG, § 24 Rn. 1. Anderer Ansicht sind Sondermann, in Versteyl/Sondermann, BBodSchG, § 9 Rn. 10 und Numberger, in Oerder/Numberger/Schönfeld, BBodSchG, § 9 Rn. 16, nach denen sich im Umkehrschluss aus § 24 Abs. 1 S. 1 BBodSchG ergebe, dass die Kosten der Amtsermittlung nicht vom später festgestellten Störer zu tragen seien.

Bodenveränderung oder Altlast bestehen. Ein solcher Anfangsverdacht[213] besteht typischerweise bei der Überschreitung der in der Anlage 2 der auf der Grundlage des § 8 Abs. 1 S. 2 Nr. 1 BBodSchG erlassenen Bundes-Bodenschutz- und Altlastenverordnung genannten Werte.

Der Grundstückseigentümer hat die Ermittlungsmaßnahmen der Behörde zu dulden, wobei § 9 Abs. 1 BBodSchG dafür keine Eingriffsgrundlage darstellt[214]. Insoweit ist auf die Ermächtigungen in Spezialgesetzen zurückzugreifen, notfalls auf die polizeiliche Generalklausel. Ein solcher Rückgriff ist aber unproblematisch, da trotz der umstrittenen Einzelheiten im Rahmen der Problematik von Gefahrerforschungsmaßnahmen seit langem allgemein anerkannt ist, dass der Betroffene, in der Regel der Grundstückseigentümer, die Erforschungsmaßnahmen der Behörde jedenfalls zu dulden hat[215].

B. Hinreichender Altlastenverdacht, Gefahrerforschung und Gefahrabschätzung

Erhärtet sich der Altlastenverdacht, so können die erforderlichen Untersuchungsmaßnahmen nach § 9 Abs. 2 BBodSchG auch dem Pflichtigen auf seine Kosten auferlegt werden. Die Norm schafft damit für den Bereich der Altlasten Rechtssicherheit hinsichtlich des entsprechenden im allgemeinen Polizei- und Ordnungsrecht geführten Streits. Im Gegensatz zum allgemeinen Polizei- und Ordnungsrecht ist nunmehr aber auch gesetzlich in § 24 Abs. 1 S. 2 BBodSchG festgeschrieben, dass dem Verdachtsstörer ein Erstattungsanspruch zusteht, wenn sich die Gefahr nicht bestätigt und der Inanspruchgenommene die den Verdacht begründenden Umstände nicht zu vertreten hat.

Der Umfang der auf der Grundlage von § 9 Abs. 2 BBodSchG anzuordnenden Maßnahmen der Gefahrerforschung hat in Abgrenzung zu § 13 Abs. 1 BBodSchG zu erfolgen[216]. Zweck der Gefahrerforschung nach § 9 Abs. 2 BBodSchG ist es demnach festzustellen, ob eine Gefahr vorliegt, welches Ausmaß sie hat und in welchem Umfang Sanierungsmaßnahmen erforderlich sind[217]. Zweck der Sanierungsuntersuchung nach § 13 Abs. 1

---

[213] So Bickel, BBodSchG, § 9 Rn. 3.

[214] Schoeneck, in Sanden/Schoeneck, BBodSchG, § 9 Rn. 11; Frenz, BBodSchG, § 9 Rn. 27. Anderer Ansicht ist Sondermann, in Versteyl/Sondermann, BBodSchG, § 9 Rn. 14, nach dem § 9 BBodSchG der Behörde die entsprechenden Eingriffsbefugnisse verleiht.

[215] Siehe Kapitel 2 § 8 D. I. 3. b) (S. 51 ff.).

[216] So zutreffend OVG Berlin, Beschl. v. 19.1.2001, NVwZ 2001, 582 (584 f.).

[217] OVG Berlin, Beschl. v. 19.1.2001, NVwZ 2001, 582 (584) unter Verweis auf die Begründung zum RegE-BBodSchG, BT-Drucks. 13/6701, S. 24.

BBodSchG ist es dagegen, Grundlagen für die Entscheidung zu liefern, auf welche Art und Weise der Pflichtige die aufgrund der schädlichen Bodenveränderung oder Altlast bestehende Gefahr abwenden soll[218]. Auch wenn sich die Maßnahmen nach § 9 Abs. 2 und § 13 Abs. 1 BBodSchG in Einzelfällen überschneiden können oder jedenfalls fließend ineinander übergehen, was das OVG Berlin zutreffend festgestellt hat[219], ist schon wegen der Gesetzessystematik sowie der unterschiedlichen Tatbestandsvoraussetzungen und Regelungszielen eine saubere Trennung erforderlich[220].

C. Sanierungsuntersuchung

Aufgrund der Komplexität der zur Abwehr von schädlichen Bodenveränderungen und Altlasten erforderlichen Sanierungsmaßnahmen ist es regelmäßig erforderlich, gesondert zu untersuchen, welche Sanierungsmaßnahmen überhaupt in Betracht kommen und im Einzelnen durchgeführt werden sollen. Da die Sanierungsuntersuchung auf den Ergebnissen der Untersuchung zur Gefährdungsabschätzung aufbaut und das Bestehen einer Gefahr voraussetzt, schließt sie sich zeitlich und systematisch an das vorherige Stadium der Gefahrerforschung und Gefahrabschätzung an. Darin, dass die Sanierungsuntersuchung eine feststehende Gefahr voraussetzt, besteht auch der systematische Unterschied der beiden Vorschriften: § 9 Abs. 2 BBodSchG zählt noch zum Bereich der Gefahrerforschung, während § 13 Abs. 1 BBodSchG die erste Stufe der Gefahrenabwehr darstellt[221]. Damit regelt § 13 Abs. 1 BBodSchG einen Bereich, der früher teils noch der Gefahrerforschung[222], richtigerweise aber bereits unter dem Regime des allgemeinen Polizei- und Ordnungsrechts der Gefahrenabwehr zugerechnet wurde[223].

D. Durchführung der Sanierung

Als letztes Stadium der Altlastensanierung erfolgen die Anordnung der Sanierung und ihre Durchführung. Rechtsgrundlage für die Anordnung von

---

[218] OVG Berlin, Beschl. v. 19.1.2001, NVwZ 2001, 582 (584) unter Verweis auf die Begründung zum RegE-BBodSchG, BT-Drucks. 13/6701, S. 24.

[219] OVG Berlin, Beschl. v. 19.1.2001, NVwZ 2001, 582 (585).

[220] Insoweit erscheint es bedenklich, wenn Assenmacher, NJ 2001, 498 (499) die gemeinsame Anordnung von Maßnahmen nach § 9 Abs. 2 und § 13 Abs. 1 BBodSchG zulassen will.

[221] Ebenso Assenmacher, NJ 2001, 498 f.

[222] So insbesondere OVG Koblenz, Urt. v. 7.5.1991, NVwZ 1992, 499 (500 f.).

[223] OVG Bremen, Urt. v. 29.8.2000, NVwZ-RR 2001, 157 (158); VGH Mannheim in st. Rspr.: Beschl. v. 30.8.1990, NVwZ 1991, 491 (492); Urt. v. 10.5.1990, DÖV 1991, 165 (166); Urt. v. 8.2.1992, VBlBW 1993, 298 (300 f.).

Sanierungsmaßnahmen ist § 10 Abs. 1 S. 1 BBodSchG. Die Norm ist somit die zentrale Vorschrift zur Durchsetzung der in § 4 Abs. 3 S. 1 BBodSchG geregelten Sanierungspflicht.

§ 10 Andere Rechtsgrundlagen in Abgrenzung zum Bundes-Bodenschutzgesetz

Neben den Vorschriften des Bundes-Bodenschutzgesetzes kommen noch andere Vorschriften als Rechtsgrundlage für die Altlastensanierung in Betracht. Insbesondere stellt sich die Frage, ob und inwieweit insbesondere die vor Inkrafttreten des Bundes-Bodenschutzgesetzes angewendeten Normen weiterhin Anwendung finden können. Es geht nun also um den sachlichen Anwendungsbereich des Bundes-Bodenschutzgesetzes.

A. Grundsatz

Das Verhältnis zu den anderen bundesrechtlichen Gesetzen auf dem Gebiet des Umweltrechts wird in § 3 BBodSchG geregelt[224]. Abgesehen von dem Anwendungsausschluss für einige Gebiete in § 3 Abs. 2 BBodSchG findet das Gesetz nach § 3 Abs. 1 BBodSchG auf schädliche Bodenveränderungen Anwendung, soweit nicht die abschließend aufgezählten anderen Fachgesetze Einwirkungen auf den Boden regeln. Hintergrund ist, dass sich bei Inkrafttreten des Bundes-Bodenschutzgesetzes aufgrund des früheren Querschnittscharakters des Bodenschutzes in vielen Gesetzen unmittelbar und mittelbar bodenschützende bzw. bodenschutzrelevante Vorschriften befanden[225]. Das Bundes-Bodenschutzgesetz soll als medienbezogenes Gesetz einen umfassenden Bodenschutz gewährleisten, aber nicht die spezielleren Regelungen des jeweiligen Fachrechtes ersetzen, so dass es schon allein zur Vermeidung von Doppelregelungen einer genauen Abgrenzung des Anwendungsbereiches bedurfte[226]. Es lässt sich daher als Auffanggesetz bezeichnen, dessen Verhältnis zum spezielleren Fachrecht dem des allgemeinen Ordnungsrechts zum besondern Ordnungsrecht auf Länderebene entspricht. Aufgrund des generellen Vorrangs des Fachrechts ist es dabei unerheblich,

---

[224] Zum Verhältnis des Bundes-Bodenschutzgesetzes zu anderen umweltrechtlichen Gesetzen und damit zu seinem Anwendungsbereich siehe neben der Kommentarliteratur zu § 3 BBodSchG insbesondere Erbguth/Stollmann, NuR 2001, 241 ff.
[225] Vgl. etwa die Übersicht in BT-Drucks. 11/1625 S. 10 ff.
[226] Die damit einhergehenden Abgrenzungsfragen lassen erhebliche Probleme in der Vollzugspraxis befürchten, vgl. Erbguth/Stollmann, Bodenschutzrecht, Rn. 88.

ob die jeweiligen Vorschriften strengere oder mildere Anforderungen stellen[227].

Für das Verhältnis zu den bisherigen landesrechtlichen Bodenschutz- und Altlastenregelungen ist Art. 31 GG maßgeblich, wonach dem Bundesrecht entgegenstehende landesrechtliche Regelungen unwirksam werden, soweit sie denselben Regelungsgegenstand betreffen.

B. Abfallrecht

Das Verhältnis zwischen dem Kreislaufwirtschafts- und Abfallgesetz und dem Bundes-Bodenschutzgesetz bestimmt sich nach § 3 Abs. 1 Nr. 2 BBodSchG. Danach besteht ein Anwendungsvorrang der abfallrechtlichen Vorschriften über die Zulassung und den Betrieb von Abfallbeseitigungsanlagen sowie über die Stilllegung von Deponien. Zugleich wurde mit Art. 2 Nr. 1 des Gesetzes zum Schutze des Bodens an § 36 Abs. 2 S. 1 KrW-/AbfG ein zweiter Satz angefügt, wonach bei dem Bestehen des Verdachts, dass von einer stillgelegten Deponie schädliche Bodenveränderungen oder sonstige Gefahren ausgehen, für die Erfassung, Untersuchung, Bewertung und Sanierung die Vorschriften des Bundes-Bodenschutzgesetzes Anwendung finden. Der Zeitpunkt der Stilllegung[228] markiert also den Schnittpunkt und zugleich die Trennlinie zwischen Abfall- und Bodenschutzrecht: Das Kreislaufwirtschafts- und Abfallgesetz ist im Rahmen der Zulassung (§§ 31, 32 KrW-/AbfG), während des Betriebs (§§ 32 Abs. 4 S. 2, 35 KrW-/AbfG) und anlässlich der Stilllegung (§ 36 Abs. 1, Abs. 2 S. 1 KrW-/AbfG) von Deponien anzuwenden[229]. Rekultivierungs- und Nachsorgeanordnungen im Zusammenhang mit der beabsichtigten Stilllegung einer Deponie finden, soweit entsprechende Regelungen nicht bereits früher – etwa in dem Plan-

---

[227] Frenz, BBodSchG, § 3 Rn. 11.

[228] Zum Begriff der Stilllegung vgl. OVG Weimar, Urt. v. 11.6.2001, NuR 2002, 172 (174); Beckmann/Hagmann, DVBl. 2001, S. 1636 (1640 f.).

[229] OVG Münster, Urt. v. 16.11.2000, NVwZ 2001, 1186 (1187); zustimmend Beckmann/Hagmann, DVBl. 2001, S. 1636 (1642). Kritisch dagegen Schäfer, NVwZ 2001, 1133, der die Entscheidung des OVG Münster für unklar hält und eine Anwendung des Bundes-Bodenschutzgesetzes erst ab der endgültigen Stilllegung nach § 36 Abs. 3 KrW-/AbfG annehmen will. Dem ist zuzugeben, dass das OVG Münster nicht ausgesprochen hat, ob es unter dem Begriff Stilllegung schon die tatsächliche Stilllegung, also die dauerhafte und endgültige Beendigung des Betriebs, oder erst die endgültige Stilllegung nach § 36 Abs. 3 KrW-/AbfG versteht; so wohl auch Frenz, UPR 2002, 201 (205). Diesbezüglich hat nunmehr das OVG Weimar, Urt. v. 11.6.2001, NuR 2002, 172 (174), klargestellt, dass es – entgegen der Ansicht von Schäfer und Frenz – den Zeitpunkt der tatsächlichen und nicht den der endgültigen Stilllegung für maßgeblich hält.

feststellungsbeschluss nach § 31 Abs. 2 KrW-/AbfG oder mit der Genehmigung nach § 31 Abs. 3 KrW-/AbfG – erlassen worden sind, ihre Rechtsgrundlage weiterhin in § 36 Abs. 2 S. 1 KrW-/AbfG[230]. Auch wenn der Umfang der Rekultivierungsverpflichtung in Einzelheiten umstritten ist[231], dienen Rekultivierung und Nachsorge jedenfalls nicht in erster Linie dem Boden-, sondern dem Landschaftsschutz, wenngleich über den Allgemeinwohlbegriff des § 10 Abs. 4 KrW-/AbfG auch bodenschutzrechtliche Aspekte zu beachten sind. Auch die Anordnung erforderlicher Gefahrenabwehr- oder Vorsorgemaßnahmen zur Verhütung von Beeinträchtigungen der in § 10 Abs. 4 KrW-/AbfG genannten Schutzgüter richtet sich allein nach § 36 Abs. 2 S. 1 KrW-/AbfG, wobei die Pflichten zur Rekultivierung, Gefahrenabwehr und Vorsorge so lange bestehen bleiben, bis diese Ziele dauerhaft gewährleistet sind.

Dagegen ist grundsätzlich das Bundes-Bodenschutzgesetz anzuwenden, wenn eine Maßnahme nach der Stilllegung einer Deponie getroffen werden soll. Damit gilt im Ergebnis für alle stillgelegten Abfalldeponien ein einheitliches Sanierungsrecht, unabhängig vom Zeitpunkt der Stilllegung[232]: Bei vor dem Inkrafttreten des Abfallgesetzes 1972 stillgelegten Deponien kommt das Bundes-Bodenschutzgesetz direkt zur Anwendung, bei nach 1972 stillgelegten Deponien greift es über die Verweisung in § 36 Abs. 2 S. 2 KrW-/AbfG. Allerdings ist das Bundes-Bodenschutzgesetz nach Stilllegung der Deponie nur anzuwenden, wenn es um die Abwehr schädlicher Bodenveränderungen geht. Die Erfüllung der abfallrechtlichen Pflichten fällt auch weiterhin unter das Regime des Abfallrechts, so dass Rekultivierungsmaßnahmen weiterhin auf der Grundlage von § 36 KrW-/AbfG angeordnet werden können[233].

Fraglich ist allerdings die Reichweite der Verweisung in § 36 Abs. 2 S. 2 KrW-/AbfG, nämlich ob es sich bei der Norm um einen Rechtsfolgen- oder einen Rechtsgrundverweis auf das Altlastenregime des Bundes-Bodenschutzgesetzes handelt.

Frenz[234] zieht daraus, dass § 36 Abs. 2 S. 2 KrW-/AbfG den bloßen Verdacht einer schädlichen Bodenveränderung eigens erwähne und nach seinem Wortlaut nur einen einfachen Verdacht fordere, während Untersuchungs-

---

[230] Die Vorschrift wurde zum 1.8.2001 geändert und enthält statt einer Sollverpflichtung nunmehr eine zwingende Pflicht.

[231] Überwiegend wird unter dem Begriff die Wiedereingliederung der Deponiefläche in die Landschaft im Sinne der Anpassung an ihre natürliche Umgebung verstanden, vgl. Paetow, in Kunig/Paetow/Versteyl, KrW-/AbfG, § 36 Rn. 17; Beckmann/Hagmann, DVBl. 2001, S. 1636 (1638).

[232] So auch OVG Münster, Urt. v. 16.11.2000, NVwZ 2001, 1186 (1187).

[233] OVG Weimar, Urt. v. 11.6.2001, NuR 2002, 172 (175).

[234] KrW-/AbfG, § 36 Rn. 23; ders., BBodSchG, § 3 Rn. 23, ders., ZUR 2001, 337 f.

pflichten Privater nach § 9 Abs. 2 BBodSchG erst bei einen hinreichenden Verdacht bestünden, den Schluss, dass es sich bei § 36 Abs. 2 S. 2 KrW-/AbfG nur um eine Rechtsfolgenverweisung für altlastenverdächtige Flächen handeln könne. Daher könne nur der abfallrechtliche Adressatenkreis des § 36 KrW-/AbfG, also nur die Inhaber der Deponien, über die Verweisung Abs. 2 S. 2 mit bodenschutzrechtlichen Pflichten belegt werden, nicht aber der weitere Personenkreis des § 4 BBodSchG[235]. Anders soll sich die Rechtslage nach der Ansicht von *Frenz* darstellen, wenn schädliche Bodenveränderungen oder Altlasten feststünden. Da das Kreislaufwirtschafts- und Abfallgesetz insoweit keine Regelung enthalte, sei das Bundes-Bodenschutzgesetz mit seinem erweiterten Adressatenkreis unmittelbar anwendbar[236]. Gegen diese Ansicht spricht schon, dass auch vor dem Inkrafttreten des Bundes-Bodenschutzgesetzes neben dem Inhaber auch andere Personen nach dem allgemeinen Polizei- und Ordnungsrecht in Anspruch genommen werden konnten, soweit eine Gefahr bestand[237]. Wenngleich diese Möglichkeit nicht mehr besteht, da das allgemeine Ordnungsrecht vom Bundes-Bodenschutzgesetz verdrängt wird, ist nicht ersichtlich, dass der Gesetzgeber mit der Einfügung des § 36 Abs. 2 S. 2 KrW-/AbfG den heranziehbaren Personenkreis verkleinern und auf den oder die früheren Deponieinhaber beschränken wollte. Im Gegenteil: Der Gesetzgeber wollte gerade ein bundeseinheitliches Sanierungsrecht schaffen[238]. Dieser Sichtweise hat sich das OVG Münster angeschlossen, indem es feststellt, dass § 36 Abs. 2 S. 2 KrW-/AbfG die Reichweite des Bundes-Bodenschutzgesetzes nicht auf den Verdacht einer Gefahr beschränke, sondern im Gegenteil stillgelegte Deponien erfasse, sobald wenigstens der Verdacht einer Altlast begründet sei[239]. § 36 Abs. 2 S. 2 KrW-/AbfG ist damit als Rechtsgrundverweis anzusehen[240], so dass im

---

[235] Ebenso Schoeneck, in Sanden/Schoeneck, BBodSchG, Art. 2 des Gesetzes zum Schutz des Bodens Rn. 18; Schäfer, NuR 2001, 429 (432).

[236] Frenz, BBodSchG, § 3 Rn. 24.

[237] Siehe Kapitel 2 § 8 A. a.E. mit den Nachweisen in Fn. 103 (S. 43).

[238] Begründung zum RegE-BBodSchG, BT-Drucks. 13/6701, S. 1. So auch OVG Weimar, Urt. v. 11.6.2001, NuR 2002, 172 (173); Schink, in Erbguth, Aktuelle Fragen des Altlasten- und Bodenschutzrechts, S. 83 (92); Knopp/Albrecht, Altlastenrecht, Rn. 36.

[239] OVG Münster, Urt. v. 16.11.2000, NVwZ 2001, 1186 (1187); zustimmend Beckmann/Hagmann, DVBl. 2001, S. 1636 (1640); ablehnend dagegen Schäfer NuR 2001, 429 (432). Dem OVG Münster stimmt letztlich auch Frenz, KrW-/AbfG, § 36 Rn. 29 zu, allerdings in Widerspruch zu seinen Ausführungen in Rn. 23-26; nunmehr in ZUR 2001, 337 (338) klarstellend, dass auch er der Ansicht des OVG Münster folgt.

[240] So auch OVG Münster, Urt. v. 16.11.2000, NVwZ 2001, 1186 (1187); OVG Weimar, Urt. v. 11.6.2001, NuR 2002, 172 (173 f.) mit methodisch vorbildlicher Argumentation; zustimmend Rossi, NJ 2002, 219. Die Frage mangels Entscheidungserheblichkeit offen gelassen hat der VGH München, Beschl. v. 9.12.2002, NVwZ 2003, 1135, 1136 und Beschl. v. 9.7.2003, NVwZ 2003, 1281 (1282).

Hinblick auf die Altlastensanierung eine einheitliche Behandlung aller Deponien ab dem Zeitpunkt ihrer Stilllegung unter dem Regime des Bundes-Bodenschutzgesetzes gesichert ist. Dies gilt insbesondere auch für den Adressatenkreis möglicher behördlicher Anordnungen. Insoweit ist alleine die Regelung des § 4 BBodSchG einschlägig[241].

Zu klären ist noch die Frage, ob in der Verweisung des § 36 Abs. 2 S. 2 KrW-/AbfG auf die Sanierungspflichtigen des Bundes-Bodenschutzgesetzes für vor dem Inkrafttreten des Bundes-Bodenschutzgesetzes stillgelegte Deponien eine unzulässige Rückwirkung liegt. *Schink*[242] und *Sondermann*[243] meinen, dass die Regelungen über die Sanierungsverantwortlichkeit in § 4 Abs. 3 BBodSchG[244] für Altdeponien, die bereits vor dem 1.3.1999 bestanden, in verfassungskonformer Auslegung auf den ehemaligen Inhaber solcher Anlagen zu reduzieren sind. Sie begründen ihre Ansicht damit, dass nach § 36 Abs. 2 S. 1 KrW-/AbfG bis zum Inkrafttreten des Bundes-Bodenschutzgesetzes nur der letzte Inhaber einer Deponie in Anspruch genommen werden konnte und andere potentiell Pflichtige damit „negativ expressis verbis verantwortungslos" gestellt gewesen seien[245]. Dadurch dass nunmehr auch Altdeponien über die Verweisung in § 36 Abs. 2 S. 2 KrW-/AbfG unter das Bundes-Bodenschutzgesetz fielen, sei es zu einer Vermehrung der Zahl der Verantwortlichen gekommen[246]. Diese Ausweitung verstoße für Altdeponien gegen das verfassungsrechtliche Rückwirkungsverbot.

Eine unzulässige Rückwirkung kommt aber überhaupt nur in Betracht, wenn die jetzige Regelung eine Verschärfung der früheren Rechtslage darstellen würde. Zwar konnte nach § 31 Abs. 2 S. 1 KrW-/AbfG a. F. nur der letzte Inhaber der Deponie in Anspruch genommen werden, andererseits konnten aber – wie bereits oben dargestellt – andere potentiell Verantwortliche schon früher auf der Grundlage des allgemeinen Polizei- und Ordnungsrechts herangezogen werden[247]. Sie waren daher keineswegs verantwortungslos gestellt. Hinsichtlich der Verhaltens- und der Zustandsverantwortlichkeit sind durch das Bundes-Bodenschutzgesetz keinerlei Verschärfungen vorgenommen worden, so dass jedenfalls insoweit kein Rückwirkungsproblem vorliegt[248]. Verhaltens- und Zustandsverantwortliche traf und trifft auch bei

---

[241] So ausdrücklich auch OVG Münster, Urt. v. 16.11.2000, NVwZ 2001, 1186 (1188); OVG Weimar, Urt. v. 11.6.2001, NuR 2002, 172 (174).
[242] DÖV 1999, 797 (800 f.).
[243] In Versteyl/Sondermann, BBodSchG, § 4 Rn. 93.
[244] Für die Verantwortlichkeit früherer Eigentümer stellt sich das Rückwirkungsproblem aufgrund der in § 4 Abs. 6 BBodSchG enthaltenen Stichtagsregelung nicht.
[245] Versteyl, in Versteyl/Sondermann, BBodSchG, § 4 Rn. 93.
[246] Schink, DÖV 1999, 797 (800).
[247] Siehe Kapitel 2 § 8 A. a. E. mit den Nachweisen in Fn. 103 (S. 43).
[248] So auch Frenz, KrW-/AbfG, § 36 Rn. 49; ders., ZUR 2001, 337 (339).

Altdeponien eine Sanierungspflicht, unabhängig davon, ob sie Inhaber der Deponie gewesen sind. Die früher nach dem allgemeinen Polizei- und Ordnungsrecht bestehende Sanierungspflicht richtet sich nun nach § 4 Abs. 3 S. 1 BBodSchG[249]. Auch dass nach § 36 Abs. 2 S. 1 KrW-/AbfG a. F. nur der ehemalige Inhaber zur Rekultivierung verpflichtet werden konnte, was hinsichtlich anderer potentiell Verantwortlicher auf der Grundlage des allgemeinen Polizei- und Ordnungsrechts nicht möglich war, führt nicht zu einem Konflikt mit dem Rückwirkungsverbot. Da das Bundes-Bodenschutzgesetz keine Rekultivierungspflicht kennt, fehlt es auch insoweit an einer Verschärfung der Rechtslage.

Nur hinsichtlich der Verantwortlichkeit des Gesamtrechtsnachfolgers des Verursachers kommt ein Konflikt in Betracht, soweit eine Inanspruchnahme nicht auf der Grundlage des allgemeinen Polizei- und Ordnungsrechts erfolgen konnte. Dabei handelt es sich aber nicht um ein spezielles Rückwirkungsproblem am Schnittpunkt zwischen Bundes-Bodenschutzgesetz und Kreislaufwirtschafts- und Abfallgesetz, sondern es geht vielmehr um die generelle Frage, ob das Bundes-Bodenschutzgesetz hinsichtlich der Gesamtrechtsnachfolgerhaftung die nach den allgemeinen Polizei- und Ordnungsgesetzen bestehende Rechtslage verschärft[250].

C. Immissionsschutzrecht

Durch Art. 3 Nr. 1 des Gesetzes zum Schutze des Bodens wurde der einleitende Satz in § 5 Abs. 3 BImSchG aus Klarstellungsgründen geändert. Wichtiger für das Verhältnis zwischen Bodenschutz- und Immissionsschutzrecht ist die Änderung des § 17 Abs. 4a BImSchG durch Art. 3 Nr. 2 des Gesetzes zum Schutze des Bodens. Danach können behördliche Anordnungen zur Erfüllung der sich aus § 5 Abs. 3 BImSchG ergebenden Nachsorgepflichten nur noch innerhalb eines Jahres statt wie bisher innerhalb von zehn Jahren getroffen werden. Das Ende der Anordnungsfrist nach § 17 Abs. 4a BImSchG markiert auch den in § 3 Abs. 1 Nr. 11 BBodSchG geregelten Regimewechsel zwischen dem Bundes-Immissionsschutzgesetz und dem Bundes-Bodenschutzgesetz hinsichtlich der Sanierung von Anlagen. Danach ist für behördliche Anordnungen im Zusammenhang mit der Genehmigung, dem

---

[249] Zur Frage, ob die in § 4 Abs. 3 S. 1 BBodSchG normierte Sanierungspflicht eine Verschärfung gegenüber der auf der Grundlage des allgemeinen Polizei- und Ordnungsrechts bestehenden Sanierungsverpflichtung darstellt, siehe Kapitel 5 § 17 (S. 186 ff.).

[250] Siehe Kapitel 5 § 18 B. II. 2. (S. 210 ff.).

Betrieb und der Stilllegung[251] von Anlagen alleine das Bundes-Immissions-schutzgesetz einschlägig. Nach Ablauf der Jahresfrist nach § 17 Abs. 4a BImSchG, die insofern eine noch klarere Trennung markiert, als dies zwischen Abfall- und Bodenschutzrecht der Fall ist, können Anordnungen zur Sanierung von stillgelegten Anlagen nur noch nach den Vorschriften des Bundes-Bodenschutzgesetzes ergehen.

Für die Verzahnung von Bodenschutz- und Immissionsschutzrecht spielt auch § 3 Abs. 3 BBodSchG eine wichtige Rolle. Da gemäß § 1 Abs. 1 BImSchG der Schutz des Bodens auch eine Aufgabe des Immissionsschutzes ist, dient § 3 Abs. 3 BBodSchG der Herbeiführung eines einheitlichen Standards. Insoweit ergeben sich auch im Immissionsschutzrecht die materiellen Anforderungen an den Bodenschutz, also die Gefahrenschwelle, die Grenzwertfestlegungen sowie die anzuwendenden Ermittlungs- und Bewertungsverfahren, alleine aus dem Bundes-Bodenschutzgesetz und der Bundes-Bodenschutz- und Altlastenverordnung[252]. Auf diese Weise werden Wertungswidersprüche vermieden.

D. Wasserrecht

Seit Inkrafttreten des Bundes-Bodenschutzgesetzes richtet sich gemäß § 4 Abs. 3 S. 1 BBodSchG nunmehr auch die Sanierung verunreinigter Gewässer nach dem Bundes-Bodenschutzgesetz, wenn diese durch eine schädliche Bodenveränderung oder Altlast verursacht worden sind. Ziel der Regelung ist es, die durch schädliche Bodenveränderungen verursachten Folgen und damit auch Gewässerschäden zu beheben[253]. Wie aus § 4 Abs. 4 S. 3 BBodSchG folgt, ergeben sich die Anforderungen an die Sanierung im Einzelfall aber aus dem Wasserrecht. Das Bundes-Bodenschutzgesetz beantwortet damit die Frage nach dem „Ob" der Sanierung und bestimmt die sanierungspflichtige Person, während es die Frage des „Wie" der Sanierung dem Wasserrecht überlässt[254], da es insoweit an einer umfassenden Regelungskompetenz des

---

[251] Die Stilllegung ist zwar in § 3 Abs. 1 Nr. 11 BBodSchG nicht ausdrücklich erwähnt, der Anwendungsvorrang des Bundes-Immissionsschutzgesetzes gegenüber dem Bundes-Bodenschutzgesetz ergibt sich aber aus den spezielleren Regelungen der §§ 5 Abs. 3, 17 Abs. 4 a BImSchG.

[252] Frenz, BBodSchG, § 3 Rn. 52; Sondermann/Terfehr, in Versteyl/Sondermann, BBodSchG, 3 Rn. 87; Erbguth/Stollmann, NuR 2001, 241 (244).

[253] Erbguth/Stollmann, NuR 2001, 241 (245); Schink, DÖV 1999, 797 (807), der zutreffend darauf hinweist, dass nicht der Schutz des Wassers, sondern die Folgenbeseitigung vorrangiges Ziel der in § 4 Abs. 3 S. 1 enthaltenen Verpflichtung zur Gewässersanierung sei.

[254] Frenz, BBodSchG, § 4 Abs. 4 Rn. 36.

Bundes fehlt[255]. Eine Konkretisierung der wasserrechtlichen Anforderungen bei der Gewässersanierung enthalten die Landeswassergesetze jedoch kaum[256]. Bis dahin wird an die §§ 1a Abs. 1, 6, 19b, Abs. 2, 19g Abs. 1, 26, 32 WHG anzuknüpfen sein[257].

Anordnungen zur Sanierung von Schäden aufgrund unmittelbarer Gewässer- und Grundwasserverunreinigungen sind nach wie vor auf die Ermächtigungsgrundlagen der Landeswassergesetze oder – wenn es an einer entsprechenden Eingriffsgrundlage fehlt – des allgemeinen Polizei- und Ordnungsrechts zu stützen[258].

E. Landesrecht – Abschließende Regelung der Sanierungsverantwortlichkeit in § 4 BBodSchG?

Wegen des Vorrangs des Bundesrechts (Art. 31 GG) und aufgrund seiner Subsidiarität hat das allgemeine Polizei- und Ordnungsrecht mit Inkrafttreten des Bundes-Bodenschutzgesetzes seine Bedeutung als Rechtsgrundlage der Altlastensanierung verloren. Dies gilt im Grundsatz auch für das zum Zeitpunkt des Inkrafttretens des Bundes-Bodenschutzgesetzes geltende Altlastenrecht der Länder. Gleichwohl bleibt nach § 21 BBodSchG Raum für landesrechtliche Regelungen. Für die vorliegende Arbeit ist dabei von Interesse, ob gerade neben der Regelung des sanierungspflichtigen Personenkreises in § 4 Abs. 3 und Abs. 6 BBodSchG noch Raum für entsprechende Länderregelungen bleibt, die Länder in ihren Landesgesetzen also weitere Pflichtige benennen können.

Die Regelung des sanierungspflichtigen Personenkreises in § 4 Abs. 3 und Abs. 6 BBodSchG geht zwar teilweise über die vorher bestehenden Regelungen der Bundesländer hinaus, bleibt in einigen Punkten aber auch deutlich dahinter zurück. So enthielten insbesondere § 13 BerlBodSchG, § 12 HAltlastG, § 31 NdsAbfG und § 20 ThAbfAG weitergehende Regelungen zur Sanierungsverantwortlichkeit. Hier stellt sich die Frage, ob entgegenstehende oder darüber hinausgehende Landesregelungen verdrängt werden.

---

[255] Der Bund kann nach Art. 75 Abs. 1 Nr. 4 GG hinsichtlich des Wasserhaushalts nur Rahmenvorschriften erlassen.

[256] Zu nennende Regelungen sind etwa § 77 HessWG, §§ 28a Abs. 1, 64 Abs. 3 HambWG.

[257] Oerder, in Oerder/Numberger/Schönfeld, BBodSchG, § 4 Rn. 49. Anhaltspunkte bieten auch die vom Sachverständigenrat für Umweltfragen (vgl. SRU, Altlasten II, BT-Drucks. 13/380, Tz. 128) und der Länderarbeitsgemeinschaft Wasser entwickelten Grundsätze. Siehe dazu auch Frenz, BBodSchG, § 4 Abs. 4 Rn. 39 ff.

[258] Bickel, BBodSchG, § 4 Rn. 61; Erbguth/Stollmann, NuR 2001, 241 (245); Vierhaus, NJW 1998, 1262 (1264).

Dabei sind allerdings zwei Problemkreise strikt voneinander zu trennen. Eine andere Frage ist nämlich, ob mit dem Begriff des Verursachers in § 4 Abs. 3 S. 1 BBodSchG nur unmittelbare Verursacher oder auch Personen gemeint sind, die nach Landesrecht für Minderjährige, Betreute und Verrichtungsgehilfen verantwortlich sind, und ob insoweit auf landesrechtliche Regelungen des allgemeinen Polizei- und Ordnungsrechts zurückgegriffen werden kann. Diese Problematik soll im Rahmen der Darstellung der Sanierungspflichtigkeit des Verursachers erfolgen[259]. Auch die Rechtsprechung trennt beide Fragen strikt[260].

Vorliegend geht es nur um die Frage, ob § 4 BBodSchG spezialgesetzliche Länderregelungen der Sanierungspflichtigkeit für Bodenverunreinigungen, die den Katalog der verantwortlichen Personen erweitern, verdrängt. Dies wäre der Fall, wenn der Bundesgesetzgeber mit seinen Regelungen über den Kreis der Sanierungspflichtigen von der ihm zustehenden Gesetzgebungskompetenz gemäß Art. 72 Abs. 1, 74 Abs. 1 Nr. 18 GG abschließend Gebrauch gemacht hat.

I. Gesetzgebungskompetenz des Bundes

Eine Sperrwirkung nach Art. 72 Abs. 1 GG setzt jedoch die kompetenzielle Verfassungsmäßigkeit des Bundes-Bodenschutzgesetzes voraus, vor allem von § 4 BBodSchG. Angesichts der langjährigen Diskussion um das Bestehen der Gesetzgebungskompetenz des Bundes für die Schaffung eines Bundes-Bodenschutzgesetzes soll die Frage – allerdings in gebotener Kürze[261] – behandelt werden.

---

[259] Siehe Kapitel 4 § 14 C. III. (S. 130 ff.).
[260] VGH Mannheim, Urt. v. 9.9.1999, DÖV 2000, 828 (829). Ebenso dürfte auch die Äußerung des BVerwG, Urt. v. 16.5.2000, DÖV 2000, 1054 (1056) zu deuten sein, dass nicht deutlich werde, dass und inwieweit die Darlegung der Revision, in § 4 Abs. 3 BBodSchG sei die Haftung für Verrichtungsgehilfen nicht geregelt und daher könne ergänzend Landesrecht herangezogen werden, im Streitverfahren, bei dem es um die Anwendbarkeit von § 12 Abs. 1 Nr. 4 HAltlastG neben § 4 Abs. 3 BBodSchG ging, Bedeutung erlangen könnte. Diese Differenzierung verkennt Duesmann, Verantwortlichkeit für schädliche Bodenveränderungen und Altlasten nach dem Bundes-Bodenschutzgesetz, S. 61 f.
[261] Ausführlich zur Gesetzgebungskompetenz des Bundes für das Bundes-Bodenschutzgesetz siehe Duesmann, Verantwortlichkeit für schädliche Bodenveränderungen und Altlasten nach dem Bundes-Bodenschutzgesetz, S. 7 ff.; Feil, Auswirkungen des Bundes-Bodenschutzgesetzes, S. 35 ff.; Brandt, DÖV 1996, 675 ff.; Czybulka, UPR 1997, 15 ff.; Degenhart, ZRP 1997, 397 ff.; Ewer, in Landmann/Rohmer, Umweltrecht, Vorb. BodSchRecht Rn. 133 ff.; Frenz, BBodSchG, § 1 Rn. 17 ff.

Da dem Bund keine allgemeine Gesetzgebungskompetenz für den Umweltschutz zusteht[262], stellt sich die Frage, auf welchen bzw. welche Kompetenztitel das Bundes-Bodenschutzgesetz gestützt werden kann. Die früheren Referentenentwürfe stützten sich wesentlich auf die Rahmengesetzgebungskompetenz des Bundes für den Naturschutz aus Art. 75 Nr. 3 GG und sahen das Bundes-Bodenschutzgesetz dementsprechend als Rahmengesetz vor. Im Referentenentwurf vom 22.3.1996 und dem Regierungsentwurf vom 25.9.1996 wurde das Bundes-Bodenschutzgesetz dagegen als konkurrierendes Recht ausgestaltet, dem verschiedene Kompetenztitel zugrunde lagen. Hauptsächlich wurde auf die konkurrierende Gesetzgebungskompetenz des Bundes nach Art. 74 Abs. 1 Nr. 18 GG (Bodenrecht) abgestellt, für einzelne Regelungen wurden ergänzend Art. 74 Abs. 1 Nr. 11 GG (Recht der Wirtschaft), Art. 74 Abs. 1 Nr. 24 (Abfallbeseitigung) sowie für die wasserrechtlichen Regelungen Art. 75 Abs. 1 Nr. 4 GG herangezogen. Ein solches Abstellen auf verschiedene Kompetenztitel ist grundsätzlich zulässig[263].

Ob dem Bund aus diesen Kompetenztiteln, insbesondere aus Art. 74 Abs. 1 Nr. 18 GG, das Recht zum Erlass eines umfassenden Bodenschutzgesetzes zusteht, ist in der Literatur umstritten[264]. Das BVerwG hat die Frage inzwischen ausdrücklich bejaht[265].

Maßgeblich ist die Überlegung, wie weit der Begriff „Bodenrecht" in Art. 74 Abs. 1 Nr. 18 GG zu fassen ist. Nach einem Rechtsgutachten des BVerfG aus dem Jahre 1954 gehören zur Materie Bodenschutz nur solche Vorschriften, „die den Grund und Boden unmittelbar zum Gegenstand rechtlicher Ordnung haben, also die rechtlichen Beziehungen des Menschen zum Grund und

---

[262] Kunig, in v. Münch/Kunig, GG, Art. 74 Rn. 115; Stettner, in Dreier, GG, Art. 74 Rn. 108; Degenhart, in Sachs, GG, Art. 74 Rn. 89; ders., ZRP 1997, 397.

[263] Maunz, in Maunz/Dürig, GG, Art. 70 Rn. 42; Stern, Staatsrecht II, § 37 II 4 c α (S. 607 f.).

[264] Eine Gesetzgebungskompetenz des Bundes aus Art. 74 GG im Ergebnis bejahend: Brandt, DÖV 1996, 675 (680 f.); Ewer, in Landmann/Rohmer, Umweltrecht, Vorb. BodSchRecht Rn. 145; Frenz, BBodSchG, § 1 Rn. 22; Kloepfer, Umweltrecht, 2. Aufl. 1998, § 12 Rn. 16 (nunmehr in der 3. Aufl. 2004, § 12 Rn. 77 ohne klare eigene Bewertung); Knopp, DÖV 2001, 341 (343 f.); Peine, NuR 1992, 353 (360); ders. 1999, 121 (122); Schink, DÖV 1995, 213 (215); Papier, JZ 1994, 810 (811 f.); Rid/Froeschle, UPR 1994, 321 (325). Eine Gesetzgebungskompetenz aus Art. 74 Abs. 1 Nr. 18 GG dagegen ablehnend: Degenhardt, ZRP 1997, 397 ff.; Erbguth/Stollmann, NuR 1994, 319 (327) sowie zuletzt v. Buch, NVwZ 1998, 822 (823), nach dem eine Gesetzgebungskompetenz nur auf Art. 75 Abs. 1 Nr. 3 GG gestützt werden könne.

[265] BVerwG, Urt. v. 16.5.2000, DÖV 2000, 1054 (1055 f.); ebenso zuvor VG Frankfurt, Beschl. v. 23.7.1999, NVwZ 2000, 107 (108).

Boden regeln"[266]. Indem das Bundes-Bodenschutzgesetz im Kern die Rechte und – mehr noch – die Pflichten des Bodenbenutzers regelt, wird es diesen Anforderungen gerecht[267]. Auch der Einwand, der Begriff Bodenrecht sei aus systematischen und historischen Gründen so eng auszulegen, dass er sich alleine auf die bauliche Nutzbarkeit beschränke[268] und mit dem Begriff „Bodennutzungsrecht" gleichzusetzen sei[269], kann nicht überzeugen. Die historische Auslegung führt nicht weiter, da die Problematik des Bodenschutzes erst in den achtziger Jahren aufkam[270]. Im Übrigen kann eine Kompetenznorm auch einen Bedeutungswandel erfahren. So sah das BVerfG in Bezug auf die Kompetenznorm des Art. 74 Abs. 1 Nr. 24 GG, obgleich nach grammatikalischer und historischer Auslegung auf die Abfallbeseitigung beschränkt, die Fortentwicklung des Abfallrechts zur Kreislaufwirtschaft und bezog daher auch die Abfallverwertung und Abfallvermeidung mit ein[271]. Schließlich besteht der Zweck des Bundes-Bodenschutzgesetzes nach § 1 Abs. 1 BBodSchG darin, nachhaltig die Funktionen des Bodens zu sichern oder wiederherzustellen, wozu nach § 2 Abs. 2 Nr. 3 BBodSchG auch diverse Nutzungsfunktionen zählen. Auch die Bodensanierung fällt damit in den Bereich Bodennutzung[272].

Für die Regelungen, die den Bereich des Wasserrechts betreffen[273], greift die Rahmengesetzgebungskompetenz nach Art. 75 Abs. 1 Nr. 4 GG ein. Dass dabei unmittelbar geltende Regelungen getroffen werden, ist von Art. 75 Abs. 2 GG gedeckt, da die Boden- und Gewässersanierung in der Regel eine untrennbare Einheit bilden[274].

Soweit das Bundes-Bodenschutzgesetz mit der materiellen Regelung der Sanierungspflichten und Sanierungspflichtigen in § 4 BBodSchG eine Norm mit ordnungsrechtlichem Charakter enthält, stellt sich allerdings die Frage, ob Art. 74 Abs. 1 Nr. 18 GG auch solche ordnungsrechtliche Regelungen abdeckt. Das BVerwG fasst die Regelung der Verantwortlichkeit dabei noch

---

[266] BVerfG, Rechtsgutachten vom 16.6.1954 über die Zuständigkeit des Bundes zum Erlass eines Baugesetzes, E 3, 407 (424). Ebenso BVerfG, Beschl. v. 8.11.1972, E 34, 139 (144).

[267] Zutreffend Ewer, in Landmann/Rohmer, Umweltrecht, Vorb. BodSchRecht Rn. 143.

[268] So etwa Erbguth/Stollmann, NuR 1994, 319 (327).

[269] Kloepfer, Umweltrecht, 2. Aufl. 1998, § 12 Rn. 16, der allerdings letztlich doch eine Kompetenz aus Art. 74 Abs. 1 Nr. 18 GG annimmt.

[270] Peine, NuR 1992, 353 (355).

[271] BVerfG, Urt. v. 7.5.1998, NJW 1998, 2341 (2342).

[272] Schink, DÖV 1995, 213 (214 f.).

[273] §§ 4 Abs. 1 S. 1, Abs. 3 S. 1, 14 Abs. 1 Nr. 3 BBodSchG.

[274] Frenz, BBodSchG, § 1 Rn. 19; Knopp, DÖV 2001, 441 (443) sowie ausführlich Brandt, DÖV 1996, 675 (682).

unter den Kompetenztitel „Bodenrecht"[275]. Auch wenn man dem nicht folgt, stellen Regelungen über die Altlastensanierung mit ordnungsrechtlichem Charakter die Gesetzgebungskompetenz des Bundes nicht in Frage. Nach der Rechtsprechung des BVerfG stellt das Recht der Gefahrenabwehr nämlich keinen selbstständigen Sachbereich dar, der generell der Gesetzgebungskompetenz der Länder zugewiesen wäre. Die Ordnungsgewalt sei vielmehr als Annex des jeweiligen Sachbereichs anzusehen, so dass zur Gesetzgebungszuständigkeit in einem Sachgebiet auch die Regelung der Ordnungsgewalt in diesem Gebiet gehöre[276]. Die Zuständigkeit des Bundes für die gefahrenabwehrrechtlichen Regelungen über die Altlastensanierung in § 4 BBodSchG ist also jedenfalls gegeben, entweder unmittelbar aus Art. 74 Abs. 1 Nr. 18 GG oder aus einer Annexkompetenz dazu[277].

Da auch die Voraussetzungen des Art. 72 Abs. 2 GG vorliegen[278], ist das Bundes-Bodenschutzgesetz und insbesondere § 4 BBodSchG also kompetenziell verfassungsgemäß. Davon ging im Übrigen auch der Bundesrat stets aus[279].

II. Sperrwirkung des Art. 72 Abs. 1 GG

Nach Art. 72 Abs. 1 GG haben die Länder im Bereich der konkurrierenden Gesetzgebung die Befugnis zur Gesetzgebung, solange und soweit der Bund von seiner Gesetzgebungszuständigkeit nicht durch Gesetz Gebrauch gemacht hat[280]. Macht der Bund von seiner Gesetzgebungskompetenz Gebrauch, hat dies zur Folge, dass die Länder im betreffenden Bereich ihre Gesetzgebungskompetenz verlieren. Gleichwohl erlassenes Landesrecht ist nach Art. 72 Abs. 1 GG unwirksam[281], im Zeitpunkt des Gebrauchmachens bestehendes Landesrecht tritt außer Kraft. Auch Letzteres folgt unmittelbar

---

[275] BVerwG, Urt. v. 16.5.2000, DÖV 2000, 1054 (1055 f.).

[276] BVerfG, Rechtsgutachten vom 16.6.1954 über die Zuständigkeit des Bundes zum Erlass eines Baugesetzes, E 3, 407 (433); 8, 143 (149 f.); ebenso BVerwG, Urt. v. 12.1.1990, E 84, 247 (250).

[277] Eine Annexkompetenz bejahen beispielsweise VG Frankfurt, Beschl. v. 23.7.1999, NVwZ 2000, 107 (108); Peine NuR, 1992, 353 (358); Rid/Froeschle, UPR 1994, 321 (324 f.); Papier, JZ 1994, 810 (811 f.); Schink, DÖV 1995, 213 (215).

[278] Dazu ausführlich Brandt, DÖV 1996, 675 (683).

[279] Stellungnahme zum Regierungsentwurf, BT-Drucks. 13/6701, S. 48.

[280] Allgemein zu den Voraussetzungen und Folgen der Sperrwirkung Jarass, NVwZ 1996, 1041 (1043 ff.).

[281] Stettner, in Dreier, GG, Art. 72 Rn. 29; Kunig, in v. Münch/Kunig, GG, Art. 72 Rn. 10; Degenhart, in Sachs, GG, Art. 72 Rn. 30.

aus Art. 72 Abs. 1 GG, so dass es eines Rückgriffs auf Art. 31 GG nicht bedarf[282].

Die sachliche Sperrwirkung resultiert aus dem Umstand, dass der betroffene Bereich durch den Bund abschließend geregelt worden ist. Soweit der Bundesgesetzgeber keine Regelung getroffen hat, darf der Landesgesetzgeber in diese Lücke eintreten. Zum Tragen kommt die sachliche Sperrwirkung, wenn der Bund für eine Materie eine erschöpfende und damit abschließende Regelung getroffen hat[283].

Ob eine erschöpfende und damit abschließende Regelung einer bestimmten Materie vorliegt, ist nach der Rechtsprechung des BVerfG[284] und des BVerwG[285] aufgrund einer Gesamtwürdigung des betreffenden Normenkomplexes festzustellen. Die Antwort ergibt sich in erster Linie aus dem Bundesgesetz selbst, in zweiter Linie aus dem hinter dem Gesetz stehenden Regelungszweck, ferner aus der Gesetzgebungsgeschichte und den Gesetzesmaterialien[286]. Eine abschließende Regelung kommt aber nicht nur dann in Betracht, wenn der Bund eine positive Regelung getroffen hat. Eine Regelung im Sinne von Art. 72 Abs. 1 GG kann auch vorliegen, wenn der Bund nur bestimmte Fragen normiert hat, aber erkennbar den gesamten Regelungsbereich abschließend regeln wollte[287]. Die Sperrwirkung umfasst dann auch den ungeregelten Bereich.

Fraglich ist, ob der Bund die Materien des Bodenschutzes und der Altlastensanierung mit dem Bundes-Bodenschutzgesetz erschöpfend geregelt hat oder ob den Landesgesetzgebern noch Räume offen gelassen worden sind. Diese Frage lässt sich allerdings nicht pauschal, sondern nur für die einzelnen Vorschriften des Bundes-Bodenschutzgesetzes gesondert beantworten. Hier soll dabei nur interessieren, ob die Regelung der sanierungspflichtigen Perso-

---

[282] Kunig, in v. Münch/Kunig, GG, Art. 72 Rn. 10; Pieroth, in Jarass/Piroth, GG, Art. 72 Rn. 5; Degenhart, in Sachs, GG, Art. 72 Rn. 30; Jarass, NVwZ 1996, 1041 (1043).

[283] BVerfG, Beschl. v. 23.3.1965, E 18, 407 (417); Beschl. v. 9.2.1972, E 32, 319 (327); Beschl. v. 15.12.1987, E 77, 308 (329); Beschl. v. 18.5.1988, E 78, 205 (209 f.); Beschl. v. 12.12.1991, E 85, 134 (142); Kunig, in v. Münch/Kunig, GG, Art. 72 Rn. 11.

[284] Beschl. v. 22.4.1958, E 7, 342 (347); Beschl. v. 11.10.1966, E 20, 238 (248); Beschl. v. 12.10.1978, E 49, 343 (358); Beschl. v. 9.11.1984, E 67, 299 (324); Urt. v. 27.10.1998, E 98, 265 (300 f.).

[285] Beschl. v. 24.10.1994, E 96, 318 (325); Urt. v. 16.5.2000, DÖV 2000, 1054 (1055).

[286] BVerfG, Urt. v. 27.10.1998, E 98, 265 (300 f.); BVerwG, Urt. v. 16.5.2000, DÖV 2000, 1054 (1055).

[287] BVerfG, Beschl. v. 9.2.1972, E 32, 319 (327 f.); Urt. v. 27.10.1998, E 98, 265 (300 f.), Kunig, in v. Münch/Kunig, GG, Art. 72 Rn. 11, Jarass, NVwZ 1996, 1041 (1044).

nen in § 4 Abs. 3 und Abs. 6 BBodSchG abschließend erfolgte[288]. Die Frage ist umstritten.

1. Rechtsprechung und überwiegende Literatur

Überwiegend wird die Regelung des pflichtigen Personenkreises in § 4 BBodSchG als erschöpfend angesehen[289]. Dieser Ansicht hat sich inzwischen auch die Rechtsprechung angeschlossen[290]. In der Entscheidung des BVerwG ging es um die Frage, ob § 12 Abs. 1 Nr. 4 HAltlastG, der eine Sanierungsverantwortlichkeit „aufgrund anderer Rechtsvorschriften" bestimmt, neben § 4 BBodSchG weiterhin Anwendung finden kann. Das Gericht sieht insoweit § 4 Abs. 3 S. 4 BBodSchG als abschließend an, wonach zur Sanierung auch – aber eben auch nur – verpflichtet ist, wer aus handelsrechtlichem oder gesellschaftlichem Rechtsgrund für eine juristische Person einzustehen hat. Daneben sei § 21 Abs. 1 BBodSchG, wonach die Länder zur Ausführung des zweiten und dritten Teils des Gesetzes – und damit auch zu § 4 BBodSchG – ergänzende Verfahrensregelungen erlassen können, als Bestätigung des abschließenden Charakters von § 4 BBodSchG hinsichtlich dessen materieller Regelungen zu verstehen[291]. Gerade aus diesem allgemeinen Argument dürfte zu folgern sein, dass das BVerwG nicht nur die Regelungen bezüglich der Bestimmung einzelner Verantwortlicher, sondern § 4 BBodSchG insgesamt als abschließend und damit sämtliche Landesregelungen zur Sanierungsverantwortlichkeit verdrängend ansieht.

---

[288] Den abschließenden Charakter anderer Vorschriften des Bundes-Bodenschutzgesetzes untersucht Peine, NVwZ 1999, 1165 (1167 ff.).

[289] Frenz, BBodSchG, § 21 Rn. 4; Landel, in Landel/Vogg/Wüterich, BBodSchG, Einf. C Rn. 38; Sanden, in Sanden/Schoeneck, BBodSchG, § 21 Rn. 5; Hilger, in Holzwarth/ Radtke/Hilger/Bachmann, BBodSchG, § 21 Rn. 2; Spieth/Wolfers, altlsten spektrum 1998, 75 (78); Riedel, ZIP 1999, 94 (95); Erbguth/Stollmann, Bodenschutzrecht, Rn. 144; Duesmann, Verantwortlichkeit für schädliche Bodenveränderungen und Altlasten nach dem Bundes-Bodenschutzgesetz, S. 47 f.

[290] BVerwG, Urt. v. 16.5.2000, DÖV 2000, 1054 (1056); zustimmend Fischer, altlasten spektrum 2000, 360 f.; ablehnend Bickel, NVwZ 2000, 1133 ff. Der VGH Mannheim, Urt. v. 9.9.1999, DÖV 2000, 828 (829), hatte als Vorinstanz bereits so entschieden. Ebenso VG Frankfurt, Beschl. v. 23.7.1999, NVwZ 2000, 107 (108).

[291] BVerwG, Urt. v. 16.5.2000, DÖV 2000, 1054 (1056). Auf dieses Argument stützen sich auch VGH Mannheim, Urt. v. 9.9.1999, DÖV 2000, 828 (829); Frenz, BBodSchG, § 21 Rn. 4; Sanden, in Sanden/Schoeneck, BBodSchG, § 21 Rn. 5.

2. Ansicht von *Bickel*

Dagegen ist *Bickel*[292] der Meinung, dass § 21 BBodSchG keine normative Wirkung zukommt. Der Bund könne nicht bestimmen, was abschließend sei, dies sei vielmehr Tatbestandsmerkmal des Art. 72 GG. Ergänzende landesrechtliche Regelungen seien daher zulässig, soweit diese das Bundes-Bodenschutzgesetz nicht konterkarierten, sondern sich in dessen System einfügten[293]. Schon alleine weil die polizeirechtlichen Vorschriften des § 4 BBodSchG – etwa hinsichtlich der Haftung für Verrichtungsgehilfen – unvollständig seien, könnten die Landesgesetzgeber ergänzend tätig werden[294]. Daneben handele es sich bei der Bestimmung polizeipflichtiger Personen um die den Ländern zustehende Kompetenz zur Regelung des Polizeirechts[295].

3. Ansicht von *Schoeneck*

Auch *Schoeneck* betrachtet die Regelung der sanierungspflichtigen Personen in § 4 BBodSchG als grundsätzlich nicht abschließend. Er differenziert allerdings. Soweit es um die Verantwortlichkeit des Verursachers gehe, bleibe den Ländern im Bereich des Altlastenrechts kein Spielraum mehr für Konkretisierungen, Modifikationen oder Erweiterungen, da der Bundesgesetzgeber den Begriff des Verursachers durch seine Verwendung im Bundes-Bodenschutzgesetz zu einem Begriff des Bundesrechts gemacht habe, der nur noch bundeseinheitlich ausgelegt werden könne[296]. Bei der Aufnahme der Verantwortlichkeit des Rechtsnachfolgers des Verursachers in das Bundes-Bodenschutzgesetz sei es dem Bundesgesetzgeber aber nicht um die umfassende Regelung des gesamten Komplexes der Rechtsnachfolge gegangen. Hinsichtlich weiterer möglicher Rechtsnachfolgekonstellationen, insbesondere der Einzelrechtsnachfolge, sei die Regelung des § 4 Abs. 3 S. 1 BBodSchG daher nicht abschließend, so dass in diesem Bereich keine Sperrwirkung für den Landesgesetzgeber bestehe[297].

---

[292] BBodSchG, § 21 Rn. 1 ff.
[293] Bickel, BBodSchG, § 21 Rn. 3.
[294] Bickel, BBodSchG, § 21 Rn. 1.
[295] Bickel, BBodSchG, § 4 Rn. 14 sowie Einl. Rn. 8.
[296] Schoeneck, in Sanden/Schoeneck, BBodSchG, § 4 Rn. 30.
[297] Schoeneck, in Sanden/Schoeneck, BBodSchG, § 4 Rn. 37; ebenso Sparwasser/Engel/Voßkuhle, Umweltrecht, § 9 Rn. 223.

4. Ansicht von *v. Mutius* und *Nolte*

Auch *v. Mutius* und *Nolte*[298] gehen insbesondere in Bezug auf die Regelung der Rechtsnachfolge in § 4 Abs. 3 S. 1 BBodSchG von einer nicht abschließenden Regelung aus. Entscheidend sei die Tatsache, dass der Gesetzgeber mit der Regelung der Gesamtrechtsnachfolge im Bereich der Altlasten nur eine als besonders strittig empfundene Einzelfrage regeln, aber kein Präjudiz für polizeirechtliche Fragen treffen wollte. Damit sei es dem Gesetzgeber in positiver Hinsicht nur um die Klärung der Frage gegangen, ob die abstrakte Verhaltensverantwortlichkeit im Rahmen einer Universalsukzession überhaupt übergehe. Ein darüber hinausgehender Regelungsgehalt sei zumindest höchst zweifelhaft. Das Schweigen des Wortlautes der Vorschrift und ihrer Begründung zwängen vielmehr zu der Annahme, dass ein hinreichend erkennbar gewordener Wille des Bundesgesetzgebers, Länderregelungen nicht zuzulassen, fehle. Die Voraussetzungen einer Sperrwirkung lägen damit nur hinsichtlich der Regelung der Sanierungspflichtigkeit des Gesamtrechtsnachfolgers vor. Im Übrigen – auch hinsichtlich der Verantwortlichkeit weiterer Personen – seien Regelungen der Landesgesetzgeber nicht ausgeschlossen[299].

5. Stellungnahme

Bickel kritisiert vor allem auch den fehlenden Begründungsaufwand des BVerwG zum abschließenden Charakter von § 4 BBodSchG. Das BVerwG erkläre zwar, dass die Frage, ob eine Regelung als abschließend zu qualifizieren sei, sich in erster Linie aus dem Bundesgesetz selbst, in zweiter Linie aus dem hinter dem Gesetz stehenden Regelungszweck und ferner aus der Gesetzgebungsgeschichte und den Gesetzesmaterialien ergebe. Dieses Programm arbeite das Gericht dann aber nicht ab[300]. Wenngleich diese Kritik nicht ganz unberechtigt ist, hätte auch eine saubere Abarbeitung dieser Prüfungsliste zu keinem anderen Ergebnis geführt.

Bereits aus dem Bundes-Bodenschutzgesetz selbst ergibt sich, dass die materiellen Regelungen zur Sanierungsverantwortlichkeit als abschließend angesehen werden müssen. Der Gesetzgeber hat es nämlich nicht – wie ursprüng-

---

[298] DÖV 2000, 1 (5 f.), ebenso Nolte, NVwZ 2000, 1135 (1137).

[299] V. Mutius/Nolte, DÖV 2000, 1 (6). Dabei bleibt aber unklar, ob die Autoren Länderregelungen nur hinsichtlich weiterer Rechtsnachfolgekonstellationen zulassen wollen und § 4 BBodSchG im Übrigen als abschließend ansehen (wie Schoeneck, in Sanden/Schoeneck, BBodSchG, § 4 Rn. 30, 37) oder ob sie den Ländern eine umfassendere Kompetenz zur Formulierung weiterer pflichtiger Personen einräumen wollen (wie Bickel, BBodSchG, § 21 Rn. 1 ff.).

[300] Bickel, NVwZ 2000, 1133 (1134).

lich geplant[301] – dabei belassen, nur die herkömmliche Verhaltens- und Zustandsverantwortlichkeit zu regeln. Indem er in § 4 BBodSchG zahlreiche Haftungserweiterungen und detailliertere Regelungen zur Verantwortlichkeit niedergelegt und damit eigene Wertentscheidungen getroffen hat, hat er § 4 BBodSchG zu einer abschließenden Regelung über die Haftung für schädliche Bodenveränderungen verdichtet[302]. Gerade durch die Aufnahme der Haftung des Gesamtrechtsnachfolgers in § 4 Abs. 3 S. 1 BBodSchG und des früheren Eigentümers in § 4 Abs. 6 BBodSchG und eben nur deren Aufnahme in den Katalog der Sanierungspflichtigen hat der Bundesgesetzgeber erkennen lassen, dass er eine eigenständige und abschließende Regelung treffen wollte[303]. Diese Sichtweise wird zudem durch § 21 Abs. 1 BBodSchG bekräftigt, wonach die Länder auch im Anwendungsbereich des § 4 BBodSchG nur Verfahrensregelungen erlassen dürfen. Räumt der Bundesgesetzgeber den Ländern ausdrücklich bestimmte und zudem sogar recht genau umrissene Befugnisse für ergänzende Regelungen wie in §§ 11, 21 BBodSchG ein, so bringt er damit im Umkehrschluss zum Ausdruck, dass er andere Regelungen außer den ausdrücklich zugelassenen nicht gestatten will.

Aber selbst wenn man der Ansicht wäre, dass sich der abschließende Charakter des § 4 BBodSchG nicht aus dem Gesetz selbst ergibt, so folgt er jedenfalls aus dem dahinter stehenden Regelungszweck. So war es unter anderem erklärtes Ziel des Bundes-Bodenschutzgesetzes, eine bundeseinheitliche Regelung im Bereich der Altlastensanierung zu schaffen[304]. Dieses vom Bundesgesetzgeber erklärte und in §§ 11, 21 BBodSchG niedergelegte Ziel wäre unerreichbar, wenn er den Ländern einen Spielraum zur weitergehenden Regelung von sanierungspflichtigen Personen einräumen würde.

Ein anderes Ergebnis lässt sich auch nicht aus der Entstehungsgeschichte oder den Gesetzesmaterialien ableiten. Das gerade in Bezug auf die Regelung der Rechtsnachfolge vorgetragene Argument, mit der Aufnahme des Rechtsnachfolgers in den Katalog der Sanierungspflichtigen sei es nur um die Klärung der streitigen Rechtsfrage, ob eine Gesamtrechtsnachfolge in die abstrakte Ordnungspflicht stattfindet, gegangen und nicht um eine abschließende Regelung des gesamten Komplexes der Rechtsnachfolge, greift nicht durch[305]. Ein Blick in die Gesetzesmaterialien zeigt, dass die Aufnahme des Gesamtrechtsnachfolgers nicht allein nur der Klärung der umstrittenen

---

[301] Vgl. § 4 Abs. 3 RegE-BBodSchG (BT-Drucks. 13/6701, S. 9).
[302] Zutreffend Spieth/Wolfers, altlasten spektrum 1998, 75 (78).
[303] So auch VG Frankfurt, Beschl. v. 23.7.1999, NVwZ 2000, 107 (108).
[304] Begründung zum RegE-BBodSchG, BT-Drucks. 13/6701, S. 1, 15, 22; Fischer, altlasten spektrum 2000, 360 (361); Frenz, BBodSchG, § 1 Rn. 6; Knopp/Albrecht, Altlastenrecht, Rn. 36; vgl. auch OVG Weimar, Urt. v. 11.6.2001, NuR 2002, 172 (173).
[305] So auch VGH Mannheim Urt. v. 9.9.1999, DÖV 2000, 828 (829).

Rechtsfrage dienen sollte, sondern auch dazu, dem Verursacherprinzip stärker Rechnung zu tragen[306]. Auch die Einbeziehung des Einzelrechtsnachfolgers in den Kreis der in § 4 BBodSchG genannten Personen hätte zur Stärkung des Verursacherprinzips im Sinne einer Herleitung der Verantwortlichkeit vom Verursacher beigetragen, eine solche Regelung erfolgte indes gerade nicht.

Auch die ergebnisorientierte Argumentation *Bickels*[307], die Ansicht des BVerwG, § 4 BBodSchG sei eine abschließende Regelung, führe zu dem kaum tragbaren Ergebnis, dass eine Haftung für das Verhalten von Verrichtungsgehilfen ausscheide, trifft nicht zu. Wie bereits oben dargelegt, ist insoweit zwischen der spezialgesetzlichen Erweiterung des Kataloges der Sanierungspflichtigen durch besonderes Landesrecht einerseits und dem Rückgriff auf das allgemeine Polizei- und Ordnungsrecht zwecks Bestimmung des Verursachers einer schädlichen Bodenveränderung zu unterscheiden[308]. Der Verrichtungsgehilfe ist keine eigene Störerkategorie. Bei der Problematik der Haftung für Verrichtungsgehilfen geht es vielmehr darum, ob jemandem das altlastenverursachende Handeln eines Dritten zugerechnet und er damit als Verursacher qualifiziert werden kann.

III. Ergebnis

Der Bundesgesetzgeber hat mit dem Katalog der sanierungspflichtigen Personen in § 4 Abs. 3 und Abs. 6 BBodSchG eine abschließende Regelung im Sinne des Art. 72 Abs. 1 GG geschaffen. Spezialgesetzliche Erweiterungen des Kreises der zur Sanierung verpflichteten Personen auf Länderebene – etwa um den Einzelrechtsnachfolger des Verursachers oder einzelne Personen wie etwa den Abfallerzeuger – können daneben keine Anwendung finden.

Nicht geklärt ist damit allerdings die Frage, wer als Verursacher nach dem Bundes-Bodenschutzgesetz anzusehen ist und ob auch Personen, die nach Landesrecht – etwa § 17 Abs. 2 und Abs. 3 OBG NW – für die Aufsicht über Minderjährige oder Betreute oder für Verrichtungsgehilfen verantwortlich gemacht werden können, von dem Verursacherbegriff des Bundes-Bodenschutzgesetzes erfasst werden[309].

---

[306] Stellungnahme des Bundesrates zum RegE-BBodSchG, BT-Drucks. 13/6701, S. 51.
[307] NVwZ 2000, 1133 (1134).
[308] Siehe VGH Mannheim, Urt. v. 9.9.1999, DÖV 2000, 828 (829); BVerwG, Urt. v. 16.5.2000, DÖV 2000, 1054 (1056) sowie die Ausführungen in Fn. 260.
[309] Ausführlich dazu Kapitel 4 § 14 C. III. (S. 130 ff.).

Kapitel 3
Sanierungspflicht

Die Sanierungspflicht ist neben der in § 4 Abs. 1 BBodSchG geregelten Vermeidungspflicht und der in § 4 Abs. 2 BBodSchG enthaltenen Abwehrpflicht[310] die dritte und bedeutsamste Grundpflicht des Bundes-Bodenschutzgesetzes. Im Gegensatz zu den Präventivpflichten der beiden Vorabsätze hat die in § 4 Abs. 3 S. 1 BBodSchG normierte Sanierungspflicht nachsorgenden oder reparierenden Charakter. Es handelt sich um eine Pflicht zur Störungsbeseitigung. Soweit es um die Verhinderung der Schadstoffausbreitung geht, kommt der Störungsbeseitigung gleichzeitig aber auch die Funktion der Gefahrenabwehr zu[311].

Im Folgenden sollen Art, Voraussetzungen, Inhalt und Umfang der Sanierungspflicht näher untersucht werden.

§ 11 Sanierungspflicht als spezielle Ausprägung der materiellen Polizeipflicht

Die Sanierungspflicht des § 4 Abs. 3 S. 1 BBodSchG ist nach der Begründung zum Regierungsentwurf des Bundes-Bodenschutzgesetzes eine spezielle Ausprägung der materiellen Polizeipflicht[312].

A. Materielle Polizeipflicht

Die materielle Polizeipflicht ist sowohl hinsichtlich ihrer Existenz als auch ihres Inhaltes umstritten. Da die Begründung zum Regierungsentwurf des Bundes-Bodenschutzgesetzes ausdrücklich an die materielle Polizeipflicht anknüpft, soll zunächst ein kursorischer Überblick über den Streitstand gegeben werden[313].

---

[310] Siehe zu diesen beiden Präventivpflichten etwa Versteyl, in Versteyl/Sondermann, BBodSchG, § 4 Rn. 7 ff. und 18 ff; Giesberts, in Fluck, Kreislaufwirtschafts-, Abfall- und Bodenschutzrecht, § 4 BBodSchG Rn. 100 ff. und 120 ff.; Duesmann, Verantwortlichkeit für schädliche Bodenveränderungen und Altlasten nach dem Bundes-Bodenschutzgesetz, S. 235 ff.

[311] Begründung zum RegE-BBodSchG, BT-Drucks. 13/6701, S. 34.

[312] BT-Drucks. 13/6701, S. 22. In der Literatur wird teilweise auch synonym der Begriff abstrakte Polizeipflicht verwendet, z.B. von Ginzky, NuR 2003, 727 (729).

[313] Ausführlich Kapitel 5 § 18 B. II. 2. b) aa) (S. 219 ff.).

I. Materielle Polizeipflicht als Pflicht zur Gefahrenvermeidung

Nach der überwiegenden Ansicht in der polizeirechtlichen Literatur[314] und der Rechtsprechung[315] – exemplarisch sei die Definition des Lehrbuchs von *Drews/Wacke/Vogel/Martens* genannt – ist unter der materiellen Polizeipflicht „die jeden Rechtsgenossen in gleicher Weise treffende Verpflichtung zu verstehen, sein Verhalten und den Zustand seiner Sachen so einzurichten, dass daraus keine Störungen oder Gefahren für die öffentliche Sicherheit und Ordnung entstehen"[316]. Nach dieser Definition ist die materielle Polizeipflicht eine gesetzesunmittelbare Pflicht zur Gefahrenvermeidung und Gefahrenvorsorge und damit eine Verhaltenspflicht, die schon vor dem Eintritt einer Gefahrenlage besteht. Insoweit wird sie teilweise auch als „Nichtstörungspflicht"[317] oder als „Pflicht zur Gemeinwohlverträglichkeit"[318] bezeichnet.

Die Existenz der materiellen Polizeipflicht geht auf Rechtsprechung des Preußischen Oberverwaltungsgerichts zurück[319]. Viele Vertreter dieser Ansicht gehen daher wie selbstverständlich und ohne nähere Begründung von ihrer Existenz mit dem gerade genannten Inhalt aus[320]. *Vollmuth* leitet die materielle Polizeipflicht wie folgt her: Sei die Aufrechterhaltung der öffentlichen Sicherheit und Ordnung grundlegende Voraussetzung für den Bestand

---

[314] Martens, in Drews/Wacke/Vogel/Martens, Gefahrenabwehr, S. 293; Götz, Polizei- und Ordnungsrecht, Rn. 192; Schenke, in Steiner, Besonderes Verwaltungsrecht, Kap. II Rn. 143; Pietzcker, DVBl. 1984, 457 (459); Wolf/Bachof, Verwaltungsrecht III, § 127, I. a) 1.; Denninger, in Lisken/Denninger, Handbuch des Polizeirechts, Rn. E 54; Selmer, in Martens-Gedächtnisschrift, S. 483 (485 f.); Petersen, NJW 1992, 1202 (1204).

[315] VGH Kassel, Beschl. v. 24.6.1991, NVwZ-RR 1992, 288 (289); VGH Mannheim, Beschl. v. 4.8.1995, NVwZ 1996, 1036 (1037); siehe auch – allerdings ohne den Begriff der materiellen Polizeipflicht ausdrücklich zu nennen – OVG Münster, Urt. v. 24.2.1989, NVwZ 1989, 987, vgl. ferner BVerwG, Urt. v. 4.10.1985, NJW 1986, 1626 (1627). Daneben taucht der Begriff der materiellen Polizeipflicht noch in weiteren Entscheidungen als Schlagwort und ohne nähere Erläuterung auf, siehe etwa VGH Mannheim, Urt. v. 27.11.1984, NVwZ 1986, 850; VG Köln, Urt. v. 12.4.1994, NVwZ 1994, 927 (929); OVG Münster, Beschl. v. 30.5.1996, NVwZ 1997, 507 (508).

[316] Martens, in Drews/Wacke/Vogel/Martens, Gefahrenabwehr, S. 293.

[317] Pietzcker, DVBl. 1984, 457 (459).

[318] Kloepfer, NuR 1987, 7 (10).

[319] Z. B. PrOVG, Urt. v. 30.7.1889, E 18, 411 (414); Urt. v. 12.4.1907, E 51, 383 (386); Urt. v. 17.3.1910, E 56, 366 (367 f.); Urt. v. 31.1.1913, E 65, 369 (375). Weitere Nachweise und eine ausführliche Analyse der Entscheidungen finden sich bei Czeczatka, Einfluss privatrechtlicher Rechtsverhältnisse auf Erlass und Inhalt polizeilicher Hoheitsakte, S. 45 ff. Siehe auch Kapitel 5 § 18 B. II. 2. b) aa)ccc) (S. 221 f.).

[320] So etwa Martens, in Drews/Wacke/Vogel/Martens, Gefahrenabwehr, S. 293; Schenke, in Steiner, Besonderes Verwaltungsrecht, Kap. II Rn. 143; Götz, Polizei- und Ordnungsrecht, Rn. 192; Wolf/Bachof, Verwaltungsrecht III, § 127, I. a) 1.; Denninger, in Lisken/Denninger, Handbuch des Polizeirechts, Rn. E 54.

der staatlichen Gemeinschaft und komme hinzu, dass das Volk – und damit der einzelne Bürger – primär Träger der Staatsgewalt sei, so liege es nahe, dass der Bürger schon aus seiner staatsbürgerlichen Stellung verpflichtet sei, unter dem Einsatz eigener Mittel an der Aufrechterhaltung der öffentlichen Ordnung und Sicherheit mitzuwirken[321]. Dabei könne die Lastenverteilung sinnvollerweise nur dergestalt erfolgen, dass jeder Bürger in dem Bereich, in dem er wirke und in dem er die tatsächliche und rechtliche Herrschaft ausübe, dafür zu sorgen habe, dass aus diesem keine Beeinträchtigungen der öffentlichen Sicherheit und Ordnung hervorgingen[322].

II. Materielle Polizeipflicht als Pflicht zur Gefahrenabwehr

Eine andere Meinung geht zwar auch von der grundsätzlichen Existenz einer materiellen Polizeipflicht aus, will dieser jedoch einen anderen, enger gefassten Inhalt beimessen. Sie lehnt das Verständnis als Gefahrenvermeidungspflicht als zu weitgehend ab und will die materielle Polizeipflicht stattdessen als Störungsbeseitigungs- oder Gefahrenabwehrpflicht begreifen[323]. Nach dieser Ansicht hat die materielle Polizeipflicht den Inhalt, selbst verursachte Gefahren oder Störungen der öffentlichen Sicherheit und Ordnung abzuwehren. Diese Einschränkung wird vor allem damit begründet, dass sich der Inhalt der materiellen Polizeipflicht am Normzweck der pflichtenbegründenden Regelungen und damit am Gefahrenbegriff der Generalklausel zu orientieren habe, so dass sie ebenso wie die polizeiliche Eingriffskompetenz das Vorliegen einer Gefahr für die öffentliche Sicherheit und Ordnung voraussetze[324]. Eine Gefahrvermeidungspflicht im Sinne einer Risikovermeidungspflicht könne dem geltenden Polizeirecht daher nicht entnommen werden. Ferner wendet *Griesbeck* gegen die Annahme eine Gefahrenvermeidungspflicht ein, dass diese die Zustandsverantwortlichkeit überflüssig machen würde: Der Zustandsstörer, der es unterlasse, seine Sachen so einzurichten, dass keine Gefahren entstehen, würde durch die Verletzung einer solchen Handlungspflicht stets Verhaltensstörer[325].

---

[321] Vollmuth, Bestimmung der polizeirechtlich relevanten Ursache, S. 54.

[322] Vollmuth, Bestimmung der polizeirechtlich relevanten Ursache, S. 55.

[323] Czeczatka, Einfluss privatrechtlicher Rechtsverhältnisse auf Erlass und Inhalt polizeilicher Hoheitsakte, S. 55 ff.; Griesbeck, Materielle Polizeipflicht des Zustandsstörers, S. 82 ff. (insbesondere S. 88 f.); Peine, DVBl. 1990, 733 (736); Martensen, DVBl. 1996, 286 (288).

[324] Griesbeck, Materielle Polizeipflicht des Zustandsstörers, S. 85 f.; Martensen, DVBl. 1996, 286 (288). Ebenso wohl auch OVG Münster, Urt. v. 30.5.1996, NVwZ 1997, 507 (510), wenn es dort heißt, dass „die materielle Polizeipflicht nur bestehen kann, wenn und soweit die polizeilichen Eingriffsvoraussetzungen erfüllt sind".

[325] Griesbeck, Materielle Polizeipflicht des Zustandsstörers, S. 88.

Der Unterschied dieser Auffassung zur vorgenannten herrschenden Meinung besteht allerdings nur hinsichtlich des Pflichteninhaltes. Beide Ansichten sind sich einig, dass die Verpflichtung unmittelbar kraft Gesetzes eintrete, so dass es keiner Polizei- oder Ordnungsverfügung bedürfe. Diese konkretisiere lediglich die gesetzliche Pflicht, indem sie die Ausführungsmodalitäten festlege, und mache sie durchsetzbar[326].

III. Verneinung der Existenz einer materiellen Polizeipflicht

Eine dritte Meinung negiert die Existenz einer materiellen Polizeipflicht dagegen gänzlich[327]. Vor der Inanspruchnahme mittels eines Verwaltungsaktes fehle es an einem rechtlich relevanten Pflichtenstatus des Bürgers überhaupt, dieser entstehe vielmehr erst konstitutiv mit der Polizei- oder Ordnungsverfügung[328].

Einwände gegen die Existenz einer materiellen Polizeipflicht werden dabei insbesondere aus zwei Richtungen erhoben:

Zum einen wird geltend gemacht, dass der aus dem verfassungsrechtlichen Rechtsstaatsprinzip abgeleitete Vorbehalt des Gesetzes der Annahme einer materiellen Polizeipflicht von vornherein entgegenstehe[329]. So wird bezweifelt, dass die materielle Polizeipflicht in den Polizei- und Ordnungsgesetzen der Länder eine ausreichende gesetzliche Grundlage finde. Zwar habe die moderne Gesetzgebung beispielsweise im Bereich des Umweltrechts durchaus den Weg der Konstituierung gesetzesunmittelbarer Pflichten eingeschlagen, etwa in § 5 Abs. 1 und Abs. 3 BImSchG, im Polizei- und Ordnungsrecht sei dieser Weg aber nicht gegangen worden. Wie sich aus Formulierung und Konstruktion ergebe, regelten die geltenden Polizei- und Ordnungsgesetze keine subjektiv-öffentlichen Pflichten des Bürgers, sondern stattdessen sicherheitsrechtliche Aufgaben, Zuständigkeiten, Befugnisnormen der öffentlichen Gewalt und Regelungen darüber, gegen wen sich polizeirechtliche Verfügungen richten dürfen[330].

---

[326] VGH München, Beschl. v. 28.11.1989, ZfW 1989, 147 (151); OVG Lüneburg, Beschl. v. 7.1.1993, NJW 1993, 1671.

[327] Insbesondere Papier, DVBl. 1996, 125 (127 f.); ders., JZ 1994, 810 (817 f.); ebenso Dietlein, Nachfolge, S. 85 ff.; Pieroth/Schlink/Kniesel, Polizei- und Ordnungsrecht, § 9 Rn. 49; Eschenbach, NdsVBl. 1998, 1 (3 ff.); aus der älteren Literatur siehe etwa Wagner, Polizeipflicht von Hoheitsträgern, S. 62 ff.

[328] Papier, DVBl. 1996, 125 (127); Wagner, Polizeipflicht von Hoheitsträgern, S. 77.

[329] So besonders deutlich Eschenbach, NdsVBl. 1998, 1 (3 ff.).

[330] Papier, DVBl. 1996, 125 (127).

Zum anderen könne eine Verpflichtung des Bürgers vor behördlicher Inanspruchnahme auch deshalb nicht bestehen, weil aufgrund des behördlichen Entschließungs-, Auswahl- und Gestaltungsermessens weder Art noch Inhalt der Pflicht in irgendeiner Form bestimmbar seien[331]. Eine Rechtspflicht könne vielmehr erst durch den Erlass einer Verfügung entstehen, die neben Art und Inhalt vor allem auch den Verantwortlichen konkretisiere, denn erst damit stehe fest, dass und wie gegen welchen abstrakt Polizeipflichtigen vorgegangen werde[332]. Aus diesem Grund habe eine Ordnungsverfügung nicht nur deklaratorischen, sondern konstitutiven Charakter.

B. Existenz einer materiellen Sanierungspflicht?

Erstaunlicherweise hat sich der Streit um die Existenz der materiellen Polizeipflicht zunächst nicht in einem Streit über das Bestehen einer materiellen Sanierungspflicht nach § 4 Abs. 3 S. 1 BBodSchG fortgesetzt.

I. Herrschende Meinung

In Anlehnung an die Begründung des Regierungsentwurfes[333] entsprach es zunächst einhelliger und entspricht es immer noch ganz herrschender Ansicht, dass es sich bei der Sanierungspflicht um eine materielle Pflicht mit unmittelbarer Geltung handele[334].

II. Ansicht von *Knoche*

Knoche[335] ist der einzige Autor, der im Hinblick auf die im Bundes-Bodenschutzgesetz geregelte Sanierungspflicht die Auffassung vertritt, dass sich diese nicht schon aus den einschlägigen gesetzlichen Bestimmungen ergibt, sondern erst aufgrund behördlicher Inanspruchnahme. Er beruft sich dabei im

---

[331] Bender/Sparwasser/Engel, Umweltrecht, 3. Aufl. 1995, Kap. 5 Rn. 191 f.
[332] Papier, DVBl. 1996, 125 (127 f.).
[333] BT-Drucks. 13/6701, S. 34.
[334] Bickel, BBodSchG, § 4 Rn. 15; Schoeneck, in Sanden/Schoeneck, BBodSchG, § 4 Rn. 3; Hipp/Rech/Turian, BBodSchG, Rn. 215; Frenz, BBodSchG, Rn. 2 f. vor § 4; Hilger, in Holzwarth/Radtke/Hilger/Bachmann, BBodSchG, § 4 Rn. 3.
[335] GewArch 2000, 448 (453 f.); ders., Altlasten, S. 89. Knoche behandelt die Problematik allerdings weniger im Hinblick auf den Entstehungszeitpunkt der Sanierungspflicht des § 4 Abs. 3 S. 1 BBodSchG, als vielmehr vor dem rechtspraktischen Hintergrund des Bestehens und des Umfangs von Ausgleichsansprüchen nach § 24 Abs. 2 BBodSchG.

Wesentlichen auf die Grundsatzentscheidung des BVerfG vom 16.2.2000[336] zum Umfang der Zustandsverantwortlichkeit für Altlasten. Das Gericht habe dort die Erforderlichkeit einer Zumutbarkeitsprüfung im Einzelfall festgeschrieben. Daraus folge, dass sich eine konkrete sanierungsbezogene Leistungsverpflichtung gerade nicht unmittelbar aus dem Gesetz ergeben könne, da sich der Leistungsumfang aus dem Gesetz allein noch gar nicht bestimmen lasse. Die gesetzlich geregelte abstrakte Sanierungsverantwortlichkeit kenne keine Zumutbarkeitsbeschränkungen und könne sie auch gar nicht kennen, da Umstände des jeweiligen Einzelfalles zu berücksichtigen seien, die derzeit nicht legislativ festgeschrieben seien und sich auch kaum generalisierend legislativ festschreiben ließen[337]. Konsequenz der Entscheidung des BVerfG sei daher, dass die Sanierungspflicht im Sinne einer öffentlich-rechtlichen Leistungsverpflichtung erst aufgrund behördlicher Verfügung entstehen könne.

III. Stellungnahme

Für die herrschende Auffassung spricht zum einen der Wille des Gesetzgebers, der durch die ausdrückliche Anlehnung der Sanierungspflicht an die materielle Polizeipflicht zum Ausdruck gekommen ist[338]. Zum anderen wird sie durch den – im Gegensatz zu den Polizeigesetzen – eindeutigen Wortlaut in § 4 Abs. 3 S. 1 und S. 4 sowie Abs. 6 BBodSchG („sind verpflichtet" / „ist ... verpflichtet") gestützt. Damit ist die Streitfrage um das Bestehen einer materiellen Polizeipflicht jedenfalls für die materielle Sanierungspflicht des Bundes-Bodenschutzgesetzes obsolet geworden[339].

Auch die von *Knoche* angeführte Entscheidung des BVerfG, welche die Begrenzung der Zustandsverantwortlichkeit zum Gegenstand hat und in der das BVerfG in diesem Zusammenhang das Erfordernis einer einzelfallbezogenen Zumutbarkeitsprüfung betont, führt zu keinem anderen Ergebnis. Dem Beschluss des BVerfG[340] lagen Verfassungsbeschwerden einer GmbH & Co. KG und von Mitgliedern einer Gesellschaft bürgerlichen Rechts zugrunde. Die Beschwerdeführer waren jeweils Eigentümer von Grundstücken, auf

---

[336] E 102, 1 ff.
[337] Knoche, GewArch 2000, 448 (453).
[338] BT-Drucks. 13/6701, S. 22.
[339] So zutreffend Schoeneck, in Sanden/Schoeneck, BBodSchG, § 4 Rn. 3.
[340] Siehe dazu – jedoch jeweils unter dem Aspekt der Begrenzung der Zustandsverantwortlichkeit – Brandt/Kiesewetter, in Franzius, Handbuch der Altlastensanierung, Nr. 10152; Bickel, NJW 2000, 2562 f.; Kobes, altlasten spektrum 2000, 273 ff.; Trurnit, altlasten spektrum 2000, 270 ff.; ders., altlasten spektrum 2001, 143 ff.; Lepsius, JZ 2001, 22 ff.; Müggenborg NVwZ 2001, 39 ff.; Scherer-Leydecker, altlasten spektrum 2000, 225 f; Knoche, Altlasten, S. 56 ff; Hösch, VBlBW 2004, 7 ff.

denen Altlasten festgestellt wurden, die sie nicht selbst verursacht hatten. Gleichwohl wurden die Beschwerdeführer als Zustandsverantwortliche behördlich in Anspruch genommen. Die dagegen gerichteten Klagen blieben erfolglos. Beide Verfassungsbeschwerden hatten Erfolg.

Das BVerfG stellt zunächst heraus, dass die Regelungen über die Zustandsverantwortlichkeit in den Schutzbereich des Art. 14 GG eingreifen und dass die Vorschriften Inhalt und Schranken des Eigentums bestimmen und daher anhand von Art. 14 Abs. 1 und 2 GG zu beurteilen seien[341]. Sodann betont es, dass die Zustandsverantwortlichkeit in der Einwirkungsmöglichkeit auf die gefahrverursachende Sache ihren legitimierenden Grund findet. Da der Eigentümer überdies auch aus der Sache Nutzungen ziehen könne, bestünden verfassungsrechtlich keine Bedenken, dass der Eigentümer eines Grundstücks alleine aufgrund seiner Rechtsstellung verpflichtet werden könne, von dem Grundstück durch Altlasten ausgehende Gefahren zu beseitigen, selbst wenn er die Gefahrenlage weder verursacht noch verschuldet habe[342].

Das Ausmaß dessen, was dem Eigentümer abverlangt werden dürfe, könne aber insbesondere nach dem Grundsatz der Verhältnismäßigkeit begrenzt sein. Die Belastung des Eigentümers mit den Kosten einer Sanierungsmaßnahme sei nicht gerechtfertigt, soweit sie dem Eigentümer nicht zumutbar sei[343]. Maßgeblicher Anhaltspunkt zur Bestimmung der Grenze sei der Verkehrswert des Grundstücks nach Durchführung der Sanierung, denn überstiegen die Sanierungskosten den Verkehrswert des Grundstücks entfiele regelmäßig das Interesse des Eigentümers an einem künftigen privatnützigen Gebrauch[344].

Eine diese Grenze überschreitende Belastung könne insbesondere unzumutbar sein, wenn die Gefahr von Naturkatastrophen, von der Allgemeinheit zuzurechnenden Ursachen oder von nicht nutzungsberechtigten Dritten hervorgerufen worden sei – also ein in der Literatur vielfach beschriebener Fall einer so genannten Opfersituation vorliegt – oder wenn das Grundstück den wesentlichen Teil des Vermögens des Pflichtigen und damit seine Existenzgrundlage bilde[345]. Allerdings könne eine über den Verkehrswert hinausgehende Kostenbelastung zumutbar sein, wenn der Eigentümer das Risiko der entstandenen Gefahr entweder bewusst in Kauf genommen oder sich ihr in fahrlässiger Weise verschlossen habe[346].

---

[341] BVerfG, Beschl. v. 14.2.2000, E 102, 1 (14 ff.).
[342] BVerfG, Beschl. v. 14.2.2000, E 102, 1 (18 f.).
[343] BVerfG, Beschl. v. 14.2.2000, E 102, 1 (20).
[344] BVerfG, Beschl. v. 14.2.2000, E 102, 1 (20).
[345] BVerfG, Beschl. v. 14.2.2000, E 102, 1 (21.).
[346] BVerfG, Beschl. v. 14.2.2000, E 102, 1 (21 f.).

Da die Vorschriften über die Zustandshaftung danach grundsätzlich mit Art. 14 GG vereinbar sind, hat das BVerfG sie nicht für verfassungswidrig erklärt, sondern festgestellt, dass es zukünftig den Behörden und Gerichten obliege, die Vorschriften so auszulegen und anzuwenden, dass die Belastung des Eigentümers das Maß des Zumutbaren nicht überschreite[347].

Die Kernaussage des Beschlusses lautet also: Die Kostenlast des Zustandsverantwortlichen ist stets der Höhe nach auf das zumutbare Maß begrenzt. Die Grenze des Zumutbaren ist in den Fällen, in denen der Zustandsverantwortliche die Gefahr nicht selbst verursacht hat, regelmäßig überschritten, wenn die Sanierungskosten den Verkehrswert des Grundstücks nach erfolgter Sanierung übersteigen. Aber selbst wenn eine stärkere Inanspruchnahme zumutbar ist, haftet der Eigentümer immer nur mit dem Grundstück und dem mit ihm rechtlich und wirtschaftlich zusammenhängenden, nicht aber mit seinem sonstigen Vermögen[348].

Aus der im Einzelfall erforderlichen Zumutbarkeitsprüfung ergibt sich entgegen der Ansicht von *Knoche* jedoch nicht zwingend, dass die Sanierungspflicht im Sinne einer öffentlich-rechtlichen Leistungsverpflichtung erst aufgrund behördlicher Verfügung entsteht und sich nicht unmittelbar aus dem Gesetz ergeben kann, da der Umfang der Pflicht vor der Inanspruchnahme noch nicht bekannt sei. Denn nach dem Bundes-Bodenschutzgesetz hat der Pflichtige den Zustand wiederherzustellen, der der Verunreinigung, die seine Sanierungspflicht ausgelöst hat, vorausging (Grundsatz der Naturalrestitution, § 4 Abs. 5 BBodSchG)[349]. Damit ist das Maximum des Pflichtenumfangs gesetzlich vorgegeben, die behördliche Verfügung führt durch die Konkretisierung allenfalls zur Reduzierung der Sanierungspflicht auf das durchsetzbare Maß[350].

Außerdem begrenzt das BVerfG nur die Belastung des Eigentümers mit den Kosten der Sanierung, die Entscheidung betrifft also die Kostentragungspflicht. Die Auswirkungen der Kostenregelung auf die Primärebene bleiben offen. Konsequenz der Entscheidung könnte sein, dass der Eigentümer, der bis zum Grundstückswert haftet, insoweit Zustandsverantwortlicher und darüber hinaus so genannter Nichtstörer ist, eine Person also zugleich Störer und Nichtstörer wäre. Problematisch und praktisch nicht durchführbar erscheint dies insbesondere, sofern eine spätere Kostenentscheidung vorbehalten wurde. Richtigerweise wird man dieses Problem nur über die Trennung von Primär- und Sekundärebene lösen können: Der Grundstückseigen-

---

347 BVerfG, Beschl. v. 14.2.2000, E 102, 1 (23 f.).
348 BVerfG, Beschl. v. 14.2.2000, E 102, 1 (22 f.).
349 Bickel, BBodSchG, § 4 Rn. 15.
350 So zutreffend Bickel, BBodSchG, § 4 Rn. 15.

tümer bleibt vollumfänglich als Zustandsverantwortlicher gefahrabwehr-
pflichtig, lediglich seine Kostenbelastung wird verfassungsmäßig begrenzt.
Diese systematisch erforderliche Trennung spricht ebenfalls gegen die
Argumentation von *Knoche*.

IV. Ergebnis

Wie die vorstehenden Ausführungen gezeigt haben, handelt es sich bei der
Sanierungspflicht des § 4 Abs. 3 S. 1 BBodSchG um eine gesetzesunmittelbare und damit materielle Rechtspflicht.

Der sich im Polizeirecht anschließende Streit um den Inhalt der materiellen
Polizeipflicht – Gefahrvermeidungs- oder Störungsbeseitigungspflicht – kann
allerdings dahinstehen, da der Inhalt der Sanierungspflicht im Bundes-
Bodenschutzgesetz durch das Gesetz festgelegt worden ist. Das Gesetz differenziert zwischen der Gefahrvermeidungs- bzw. Gefahrabwehrpflicht einerseits und der Sanierungspflicht andererseits. Während die Gefahrvermeidungspflicht in § 4 Abs. 1 BBodSchG und die Gefahrabwehrpflicht in § 4
Abs. 2 BBodSchG darauf gerichtet sind, dass die Verantwortlichen schädi-
gende Maßnahmen unterlassen, handelt es sich bei der Sanierungspflicht des
§ 4 Abs. 3 BBodSchG um eine Störungsbeseitigungspflicht.

Da es sich bei der Sanierungspflicht um eine gesetzesunmittelbar geltende
Pflicht handelt, entsteht diese nicht erst mit dem Erlass eines Verwaltungsaktes der Behörde gemäß § 10 Abs. 1 S. 1 BBodSchG, sondern unabhängig
von einer solchen, sobald die Tatbestandsvoraussetzungen gegeben sind[351].
Daher sind die in § 4 Abs. 3 und Abs. 6 BBodSchG genannten Adressaten
schon vor dem Erlass einer behördlichen Anordnung zur Sanierung verpflichtet, sobald eine schädliche Bodenveränderung hervorgerufen worden
ist.

Zusammengefasst sieht die rechtliche Struktur der Sanierungsverantwortlichkeit wie folgt aus: Aus § 4 Abs. 3 bzw. Abs. 6 BBodSchG ergibt sich mit
Eintritt einer schädlichen Bodenveränderung oder Altlast zunächst eine
abstrakte Sanierungspflicht aller in § 4 Abs. 3 und Abs. 6 BBodSchG genannten Verantwortlichen. Allein § 4 Abs. 3 S. 1 und S. 4 sowie Abs. 6
BBodSchG regeln somit das Bestehen der Sanierungspflicht. Diese kraft
Gesetzes bestehende materielle Pflicht wird durch eine behördliche Verfü-

---

[351] Giesberts, in Fluck, Kreislaufwirtschafts-, Abfall- und Bodenschutzrecht, § 4
BBodSchG Rn. 143; Bickel, BBodSchG, § 4 Rn. 15; Wüterich, in Lan-
del/Vogg/Wüterich, BBodSchG, § 4 Rn. 7; Hipp/Rech/Turian, BBodSchG, Rn. 215;
Frenz, BBodSchG, Rn. 2 f. vor § 4; Hilger, in Holzwarth/Radtke/Hilger/Bachmann,
BBodSchG, § 4 Rn. 3.

gung nach § 10 Abs. 1 S. 1 BBodSchG konkretisiert, etwa hinsichtlich des in Anspruch genommenen Verantwortlichen und der zu treffenden Maßnahmen. Bis zum Erlass eines Verwaltungsakts mit der Anordnung einer bestimmten Sanierungsmaßnahme kann die abstrakt sanierungsverantwortliche Person selbst entscheiden, welche von mehreren geeigneten Maßnahmen durchgeführt werden soll[352]. Die Anordnung nach § 10 BBodSchG bestimmt also nur das „Wie" der Umsetzung und macht die Sanierungspflicht durchsetzbar[353].

§ 12 Voraussetzungen für die Entstehung der Sanierungspflicht

Voraussetzung für das Entstehen der Sanierungspflicht ist der Eintritt einer schädlichen Bodenveränderung oder Altlast. Beide Begriffe sind in § 2 BBodSchG legaldefiniert und stellen maßgeblich auf die Beeinträchtigung der Bodenfunktion ab, die geeignet ist, erhebliche Nachteile oder erhebliche Belästigungen für den Einzelnen oder die Allgemeinheit herbeizuführen, § 2 Abs. 3 und Abs. 5 BBodSchG.

Mit dem in § 4 Abs. 3 S. 1 und § 2 BBodSchG verwendeten Begriff der Gefahr knüpft das Bundes-Bodenschutzgesetz an den Gefahrbegriff des allgemeinen Polizei- und Ordnungsrechts an[354], so dass auf die entsprechenden Ausführungen verwiesen werden kann[355].

Daneben entsteht die Sanierungspflicht nunmehr aber auch, wenn erhebliche Nachteile oder erhebliche Belästigungen drohen oder bereits eingetreten sind. Der Begriff des Nachteils umfasst die Beeinträchtigung von Interessen unterhalb der Schwelle einer Rechtsgutsverletzung, etwa bloße Vermögenseinbußen[356]. Belästigungen sind Beeinträchtigungen des körperlichen oder seelischen Wohlbefindens unterhalb der Qualifizierung als Verletzung des Rechtsgutes der Gesundheit, etwa Geruchsemissionen[357]. Vermögensein-

---

[352] Giesberts, in Fluck, Kreislaufwirtschafts-, Abfall- und Bodenschutzrecht, § 4 BBodSchG Rn. 143 f.
[353] Bickel, BBodSchG, § 4 Rn. 15; Frenz, BBodSchG, § 4 Abs. 3 Rn. 55. So zur materiellen Ordnungspflicht schon OVG Lüneburg, Beschl. v. 7.1.1993, NJW 1993, 1671.
[354] Schoeneck, in Sanden/Schoeneck, BBodSchG, § 4 Rn. 43; Wüterich, in Landel/Vogg/Wüterich, BBodSchG, § 4 Rn. 21.
[355] Siehe Kapitel 2 § 8 D. I. 3. a) (S. 49 f.).
[356] Begründung zum RegE-BBodSchG, BT-Drucks. 13/6701, S. 29.
[357] Begründung zum RegE-BBodSchG, BT-Drucks. 13/6701, S. 29; Erbguth/Stollmann, Bodenschutzrecht, Rn. 83.

bußen oder Geruchsbelästigungen begründen zwar keine Gefahr im polizei-rechtlichen Sinne, lösen aber bei Erheblichkeit nunmehr die Sanierungs-pflicht nach § 4 Abs. 3 S. 1 BBodSchG aus. Inwieweit durch das Bundes-Bodenschutzgesetz eine Intensivierung des Rechtsgüterschutzes eintritt, wird im Wesentlichen von den Anforderungen, die an die Erheblichkeit der Nachteile oder Belästigungen gestellt werden, abhängen. Zwar wird aus dem Erfordernis der Erheblichkeit teilweise gefolgert, dass sich damit gegenüber der polizeirechtlich erforderlichen Gefahrenlage kaum etwas ändere[358]. Alleine die Tatsache, dass § 2 Abs. 3 und Abs. 4 BBodSchG nicht nur auf Gefahr für die genannten Schutzgüter abstellt, sondern – wie auch in § 3 Abs. 1 BImSchG – zusätzlich erhebliche Nachteile und erheblichen Beläst-igungen zur Begründung einer schädlichen Bodenveränderung bzw. Altlast genügen lässt, zeigt schon, dass der Gesetzgeber die Eingriffsschwelle ab-senken wollte. Erheblich sind – entsprechend der zum insoweit gleichlau-tenden § 3 Abs. 1 BImSchG ergangenen Rechtsprechung[359] – alle Nachteile oder Belästigungen, die dem Einzelnen oder der Allgemeinheit nicht mehr zugemutet werden können[360]. Es ist daher mit der ganz überwiegenden Auf-fassung anzunehmen, dass die Schwelle, an der die Sanierungspflicht des § 4 Abs. 3 S. 1 BBodSchG einsetzt, unter die Gefahrenschwelle und damit gegenüber dem Rechtszustand vor Inkrafttreten des Bundes-Bodenschutz-gesetzes herabgesetzt worden ist[361]. In dieser Absenkung der Eingriffs-schwelle könnte insoweit eine unzulässige Rückwirkung liegen, als dass für Verunreinigungen vor Inkrafttreten des Bundes-Bodenschutzgesetzes, die unterhalb der Gefahrenschwelle lagen, keine Gefahrenabwehrpflicht ent-standen ist, nunmehr aber rückwirkend eine Sanierungspflicht nach § 4 Abs. 3 S. 1 BBodSchG begründet wird[362].

---

[358] Bender/Sparwasser/Engel, Umweltrecht, 4. Aufl. 2000, Kap. 7 Rn. 109.

[359] Vgl. z.B. BVerwG, Urt. v. 12.12.1975, E 50, 49 (55); Urt. v. 17.2.1984, E 69, 37 (43); Urt. v. 4.10.1988, E 80, 259 (262); Urt. v. 25.2.1992, E 90, 53 (56). Siehe auch Jarass, BImSchG, § 3 Rn. 46 ff.

[360] Frenz, BBodSchG, § 2 Rn. 65; Sanden, in Sanden/Schoeneck, BBodSchG, § 2 Rn. 56; Versteyl, in Versteyl/Sondermann, BBodSchG, § 2 Rn. 50.

[361] So auch Giesberts, in Fluck, Kreislaufwirtschafts-, Abfall- und Bodenschutzrecht, § 4 BBodSchG Rn. 147; Wüterich, in Landel/Vogg/Wüterich, BBodSchG, § 4 Rn. 27. Anderer Ansicht ist Sanden, in Sanden/Schoeneck, BBodSchG, § 2 Rn. 54, nach dem sich zwar das Schutzniveau, nicht aber die Eingriffsschwelle verändert habe. Voraus-setzung für das Entstehen der Sanierungspflicht sei noch immer die Verursachung einer Gefahr, nicht dagegen die bloße Verursachung von erheblichen Nachteilen oder erheblichen Belästigungen. Gegen diese Auffassung spricht bereits der klare Wortlaut von § 4 Abs. 3 S. 1 i. V. m. den Legaldefinitionen in § 2 Abs. 3 und Abs. 5 BBodSchG.

[362] Ausführlich Kapitel 5 § 17 B. (S. 194 ff.).

§ 13 Inhalt der Sanierungspflicht

Der Inhalt der Sanierungspflicht bestimmt sich nach dem Sanierungsziel, dem Sanierungsmaßstab und den Sanierungsmaßnahmen.

A. Sanierungsziel

Wie die Sanierungspflicht selbst wird auch das Sanierungsziel in § 4 Abs. 3 S. 1 BBodSchG festgelegt. Danach sind der Boden, Altlasten sowie durch schädliche Bodenveränderungen oder Altlasten verursachte Verunreinigungen von Gewässern so zu sanieren, dass dauerhaft keine Gefahren, erhebliche Nachteile oder erhebliche Belästigungen für den Einzelnen oder die Allgemeinheit entstehen. Besondere Bedeutung kommt dabei dem Wort „dauerhaft" zu. Der Gesetzgeber folgt damit dem schon in der Zweckbestimmung des § 1 S. 1 BBodSchG niedergelegten Grundsatz der Nachhaltigkeit. Eine wirkliche Neuerung bedeutet dies indes nicht. Denn eine Ausweitung gegenüber der Gefahrenabwehrpflicht nach dem früher zur Anwendung gekommenen allgemeinen Polizei- und Ordnungsrecht wird nicht gesehen werden können, da auch dort die dauerhafte Abwehr einer Gefahr bzw. die dauerhafte Beseitigung einer bereits eingetretenen Störung zur Erfüllung der Polizeipflicht gehört.

In der Einführung der Begriffe „erhebliche Belästigungen" und „erhebliche Nachteile" im Bundes-Bodenschutzgesetz liegt nicht nur eine Herabsenkung der Eingriffsschwelle, sondern auch eine Erweiterung der Sanierungspflicht. Die Sanierungspflicht des § 4 Abs. 3 S. 1 BBodSchG wurde im Gegensatz zur Gefahrenabwehrpflicht auf der Grundlage des allgemeinen Polizei- und Ordnungsrechts insoweit erweitert, als sie nunmehr fordert, dass nicht nur keine Gefahren, sondern auch keine erheblichen Nachteile oder erheblichen Belästigungen entstehen können bzw. bestehende beseitigt werden. Der Pflichtige hat also nicht mehr wie vor Inkrafttreten des Bundes-Bodenschutzgesetzes ausschließlich die Gefahr, sondern nunmehr auch unterhalb der Gefahrenschwelle liegende erhebliche Nachteile und erhebliche Belästigungen zu beseitigen. Wie schon das Bundes-Immissionsschutzgesetz geht das Bundes-Bodenschutzgesetz damit über die polizeirechtliche Vorstellung eines bloßen Mindestschutzes in Richtung einer Optimierung der Umweltverhältnisse hinaus[363]. Dies wirft die Frage auf, ob die Sanierungspflicht für vor dem Inkrafttreten des Bundes-Bodenschutzgesetzes entstandene schäd-

---

[363] Sanden, in Sanden/Schoeneck, BBodSchG, § 2 Rn. 54.

liche Bodenveränderungen und Altlasten infolge der Erweiterung gegen das Rückwirkungsverbot verstößt[364].

B. Sanierungsmaßstab

Die Intensität oder der Maßstab der Sanierungspflicht richtet sich gemäß § 4 Abs. 4 S. 1 BBodSchG grundsätzlich nach der planerisch zulässigen Nutzung des Grundstücks und dem sich daraus ergebenen Schutzbedürfnis[365]. Es ist einleuchtend, dass für Wohngebiete andere Maßstäbe gelten müssen als für industrielle Nutzflächen[366]. Insofern handelt es sich bei der Regelung des § 4 Abs. 4 BBodSchG um eine gesetzliche Ausprägung des Verhältnismäßigkeitsgrundsatzes[367]. Niederschlag hat der Grundsatz der nutzungsbezogenen Sanierung auch in den Prüf- und Maßnahmewerten in der Anlage 2 zur Bundes-Bodenschutz- und Altlastenverordnung gefunden, die zwischen den Nutzungen Kinderspielflächen, Wohngebiete, Park- und Freizeitanlagen sowie Industrie- und Gewerbegrundstücke differenzieren. Ziel der Sanierung ist also nicht, auch nicht im Grundsatz, die Beseitigung oder Unschädlichmachung aller Bodenkontaminationen im Sinne einer Totalsanierung.

Im Gegensatz zu einigen früheren Landesgesetzen[368] normiert das Bundes-Bodenschutzgesetz keine Rekultivierungspflicht, nach der ein ehemaliger Altlastenstandort wieder in die Landschaft im Sinne einer Anpassung an seine natürliche Umgebung einzugliedern wäre. Eine Rekultivierungsanordnung kann auch nicht mit der Begründung, die Gefahr wirke noch fort, als

---

[364] Ausführlich Kapitel 5 § 17 (S. 186 ff.).

[365] Für die bei der Sanierung von Gewässern zu erfüllenden Anforderungen verweist § 4 Abs. 4 S. 3 BBodSchG auf das Wasserrecht. Ob der Grundsatz der nutzungsbezogenen Sanierung auch dort gilt, ist umstritten, wird aber überwiegend abgelehnt. Maßgebliche Grenze sei der Besorgnisgrundsatz des § 34 Abs. 2 WHG, vgl. Schoeneck, in Sanden/Schoeneck, BBodSchG, § 4 Rn. 55 sowie Versteyl, in Versteyl/Sondermann, BBodSchG, § 4 Rn. 118; ausführlich auch Hilger, in Holzwarth/Radtke/Hilger/Bachmann, BBodSchG, § 4 Rn. 142 ff.

[366] Welche Maßstäbe dabei anzulegen sind, ist in der Bundes-Bodenschutz- und Altlastenverordnung nicht unmittelbar geregelt. Es können jedoch die in der Anlage 2 zur Verordnung enthaltenen Prüf- und Maßnahmewerte zur Orientierung herangezogen werden. Die Festlegung der Eingriffsschwelle durch diese Werte indiziert grundsätzlich, dass bei geringeren Werten Gefahren, erhebliche Nachteile oder erhebliche Belästigungen dauerhaft nicht bestehen, vgl. Frenz, BBodSchG, § 4 Abs. 3 Rn. 148.

[367] So zutreffend Vierhaus, NJW 1998, 1262 (1266).

[368] Eine umfassende Rekultivierungspflicht enthielten § 25 Abs. 1 i. V. m. § 27 Nr. 2 LAbfG Bad.-Württ.; § 10 Abs. 1 i. V. m. Abs. 3 Bln BodSchG; § 22 Abs. 1 S. 1 i.V.m. Abs. 2 AbfWAG Rh.-Pf.; § 9 Abs. 1 Nr. 4 i.V.m. § 7 Abs. 1 SächsEGAB; § 19 Abs. 1 ThAbfAG.

Maßnahme der Gefahrenabwehr angesehen werden[369]. Eine Wiedereingliederung in die natürliche Umgebung ist erst sinnvoll, wenn Gefahren oder erhebliche Belästigungen und Nachteile beseitigt sind. Insofern schließt sich die Rekultivierung an die Sanierung an.

C. Sanierungsmaßnahmen

Wie das Sanierungsziel zu erreichen ist, bestimmt § 4 Abs. 3 S. 2 BBodSchG. Danach sind Dekontaminationsmaßnahmen und – sofern sie eine Ausbreitung der Schadstoffe langfristig verhindern – auch Sicherungsmaßnahmen zu ergreifen. Das Gesetz geht dabei grundsätzlich von einem gleichberechtigten Nebeneinander beider Maßnahmetypen aus, was sich neben dem Wortlaut auch aus einem Umkehrschluss aus § 4 Abs. 5 S. 1 BBodSchG ergibt. Lediglich für nach dem 1.3.1999, dem Inkrafttreten des Bundes-Bodenschutzgesetzes, entstandene schädliche Bodenveränderungen und Altlasten, die so genannten Neulasten, trifft das Gesetz in § 4 Abs. 5 S. 1 BBodSchG eine Sonderregelung im Sinne einer umfassenden Dekontaminationspflicht.

Dekontaminationsmaßnahmen zielen nach § 2 Abs. 7 Nr. 1 BBodSchG auf die tatsächliche Entfernung oder zumindest Verminderung der Schadstoffe ab, während bei Sicherungsmaßnahmen nach § 2 Abs. 7 Nr. 2 BBodSchG die Schadstoffe im Boden verbleiben und nur ihre Einwirkung auf die Umweltmedien langfristig vermindert oder ausgeschlossen wird. Sofern Dekontaminations- oder Sicherungsmaßnahmen nicht möglich oder – was häufiger der Fall sein dürfte – unzumutbar sind, sind sonstige Schutz- und Beschränkungsmaßnahmen zu ergreifen. Letztere Maßnahmen, die nur subsidiären Charakter haben, sind nach § 2 Abs. 8 BBodSchG sonstige Maßnahmen, die Gefahren, erhebliche Nachteile oder erhebliche Belästigungen für den Einzelnen oder die Allgemeinheit verhindern oder vermeiden. Das Gesetz benennt dabei mit Nutzungsbeschränkungen den wohl häufigsten Anwendungsfall[370].

Die Dekontaminations- und Sicherungsmaßnahmen lassen sich nach dem Verbleib des kontaminierten Materials in zwei Gruppen einteilen: Bei „in-situ"-Verfahren werden keine Erdmassen bewegt, das kontaminierte Material verbleibt vielmehr an Ort und Stelle, während es bei Maßnahmen „ex situ" aus dem Boden entfernt wird. Erfolgt die Sanierung ex situ, kann weiter

---

[369] Wüterich, in Landel/Vogg/Wüterich, BBodSchG, § 4 Rn. 155.

[370] Als weitere Schutz- und Beschränkungsmaßnahme seien beispielsweise Zugangsbeschränkungen wie die Einzäunung des Geländes oder Warnvorrichtungen genannt; vgl. auch die Aufzählung bei SRU, Altlasten I, BT-Drucks. 11/6191, Tz. 460.

danach differenziert werden, ob die Behandlung vor Ort (on-site) oder an anderer Stelle, etwa einer Entsorgungsanlage, erfolgt (off-site). Im Folgenden sollen zum besseren praktischen Verständnis einige Sanierungstechniken vorgestellt werden[371].

I. Beispiele für Dekontaminationsmaßnahmen

Dekontaminationsmaßnahmen erfolgen, da sie auf eine Entfernung der Kontaminationen abzielen, meist ex situ. Die klassische und zumindest früher häufigste Dekontaminationsmaßnahme ist das Ausgraben und die Umlagerung des ausgekofferten kontaminierten Bodenmaterials[372]. Sie ist das typische Beispiel für eine off-site-Sanierung, wenngleich diese Methode nur eine Problemverlagerung bewirkt[373]. Dagegen ist mangels eines hohen Transportaufwandes meist das Ausgraben und die Behandlung vor Ort, also on-site, kostengünstiger, bei der die Schadstoffe dem ausgekofferten Boden entzogen werden und dieser anschließend wieder eingebracht wird. Je nach Art der Schadstoffe kommen zu ihrer Extraktion Bodenwaschverfahren sowie thermische, mikrobiologische oder chemische Verfahren in Betracht. Einige dieser Verfahren erlauben es inzwischen auch, die Schadstoffe in situ, also ohne vorheriges Ausgraben des Bodens, zu entfernen. Als Beispiel dafür sei die Bodenluftsanierung zum Austreiben flüchtiger Stoffe genannt.

II. Beispiele für Sicherungsmaßnahmen

Sicherungsmaßnahmen zur Verhinderung der Ausbreitung der Schadstoffe erfolgen typischerweise in situ. Hier kommen hydraulische Maßnahmen,

---

[371] Näher dazu Bihler/Koch/Mücke/Weindl, Kursbuch Altlasten, Rn. 968 ff; Sparwasser/Engel/Voßkuhle, Umweltrecht, § 9 Rn. 29 ff. Siehe ferner SRU, Altlasten I, BT-Drucks. 11/6191, Tz. 455 ff. Eine gute Übersicht über die verschiedenen Techniken findet sich auch im Internet auf der Seite des Landesumweltamtes von Nordrhein-Westfalen (http://www.lua.nrw.de). Dort findet sich auch eine Übersicht über die bis Ende 2001 bei 3.885 Altlasten in NRW angewandten Sanierungsverfahren: Am häufigsten kamen die externe Ablagerung (64,8 %) und Einschließungsverfahren (26,2 %) zur Anwendung.

[372] Jedenfalls die bisherige Vollzugspraxis betrachtete die Umlagerung auf eine Deponie als Dekontaminationsmaßnahme. Ob es sich wirklich um eine solche handelt, erscheint vor dem Hintergrund der Definition des § 2 Abs. 7 Nr. 1 BBodSchG zweifelhaft, denn es erfolgt keine Entfernung der Schadstoffe aus dem Erdreich im eigentlichen Sinne. Kritisch auch Sanden, in Sanden/Schoeneck, BBodSchG, § 2 Rn. 100. Dementsprechend gehen Sparwasser/Engel/Voßkuhle, Umweltrecht, § 9 Rn. 34, davon aus, dass es sich um eine Sicherungsmaßnahme handelt.

[373] So SRU, Altlasten I, BT-Drucks. 11/6191, Tz. 464; Altlasten II, BT-Drucks. 13/380, Tz. 19.

etwa Grundwasserabsenkungen oder -umleitungen, die Verfestigung oder Fixierung der Schadstoffe durch das Einspritzen von Suspensionen (Immobilisierung) oder das Einkapseln des kontaminierten Bereichs in Betracht. Dabei ist neben der Abdichtung der Sohle und der Errichtung von seitlichen Dichtwänden auch die Abdeckung der Oberfläche, insbesondere zum Schutz vor Niederschlagswasser, erforderlich. Insofern sieht auch § 5 Abs. 4 BBodSchV eine geeignete Abdeckung oder Versiegelung als Sicherungsmaßnahme vor. Regelmäßig ist bei Sicherungsmaßnahmen eine langfristige Überwachung[374] sowie eine Sickerwasserbehandlung erforderlich.

---

[374] Rechtsgrundlage dazu ist § 15 Abs. 2 S. 3 BBodSchG.

Kapitel 4
Sanierungsverantwortlichkeit

In den meisten Fällen wird das Bestehen einer Sanierungspflicht aufgrund einer wie auch immer gegebenen Gefahr für ein Schutzgut unproblematisch angenommen werden können. Dann stellt sich die Kernfrage des Altlastenrechts: Wer muss eine notwendige Sanierung zahlen?[375] Dies richtet sich danach, wer nach § 4 Abs. 3 S. 1 und S. 4 sowie Abs. 6 BBodSchG abstrakt verantwortlich ist und damit gemäß § 10 Abs. 1 S. 1 BBodSchG behördlich in Anspruch genommen werden kann. Die Regelung der Sanierungsverantwortlichkeit in § 4 BBodSchG ist das materielle Kernstück des Bundes-Bodenschutzgesetzes[376].

Wie bereits zu Anfang angesprochen, beschränkt sich die Arbeit wegen der enormen Vielzahl rechtlicher Probleme im Zusammenhang mit der Sanierungsverantwortlichkeit auf die Untersuchung der Verantwortlichkeit des Verursachers und seines Gesamtrechtsnachfolgers[377].

§ 14 Verursacher

§ 4 Abs. 3 S. 1 BBodSchG bezeichnet zuerst den Verursacher einer schädlichen Bodenveränderung oder Altlast als sanierungspflichtig. Im Gegensatz zu einigen landesrechtlichen Altlastenregelungen – etwa § 12 Abs. 1

---

[375] So wörtlich Versteyl, in Versteyl/Sondermann, BBodSchG, § 4 Rn. 1. Ebenso Kloepfer, Umweltrecht, § 12 Rn. 146; Oerder, NVwZ 1992, 1031.

[376] Ebenso Knopp, DÖV 2001, 441, der § 4 BBodSchG als die zentrale und kostenrelevante, daher praktisch bedeutsame Regelung bezeichnet.

[377] Auch die Verantwortlichkeit der anderen in § 4 Abs. 3 S. 1 und S. 4 sowie Abs. 6 BBodSchG genannten Personen wirft zahlreiche Fragen auf. Zu den wichtigsten zählen die verfassungsmäßige Begrenzung der Zustandsverantwortlichkeit (grundlegend BVerfG, Beschl. v. 16.2.2000, E 102, 1 ff; Literaturnachweise dazu finden sich in Fn. 340); die Voraussetzungen und die Verfassungsmäßigkeit der Nachhaftung des früheren Eigentümers nach § 4 Abs. 6 BBodSchG (dazu ausführlich Kohls, Nachwirkende Zustandsverantwortlichkeit, S. 109 ff.; siehe ferner Knopp, DVBl. 1999, 1010 ff.; Müggenborg, NVwZ 2000, 50 ff.; Dombert, NJW 2001, 927 ff.; Grzeszick, NVwZ 2001, 721 ff; Schlemminger/Friedrich, NJW 2002, 2133 ff.) sowie die Voraussetzungen der Verantwortlichkeit aus handels- oder gesellschaftlichen Rechtsgrund nach § 4 Abs. 3 S. 4 BBodSchG (dazu ausführlich Spindler, ZGR 2001, 385 ff.; Fleischer/Empt, ZIP 2000, 905 ff.; siehe ferner Droese, UPR 1999, 86 (87 ff.); Frenz, altlasten spektrum 2000, 157 ff.; Müggenborg, NVwZ 2001, 1114 ff.; Antweiler/Probst, UPR 2002, 206 ff.; Hummel, GewArch 2002, 52 ff.).

HAltlastG und § 20 Abs. 1 ThAbfAG, die den Betreiber, den ehemaligen Betreiber sowie den Ablagerer und den Abfallerzeuger hinsichtlich Altablagerungen als Verursacher qualifizierten und daneben von „sonstigen" Verursachern sprachen[378] – regelt die Vorschrift jedoch nicht, wer konkret als Verursacher anzusehen und damit zur Sanierung verpflichtet ist. Mit dem Begriff des Verursachers greift das Bundes-Bodenschutzgesetz aber auf einen klassischen Verantwortlichen des allgemeinen Polizei- und Ordnungsrechts zurück, dessen allgemeine Zurechnungslehren auch im Rahmen des § 4 Abs. 1 sowie Abs. 3 BBodSchG zur Bestimmung des Verursachers Gültigkeit haben[379]. Die allgemeinen Kausalitäts- und Zurechnungstheorien sollen dabei im Folgenden nur angerissen werden, bevor auf die altlastenspezifischen Probleme aus diesem Bereich einzugehen ist.

A. Verursachung als Zurechnungsproblem

Verhaltensverantwortlicher ist, wer eine Gefahr oder Störung durch sein Verhalten verursacht hat. Dies erfordert zuallererst zwingend das Setzen einer „conditio sine qua non": Das Verhalten darf nicht hinweggedacht werden können, ohne dass die Gefahr oder die Störung entfiele. Die Kausalität des Verhaltens im naturwissenschaftlichen Sinne für die Gefahr oder Störung ist ein unverzichtbares Kriterium zur Bestimmung der ordnungs- und polizeirechtlichen Verhaltensverantwortlichkeit. Dies ist ebenso unstreitig wie die Tatsache, dass das Bestehen eines Kausalzusammenhanges alleine kein hinreichendes Kriterium ist, die maßgebliche Ursache aus der endlosen Kette der Ursachen herauszufiltern[380]. Auch wenn im Einzelnen Streit über die maßgeblichen Kriterien – den Zurechnungsmaßstab – besteht, ist in Rechtsprechung[381] und Literatur[382] anerkannt, dass es zusätzlich zum Kausalzusam-

---

[378] Näher dazu Kapitel 2 § 8 D. II. 2. b) (S. 63).

[379] Schink, DÖV 1999, 797 (800); Trurnit, VBlBW 2000, 261 (262); Frenz, BBodSchG, § 4 Abs. 3 Rn. 4 ff.; Versteyl, in Versteyl/Sondermann, BBodSchG, § 4 Rn. 39; Erbguth/Stollmann, Bodenschutzrecht, Rn. 141. Auch die Begründung zum Gesetzesentwurf knüpft an mehreren Stellen an die Verantwortungsbestimmung nach dem allgemeinen Polizei- und Ordnungsrecht an, vgl. BT-Drucks. 13/6701, S. 22 und S. 35.

[380] Erichsen, VVDStRL 35 (1977), 171 (201 f.); Denninger, in Lisken/Denninger, Handbuch des Polizeirechts, Rn. E 64; Schoeneck, in Sanden/Schoeneck, BBodSchG, § 4 Rn. 31.

[381] OVG Hamburg, Urt. v. 27.4.1983, DÖV 1983, 1016 (1017); VGH Mannheim, Urt. v. 7.12.1981, VBlBW 1982, 371 (372); Urt. v. 28.8.1986, NVwZ 1987, 237 (238); Beschl. v. 11.9.1986, VersR 1987, 218 (219); Urt. v. 18.9.2001, ZUR 2002, 227 (228); OVG Schleswig, Beschl. v. 6.10.1995, UPR 1996, 194; Urt. v. 23.8.2000, DVBl. 2000, 1877 (1878);OVG Münster, Urt. v. 30.5.1996, NVwZ 1997, 507 (508); Urt. v. 7.3.1996, NVwZ 1997, 804 (805).

menhang einer rechtlichen Wertung bedarf. Die Verursachung stellt sich daher nicht als Kausalitäts-, sondern vielmehr als Zurechnungsproblem dar.

Diese Sichtweise hat sich auch im Straf- und Zivilrecht in den letzten Jahren mehr und mehr durchgesetzt. Zwar wird im Strafrecht die Äquivalenztheorie noch immer als maßgebend angesehen[383]. Da mit dem Erfordernis eines rechtswidrigen und schuldhaften Verhaltens zwei Korrektive zur Begrenzung ihrer Weite bestehen, ist ihre Begrenzung zwar nicht so zwingend wie im Polizei- und Ordnungsrecht, wo es bei der Beurteilung der Verursachung jedenfalls auf Verschulden nicht ankommt, gleichwohl wurden in der Literatur in Ergänzung zur conditio-sine-qua-non-Formel eine Reihe normativer Zurechnungskriterien entwickelt, die die Rechtsprechung auf der Grundlage ihres normativ verstandenen Kausalitätsbegriffs vereinzelt schon aufgenommen hat[384].

Im Zivilrecht dagegen gilt die conditio-sine-qua-non-Formel wie im Polizei- und Ordnungsrecht nur als notwendiges, allein aber nicht ausreichendes Kriterium der Schadenszurechnung[385]. Vielmehr werden über die Äquivalenztheorie gänzlich unwahrscheinliche und außerhalb der Lebenserfahrung liegende Kausalverläufe aus der Schadenszurechnung ausgeschieden. Diese Theorie lässt sich allerdings im Polizei- und Ordnungsrecht nicht anwenden, da oftmals gerade atypische Gefahren abzuwehren sind[386]. Die Äquivalenztheorie gilt aber auch im Zivilrecht nicht ausnahmslos. So ist anerkannt, dass die reine Wahrscheinlichkeitsbetrachtung einer Ergänzung durch eine wertende Beurteilung bedarf: Der Schaden muss nach Art und Entstehungsweise unter den Schutzzweck der Norm fallen[387].

---

[382] Götz, Polizei- und Ordnungsrecht, Rn. 198; Schoch, JuS 1994, 932; ders., in Schmidt-Aßmann, Besonderes Verwaltungsrecht, 2. Kap. Rn. 128; Schenke, in Steiner, Besonderes Verwaltungsrecht, Kap. II Rn. 156; Martens, in Drews/Wacke/Vogel/Martens, Gefahrenabwehr S. 311 u. 315; Hilger, in Holzwarth/Radtke/Hilger/Bachmann, BBodSchG § 4 Rn. 48; Erbguth, DVBl. 2001, 601; Schoeneck, in Sanden/Schoeneck, BBodSchG, § 4 Rn. 31; Vollmuth, VerwArch 68 (1977), 45 (51); Oldiges, in ders., Das neue Bundes-Bodenschutzgesetz, S. 73 (77); Schlabach/Heck, VBlBW 2001, 46 (48); Antweiler/Probst, UPR 2002, 206 f.

[383] Tröndle/Fischer, StGB, Vorb. § 13 Rn. 16.

[384] Tröndle/Fischer, StGB, Vorb. § 13 Rn. 16 sowie Rn. 17 ff. zu den einzelnen Zurechnungskriterien mit Nachweisen aus der strafrechtlichen Literatur.

[385] Palandt/Heinrichs, BGB, Vorb. § 249 Rn. 58.

[386] Martens, in Drews/Wacke/Vogel/Martens, Gefahrenabwehr, S. 311 f.

[387] Palandt/Heinrichs, BGB, Vorb. § 249 Rn. 62.

B. Zurechnungskriterien

Über das Kriterium, mit dem im Polizei- und Ordnungsrecht die maßgebliche Ursache aus der Weite der kausalen Beiträge herauszufiltern ist, herrscht nach wie vor Streit.

I. Theorie der unmittelbaren Verursachung

Rechtsprechung[388] und überwiegende polizeirechtliche Literatur[389] halten das Kriterium der Unmittelbarkeit für maßgeblich. Bei der Auswahl der für den Eintritt der Gefahr wesentlichen Ursachen sei darauf abzustellen, „wer bei wertender Betrachtung unter Einbeziehung aller Umstände des jeweiligen Einzelfalles die Gefahrengrenze überschritten und damit die unmittelbare Ursache für den Eintritt der Gefahr gesetzt hat"[390]. Zur Begründung der Unmittelbarkeitstheorie wird zumeist auf die Rechtsprechung des Preußischen Oberverwaltungsgerichts verwiesen[391]. Ferner hatte sie bis zum 1.8.1981 in Rheinland-Pfalz in § 22 RhlPfPVG[392] gesetzliche Anerkennung gefunden. Von einem großen Teil der Literatur wird sie – jedenfalls als Ausgangspunkt – zur Bestimmung des sanierungsverantwortlichen Verursachers nach § 4 Abs. 3 S. 1 BBodSchG favorisiert[393].

---

[388] OVG Lüneburg, Urt. v. 24.9.1987, NVwZ 1988, 638 (639); OVG Münster, Beschl. v. 10.1.1985, NVwZ 1985, 355 (356); Beschl. v. 5.2.1988, NVwZ-RR 1988, 20 (21); Urt. v. 16.3.1993, NJW 1993, 2698; Urt. v. 30.5.1996, NVwZ 1997, 507 (508); Urt. v. 7.3.1996, NVwZ 1997, 804 (805); VGH Mannheim, Urt. v. 7.12.1981, VBlBW 1982, 371 (372); Beschl. v. 11.9.1986, VersR 1987, 218 (219); Beschl. v. 4.3.1996, NVwZ-RR 1996, 387 (388); Urt. v. 18.9.2001, ZUR 2002, 227 (228); OVG Hamburg, Urt. v. 27.4.1983, DÖV 1983, 1016 (1017); VGH Kassel, Urt. v. 4.9.1986, NJW 1986, 1829; Beschl. v. 21.3.1988, NVwZ-RR 1989, 137 f.; OVG Koblenz, Urt. v. 7.5.1991, NVwZ 1992, 499 (500); OVG Schleswig, Beschl. v. 14.7.1995, UPR 1996, 194.

[389] Götz, Polizei- und Ordnungsrecht, Rn. 196 ff.; Knemeyer, Polizei- und Ordnungsrecht, Rn. 325; Martens, in Drews/Wacke/Vogel/Martens, Gefahrenabwehr S. 313 f.; Schoch, JuS 1994, 932 f.; ders., in Schmidt-Aßmann, Besonderes Verwaltungsrecht, 2. Kap. Rn. 128 f.; Wacke, DÖV 1960, 93 ff.

[390] So beispielhaft die Formulierung des OVG Münster, Beschl. v. 10.1.1985, NVwZ 1985, 355 (356).

[391] Z. B. Martens, in Drews/Wacke/Vogel/Martens, Gefahrenabwehr, S. 313.

[392] Polizeiverwaltungsgesetz von Rheinland-Pfalz vom 26.3.1954, GVBl. S. 31 ff., i.d.F. v. 29.6.1973, GVBl. S. 180 ff.

[393] Dombert, in Landmann/Rohmer, Umweltrecht, § 4 BBodSchG Rn. 21; Hilger, in Holzwarth/Radtke/Hilger/Bachmann, BBodSchG § 4 Rn. 62; Foquet, Sanierungsverantwortlichkeit, S. 26 ff.; Oerder, in Oerder/Numberger/Schönfeld, BBodSchG, § 4 Rn. 12.

Inwieweit das Kriterium der Unmittelbarkeit zeitlich oder wertend zu verstehen ist, wird unterschiedlich beurteilt. Der Begriff der Unmittelbarkeit intendiert als formales Kriterium zwar, dass nur das zeitlich letzte Glied der Kausalkette unmittelbar die Gefahrengrenze überschreitet. Gleichwohl soll es nach überwiegender Ansicht gerade bei mehreren zusammenwirkenden Faktoren aber nicht zwingend auf äußere Wirkungszusammenhänge und damit auf das zeitlich letzte Glied der Kausalkette ankommen. Ein zeitlich davor liegendes Element könne eine erhöhte Gefahrentendenz in sich tragen, hinter der spätere Faktoren unbeachtlich erscheinen[394]. Insofern könne zwar regelmäßig, aber nicht ausnahmslos auf das zeitlich letzte Kriterium abgestellt werden, vielmehr genüge zur Bejahung der Unmittelbarkeit ein enger Wirkungs- und Verantwortungszusammenhang zwischen Verhalten und Gefahr[395]. Bestehe der Zusammenhang zwischen Bedingung und Gefahr dagegen nur entfernt, so liege nur eine polizeirechtlich irrelevante Vorbedingung oder Veranlassung vor.

Signifikant für das Ausreichen eines Ursache-Wirkungs-Zusammenhangs zur Begründung der Störereigenschaft ist die auf der Grundlage der Unmittelbarkeitslehre entwickelte Figur des Zweckveranlassers[396]. Der Zweckveranlasser wird dabei vom Veranlasser unterschieden. Er sei als Mitverursacher Verhaltensverantwortlicher[397]. Dabei ist allerdings noch nicht abschließend geklärt, ob zur Abgrenzung auf subjektive oder objektive Kriterien abzustellen ist, der Zweckveranlasser die Herbeiführung der Gefahr also beabsichtigen oder jedenfalls billigend in Kauf nehmen muss[398], oder ob es ausreicht, dass die Gefahr typische Folge der Veranlassung ist[399]. Da zwischen der Veranlassung und der letztlich herbeiführenden Gefahr ein intendierter (so die subjektive Theorie) bzw. ein typischer (so die objektive Theorie), jedenfalls aber ein so enger Zusammenhang bestehe, dass Ver-

---

[394] Schoch, JuS 1994, 932.
[395] VGH Mannheim, Urt. v. 18.9.2001, ZUR 2002, 227 (228); Götz, Polizei- und Ordnungsrecht, Rn. 198, Schoch, JuS 1994, 932; Erbguth, DVBl. 2001, 601; ähnlich Martens, in Drews/Wacke/Vogel/Martens, Gefahrenabwehr, S. 315 f.
[396] Siehe ausführlich – und kritisch – Erbel, JuS 1985, 257 ff.
[397] Martens, in Drews/Wacke/Vogel/Martens, Gefahrenabwehr, S. 315.
[398] VGH München, Beschl. v. 16.2.1979, DVBl. 1979, 737 (738); VGH Mannheim, Beschl. v. 14.12.1989, DÖV 1990, 344 (346); VGH Kassel, Beschl. v. 27.2.1992, NVwZ 1992, 1111 (1113); Knemeyer, Polizei- und Ordnungsrecht, Rn. 328.
[399] VGH Mannheim, Urt. v. 28.8.1986, NVwZ 1987, 237 (238); Beschl. v. 29.5.1995, NVwZ-RR 1995, 663; OVG Lüneburg, Urt. v. 24.9.1987, NVwZ 1988, 638 (639); Götz, Polizei- und Ordnungsrecht, Rn. 202; Schoch, in Schmidt-Aßmann, Besonderes Verwaltungsrecht, 2. Kap. Rn. 140 f.

anlassung und Gefahr eine natürliche Einheit bildeten, sei die Zurechnung der Gefahr an den Hintermann gerechtfertigt[400].

Ob ein Wirkungs- und Verantwortungszusammenhang oder eine natürliche Einheit vorliege, sei unter Berücksichtigung aller Umstände, auch der außerpolizeilichen Rechtslage, wertend zu ermitteln[401]. Dabei bietet das Unmittelbarkeitskriterium als solches zunächst keinen Wertungsmaßstab. Von Teilen der Literatur wurde und wird die Unmittelbarkeitslehre daher jedenfalls im Grundsatz zu Recht als zu unklar und unbestimmt kritisiert[402]. Im Übrigen, das erkennen selbst Vertreter der Unmittelbarkeitslehre an, versagt das Unmittelbarkeitskriterium, wenn jemand von einer ihm zustehenden rechtlichen Befugnis Gebrauch macht und dabei eine Gefahr hervorruft[403]. In der Literatur wurde daher verschiedentlich versucht, die entscheidenden Wertungskriterien zu bestimmen und offen zu legen. Zu nennen sind insbesondere die Lehre vom sozialadäquaten Verhalten, die Theorie der rechtswidrigen Verursachung sowie die gerade in der altlastenrechtlichen Literatur im Vordringen befindliche Störerbestimmung nach Pflichtwidrigkeit und Risikozuweisungen. Ihre Wertungen werden inzwischen teilweise zur Konkretisierung des Unmittelbarkeitskriteriums herangezogen[404].

II. Lehre vom sozialadäquaten Verhalten

Die auf *Hurst*[405] zurückgehende Lehre vom sozialadäquaten Verhalten versuchte, das Kriterium der Unmittelbarkeit durch das der Sozialadäquanz zu ersetzen. Sie basiert auf der Überlegung, dass derjenige nicht Störer sein könne, der die ihm von der Rechtsordnung eingeräumten Rechte in sozial üblicher Weise wahrnehme[406]. Vertreten wird diese Lehre noch von *Gusy*: Wer gegen eine Rechtsnorm verstoße, sei immer Störer, wer gegen eine

---

[400] VGH Mannheim, Beschl. v. 29.5.1995, NVwZ-RR 1995, 663; Schoch, JuS 1994, 932 (933 f.).

[401] Götz, Polizei- und Ordnungsrecht, Rn. 198; Martens, in Drews/Wacke/Vogel/ Martens, Gefahrenabwehr, S. 315 f.; Schoch, JuS 1994, 932 (933).

[402] Martens, in Drews/Wacke/Vogel/Martens, Gefahrenabwehr, S. 316; Friauf, in Schmidt-Aßmann, Besonderes Verwaltungsrecht, 11. Aufl. 1999, 2. Abschn. Rn. 79.

[403] Martens, in Drews/Wacke/Vogel/Martens, Gefahrenabwehr, S. 316.

[404] OVG Hamburg, Urt. v. 27.4.1983, DÖV 1983, 1016 (1017); OVG Münster, Urt. v. 30.5.1996, NVwZ 1997, 507 (508); Götz, Polizei- und Ordnungsrecht, Rn. 198; Schoch, JuS 1994, 932 (933); ders., in Schmidt-Aßmann, Besonderes Verwaltungsrecht, 2. Kap. Rn. 129; Antweiler/Probst, UPR 2002, 206 (207). Trurnit, VBlBW 2000, 261 (262) spricht insoweit von der modifizierten Theorie der unmittelbaren Verursachung.

[405] AöR 83 (1958), 43 (75 ff.).

[406] Hurst, AöR 83 (1958), 43 (78 f.).

Sozialnorm verstoße, nur dann, wenn sein Verhalten ein polizeirechtlich geschütztes Rechtsgut gefährde und dies nicht durch eine Rechtsnorm erlaubt sei[407]. Da es für die soziale Üblichkeit aber keinen Maßstab gibt, muss auch diese Lehre als zu unbestimmt kritisiert werden. Sie konnte sich folglich nicht durchsetzen, gleichwohl wurden in einigen früheren Gerichtsentscheidungen einzelne Elemente mit der Theorie der unmittelbaren Verursachung kombiniert und zu deren Konkretisierung verwandt[408].

III. Theorie der rechtswidrigen Verursachung

Die Schwäche der Theorie der unmittelbaren Verursachung im Bereich des Handelns innerhalb einer rechtlichen Befugnis und die Unklarheit ihrer maßgeblichen Zurechnungskriterien sowie die Unbestimmtheit der Lehre vom sozialadäquaten Verhalten haben zur Begründung der Theorie der rechtswidrigen Verursachung geführt[409]. Sie geht davon aus, dass die Wertungen der Rechtsordnung selbst das entscheidende Zurechnungskriterium seien[410], also die Rechtswidrigkeit personalen Verhaltens maßgeblich sei. Daher sei nur derjenige als Störer anzusehen, der seinen Rechtskreis überschreite, bei seinem Verhalten also Rechtsvorschriften verletzte[411]. Mit Hilfe dieser Theorie kann die Verhaltensverantwortlichkeit aber nur in Fällen geklärt werden, in denen spezielle adressatenbezogene Verhaltensnormen bestehen, deren Subsumtion zum Störer führt. Allerdings führt die Rechtswidrigkeitstheorie zu Problemen, wenn es um die Erfassung und Beurteilung von Verhaltensweisen geht, für die Normierungen und somit Verhaltensmaßstäbe fehlen. Die Vertreter der Rechtswidrigkeitslehren schlagen vor, in diesen Fällen die Rechtswidrigkeit und damit die Verantwortlichkeit der Generalklausel der Polizei- und Ordnungsgesetze zu entnehmen. Diese Argumentation ist jedoch zirkulär, da sich so beim Vorliegen einer Gefahr deren Herbeiführung immer als rechtswidriges Verhalten darstellen würde[412].

---

[407] Gusy, Polizeirecht, Rn. 339.
[408] OVG Lüneburg, Urt. v. 27.11.1958, OVGE 14, 396 (402 ff.); OVG Münster, Urt. v. 19.12.1958, OVGE 14, 265 (268).
[409] Grundlegend Schnur, DVBl. 1962, 1 ff. Zu den im Schrifttum vertretenen Rechtswidrigkeitstheorien siehe insbesondere Erichsen, VVdStRL 35 (1977); 171 ff.; Vollmuth, VerwArch 68 (1977), 45 ff. sowie Gantner, Verursachung und Zurechnung im Recht der Gefahrenabwehr, insbesondere S. 114 ff.
[410] Vollmuth, VerwArch 68 (1977), 45 (51).
[411] Schnur, DVBl. 1962, 1 (3).
[412] Ziehm, Störerverantwortlichkeit für Boden- und Wasserverunreinigungen, S. 41; Breuer, JuS 1986, 359 (362); v. Mutius, Jura 1983, 298 (304); Pietzcker, DVBl. 1984, 457 (458).

IV. Störerbestimmung nach Pflichtwidrigkeit und Risikozuweisungen

Zur Vermeidung dieses Zirkelschlusses wird eine Ergänzung der Theorie der rechtswidrigen Verursachung durch Elemente der Pflichtwidrigkeit und durch Risikozuweisungen vorgeschlagen[413]. Dieser Ansatz zur Störerbestimmung wurde von *Koch*[414] und *Herrmann*[415] auf die Verursacherhaftung für Altlasten übertragen und hat insbesondere in der altlastenrechtlichen Literatur viele Anhänger gefunden[416].

Ähnlich wie die Theorie der rechtswidrigen Verursachung gründet auch der Störerbestimmung nach Pflichtwidrigkeit und Risikozuweisungen auf der Überlegung, dass als Maßstab für die Wertung, ob ein bestimmtes Verhalten als Verursachung einer Gefahr anzusehen ist, darauf abzustellen sei, ob jemand durch sein Verhalten die Grenzen des ihm durch die Rechtsordnung zugewiesenen Bereiches überschreite[417]. Zur Präzisierung dieses Wertungskriteriums schlagen die Anhänger einer Störerbestimmung nach Pflichtwidrigkeit und Risikozuweisungen – wie der Name schon andeutet – vor, zwischen der Zurechnung von Pflichtwidrigkeit (Unrecht) und der Zurechnung von Risiken zu unterscheiden[418]. Entscheidendes Zurechnungskriterium sei entweder die Pflichtwidrigkeit eines Verursachungsbeitrages oder die Verwirklichung von Risiken, die durch die Rechtsordnung bestimmten Personen zugewiesen seien[419].

Das Zurechnungskriterium der Pflichtwidrigkeit setzt das Bestehen bestimmter Pflichten voraus. Diese können sich zum Teil aus gesetzlich normierten Verhaltenspflichten öffentlich-rechtlicher Art ergeben. Jedenfalls sofern spezielle öffentlich-rechtliche Ge- oder Verbotsnormen existierten, begründe – insoweit stimmt dieser Ansatz mit der Theorie der rechtswidrigen Verursachung überein – ein Verstoß gegen diese Vorschriften die Störer-

---

[413] Gantner, Verursachung und Zurechnung im Recht der Gefahrenabwehr, S. 49 ff.; 150 ff.; 166 ff.; Pietzcker, DVBl. 1984, 457 ff.

[414] Bodensanierung, S. 15 ff.

[415] Flächensanierung, S. 77 ff. sowie DÖV 1987, 666 ff.

[416] Brandt, Altlastenrecht, Kap. IV Rn. 42 ff.; Breuer, JuS 1986, 359 (362); Kloepfer, NuR 1987, 7 (9 ff.); Ziehm, Störerverantwortlichkeit für Boden- und Wasserverunreinigungen, S. 42 ff.; Schink, VerwArch 82 (1991), 357 (372 ff.); Schwerdtner, NVwZ 1992, 141 (142); Seibert, DVBl. 1992, 664 (670); Denninger, in Lisken/Denninger, Handbuch des Polizeirechts, Rn. E 66 ff.; Frenz, BBodSchG, § 4 Abs. 1 Rn. 13 ff.

[417] Schink, VerwArch 82 (1991), 357 (372); Pietzcker, DVBl. 1984, 457 (459 f.).

[418] Gantner, Verursachung und Zurechnung im Recht der Gefahrenabwehr, S. 49 ff.; 150 ff.; 166 ff.; Pietzcker, DVBl. 1984, 457 (459 f.); Koch, Bodensanierung, S. 15 ff.

[419] Brandt/Dieckmann/Wagner, Altlasten, S. 51.

eigenschaft[420]. In den übrigen Fällen könne zur Störerbestimmung aber nicht alleine auf die polizei- und ordnungsrechtliche Generalklausel abgestellt werden. Vielmehr seien die Wertungen der gesamten Rechtsordnung heranzuziehen. Ein bestimmtes Verhalten löse die Verhaltensverantwortlichkeit aus, wenn die Rechts- und Freiheitsausübung in pflichtwidrige Gefährdung umschlage. Wo die Grenze zwischen geschützter Rechts- und Freiheitsausübung und Störung verlaufe, müsse im Einzelfall durch eine rechtliche Wertung herausgearbeitet werden[421]. Maßgeblich sei also, in wessen Pflichten- oder Risikobereich die hervorgerufene Gefahr falle[422].

Anknüpfungspunkte zur Bestimmung des polizeirechtlich relevanten Pflichtenkreises könnten und müssten Pflichtenbestimmungen der gesamten Rechtsordnung sein, auch zivilrechtliche. Jedoch könnten neben öffentlich-rechtlichen Normen nicht alle Zivilrechtsnormen nutzbar gemacht werden, sondern nur solche, denen ein spezifischer Gemeinwohlbezug innewohne, der ihre Berücksichtigung zur Störerbestimmung im Polizeirecht legitimiere[423]. Da es darum gehe, die polizeirechtlich erforderliche Sorgfalt zu bestimmen[424], komme insbesondere den im Bereich des Deliktsrechts entwickelten Verkehrssicherungspflichten Bedeutung zu[425].

Alternativ zur Pflichtwidrigkeit bestehe eine Verhaltensverantwortlichkeit aufgrund Risikozuweisung in den Fällen, in denen ein Verhalten nicht pflichtwidrig sei, jedoch mit dem Verhalten einhergehende Risiken durch die Rechtsordnung bestimmten Personen zugewiesen seien[426]. Die Ergänzung einer Störerbestimmung nach Pflichtwidrigkeit um Elemente der Risikozuweisung sei dabei erforderlich, da im Polizeirecht auch eine für sich genommen rechtmäßige Handlung zu einer Gefahr und damit zur polizei-

---

[420] Schink, VerwArch 82 (1991), 357 (372). Siehe als Beispiel etwa VGH Mannheim, Urt. v. 19.1.1996, VBlBW 1996, 302 (303), wo die Verhaltensverantwortlichkeit im zu entscheidenden Fall aus einem Verstoß gegen § 27 Abs. 3 S. 1 StVZO hergeleitet wurde.

[421] Pietzcker, DVBl. 1984, 457 (459).

[422] Schink, VerwArch 82 (1991), 357 (373); Pietzcker, DVBl. 1984, 457 (459 f.); Ziehm, Störerverantwortlichkeit für Boden- und Wasserverunreinigungen, S. 42 f.

[423] Kloepfer, NuR 1987, 7 (11), Herrmann, DÖV 1987, 666 (671); Schink, GewArch 1996, 50 (55). Dazu sogleich ausführlich unter Kapitel 4 § 14 C. I. 2. c) (S. 119 ff.).

[424] Pietzcker, DVBl. 1984, 457 (460); ebenso Koch, Bodensanierung, S. 15.

[425] Koch, Bodensanierung, S. 15 ff.; Brandt, Altlastenrecht, Kap. IV Rn. 43; Kloepfer, NuR 1987, 7 (11); Herrmann, Flächensanierung, S. 95 ff.; Schink, VerwArch 82 (1991), 357 (374); ders., GewArch 1996, 50 (54 f.).

[425] Kloepfer, NuR 1987, 7 (10 f.), Herrmann, DÖV 1987, 666 (671); Schink, GewArch 1996, 50 (55).

[426] Brandt, Altlastenrecht, Kap. IV Rn. 44; Koch, Bodensanierung, S. 20; Gantner, Verursachung und Zurechnung im Recht der Gefahrenabwehr, S. 49 ff., 150 ff., 166 ff.; Herrmann, Flächensanierung, S. 80 ff.; Pietzcker, DVBl. 1984, 457 (460).

rechtlichen Verantwortlichkeit führen könne, der Gedanke der Pflichtwidrigkeit dann aber nicht weiterführe[427]. Als Ausdruck einer solchen Risikozuweisung wird insbesondere die Zustandsverantwortlichkeit angesehen[428]. Wie bei der Störerbestimmung nach Pflichtwidrigkeit sollen auch die polizeirechtlich relevanten Risikozuweisungen aus der übrigen Rechtsordnung hergeleitet werden. Besondere Bedeutung komme dabei den Gefährdungshaftungstatbeständen zu. So sei im Altlastenrecht insbesondere die Gefährdungshaftung des Anlageninhabers für Wasserverunreinigungen nach § 22 Abs. 2 WHG relevant[429].

V. Stellungnahme

Der Streit um das maßgebliche Kriterium der Zurechnung im Polizei- und Ordnungsrecht darf nicht überbewertet werden, zumal sich die verschiedenen Ansätze im Ergebnis kaum unterscheiden[430]. Es ist allgemein anerkannt, dass es für die Zurechnung einer verursachten Gefahr einer rechtlichen Wertung bedarf[431]. Insofern steht die jüngere Auffassung, die eine Störerbestimmung nach Pflichtwidrigkeit und Risikozuweisungen favorisiert, nicht im Gegensatz zur herrschenden Unmittelbarkeitslehre, die sich im Wesentlichen ähnlicher Wertungsgesichtspunkte bedient bzw. die Wertungen der anderen Theorien übernimmt[432]. Der Ansatz der Störerbestimmung nach Pflichtwidrigkeit und Risikozuweisungen vermeidet lediglich den Umweg über das Unmittelbarkeitskriterium[433], nimmt sogleich eine umfassende Bewertung der zugrundeliegenden Sach- und (auch außerpolizeilichen) Rechtslage vor und

---

[427] Pietzcker, DVBl. 1984, 457 (460); Gantner, Verursachung und Zurechnung im Recht der Gefahrenabwehr, S. 53 ff.; Kloepfer, NuR 1987, 7 (9).

[428] Kloepfer, NuR 1987, 7 (9); Pietzcker, DVBl. 1984, 457 (460).

[429] Brandt, Altlastenrecht, Kap. IV Rn. 44; Kloepfer, NuR 1987, 7 (11); Koch, Bodensanierung, S. 20 ff.; Herrmann, Flächensanierung, S. 102 f.; Schink, GewArch 1996, 50 (54 f.).

[430] So auch Schenke, in Steiner, Besonderes Verwaltungsrecht, Kap. II Rn. 156.

[431] Siehe die Rechtsprechungs- und Literaturnachweise in Fn. 381 und Fn. 382.

[432] Brandt, Altlastenrecht, Kap. IV Rn. 46; Friauf, in Schmidt-Aßmann, Besonderes Verwaltungsrecht, 2. Abschn. Rn. 76; Götz, Polizei- und Ordnungsrecht, Rn. 198 f.; Schoch, JuS 1994, 932 (933); ders., in Schmidt-Aßmann, Besonderes Verwaltungsrecht, 2. Kap. Rn. 129. Vgl. auch OVG Münster, Urt. v. 30.5.1996, NVwZ 1997, 507 (508); VGH Mannheim, Beschl. v. 11.9.1986, VersR 1987, 218 (219); OVG Hamburg, Urt. v. 27.4.1983, DÖV 1983, 1016 (1017). Trurnit, VBlBW 2000, 261 (262) spricht insoweit von der modifizierten Theorie der unmittelbaren Verursachung.

[433] So zutreffend formuliert von Fenz, BBodSchG, § 4 Abs. 1 Rn. 14. Ein Beispiel für den Umweg über das Kriterium der Unmittelbarkeit findet sich bei Schoch, in Schmidt-Aßmann, Besonderes Verwaltungsrecht, 2. Kap. Rn. 128: „Da die Unverletzlichkeit der Rechtsordnung das bedeutsamste Schutzgut ist, verwirklicht i.d.R. derjenige unmittelbar die Gefahr, der gegen die Rechtsordnung verstößt."

bemüht sich um eine Konkretisierung und Offenlegung der maßgeblichen Wertungsgesichtspunkte über den Einzelfall hinaus.

Auch wenn beide Auffassungen regelmäßig zum gleichen Ergebnis führen werden, da die herrschende Meinung Elemente der Rechtswidrigkeit und der Risikozurechnung rezipiert, ist das Unmittelbarkeitskriterium dogmatisch nicht überzeugend.

Dies gilt zunächst für den Verweis vieler Anhänger der Theorie der unmittelbaren Verursachung auf die Rechtsprechung des PrOVG. Wie *Gantner*[434] ausführlich herausgearbeitet hat, findet das Unmittelbarkeitskriterium dort keine hinreichende Stütze. Zwar lässt sich aus der Rechtsprechung des PrOVG der Grundsatz entnehmen, dass die Polizei den Urheber oder Verursacher eines polizeiwidrigen Zustandes zu dessen Beseitigung anhalten kann[435]. Die Entscheidungen, in denen dieser Grundsatz näher ausgeführt wird, zeigen jedoch, dass es weniger um die unmittelbare Ursache als vielmehr um die Ermittlung der „eigentlichen" oder „wesentlichen" Ursache ging[436]. Für die Bestimmung dieser eigentlichen oder wesentlichen Ursache wurde oft eine Bewertung des verursachenden Verhaltens nach Rechtmäßigkeitskriterien vorgenommen[437].

Auch wenn die herrschende Meinung das Unmittelbarkeitskriterium nicht in einem rein zeitlichen Verständnis verwendet, so soll doch regelmäßig der zeitlich letzte Verursachungsbeitrag die Gefahrengrenze überschreiten und damit polizeirechtlich relevant sein[438]. Dies mag in den Fällen zu praktikablen Ergebnissen führen, in denen die Ursache, die die Gefahrengrenze überschreitet, rechtlich missbilligt wird. Dies muss aber nicht stets so sein. Auch die Ausübung rechtlich eingeräumter Befugnisse kann ursächlich für das Entstehen einer Gefahr für die öffentliche Sicherheit und Ordnung sein,

---

[434] Gantner, Verursachung und Zurechnung im Recht der Gefahrenabwehr, S. 34 ff.

[435] PrOVG, Urt. v. 8.10.1895, E 28, 273 (274 f.); Urt. v. 1.10.1898, E 34, 432 (435); Urt. v. 19.11.1903, E 44, 418 (423); Urt. v. 30.3.1905, E 47, 294 f.; Urt. v. 14.5.1925, E 80, 176 (189 f.); Urt. v. 11.3.1926, E 82, 343 (346); Urt. v. 29.9.1927, E 82, 351 (359).

[436] PrOVG, Urt. v. 14.5.1925, E 80, 176 (190): „Vorgehen gegen die wirklichen Urheber der Störung"; Urt. v. 11.3.1926, E 82, 343 (350): „wer durch sein Handeln wesentlich mitbestimmend an der Herbeiführung des Erfolges mitgewirkt hat"; Urt. v. 29.9.1927, E 82, 351 (359): „wirklich nach berechtigten Anschauungen des Lebens als dessen Urheber ansehen"; Urt. v. 2.6.1932, E 89, 238 (240 f.): „als die eigentlich ausschlaggebenden [Gesichtspunkte] für den Eintritt jener Störung", „wesentliche Bedingungen", „eine entscheidende Bedingung für den Eintritt des schädigenden Ereignisses setzen".

[437] PrOVG, Urt. v. 14.5.1925, E 80, 176 (189 f.); Urt. v. 11.3.1926, E 82, 343 (349); Urt. v. 29.9.1927, E 82, 351 (357).

[438] Schoch, JuS 1994, 932; Friauf, in Schmidt-Aßmann, Besonderes Verwaltungsrecht, 11. Aufl. 1999, 2. Abschn. Rn. 76.

die Rechtsordnung erlaubt ausdrücklich bestimmte mit erheblich Risiken behaftete Verhaltensweisen. In diesen Fällen versagt das Unmittelbarkeitskriterium[439]. Oftmals findet sich in den Ausführungen der Anhänger des Unmittelbarkeitskriteriums daher der Satz, dass nicht Störer sein könne, wer ein Recht ausübe[440]. Dieser Satz aber hat, worauf *Herrmann*[441] zutreffend hinweist, mit Unmittelbarkeit bzw. Mittelbarkeit im Sinne eines Ursache-Wirkungs-Zusammenhangs nichts zu tun, dafür aber viel mit durch die Rechtsordnung vorgegebenen Pflichten und Wertungen[442]. Treffend ist insoweit auch die Bemerkung von *Martens*[443], einem Anhänger der Theorie der unmittelbaren Verursachung, dass derjenige, der von einer rechtlichen Befugnis Gebrauch mache, nicht Störer sein könne, da anderenfalls die Rechtsordnung in einen unauflöslichen Wertungswiderspruch geriete. Diese Gefahr vermeidet die Störerbestimmung nach Pflichtwidrigkeit und Risikozuweisungen, indem sie die Zurechnung anhand der in der gesamten Rechtsordnung enthaltenen Wertungen vornimmt.

Die Erfolgsnähe einer Ursache kann also nicht maßgeblich sein. Dafür, die zeitliche Komponente sogar stets außer acht zu lassen, spricht, dass das Abstellen auf den zeitlich letzten Ursachenbeitrag beim Zusammenwirken mehrerer Verursachungsbeiträge zu zufälligen Ergebnissen führt: Ein und dieselbe Handlung kann zur Bejahung oder Verneinung der Verhaltensverantwortlichkeit führen, je nachdem an welcher Stelle der zeitlichen Abfolge der Handlungsbeiträge sie steht. Solche Zufälligkeiten können für eine Erfolgszurechnung nicht entscheidend sein. Anknüpfungspunkt für die Polizeipflichtigkeit muss vielmehr eine Bewertung der einzelnen Handlungsbeiträge sein. Dies erkennt zwar auch die herrschende Meinung an, indem sie auf wertende Kriterien zurückgreift, allerdings ohne dass die Theorie der unmittelbaren Verursachung Wertungskriterien anbietet und offen legt. Der Rückgriff erfolgt eher wahllos und ohne theoretische Fundierung, so dass die Störerbestimmung anhand der Unmittelbarkeitslehre intransparent und einzelfallorientiert bleibt[444]. Dass die bisherige zumeist undifferenziert-pauschale Handhabung des Unmittelbarkeitskriteriums komplexen Problem-

---

[439] So ausdrücklich Martens, in Drews/Wacke/Vogel/Martens, Gefahrenabwehr, S. 316.

[440] Friauf, in Schmidt-Aßmann, Besonderes Verwaltungsrecht, 11. Aufl. 1999, 2. Abschn. Rn. 79; Schoch, JuS 1994, 932 (933); ders., in Schmidt-Aßmann, Besonderes Verwaltungsrecht, 2. Kap. Rn. 130; Martens, in Drews/Wacke/Vogel/Martens, Gefahrenabwehr, S. 316. Ebenso aus der Rechtsprechung etwa OVG Münster, Urt. v. 19.12.1958, E 14, 265 (267 ff.); OVG Hamburg, Urt. v. 27.4.1983, DÖV 1983, 1016 (1017).

[441] Flächensanierung, S. 73.

[442] Ebenso Pietzcker, DVBl. 1984, 457 (464) im Hinblick auf die Entscheidung des OVG Hamburg v. 27.4.1983, DÖV 1983, 1016 (1017).

[443] In Drews/Wacke/Vogel/Martens, Gefahrenabwehr, S. 316.

[444] Zutreffend Brandt, Altlastenrecht, Kap. IV Rn. 46.

lagen, insbesondere in den Altlastenfällen, nicht gerecht wird, erkennen selbst Anhänger der herrschenden Meinung an[445]. So greift das OVG Münster[446] ausdrücklich Gesichtspunkte der Rechtswidrigkeit und Pflichtwidrigkeit zur Sicherstellung einer angemessenen Risikoverteilung auf und führt aus: „Ein solches Korrektiv ist gerade bei der Beurteilung von Altlastenfällen deshalb unerlässlich, weil die Frage der Verursachung i. S. des § 17 I NWOBG im Ansatz unabhängig davon zu beantworten ist, ob das Tun oder Unterlassen subjektiv vorwerfbar und die Gefahr vorhersehbar war. Hieraus eine letztlich konturenlose Gefährdungshaftung für jegliche Folgen gewerblicher Tätigkeit wegen objektiv gefahrenträchtigen Verhaltens zu entwickeln, verfehlt den Zweck der Verhaltensverantwortlichkeit, eine der verfassungsrechtlich verbürgten Verhältnismäßigkeit gerecht werdende Zurechnung gegenwärtiger Gefahren anhand der Risikosphären einerseits des Handelnden und andererseits der Allgemeinheit herbeizuführen." Auf den Verstoß gegen eine Verhaltens- bzw. Rechtspflicht stellen auch das OVG Lüneburg[447] und das VG Düsseldorf[448] maßgeblich ab.

Auch der Hinweis der herrschenden Meinung auf die Praktikabilität der Theorie der unmittelbaren Verursachung[449] und der damit verbundene Einwand, dass eine Störerbestimmung nach Pflichtwidrigkeit und Risikozuweisungen den Interessen des behördlichen Vollzugs und der hierdurch Betroffenen an einfachen, leicht handhabbaren Zurechnungskriterien widersprächen[450], greifen nicht. Zum einen ist *Pietzcker*[451] darin zuzustimmen, dass sich – wenn auch unbewusst – schon heute Verwaltung und Rechtsprechung von den Kriterien der Verkehrspflichten und Risikosphären bei der Störerbestimmung leiten lassen. Zum anderen wäre das Unmittelbarkeitskriterium auch nur dann einfacher und leichter zu handhaben, wenn man es ausschließlich rein zeitlich verstehen und immer auf den letzten Verursachungsbeitrag abstellen würde. In dieser Konsequenz wollen aber selbst die Befürworter das Unmittelbarkeitskriterium nicht verstehen. Vielmehr betont auch die herrschende Meinung die Notwendigkeit einer wertenden Betrachtung, bei der sie sogar Elemente der Rechtswidrigkeit und Pflichtwidrigkeit aufgreift[452]. Diese wertende Betrachtung als Korrektiv einer an der zeitlichen Erfolgsnähe

---

[445] Friauf, in Schmidt-Aßmann, Besonderes Verwaltungsrecht, 11. Aufl. 1999, 2. Abschn. Rn. 77.
[446] Urt. v. 30.5.1996, NVwZ 1997, 507 (508).
[447] Beschl. v. 7.3.1973, NJW 1998, 97 (98).
[448] Urt. v. 6.4.1998, NVwZ 1999, 216 (217).
[449] Götz, Polizei- und Ordnungsrecht, Rn. 198; Schoch, JuS 1994, 932 (933); Wacke, DÖV 1960, 93 (96).
[450] Hilger, in Holzwarth/Radtke/Hilger/Bachmann, BBodSchG § 4 Rn. 62.
[451] DVBl. 1984, 457 (464).
[452] Ausdrücklich und deutlich OVG Münster, Urt. v. 30.5.1996, NVwZ 1997, 507 (508).

orientierten Störerbestimmung würde eine effektive Gefahrenabwehr ebenso behindern. Letztlich ist eine Störerbestimmung nach Pflichtwidrigkeit und Risikozuweisungen sogar eher praktikabler, jedenfalls aber transparenter, indem sie die Wertungskriterien aufzuzeigen und offen zu legen versucht, um Entscheidungsleitlinien über den Einzelfall hinaus zu entwickeln.

Auch der Einwand, die Kriterien einer Störerbestimmung nach Pflichtwidrigkeit und Risikozuweisungen seien derart vage, dass erhebliche Unsicherheiten blieben[453], geht fehl. Denn im Gegensatz zur herrschenden Meinung kann sie immerhin wertende Kriterien zur Bestimmung des Verhaltensverantwortlichen vorlegen und ist damit zur Störerbestimmung nicht auf für die Verwaltung und den in die Verantwortung Genommenen unvorhersehbare Einzelfallerwägungen der Gerichte angewiesen. Dagegen lassen die Anhänger der Unmittelbarkeitslehre offen, inwieweit dem Kriterium der Unmittelbarkeit überhaupt noch eigenständige Bedeutung zukommt und es inzwischen nicht zur bloßen Floskel geworden ist.

C. Spezielle Probleme der Verursachung im Altlastenrecht

Aufbauend auf der Diskussion über die maßgeblichen Zurechnungskriterien im allgemeinen Polizei- und Ordnungsrecht soll im Folgenden auf spezielle Probleme der Verursachung im Altlastenrecht eingegangen werden. Die besondere Problematik der Gefahrzurechnung im Altlastenrecht beruht dabei insbesondere auf dem regelmäßig längeren Zeitraum zwischen der Gefahrverursachung, der Entstehung der Altlast, und der Inanspruchnahme des vermeintlich Pflichtigen. Viele Probleme drehen sich im Kern um die Frage, welcher Zeitpunkt für die Beurteilung der Pflichtigkeit maßgeblich ist: der Zeitpunkt der Inanspruchnahme oder der Zeitpunkt der Verursachung der Altlast?

I. Bestimmung der maßgeblichen Verhaltenspflichten und Risikozuweisungen

Bestimmt man den Verursacher einer Altlast nach dem Kriterium der Pflichtwidrigkeit und anhand von Risikozuweisungen oder zieht diese neben dem Unmittelbarkeitskriterium jedenfalls ergänzend heran[454], so ist noch näher zu untersuchen, welche Verhaltenspflichten und Risikozuweisungen zur Bestimmung des Sanierungspflichtigen nutzbar gemacht werden können.

---

[453] Hilger, in Holzwarth/Radtke/Hilger/Bachmann, BBodSchG § 4 Rn. 62.
[454] So z.B. ausdrücklich OVG Münster, Urt. v. 30.5.1996, NVwZ 1997, 507 (508).

1. Maßgeblicher Zeitpunkt

Für die Frage, ob der Verursacher durch sein Verhalten eine Gefahr verursacht hat und damit zur Sanierung verpflichtet ist, kann es nur auf die zur Zeit der Verursachung maßgebliche Rechts- und Pflichtenlage ankommen[455]. Dies hat das OVG Münster in seinem Urteil vom 30.5.1996 zur Verantwortlichkeit für grundwassergefährdende Altlasten vor Inkrafttreten des Wasserhaushaltsgesetzes von 1960 überzeugend begründet. Das Gericht lehnte das Bestehen einer materiellen Polizeipflicht ab, da die Gefahr nicht unter Verstoß gegen normierte Verhaltens- oder Unterlassungspflichten herbeigeführt worden sei. Zur Feststellung, ob die Gefahrengrenze überschritten sei, sei die Heranziehung von Kriterien wie der Rechtswidrigkeit oder des Pflichtenverstoßes zur Sicherstellung einer angemessenen Risikoverteilung als Korrektiv bei der Beurteilung von Altlastenfällen unerlässlich, weil der Verzicht auf die subjektiven Kriterien der Vorwerfbarkeit und der Vorhersehbarkeit der Gefahrverursachung nicht zu einer konturenlosen Gefährdungshaftung für jegliche Folgen gewerblicher Tätigkeit wegen objektiv gefahrenträchtigen Verhaltens führen dürfe. Ansonsten werde der Zweck der Verhaltensverantwortlichkeit verfehlt, eine der verfassungsrechtlich verbürgten Verhältnismäßigkeit gerecht werdende Zurechnung gegenwärtiger Gefahren anhand der Risikosphären einerseits des Handelnden und andererseits der Allgemeinheit herbeizuführen. Die gebotenen objektivierten Verhaltenskriterien müssten, weil sie rechtliche Wertungen nachvollzögen und eine Richtschnur für das rechtskonforme Tun oder Unterlassen bildeten, der Rechtslage der Vergangenheit und den in ihr niedergelegten Wertungen angepasst sein[456]. Dieses Ergebnis leuchtet auch ein, können die handelnden Personen doch nicht vorhersehen, wie sich die Rechtslage und die sich nach ihr richtenden Verhaltenpflichten zukünftig weiterentwickeln und verändern und später im Zeitpunkt eines behördlichen Einschreitens aussehen werden.

2. Bestimmung der maßgeblichen Verhaltenspflichten und Risikozuweisungen vor Inkrafttreten des Bundes-Bodenschutzgesetzes

Die Verhaltenspflichten des § 4 Abs. 1 und Abs. 2 BBodSchG, die erst seit dem 1.3.1999 gesetzlich normiert sind, können jedenfalls nicht zur Störer-

---

[455] OVG Münster, Urt. v. 30.5.1996, NVwZ 1997, 507 (508); diesem folgend VG Düsseldorf, Urt. v. 6.4.1998, NVwZ 1999, 216 (217); Hilger, in Holzwarth/Radtke/Hilger/Bachmann, BBodSchG, § 4 Rn. 88; Dombert, in Landmann/Rohmer, Umweltrecht, § 4 BBodSchG Rn. 21. Ebenfalls auf die Rechtslage im Zeitpunkt der Verursachung stellt auch das OVG Lüneburg, Beschl. v. 7.1.1997, NJW 1998, 97 (98) ab.
[456] OVG Münster, Urt. v. 30.5.1996, NVwZ 1997, 507 (508); ebenso VG Düsseldorf, Urt. v. 6.4.1998, NVwZ 1999, 216 (217).

bestimmung herangezogen werden, sofern das die Altlast verursachende Verhalten länger zurückliegt.

a) Ausdrückliche öffentlich-rechtliche Verhaltensregelungen

Vor Inkrafttreten des Bundes-Bodenschutzgesetzes gab es kaum bodenschutz- bzw. altlastenbezogene öffentlich-rechtliche Verhaltensnormen oder Risikozuweisungen. Umfassendere Verhaltensvorschriften existierten mit Inkrafttreten des Wasserhaushaltsgesetzes im Jahre 1960 nur zum Schutze des Wassers vor schädlichen Verunreinigungen[457]. Auch wenn das vor dem Wasserhaushaltsgesetz geltende Preußische Wassergesetz vom 7.4.1913 keine entsprechenden Verhaltenspflichten enthielt[458] und damit vor 1960 öffentlich-rechtliche Verhaltensnormen nicht auf ähnlicher Ebene und nicht flächendeckend bestanden, so gab es dennoch einige. In einem vom OVG Lüneburg[459] entschiedenen Fall ergab sich eine Pflicht, Kontaminationen des Grundwassers durch Mineralöle und demgemäß auch zu solchen Kontaminationen führende Verunreinigungen des Bodens zu vermeiden, aus den Bestimmungen der Polizeiverordnung für den Regierungsbezirk Hannover über den Verkehr mit brennbaren Flüssigkeiten vom 16.12.1930[460]. Als weiteres Beispiel kann auf ein Urteil des RG[461] aus dem Jahre 1891 verwiesen werden, das sich zwar mit zivilrechtlichen Schadensersatzansprüchen einer Grundstückseigentümerin wegen der Verunreinigung eines Brunnens infolge der Ablagerungen von Abfällen beschäftigt, aber auf die vom preußischen Handelsministerium erlassene Technische Anleitung vom 14.4.1875[462] Bezug nimmt, die auf die Notwendigkeit besonderer Vorsichtsmaßnahmen bei der Abfallbeseitigung hinweist.

Die Behauptung, öffentlich-rechtliche Verhaltensnormen hätten insbesondere vor 1960 nicht bestanden, trifft so pauschal also nicht zu. Es muss vielmehr in jedem Einzelfall untersucht werden, ob eine einschlägige öffentlich-rechtliche Verhaltensnorm vorhanden ist und sich die Verhaltensverantwortlichkeit nicht schon unproblematisch aus einem Verstoß gegen diese ergibt.

---

[457] Etwa §§ 26 Abs. 2, 32b, 34 Abs. 2 WHG.
[458] Vgl. zum PrWG OVG Münster, Urt. v. 30.5.1996, NVwZ 1997, 507 (508 f.).
[459] Beschl. v. 7.1.1997, NJW 1998, 97 ff.
[460] RegABl. 1931, S. 4.
[461] Archiv für das Civil- und Criminal-Recht der Königl. Preuß. Rheinprovinz, Bd. 83 Abt. 2 (1892), 3 ff.
[462] Preuß. Ministerialblatt für die innere Verwaltung, 1875, S. 105.

118

b) Verstoß gegen die allgemeine Nichtstörungspflicht

Ein Verstoß gegen die von den polizei- und ordnungsrechtlichen Generalklauseln statuierte allgemeine Nichtstörungspflicht reicht zur Begründung der
Verhaltensverantwortlichkeit jedenfalls nicht aus. Den polizei- und ordnungsrechtlichen Generalklauseln lässt sich alleine kein Rechtswidrigkeitsurteil
entnehmen. Bereits oben wurde ausgeführt, dass ein Abstellen auf die allgemeine Nichtstörungspflicht zirkelschlüssig wäre, da sich so jeder Beitrag
zur Herbeiführung einer Gefahr stets als ein rechtswidriges und damit die
Verhaltensverantwortlichkeit begründendes Verhalten darstellen würde. Es
geht aber gerade um die Frage, nach welchen Kriterien die Herbeiführung der
Gefahr dem Handelnden zurechenbar ist.

c) Verstoß gegen zivilrechtliche Pflichten und Heranziehung von Risiko-zuweisungen

Ist nicht gegen öffentlich-rechtliche Ge- oder Verbotsnormen verstoßen
worden, stellt sich die Frage, nach welchen Kriterien die Frage der Verursachung zu beantworten ist. Dass der in der Literatur vielfach vorgeschlagene
Weg, auf der Grundlage einer Störerbestimmung nach Pflichtwidrigkeit und
Risikozuweisungen und der damit verbundenen Heranziehung der gesamten
Rechtsordnung auch zivilrechtliche Verhaltenspflichten und Risikozuweisungen zur Bestimmung des Sanierungspflichtigen fruchtbar zu machen, der
dogmatisch bessere ist, wurde bereits aufgezeigt.

Es wurde aber noch nicht untersucht, ob die zivilrechtlichen Verkehrssicherungspflichten und die Gefährdungshaftung nach § 22 Abs. 2 WHG tatsächlich als Kriterium zur Bestimmung des Verantwortlichen herangezogen
werden können. Ein Abstellen auf zivilrechtliche Verhaltenspflichten und
Risikozuweisungen erscheint nämlich nicht unproblematisch, da sie den
Lasten- bzw. Schadensausgleich zwischen Privatrechtssubjekten regeln und
nicht ohne Weiteres auf das polizeirechtliche Über- und Unterordnungsver-
hältnis zwischen Staat und Bürger übertragen werden können. So lehnt insbesondere *Papier* den Rückgriff auf die zivilrechtlichen Verkehrssicherungspflichten und die Gefährdungshaftung nach § 22 Abs. 2 WHG mit dem
grundsätzlichen Argument ab, dass aus privatrechtlichen Schadensersatz-
normen, die im Falle der Verkehrssicherungspflichten zudem ein Verschulden voraussetzten, nicht unvermittelt öffentlich-rechtliche Eingriffsbefugnisse werden könnten[463]. Dieser Einwand ist aber schon deshalb nicht
gerechtfertigt, weil die zivilrechtlichen Verhaltenspflichten und Risikozuweisungen nur als Wertungselemente zur Bestimmung der Verhaltensverant-

---

[463] Papier, NVwZ 1986, 256 (260).

wortlichkeit herangezogen werden und nicht etwa Eingriffsbefugnisse von Behörden begründen sollen. Das können sie unzweifelhaft nicht. Selbst in der verwaltungsgerichtlichen Rechtsprechung ist anerkannt, dass zur Beurteilung der Verantwortlichkeit die Maßstäbe der gesamten Rechtsordnung heranzuziehen sind[464]. Teilweise wird sogar ausdrücklich das Zivilrecht zur Störerbestimmung herangezogen[465].

Fraglich ist aber, welche Zivilrechtsnormen als Wertungselemente inhaltlich zur Bestimmung des polizeirechtlich relevanten Pflichtenkreises genutzt werden können. Zu Recht wird darauf hingewiesen, dass nicht jede zivilrechtliche Rechtspflicht eine polizeirechtlich relevante Pflicht sei. Entscheidend sein solle vielmehr, ob sich den Regelungen für die gesamte Rechtsordnung gültige Aussagen über die Folgenverantwortlichkeit entnehmen ließen[466]. Dies sei anzunehmen, wenn die einzelnen Pflichten und Risikozuweisungen auch dem Schutz der öffentlichen Sicherheit und Ordnung dienten[467]. Maßgeblich für eine Übernahme ins Polizeirecht sei also der spezifische Gemeinwohlbezug[468].

Dieser wird sowohl für die zivilrechtlichen Verkehrspflichten wie auch § 22 Abs. 2 WHG zu Recht bejaht[469].

Die Verkehrspflichten, die sich vereinfacht auf den Gedanken zurückführen lassen, dass jeder, der eine Gefahrenquelle schafft, die notwendigen Vorkehrungen zum Schutze Dritter zu treffen hat[470], sollen gerade der Abwehr von Gefahren dienen, die jedermann treffen können. Sie bestehen nicht nur gegenüber bestimmten Personen, sondern gegenüber jedermann, der mit dem gefährlichen Verhalten oder dessen Ergebnis, etwa einem bestimmten Produkt, in Kontakt kommen kann. Insoweit kommen Verkehrspflichten öffentlich-rechtlichen Pflichten, die gegenüber der Allgemeinheit bestehen, gleich[471]. Da die Verkehrspflichten Verhaltensanforderungen in einem Be-

---

[464] St. Rspr. des VGH Mannheim: Urt. vom 7.12.1981, VBlBW 1982, 371 (372); Beschl. vom 11.10.1985, VBlBW 1986, 343; Urt. v. 28.8.1986, NVwZ 1987, 237 (238).
[465] VGH Mannheim, Beschl. vom 11.10.1985, VBlBW 1986, 343.
[466] So zutreffend Schink, GewArch 1996, 50 (55).
[467] Kloepfer, NuR 1987, 7 (11); Koch, Bodensanierung, S. 16; Schink, GewArch 1996, 50 (55); Herrmann, Flächensanierung, S. 79.
[468] Kloepfer, NuR 1987, 7 (11), Herrmann, DÖV 1987, 666 (671); ders. Flächensanierung, S. 78 f.; Schink, GewArch 1996, 50 (55).
[469] Herrmann, DÖV 1987, 666 (671 f.) Kloepfer, NuR 1987, 7 (11); Koch, Bodensanierung, S. 16 ff.; Schink, GewArch 1996, 50 (55).
[470] Palandt/Thomas, BGB, § 823 Rn. 58. Siehe ausführlich zu den zivilrechtlichen Verkehrs(sicherungs)pflichten Spindler, in Bamberger/Roth, BGB, § 823 Rn. 225 ff. sowie grundlegend v. Bar, Verkehrspflichten.
[471] Herrmann, Flächensanierung, S. 79.

reich normieren, in dem Schäden noch nicht entstanden sind, ist auch ihre Schutzrichtung mit der des Polizeirechts vergleichbar. Zu Recht hat *v. Bar*[472] die Verkehrspflichten aus zivilrechtlicher Sichtweise auch als „Polizeigesetze des Privatrechts" bezeichnet.

Auch § 22 Abs. 2 WHG, der nach allgemeiner Ansicht eine Gefährdungshaftung – wenngleich eine zivilrechtliche – und damit eine Risikozuweisung enthält, dient dem Schutz der öffentlichen Sicherheit und Ordnung, da die Vorschrift gerade auch wegen der Bedeutung der Reinhaltung des Wassers für die Allgemeinheit eingeführt worden ist[473].

Sowohl die zivilrechtlichen Verkehrssicherungspflichten wie auch die Gefährdungshaftung nach § 22 Abs. 2 WHG können daher – soweit erforderlich – als Wertungselemente zur Bestimmung des sanierungspflichtigen Verursachers herangezogen werden.

3. Bestimmung der maßgeblichen Verhaltenspflichten und Risikozuweisungen nach Inkrafttreten des Bundes-Bodenschutzgesetzes

Zumindest formalgesetzlich stellt sich die Situation nach Inkrafttreten des Bundes-Bodenschutzgesetzes unproblematisch dar. Es enthält mit der allgemeinen Vermeidungspflicht des § 4 Abs. 1 BBodSchG, der grundstücksbezogenen Abwehrpflicht des § 4 Abs. 2 BBodSchG, der Sanierungspflicht des § 4 Abs. 3 S. 1 BBodSchG sowie der Vorsorgepflicht des § 7 BBodSchG bodenbezogene öffentlich-rechtliche Verhaltensnormen. Damit – so scheint es zumindest – bestehen nunmehr öffentlich-rechtliche Verhaltensnormen, nach denen sich die Zurechnungsproblematik der Verursachung beurteilen lässt, ohne auf andere in ihrer Anwendbarkeit umstrittene Wertungen der Rechtsordnung zurückgreifen zu müssen.

Dabei ist zunächst zu differenzieren: Die Frage, ob die Nichtbefolgung der grundstücksbezogenen Verpflichtung des § 4 Abs. 2 BBodSchG oder der Sanierungspflicht des § 4 Abs. 3 S. 1 BBodSchG eine Verhaltensverantwortlichkeit begründet, betrifft nur (potentiell) Zustandsverantwortliche. Dies folgt hinsichtlich der Pflicht des § 4 Abs. 2 BBodSchG daraus, dass diese sich ausschließlich an den Grundstückseigentümer bzw. Inhaber der tatsächlichen Gewalt richtet. Auch hinsichtlich der Sanierungspflicht des § 4 Abs. 3 S. 1 BBodSchG ist diese Frage nur für Zustandsverantwortliche relevant, da nur bei ihnen neben der schon bestehenden Verantwortlichkeit noch eine

---

[472] Verkehrspflichten, S. 201.
[473] Ausführlich zur Fruchtbarmachung von § 22 Abs. 2 WHG zur Störerbestimmung siehe Koch, Bodensanierung, S. 20 f. sowie Herrmann, Flächensanierung, S. 80 ff., 102 f.

Verhaltensverantwortlichkeit wegen der Nichtbeachtung der Sanierungspflicht hinzutreten kann. Auf die Problematik, inwieweit der Grundstückseigentümer bzw. Inhaber der tatsächlichen Gewalt durch das Unterlassen von Abwehr- bzw. Sanierungsmaßnahmen Verhaltensverantwortliche werden, ist gesondert einzugehen[474].

An dieser Stelle geht es also nur um die Frage, ob der Zurechnungsmaßstab zur Bestimmung der Verhaltensverantwortlichkeit nunmehr vor allem der allgemeinen Vermeidungspflicht des § 4 Abs. 1 BBodSchG entnommen werden kann. Begründet der Verstoß gegen die Pflicht des § 4 Abs. 1 BBodSchG, wenn dieser zu einer schädlichen Bodenveränderung oder Altlast führt, automatisch die Verhaltensverantwortlichkeit und damit eine Sanierungspflicht?

Nach § 4 Abs. 1 BBodSchG hat jeder, der auf den Boden einwirkt, sich so zu verhalten, dass schädliche Bodenveränderungen nicht hervorgerufen werden. Diese sehr weitgehende und etwas konturenlos wirkende Formulierung hat in der Literatur die Streitfrage aufgeworfen, ob der so genannten Jedermannspflicht des § 4 Abs. 1 BBodSchG nur Appellcharakter zukommt[475] oder ob es sich um eine unmittelbar geltende und mit einer Anordnung nach § 10 Abs. 1 S. 1 BBodSchG durchsetzbare Rechtspflicht handelt[476]. Diejenigen, nach deren Ansicht die Grundpflicht des § 4 Abs. 1 BBodSchG nur Appellcharakter habe, berufen sich auf den weiten Wortlaut der Vorschrift und die damit verbundene Unbestimmtheit der Pflicht sowie darauf, dass ein Verstoß nicht als Ordnungswidrigkeit geahndet werden könne, da § 26 Abs. 1 Nr. 2 BBodSchG nur den Verstoß gegen die Sanierungspflicht des § 4 Abs. 3, Abs. 5 und Abs. 6 BBodSchG als Bußgeldtatbestand ausgestaltet habe. Die Gegenansicht weist dagegen darauf hin, dass aus der straf- bzw. ordnungswidrigkeitenrechtlichen Sanktionslosigkeit nicht auf die verwaltungsrechtliche Folgenlosigkeit eines Verstoßes geschlossen werden könne. Insbesondere aber kann sie sich auf die Gesetzesbegründung berufen, wonach

---

[474] Siehe Kapitel 4 § 14 C. II. (S. 125 ff.), insbesondere unter Ziff. 2.(S. 127 f.).

[475] So Vierhaus, NJW 1998, 1262 (1264), der von „soft law" spricht; Schink, DÖV 1999, 797 (799); Versteyl, in Versteyl/Sondermann, BBodSchG, § 4 Rn. 7; Oerder, in Oerder/Numberger/Schönfeld, BBodSchG, § 4 Rn. 6; Kohls, Nachwirkende Zustandsverantwortlichkeit, S. 83 mit Fn. 264.

[476] So dagegen Dombert, in Landmann/Rohmer, Umweltrecht, § 4 BBodSchG Rn. 5; Giesberts, in Fluck, Kreislaufwirtschafts-, Abfall- und Bodenschutzrecht, § 4 BBodSchG Rn. 101; Schoeneck, in Sanden/ Schoeneck, BBodSchG, § 4 Rn. 10; Wüterich, in Landel/Vogg/Wüterich, BBodSchG, § 4 Rn. 32; Hilger, in Holzwarth/ Radtke/Hilger/Bachmann, BBodSchG, § 4 Rn. 46; Frenz, BBodSchG, § 4 Abs. 1 Rn. 110.

alle Pflichten des § 4 BBodSchG unmittelbar gelten und ggf. der Konkretisierung durch Anordnungen der zuständigen Behörde bedürfen[477].

Dieser Problematik braucht hier jedoch nicht weiter nachgegangen werden. Es geht nämlich nicht darum, ob die Behörde bei einem Verstoß gegen die Pflicht des § 4 Abs. 1 BBodSchG Maßnahmen treffen kann, um den Betroffenen zur Einhaltung der Grundpflicht anzuhalten und die Hervorrufung schädlicher Bodenveränderungen und Altlasten zu verhindern. Davon ist die oben aufgeworfene Frage, ob der Verstoß gegen die Pflicht des § 4 Abs. 1 BBodSchG, wenn dieser zu einer schädlichen Bodenveränderung oder Altlast führt, automatisch die Verhaltensverantwortlichkeit und damit eine Sanierungspflicht begründet, zu trennen[478]. Teilweise wird diese Frage bejaht[479]. Dagegen lässt sich in systematischer Hinsicht aber insbesondere anführen, dass die vor allem in § 4 Abs. 3 S. 1 BBodSchG geregelte Sanierungspflicht gerade nicht auf einen Verstoß gegen die Grundpflicht des § 4 Abs. 1 BBodSchG abstellt, sondern auf den polizeirechtlich geprägten Begriff der Verursachung[480].

Letztlich braucht auch diese Frage nicht abschließend geklärt zu werden, da ein Rückgriff auf den Verstoß gegen die Pflicht des § 4 Abs. 1 BBodSchG zur Begründung der Verhaltensverantwortlichkeit schon aus einem anderen Grunde keinen praktischen Gewinn bringt: Nach § 4 Abs. 1 BBodSchG dürfen schädliche Bodenveränderungen nicht hervorgerufen werden. Auch wenn der Gesetzgeber nicht den Begriff der Verursachung verwendet hat, im Ergebnis geht es darum, dass keine schädlichen Bodenveränderungen verursacht werden. Dies zeigt auch ein Blick in die Gesetzesbegründung, in der es heißt, dass der Maßstab „nicht hervorgerufen werden" verlange, „daß der Verpflichtete die schädliche Bodenveränderung zumindest mitverursachen könnte"[481]. Dementsprechend wird in der Literatur zu Recht ausgeführt, dass die Vorschrift an den Verursacherbegriff anknüpfe[482] und ein Verstoß nur bei einem relevanten Verursachungsbeitrag angenommen werden könne[483]. Die Grundpflicht des § 4 Abs. 1 BBodSchG verlangt von ihren Adressaten („Jeder") eine Verhaltensweise, die unter Zugrundelegung der polizeirecht-

---

[477] BT-Drucks. 13/6701, S. 34.
[478] So auch Frenz, BBodSchG, § 4 Abs. 1 Rn. 110 einerseits und Rn. 112 andererseits.
[479] Frenz, BBodSchG, § 4 Abs. 1 Rn. 112; Sparwasser/Engel/Voßkuhle, Umweltrecht, § 9 Rn. 190.
[480] Ähnlich auch Oerder, in Oerder/Numberger/Schönfeld, BBodSchG, § 4 Rn. 6.
[481] BT-Drucks. 13/6701, S. 34.
[482] Frenz, BBodSchG, § 4 Abs. 1 Rn. 8 ff.
[483] Hilger, in Holzwarth/Radtke/Hilger/Bachmann, BBodSchG, § 4 Rn. 47 ff., der zu der Bestimmung des relevanten Verursachungsbeitrages ausdrücklich die Grundsätze zum allgemeinen Polizei- und Ordnungsrecht – sprich die Verursachungstheorien – heranziehen will.

lichen Verursachungstheorien nicht zum Entstehen von schädlichen Bodenveränderungen führen wird[484].

Die Verhaltensverantwortlichkeit aus einem Verstoß gegen die öffentlich-
rechtliche Verhaltenspflicht des § 4 Abs. 1 BBodSchG herzuleiten, würde nur
zu einer Problemverlagerung führen, da sich die gleiche Zurechnungsproblematik bei der Frage stellen würde, ob ein relevanter Verursachungsbeitrag geleistet und somit gegen die Pflicht des § 4 Abs. 1 BBodSchG verstoßen würde[485]. Damit ist nichts gewonnen. Die Jedermannspflicht des § 4
Abs. 1 BBodSchG, die durchaus als bodenspezifische Nichtstörungspflicht
bezeichnet werden kann, krankt letztlich wie die – sofern man sie denn
anerkennt – allgemeine polizeiliche Nichtstörungspflicht daran, dass sich ihr
keinerlei Wertungskriterien entnehmen lassen, anhand derer über die Zurechnung eines Verursachungsbeitrages entschieden werden kann.

Abschließend lässt sich Folgendes festhalten: Es mögen gute Gründe dafür
sprechen, in der Grundpflicht des § 4 Abs. 1 BBodSchG eine gesetzesunmittelbare und auch durchsetzbare Pflicht zu sehen, um schädliche Bodenveränderungen zu vermeiden. Dass es sich um eine öffentlich-rechtliche Ver-
haltensvorschrift handelt, mag auch dafür sprechen, dass ein Verstoß gegen
sie eine Verhaltensverantwortlichkeit und damit eine Sanierungspflicht nach
§ 4 Abs. 3 S. 1 BBodSchG begründet. Gleichwohl spricht die Regelungs-
systematik des § 4 BBodSchG eher dagegen. Entscheidend aber ist, dass das
Abstellen auf einen Verstoß gegen § 4 Abs. 1 BBodSchG zur Begründung
der Verhaltensverantwortlichkeit die vor dem Inkrafttreten des Bundes-
Bodenschutzgesetzes bestehende Problematik, auf welche Zurechnungskriterien abzustellen ist, nur in einen anderen Prüfungspunkt verlagert. Inhaltlich
bleibt es dabei, dass zur Bestimmung des Verursachers auch weiterhin auf die
Verhaltenspflichten und Risikozuweisungen abgestellt werden muss, die
bereits vor dem Inkrafttreten des Bundes-Bodenschutzgesetzes maßgeblich
waren.

---

[484] Giesberts, in Fluck, Kreislaufwirtschafts-, Abfall- und Bodenschutzrecht, § 4
BBodSchG Rn. 114.

[485] Dies zeigt sich etwa an den Kommentierungen von Frenz, BBodSchG, § 4 Abs. 1 Rn.
12 ff. und Hilger, in Holzwarth/Radtke/Hilger/Bachmann, BBodSchG, § 4 Rn. 48 ff.,
die den Streit um die im allgemeinen Polizei- und Ordnungsrecht maßgebliche Ver-
ursachungstheorie nicht im Zusammenhang mit der Verantwortlichkeit nach § 4 Abs. 3
S. 1 BBodSchG, sondern im Rahmen der Kommentierung von § 4 Abs. 3 S. 1
BBodSchG darstellen.

II. Grundstückseigentümer als Verhaltensverantwortlicher

Die Verhaltensverantwortlichkeit kann nicht nur durch aktives Tun, sondern nach allgemeiner Ansicht auch durch Unterlassen begründet werden, wenn eine Rechtspflicht zum Handeln besteht[486]. In diesem Zusammenhang stellt sich die Frage, ob ein Zustandsverantwortlicher dadurch auch zum Verhaltensverantwortlichen wird, indem er es unterlässt, einen polizei- und ordnungswidrigen Zustand zu beseitigen, es also etwa unterlässt, eine schädliche Bodenveränderung auf seinem Grundstück zu sanieren oder – zeitlich vorgeschaltet – eine von seinem Grundstück ausgehende drohende schädliche Bodenveränderung abzuwehren.

Diese Frage wird in den Fällen relevant, in denen der eigentliche Verursacher nicht greifbar oder nicht leistungsfähig ist, der bisherige Eigentümer wegen eines Eigentumswechsels nicht mehr als Zustandsverantwortlicher in Anspruch genommen werden kann und die Heranziehung des derzeitigen Eigentümers etwa an dessen Leistungsschwäche scheitert. Zwar hat sich die Bedeutung der Problematik mit der Einführung der Sanierungsverantwortlichkeit des ehemaligen Eigentümers gemäß § 4 Abs. 6 BBodSchG entspannt, da dieser auch nach dem Eigentumswechsel unter den in der Vorschrift genannten Voraussetzungen Zustandsverantwortlicher bleibt. § 4 Abs. 6 BBodSchG ist aber nach seinem eindeutigen Wortlaut auf vor dem 1.3.1999 erfolgte Eigentumswechsel nicht anwendbar, so dass die Problematik zumindest für zuvor erfolgte Eigentumswechsel relevant bleibt. Bedeutung kommt der Frage aber insbesondere auch deshalb zu, da nach der wegweisenden Entscheidung des BVerfG[487] zur Beschränkung der Zustandshaftung in Altlastenfällen die Zustandshaftung in bestimmten Fällen begrenzt sein kann, während die Verhaltensverantwortlichkeit weiterhin der Höhe nach unbegrenzt besteht.

Als Anknüpfungspunkt einer Verhaltensverantwortlichkeit des Grundstückseigentümers können das bloße Unterlassen von Sanierungsmaßnahmen, das Unterlassen von nach § 4 Abs. 2 BBodSchG gebotenen Abwehrmaßnahmen sowie – in der Form aktiven Tuns – die Veräußerung, Dereliktion oder die Überlassung des Grundstücks an Dritte in Frage kommen.

---

[486] OVG Münster, Urt. v. 22.1.1969, DVBl. 1969, 594 (595); Urt. v. 24.3.1971, DVBl. 1971, 828 (829); Beschl. v. 9.2.1979, DVBl. 1979, 735; Beschl. v. 05.02.1988, NVwZ-RR 1988, 20; VGH Mannheim, Urt. v. 19.1.1996, VBlBW 1996, 302 (303); Urt. v. 18.9.2001, ZUR 2002, 227 (228); Pieroth/Schlink/Kniesel, Polizei- und Ordnungsrecht, § 9 Rn. 6; Martens, in Drews/Wacke/Vogel/Martens, Gefahrenabwehr, S. 307.

[487] Beschl. v 16.2.2000, E 102, 1 ff.

1. Unterlassen von Sanierungsmaßnahmen

Bereits einige Male hat die Rechtsprechung festgestellt, dass der Eigentümer eines Grundstücks auch ohne ausdrückliche gesetzliche Anordnung verpflichtet sei, sein Grundstück in einem ordnungsgemäßen Zustand zu halten, und entschieden, dass das Unterlassen an sich gebotener Maßnahmen neben der Zustandsverantwortlichkeit auch eine Verhaltenverantwortlichkeit begründet[488].

Dem wird jedoch in der Literatur[489] und aus der Rechtsprechung vom VGH Mannheim[490] zu Recht entgegengehalten, dass die Annahme, der Eigentümer eines Grundstücks sei nicht nur Zustandsstörer, sondern zugleich auch Verhaltensstörer, sobald er seiner noch nicht konkretisierten materiellen Polizeipflicht nicht nachkomme, die Zustandshaftung zu einer Verhaltenshaftung aufstocken und damit die Abgrenzung von Verursacher- und Zustandsverantwortlichkeit weitgehend aufheben würde.

Neben diesem systematischen Argument äußert der VGH Mannheim auch Zweifel, ob die bloße Unterlassung der Sanierung einer Altlast dem gefahrauslösenden positiven Tun des Altlastenverursachers dergestalt gleichgestellt werden könne, dass beide Verhaltensweisen gleichermaßen eine Verhaltensverantwortlichkeit begründeten. Schließlich sieht das Gericht erhebliche Konkretisierungsprobleme, da im Gegensatz zu besonderen gesetzlichen Handlungsgeboten nicht ohne schwierige Wertungen entschieden werden könne, ab welchem Zeitpunkt der Eigentümer eines Altlastengrundstücks seine Sanierungspflicht verletze und damit Verhaltensverantwortlicher werde[491].

Inzwischen hat sich die Rechtslage dahingehend verändert, dass nunmehr § 4 Abs. 3 S. 1 BBodSchG ausdrücklich eine materielle Sanierungspflicht des Zustandsverantwortlichen normiert. Die Argumentation des VGH Mannheim, es fehle an einer konkreten Pflicht des Eigentümers, kann daher zukünftig nicht mehr greifen. Gleichwohl ist der Entscheidung im Ergebnis auch unter der Geltung des Bundes-Bodenschutzgesetzes zuzustimmen. Neben den zutreffenden grundlegenden dogmatischen und systematischen Einwänden ist dem VGH Mannheim darin zuzustimmen, dass das gefahrauslösende positive

---

[488] OVG Münster, Urt. v. 24.3.1971, DVBl. 1971, 828 (829); VGH München, Beschl. v. 26.9.1995, BayVBl. 1996, 437 (438); Beschl. v. 4.3.1997, BayVBl. 1997, 502 f.; dagegen aber VGH Mannheim, Beschl. v. 4.8.1995, NVwZ 1996, 1036 (1037).

[489] V. Mutius, Jura 1983, 298 (302); Schoch, JuS 1994, 849 (853); Griesbeck, Materielle Polizeipflicht des Zustandsstörers, S. 88; Kohls, Nachwirkende Zustandsverantwortlichkeit, S. 82 f.

[490] Beschl. v. 4.8.1995, NVwZ 1996, 1036 (1037).

[491] VGH Mannheim, Beschl. v. 4.8.1995, NVwZ 1996, 1036 (1037).

Tun des Altlastenverursachers und die Unterlassung der Sanierung durch den Grundstückseigentümer von derart unterschiedlicher Wertigkeit sind, dass das Unterlassen der Sanierung nicht als maßgeblicher Verursachungsbeitrag angesehen werden kann. Insoweit ist zu bedenken, dass – wie oben bereits ausgeführt – der Begriff der Verursachung das Ergebnis einer rechtlichen Wertung ist[492]. Auch der Gesetzgeber scheint davon ausgegangen zu sein, dass die Nichterfüllung der materiellen Sanierungspflicht den Eigentümer nicht zum Verhaltensverantwortlichen macht. Denn die Nachhaftung des früheren Eigentümers nach § 4 Abs. 6 BBodSchG wäre überflüssig, weil jeder Eigentümer eines kontaminierten Grundstücks, der sein Grundstück unsaniert überträgt, ansonsten ohnehin als Verhaltensverantwortlicher nach § 4 Abs. 3 S. 1 BBodSchG verantwortlich bliebe.

Das Inkrafttreten des Bundes-Bodenschutzgesetzes und die mit ihm eingeführte materielle Sanierungspflicht des § 4 Abs. 3 BBodSchG führt also nicht dazu, dass der Eigentümer eines Grundstücks durch das bloße Unterlassen von Sanierungsmaßnahmen zum Verhaltensverantwortlichen wird[493].

2. Unterlassen von Abwehrmaßnahmen bei drohenden schädlichen Bodenveränderungen (Verstoß gegen die Abwehrpflicht des § 4 Abs. 2 BBodSchG)

Für den Zeitraum, für den eine Pflicht zur Abwehr schädlicher Bodenveränderungen nur aus der materiellen Polizeipflicht hergeleitet werden könnte, gilt das gerade zum Unterlassen von Sanierungsmaßnahmen Dargelegte. Der materiellen Polizeipflicht kann nicht nur keine Sanierungspflicht, sondern

---

[492] So auch Kohls, Nachwirkende Zustandsverantwortlichkeit, S. 84 f. Er stellt dann aber entscheidend darauf ab, dass als Verursacher einer schädlichen Bodenveränderung oder Altlast nach dem gesetzgeberischen Willen nur angesehen werden könne, wer zu ihrem Entstehen aktiv beigetragen habe. Dies solle sich aus dem engen systematischen Zusammenhang zwischen der in § 4 Abs. 3 S. 1 BBodSchG geregelten Verursacherverantwortlichkeit und der so genannten Jedermannspflicht des § 4 Abs. 1 BBodSchG ergeben. Letztere fordere ein Einwirken auf den Boden und lasse gerade keine Passivität genügen. Dies ist für die Pflicht des § 4 Abs. 1 BBodSchG sicherlich richtig und allgemein anerkannt (z.B. Frenz, BBodSchG, § 4 Abs. 1 Rn. 44; Giesberts, in Fluck, Kreislaufwirtschafts-, Abfall- und Bodenschutzrecht, § 4 BBodSchG Rn. 107; Bickel, BBodSchG, § 4 Rn. 4). Ob sich daraus aber schließen lässt, dass auch eine Verursachung im Sinne des § 4 Abs. 3 S. 1 BBodSchG ein aktives Tun erfordere, erscheint zweifelhaft.

[493] Im Ergebnis ebenso – wenngleich mit teilweise abweichender Begründung (vgl. Fn. 492) – Kohls, Nachwirkende Zustandsverantwortlichkeit, S. 84 f.; Fluck/Kirsch, UPR 2001, 253 (256); wohl auch Giesberts, in Fluck, Kreislaufwirtschafts-, Abfall- und Bodenschutzrecht, § 4 BBodSchG Rn. 178, da dort die materielle Sanierungspflicht als nahe liegende Rechtspflicht nicht genannt ist.

auch keine konkrete Rechtspflicht zur Abwehr der drohenden Beeinträchtigung in der Form, dass ein Unterlassen der Abwehr eine Verhaltensverantwortlichkeit des Grundstückseigentümers begründet, entnommen werden.

Seit dem Inkrafttreten des Bundes-Bodenschutzgesetzes enthält aber § 4 Abs. 2 BBodSchG eine „Rechtspflicht zum Bodenschutz"[494] für den Grundstückseigentümer. Diese Pflicht greift zum einen ein, wenn noch keine schädliche Bodenveränderung eingetreten ist, eine solche jedoch droht; zum anderen aber auch, wenn eine schädliche Bodenveränderung oder Altlast bereits gegeben ist, aber weitere schädliche Bodenveränderungen im Sinne einer Ausbreitung der schon bestehenden drohen. Zukünftig wird daher der Grundstückseigentümer, der die ihm nach § 4 Abs. 2 BBodSchG obliegende Abwehrpflicht verletzt, nicht nur als Zustandsverantwortlicher, sondern auch als Verhaltensverantwortlicher zur Sanierung verpflichtet sein, wenn es zu einer schädlichen Bodenveränderung kommt[495]. Voraussetzung ist freilich, dass die im Einzelnen zum Teil streitigen geschriebenen und ungeschriebenen Voraussetzungen des § 4 Abs. 2 BBodSchG gegeben sind[496].

Insoweit besteht auch kein wesentlicher Überschneidungsbereich mit der Regelung des § 4 Abs. 6 BBodSchG, wodurch die Bedeutung der Nachhaftung des früheren Eigentümers gemindert oder gar überflüssig werden könnte, da § 4 Abs. 6 BBodSchG hauptsächlich die Fälle erfasst, in denen die schädliche Bodenveränderung beim Erwerb des Grundstücks bereits vorhanden war. Dann trifft den Erwerbenden aber nicht mehr die Abwehrpflicht des § 4 Abs. 2 BBodSchG, sondern bereits die Sanierungspflicht des § 4 Abs. 3 S. 1 BBodSchG.

3. Veräußerung oder Überlassung des Grundstücks an Dritte

Dass in der Veräußerung eines belasteten Grundstücks kein die Verhaltensverantwortlichkeit begründendes Verhalten gesehen werden kann, dürfte evident sein. Die Veräußerung wirkt weder gefahrbegründend noch gefahrerhöhend, sondern führt allenfalls dazu, dass neben den ursprünglichen Ver-

---

[494] So die plakative Formulierung von Giesberts, in Fluck, Kreislaufwirtschafts-, Abfall- und Bodenschutzrecht, § 4 BBodSchG Rn. 178.

[495] Ebenso Oerder, in Oerder/Numberger/Schönfeld, BBodSchG, § 4 Rn. 13; Sparwasser/Engel/Voßkuhle, Umweltrecht, § 9 Rn. 190; Giesberts, in Fluck, Kreislaufwirtschafts-, Abfall- und Bodenschutzrecht, § 4 BBodSchG Rn. 178; Fluck/Kirsch, UPR 2001, 253 (256). A.A. wohl Kohls, Nachwirkende Zustandsverantwortlichkeit, S. 84 f.

[496] Wann eine Abwehrpflicht nach § 4 Abs. 2 BBodSchG besteht, ist im Einzelnen sehr streitig, vgl. etwa Frenz, BBodSchG, § 4 Abs. 2 Rn. 1 ff; Giesberts, in Fluck, Kreislaufwirtschafts-, Abfall- und Bodenschutzrecht, § 4 BBodSchG Rn. 120 ff.; Versteyl, in Versteyl/Sondermann, BBodSchG, § 4 Rn. 18 ff.

ursacher der Altlast ein weniger leistungsfähiger neuer Grundstückseigentümer und damit neuer Zustandsverantwortlicher tritt[497].

Problematischer ist die Frage, ob auch die Überlassung des Grundstücks an Dritte zur Verhaltensverantwortlichkeit des Eigentümers führen kann, wenn es zu schädlichen Bodenveränderungen kommt. Dies ist allerdings nur in Fällen relevant, in denen die schädliche Bodenveränderung vor dem Inkrafttreten des Bundes-Bodenschutzgesetzes eintrat, da ansonsten die Abwehrpflicht nach § 4 Abs. 2 Bundes-Bodenschutzgesetz eingreift und die Nichtbefolgung dieser Pflicht zur Verhaltensverantwortlichkeit führt. Insoweit kommt es nicht mehr darauf an, ob bereits in der Überlassung des Grundstücks an Dritte ein relevanter Verursachungsbeitrag lag.

Einen relevanten Verursachungsbeitrag nimmt *Koch*[498] an, wenn der Eigentümer nicht alles Zumutbare unternehme, kein zur Deponierung ungeeignetes Grundstück zu verpachten, da ihn eine entsprechende (Verkehrssicherungs-) Pflicht treffe. Eine dementsprechende Pflicht geht allerdings zu weit, da die bloße Grundstücksüberlassung noch keine gefährliche Lage schafft, die besondere Pflichten begründet. In jedem Fall müssen weitere Umstände zu der bloßen Überlassung des Grundstücks hinzutreten[499]. Soweit eine Verhaltensverantwortlichkeit des Eigentümers dennoch in dem Fall bejaht wird, in dem er die Deponie zunächst auf eigene Rechnung eingerichtet und dann an einen Dritten verpachtet hat[500], ist dem zuzustimmen. Während in der Überlassung des Grundstücks selbst kein Gefährdungspotenzial für schädliche Bodenveränderungen liegt, wurde durch die Einrichtung einer Deponie bereits eine gefährliche Lage geschaffen, die (Verkehrssicherungs-) Pflichten des Eigentümers begründet[501]. Abgesehen von Ausnahmefällen kann aber auch in der Überlassung des Grundstücks an Dritte noch kein relevanter Verursachungsbeitrag gesehen werden, solange das Grundstück nicht bewusst und zweckgerichtet zu einer Nutzung überlassen wird, die zu einer Gefahr führt[502].

---

[497] So zutreffend VGH Mannheim, Beschl. v. 4.8.1995, NVwZ 1996, 1036 (1037).
[498] Bodensanierung, S. 16.
[499] VGH München, Beschl. v. 17.3.2004, NJW 2004, 2768 (2769).
[500] Schink, VerwArch 82 (1991), 357 (376); ders., GewArch 1996, 50 (56); auch Frenz, BBodSchG, § 4 Abs. 3 Rn. 44.
[501] Nach Frenz, BBodSchG, § 4 Abs. 3 Rn. 45, sollen an die Sorgfalt bei der Auswahl des Deponiebetreibers allerdings keine zu hohen Anforderungen zu stellen sein.
[502] So auch VGH Mannheim, Urt. v. 18.9.2001, ZUR 2002, 227 (228); Ginzky, DVBl. 2003, 169 (176).

III. Verantwortlichkeit für Verrichtungsgehilfen

Der polizei- und ordnungsrechtlichen Haftung für Dritte kommt gerade im Bereich der Altlastensanierung eine erhebliche Bedeutung zu, denn oftmals wird nicht der Inhaber eines Betriebes oder einer Deponie eine Bodenverunreinigung herbeigeführt haben, sondern ein Betriebsangehöriger. Nach den Polizei- und Ordnungsgesetzen der Länder[503] kann, wenn ein Verrichtungsgehilfe[504] die Gefahr in Ausführung der Verrichtung verursacht, auch der Geschäftsherr als Verantwortlicher herangezogen werden. Die Haftung des Geschäftsherrn tritt dabei kumulativ neben die Haftung des Verrichtungsgehilfen als Verursacher. Da es im Polizei- und Ordnungsrecht allgemein nicht auf Verschulden ankommt, kann der Geschäftsherr im Gegensatz zu § 831 BGB sich nicht durch den Nachweis entlasten, dass er bei Anstellung und Überwachung des Gehilfen die im Verkehr erforderliche Sorgfalt beachtet habe[505].

Die Verantwortlichkeit des Geschäftsherrn für das Verhalten von Verrichtungsgehilfen hat in § 4 BBodSchG keine Regelung erfahren. Es stellt sich damit die Frage, ob und wonach sich eine Verantwortlichkeit des Geschäftsherrn begründen lässt, wenn ein Verrichtungsgehilfe eine schädliche Bodenveränderung hervorruft.

1. Ansicht von *Hilger*

Nach *Hilger*[506] sind zur Bestimmung des Verursachers nach § 4 BBodSchG auch die im jeweiligen Landesrecht vorhandenen allgemeinen Regelungen zur Bestimmung des Verhaltensverantwortlichen heranzuziehen. Die Landesgesetzgeber hätten mit den Regelungen, wer verantwortlich sei, wenn Minderjährige oder Verrichtungsgehilfen handeln, Kriterien vorgegeben, die für eine Zurechnung des Verursachungsbeitrags maßgeblich sein sollen. Da das Bundes-Bodenschutzgesetz keine entgegenstehenden Normen enthalte, seien diese Regelungen auch beim Vollzug des Gesetzes maßgebend.

---

[503] Etwa § 17 Abs. 3 OBG NW, § 4 Abs. 3 PolG NW. Eine Übersicht über die landesrechtlichen Regelungen findet sich bei Friauf, in Schmidt-Aßmann, Besonderes Verwaltungsrecht, 11. Aufl. 1999, 2. Abschn. Fn. 251.

[504] Bei der Frage, wer als Verrichtungsgehilfe anzusehen ist, kann die umfangreiche Rechtsprechung der Zivilgerichte zu § 831 BGB herangezogen werden, vgl. VGH Mannheim, Urt. v. 7.12.1992, NJW 1993, 1543 (1544).

[505] Friauf, in Schmidt-Aßmann, Besonderes Verwaltungsrecht, 11. Aufl. 1999, 2. Abschn. Rn. 82.

[506] Hilger, in Holzwarth/Radtke/Hilger/Bachmann, BBodSchG, § 4 Rn. 67.

2. Ansicht von *Frenz*

Frenz[507] ist dagegen der Meinung, dass sich ein Rückgriff auf einzelne landesrechtliche Vorschriften verbietet. Er beruft sich dabei insbesondere auf die abschließende Regelung der sanierungspflichtigen Personen in § 4 BBodSchG[508]. Ein Rückgriff auf landespolizeirechtliche Vorschriften liefe der Vereinheitlichungstendenz entgegen, zumal damit die Möglichkeit zur unterschiedlichen Ausgestaltung offen bliebe und in diesem Bereich auch Unterschiede existierten. Diese Vereinheitlichungstendenz sei für materiellrechtliche Vorschriften nur an bestimmten, ausdrücklich genannten Stellen durchbrochen worden, wobei diese Vorschriften es den Landesgesetzgebern gerade nicht erlaubten, im Bereich des allgemeinen Polizei- und Ordnungsrechts ergänzende oder weitergehende Bestimmungen zum Bundes-Bodenschutzgesetz zu erlassen. Gleichwohl sei eine Haftung für Minderjährige und Verrichtungsgehilfen zu bejahen, wobei zur Sicherstellung eines bundeseinheitlichen Bodenschutzes zur Ausgestaltung des Verursacherbegriffs auf die Wertung des Musterentwurfs zum Polizeigesetz, namentlich § 4 Abs. 3 MEPolG, abzustellen sei[509].

3. Ansicht von *Bickel*

Nach *Bickel*[510] kann – entgegen der Ansicht von *Frenz* – aus der differenzierten Regelung des § 4 BBodSchG, insbesondere der Aufnahme des Rechtsnachfolgers des Verursachers in den Katalog der Sanierungspflichtigen, nicht im Wege eines Umkehrschlusses gefolgert werden, dass andere Formen der Haftung für fremde Pflichten ausgeschlossen sein sollen. Da § 4 BBodSchG gerade in Bezug auf die Haftung für Verrichtungsgehilfen unvollständig sei, könnten und sollten die Länder die Lücke mit entsprechenden landesrechtlichen Vorschriften füllen[511].

---

[507] BBodSchG, § 4 Rn 75.
[508] Insoweit ebenso Duesmann, Verantwortlichkeit für schädliche Bodenveränderungen und Altlasten nach dem Bundes-Bodenschutzgesetz, S. 61 f.
[509] Frenz, BBodSchG, § 4 Abs. 1 Rn. 76 und 78. Insoweit abweichend Duesmann, Verantwortlichkeit für schädliche Bodenveränderungen und Altlasten nach dem Bundes-Bodenschutzgesetz, S. 61 f., der eine „Zusatzhaftung" für Verrichtungsgehilfen ablehnt.
[510] BBodSchG, § 4 Rn. 15.
[511] Bickel, BBodSchG, § 4 Rn. 14 sowie § 21 Rn. 1; ebenso Sparwasser/Engel/Voßkuhle, Umweltrecht, § 9 Rn. 195.

4. Stellungnahme

Es geht um die Frage, ob mit dem Begriff des Verursachers in § 4 Abs. 3 S. 1 BBodSchG nur unmittelbare Verursacher oder auch Personen gemeint sind, die nach Landesrecht für Minderjährige, Betreute und Verrichtungsgehilfen verantwortlich sind, und ob dafür auf landesrechtliche Regelungen des allgemeinen Polizei- und Ordnungsrechts zurückgegriffen werden kann. Mithin geht es also um die Konkretisierung des Verursachungsbegriffs. Ein Rückgriff auf die landesrechtlichen Regelungen der Haftung für Verrichtungsgehilfen wäre ausgeschlossen, wenn der Gesetzgeber den Begriff des Verursachers zu einem Begriff des Bundesrechts[512] gemacht hätte.

Der Wortlaut von § 4 Abs. 3 S. 1 BBodSchG ist diesbezüglich unergiebig. Aus der umfassenden Regelung der sanierungsverantwortlichen Personen lassen sich hier keine Rückschlüsse ziehen, da es eben nicht um den Katalog der Pflichtigen und die zu bejahende Frage[513] nach dessen Abgeschlossenheit, sondern um die Konkretisierung der Verantwortlichkeit des Verursachers geht[514].

Aufschluss gibt die Entstehungsgeschichte des § 4 BBodSchG. Mit dem Verursacher greift das Bundes-Bodenschutzgesetz auf einen klassischen Verantwortlichen aus dem allgemeinen Polizei- und Ordnungsrecht zurück, dessen allgemeine Zurechnungslehren auch im Rahmen des § 4 Abs. 1 sowie Abs. 3 BBodSchG zur Bestimmung des Verursachers Gültigkeit haben[515]. § 4 Abs. 3 RegE-BBodSchG beschränkte sich noch darauf, die klassischen Verantwortlichen des allgemeinen Polizei- und Ordnungsrechts wiederzugeben. Eine entsprechende Regelung hätte man kaum als abschließend ansehen können[516], so dass ein Rückgriff auf die ergänzenden Bestimmungen des allgemeinen Polizei- und Ordnungsrechts ohne Weiteres zulässig gewesen wäre. Erst durch die zahlreichen Haftungserweiterungen, die über die Grenzen des traditionellen Polizei- und Ordnungsrechts hinausgehen, hat der

---

[512] So die Formulierung von Schoeneck, in Sanden/Schoeneck, BBodSchG, § 4 Rn. 30; in der Sache ebenso Frenz, BBodSchG, § 4 Abs. 1 Rn. 75.

[513] Siehe Kapitel 2 § 10 E. II. 5. (S. 84 ff.).

[514] Dies verkennt Bickel, NVwZ 2000, 1133 (1134), indem er die Entscheidung des BVerwG, Urt. v. 16.5.2000, DÖV 2000, 1054 (1056), nach der § 4 BBodSchG eine abschließende Regelung des sanierungspflichtigen Personenkreises enthalte, so deutet, dass damit mangels Regelung in § 4 BBodSchG auch die Haftung für Verrichtungsgehilfen ausgeschlossen sei.

[515] Schink, DÖV 1999, 797 (800); Frenz, BBodSchG, § 4 Abs. 3 Rn. 4 ff. Auch die Begründung zum Gesetzesentwurf knüpft an mehreren Stellen an die Verantwortungsbestimmung nach dem allgemeinen Polizei- und Ordnungsrecht an, vgl. BT-Drucks. 13/6701, S. 22, 35.

[516] So zu Recht Spieth/Wolfers, altlasten spektrum 1998, 75 (78).

Bundesgesetzgeber § 4 BBodSchG zu einer abschließenden Regelung über die Haftung für Altlasten verdichtet[517]. Bezweckte der Gesetzgeber mit dem umfangreichen Katalog der Sanierungspflichtigen aber eine Ausweitung des haftenden Personenkreises, so erscheint ein dahingehender Wille, dass die Haftung für das Verhalten von Verrichtungsgehilfen nunmehr entfallen solle, schwer denkbar. Ein solcher würde zudem dem erklärten Ziel der Haftungserweiterungen, das Verursacherprinzip zu stärken, zuwiderlaufen.

Im Übrigen hat der Gesetzgeber zwar den Katalog der verantwortlichen Personen erweitert, aber hinsichtlich der klassischen Störer des Polizei- und Ordnungsrechts keine Veränderungen oder Konkretisierungen vorgenommen. Dies spricht dafür, dass der Wille des Gesetzgebers insgesamt dahin ging, die Verantwortlichen in § 4 BBodSchG abschließend zu regeln und damit zwar kein bodenschutzrechtliches Sonderrecht der Länder, wohl aber den Rückgriff auf die Grundsätze des Polizei- und Ordnungsrechts zuzulassen.

Dem steht auch nicht das Ziel des Gesetzgebers, eine bundeseinheitliche Rechtslage zu schaffen, entgegen. Die landesgesetzlichen Regelungen zur Haftung für Verrichtungsgehilfen unterscheiden sich nur in Details. Auch die Gefahr, die Länder könnten ihre Polizei- und Ordnungsgesetze ändern und damit eine unterschiedliche Ausgestaltung der Haftung für Altlasten herbeiführen[518], besteht nicht. Der Bund hat den Kreis der Verantwortlichen in § 4 BBodSchG abschließend geregelt. Soweit die Länder versuchen sollten, Modifizierungen über ihre allgemeinen Polizei- und Ordnungsgesetze vorzunehmen, griffe die Sperrwirkung des Art. 72 Abs. 1 GG ein.

Zur Begründung der Verantwortlichkeit des Geschäftsherrn für das Verhalten von Verrichtungsgehilfen[519] ist daher auf die Regelungen des allgemeinen Polizei- und Ordnungsrechts der Länder, etwa § 17 Abs. 3 OBG NW, § 4 Abs. 3 PolG NW, zurückzugreifen[520].

---

[517] Spieth/Wolfers, altlasten spektrum 1998, 75 (78) sowie Kapitel 2 § 10 E. II. (S. 80 ff.).

[518] So Frenz, BBodSchG, § 4 Abs. 1 Rn. 75.

[519] Gleiches dürfte auch für die im Altlastenrecht allerdings wenig relevante in den Polizei- und Ordnungsgesetzen der Länder – etwa § 17 Abs. 2 OBG NW, § 4 Abs. 2 PolG NW – vorgesehene Haftung für Minderjährige und andere Sorgebedürftige gelten.

[520] So im Ergebnis auch OLG Celle, Beschl. v. 7.3.2003, NVwZ 2004, 379 (380), allerdings insoweit widersprüchlich, als es auf das allgemeine Gefahrenabwehrrecht und § 6 Abs. 3 NdsGefAG, der die Haftung für Verrichtungsgehilfen anordnet, verweist, das Handeln der Verrichtungsgehilfen dem Geschäftsherrn aber entsprechend § 831 Abs. 1 S. 1 BGB zurechnet. Hält man die Regelungen des allgemeinen Polizei- und Ordnungsrechts für anwendbar, in dem der Entscheidung des OLG Celle zugrunde liegenden Fall den § 6 Abs. 3 NdsGefAG, so bedarf es insoweit keines Rückgriffs auf zivilrechtliche Zurechnungsnormen.

Diesem Ergebnis steht auch nicht entgegen, dass der Bundesgesetzgeber mit dem Katalog der sanierungspflichtigen Personen in § 4 Abs. 3 und Abs. 6 BBodSchG eine abschließende Regelung im Sinne des Art. 72 Abs. 1 GG geschaffen hat, die für spezialgesetzliche Erweiterungen des Kreises der sanierungspflichtigen Personen auf Länderebene keinen Raum mehr lässt[521]. Bei der Frage der Verantwortlichkeit des Geschäftsherrn für seine Verrichtungsgehilfen geht es nämlich nicht um die Erweiterung des sanierungspflichtigen Personenkreises, sondern um die Frage, wer als Verursacher anzusehen ist und damit um die Auslegung des Verursacherbegriffs[522].

IV. Problematik der Gefahrenerkennbarkeit und des fortschreitenden naturwissenschaftlich-technischen Entwicklungsstandes

Der maßgebliche Bewertungszeitpunkt ist auch hinsichtlich des fortschreitenden wissenschaftlich-technischen Erkenntnisstandes problematisch. Ablagerungen und der Umgang mit – aus heutiger Sicht – altlastenverursachenden Stoffen erfolgten oftmals nach dem damaligen Stand der Technik und boten nach dem damaligen wissenschaftlich-technischen Erkenntnisstand keine hinreichende Wahrscheinlichkeit eines Schadenseintritts. Mangels einer Gefahr für die öffentliche Sicherheit wäre ein polizeiliches Einschreiten zu einem früheren Zeitpunkt rechtlich daher gar nicht möglich gewesen.

Erst aufgrund des wissenschaftlichen Fortschritts und neuer technischer Erkenntnismöglichkeiten, etwa genauerer Analysetechniken, wurde ex post die ein Einschreiten rechtfertigende Gefährlichkeit vieler Stoffe und Verfahren erkennbar. So sah man beispielsweise bis etwa 1980 Betonauffangwannen als ausreichenden Schutz gegen das Versickern von Chlorkohlenwasserstoffen (CKW) in den Boden und von dort in das Grundwasser an, bis die Wissenschaft Anfang der achtziger Jahre zu der Erkenntnis gelangte, dass Chlorkohlenwasserstoffe aufgrund ihrer molekularen Struktur gerade Betonwannen wie Löschpapier durchdrangen und so in das darunter liegende Erdreich und von dort in das Grundwasser gelangten[523].

Es stellt sich die Frage, ob die Sanierungspflicht nach § 4 Abs.3 S. 1 BBodSchG auch dann besteht, wenn die Gefahr oder zumindest das Gefährdungspotential im Zeitpunkt der Verunreinigung nicht erkennbar war.

---

[521] Siehe Kapitel 2 § 10 E. II. 5. (S. 84 ff.).

[522] A.A. Duesmann, Verantwortlichkeit für schädliche Bodenveränderungen und Altlasten nach dem Bundes-Bodenschutzgesetz, S. 61 f.; wie hier VGH Kassel, Urt. v. 9.9.1999, NVwZ 2000, 828 (829).

[523] Wüterich, in Landel/Vogg/Wüterich, BBodSchG, § 4 Rn. 74; Kohte, Altlastenrecht in den neuen Bundesländern, S. 109.

Diese Frage, der erhebliche praktische Bedeutung zukommt, wurde bereits vor Inkrafttreten des Bundes-Bodenschutzgesetzes kontrovers diskutiert. In Hessen und Thüringen wurde der Ausschluss der Verantwortlichkeit bei Unerkennbarkeit der Gefahrverursachung gesetzlich geregelt. Nach § 12 Abs. 3 HAltlastG und § 20 Abs. 2 ThAbfAG entfiel die Sanierungsverantwortlichkeit, wenn der Verantwortliche im Zeitpunkt des Entstehens der Verunreinigung oder des Umgangs mit Abfällen oder Stoffen darauf vertraut hat, dass eine Beeinträchtigung der Umwelt nicht entstehen könnte, und wenn dieses Vertrauen unter Berücksichtigung der Umstände des Einzelfalles schutzwürdig war. Eine entsprechende oder ähnliche Regelung, die auch der Professorenentwurf zum Umweltgesetzbuch in § 303 Abs. 5 S. 1 UGB-BT vorsah, wurde jedoch nicht ins Bundes-Bodenschutzgesetz aufgenommen.

Alleine daraus kann aber nicht gefolgert werden, dass der Gesetzgeber davon ausging, die Unerkennbarkeit der Gefahrverursachung ändere nichts an der Sanierungsverantwortlichkeit. Die Lösung ist vielmehr in der Dogmatik des allgemeinen Polizei- und Ordnungsrechts zu suchen, an das sich das Bundes-Bodenschutzgesetz bei der Bestimmung der Sanierungsverantwortlichkeit des Verursachers anlehnt.

1. Herrschende Meinung

Die überwiegende Meinung in Rechtsprechung[524] und Literatur[525] geht davon aus, dass der Gefahrenerkennbarkeit bei der Bestimmung des Verhaltensverantwortlichen keine Bedeutung zukommen könne. Maßgeblich sei ausschließlich der gegenwärtige Erkenntnisstand im Zeitpunkt des Einschreitens[526]. Wesentliches Argument dieser Ansicht ist, dass die Bestimmung des Verhaltensverantwortlichen ausschließlich von objektiven Umständen abhänge. Da subjektiven Komponenten wie Handlungswillen, Verschulden

---

[524] VGH Mannheim, Beschl. v. 11.9.1986, VersR 1987, 218 (219); Beschl. v. 14.12.1989, NVwZ 1990, 781 (783); Beschl. v. 4.3.1996, NVwZ-RR 1996, 387 (389). Das OVG Lüneburg hat die Frage in seinem Beschl. v. 7.3.1997, NJW 1998, 97 (98) dagegen ausdrücklich offen gelassen.

[525] Brandt, Altlastenrecht, Kap. IV Rn. 59 ff.; Frenz, BBodSchG, § 4 Abs. 3 Rn. 28; Wüterich, in Landel/Vogg/Wüterich, BBodSchG, § 4 Rn. 75; Schink, GewArch 1996, 50 (56); ders., VerwArch 82 (1991), 357 (377 f.); ders., DVBl. 1986, 161 (169); Oerder, NVwZ 1992, 1031 (1035 f.); Seibert, DVBl. 1992, 664 (670); Oldiges, in ders., Das neue Bundes-Bodenschutzgesetz, S. 73 (78); Müggenborg, SächsVBl. 2000, 77 (81); Schlabach/Heck, VBlBW 2001, 46 (53 f.). Ausführlich zur Problematik und im Ergebnis wie die herrschende Meinung Brandner, Gefahrenerkennbarkeit und polizeiliche Verhaltensverantwortlichkeit.

[526] VGH Mannheim, Beschl. v. 14.12.1989, NVwZ 1990, 781 (783).

oder einem Irrtum im Polizeirecht keinerlei Relevanz zukomme[527], könne es damit auch nicht auf die Erkennbarkeit der Gefährdung ankommen[528]. Eine Berücksichtigung der mangelnden Erkennbarkeit könne allenfalls im Rahmen des polizeilichen Auswahlermessens, dem Ort für allgemeine Gerechtigkeits- und Zumutbarkeitserwägungen, erfolgen[529].

2. Ansicht von *Papier*

Nach Ansicht *Papiers*[530] muss ein Verhalten, das nach dem zeitgemäßen Erkenntnis- und Entwicklungsstand eine objektive Gefahr nicht verursache, polizeirechtlich irrelevant sein und bleiben, da es die Gefahrengrenze nicht überschreite. Spätere Wandlungen des Erkenntnis- und Entwicklungsstandes in Wissenschaft und Technik stünden insoweit nachträglichen Änderungen der objektiven Sachlage gleich. Durften polizeiliche Eingriffsakte auf der Grundlage des im Zeitpunkt der Ablagerung geltenden Rechts und dem damaligen Erkenntnisstand nicht ergehen, so könne eine nachträglich veränderte Bewertung wegen des rechtsstaatlich begründeten Verbots echter Rückwirkungen belastender Gesetze nicht dazu führen, dass das während seiner Vornahme polizeirechtlich irrelevante Geschehen nachträglich zu polizeiwidrigem Verhalten werde[531].

3. Ansicht von *Kloepfer*

Kloepfer[532] gelangt auf der Grundlage der Störerbestimmung nach Pflichtwidrigkeit und Risikosphären zu dem Ergebnis, dass eine Verhaltensverantwortlichkeit bei ursprünglich unerkennbar gefährlichen Abfällen immer dann in Betracht komme, wenn der Verursacher eine spezifische Rechtspflicht verletzt habe bzw. wenn mit der Ablagerung erkennbar ein generelles Risiko verbunden gewesen sei, wenn eine gesetzliche Risikozuweisung vor-

---

[527] Ganz herrschende Meinung, siehe nur Martens, in Drews/Wacke/Vogel/Martens, Gefahrenabwehr S. 293.

[528] Frenz, BBodSchG, § 4 Abs. 3 Rn. 28; Schink, GewArch 1996, 50 (56); Seibert DVBl. 1992, 664 (670).

[529] Schink, GewArch 1996, 50 (56).

[530] NVwZ 1986, 256 (259 f.); Altlasten, S. 36 ff.; ders., DVBl. 1985, 873 (877).

[531] Kohte, Altlastenrecht in den neuen Bundesländern, S. 109; ders. VerwArch 88 (1997), 456 (481) argumentiert in der Sache und unter Bezugnahme auf Papier ebenso, allerdings ohne sich auf das Rückwirkungsverbot zu berufen.

[532] NuR 1987, 7 (8 ff.).

liege oder wenn gewichtige Gerechtigkeitserwägungen für eine polizeirechtliche Verhaltensverantwortlichkeit sprächen[533].

4. Ansicht von *Herrmann*

Zu einem ähnlichen Ergebnis wie *Kloepfer* kommt – ebenfalls auf der
Grundlage einer Störerbestimmung nach Pflichtwidrigkeit und Risikosphären – *Herrmann*[534]. Erkennbar sei das Schadensrisiko insbesondere bei
dem Nichteinhalten von Verkehrspflichten. Seine Begründung ist jedoch eine
andere: Aus Art. 2 Abs. 1 GG folge, dass eine Verantwortlichkeit angesichts
ihrer immerhin denkbaren prohibitiven Wirkung dann nicht gerechtfertigt
werden könne, wenn die Folgen risikobehafteten Verhaltens außerhalb jeder
Erkennbarkeit lägen. Die grundgesetzlich garantierte Handlungsfreiheit dürfe
nicht mit solchen staatlichen Sanktionen bedroht werden können, die bei der
Wahrnehmung dieser Freiheit nicht einkalkulierbar seien. Dabei sei jedoch
nicht auf die individuelle Erkennbarkeit abzustellen, sondern auf objektive
Maßstäbe, unter anderem auf die Nichteinhaltung von Verkehrspflichten.

5. Stellungnahme

Zunächst ist streng danach zu differenzieren, ob die Gefahrenlage bzw. das
Gefahrenpotential nur den handelnden Personen nicht bekannt war oder ob
die Gefahrenlage bzw. das Gefahrenpotential nach dem damaligen wissenschaftlich-technischen Erkenntnisstand allgemein nicht erkennbar gewesen
ist. Soweit im ersten Fall von individueller Nichterkennbarkeit gesprochen
wird, ist dies zumindest missverständlich, da der Begriff der Nichterkennbarkeit intendiert, dass die Gefahrenlage bzw. das Gefahrenpotential den
Handelnden nicht bekannt sein konnte. Gemeint ist aber gerade, dass die Gefahrenlage bzw. das Gefahrenpotential nach dem seinerzeitigen wissenschaftlich-technischen Erkenntnisstand erkennbar und nur den Handelnden
selbst nicht bekannt war. Es sollte daher besser von individueller Nichtkennt-
nis gesprochen werden. Da es sich dabei um eine subjektive Komponente
handelt, kann es auf sie nach allgemein anerkannter und zutreffender
Meinung bei der Störerbestimmung im Polizei- und Ordnungsrecht nicht ankommen. Insofern ist der herrschenden Meinung für diesen Fall zuzustimmen.

Anders liegt es jedoch, wenn die Gefahrenlage bzw. das Gefährdungspotential nach dem Stand von Wissenschaft und Technik zum Zeitpunkt der Vor-

---

[533] Kloepfer NuR 1987, 7 (12).
[534] DÖV 1987, 666 (674); zustimmend Foquet, Sanierungsverantwortlichkeit, S. 44 f.

nahme der Ablagerungen objektiv für niemanden erkennbar gewesen ist. Hier würde mit der Berücksichtigung des wissenschaftlich-technischen Entwicklungsstandes ein objektives Kriterium in die polizeirechtliche Störerbestimmung einfließen. Soweit die herrschende Meinung also die Berücksichtigung der Nichterkennbarkeit pauschal damit ablehnt, subjektive Komponenten müssten bei der Störerbestimmung unberücksichtigt bleiben, greift ihre Argumentation zu kurz.

Gleichwohl wäre die fehlende Erkennbarkeit der Gefährdung auf der Grundlage der reinen, d. h. ausschließlich in einem zeitlichen Sinne verstandenen, Unmittelbarkeitslehre bei der Störerbestimmung unbeachtlich, da die fehlende Erkennbarkeit die Kausalität zwischen Verhalten und Gefahr nicht zu beeinflussen vermag[535]. Auch durch die Ablagerung unerkannt gefährlicher Stoffe wird objektiv eine Gefahr herbeigeführt. Wie gezeigt ist inzwischen jedoch allgemein anerkannt, dass die Gefahrenzurechnung auch unter Berücksichtigung wertender Kriterien zu erfolgen hat. Es stellt sich die Frage, wer bei wertender Betrachtung das Risiko sich verändernder Gefahrenerkenntnisse und -bewertungen zu tragen hat.

Stellt man auf den zum Zeitpunkt des Einschreitens bestehenden wissenschaftlichen Erkenntnisstand ab, so hat derjenige das Risiko zu tragen, der die altlastenverursachenden Handlungen vorgenommen hat. Seine Verhaltensverantwortlichkeit ist dann auch bei der Ablagerung unerkannt gefährlicher Stoffe unproblematisch gegeben. Einer solchen Sichtweise steht – abweichend von der Auffassung *Papiers* – nicht das Verbot echter Rückwirkungen belastender Gesetze entgegen. Es geht nämlich nicht um die Änderung von Gesetzen, sondern um die Veränderung der Rechtsanwendung aufgrund veränderter Gefahrenerkenntnisse und -bewertungen, für die das Rückwirkungsverbot grundsätzlich nicht gilt[536]. Für ein Abstellen auf den zum Zeitpunkt des Einschreitens bestehenden wissenschaftlichen Erkenntnisstand und damit einhergehend einer uneingeschränkten Verantwortlichkeit auch bei unerkennbaren Gefährdungen kann angeführt werden, dass derjenige, der aus seinem Verhalten Vorzüge, etwa Gewinne, zieht, auch für dessen Nachteile einzustehen hat[537].

Legt man dagegen den wissenschaftlichen Erkenntnisstand zum Zeitpunkt der Ablagerung zugrunde, trägt grundsätzlich die Allgemeinheit das Risiko veränderter Gefahrenerkenntnisse und -bewertungen. Eine Verantwortlichkeit

---

[535] Ebenso Kloepfer NuR 1987, 7 (9).
[536] So zutreffend Kloepfer, Umweltrecht, 2. Aufl. 1998, § 12 Rn. 69; Schink GewArch 1996, 50 (56).
[537] Kloepfer NuR 1987, 7 (12); Brandner, Gefahrenerkennbarkeit und polizeiliche Verhaltensverantwortlichkeit, S. 91.

dürfte bei mangelnder Erkennbarkeit der Gefährdung regelmäßig daran scheitern, dass zu diesem Zeitpunkt mangels hinreichender Wahrscheinlichkeit eines Schadenseintritts schon keine ein Eingreifen rechtfertigende Gefahr vorlag[538]. Dies gilt zumindest dann, wenn man davon ausgeht, dass die Gefahrerkennbarkeit dem Gefahrenbegriff immanent ist[539]. Für ein Abstellen auf den damaligen Erkenntnisstand spricht vor allem, dass sich das Entstehen einer materiellen Polizeipflicht zum Zeitpunkt des Handelns kaum erklären ließe, wenn die objektive Gefährlichkeit objektiv erst später erkannt wird und auch erst später erkannt werden konnte.

Die Problematik stellt sich in dieser Form jedoch nicht, wenn man von einer Störerbestimmung nach Pflichtwidrigkeit und Risikosphären ausgeht. Nach ihr wird zwingend der wissenschaftlich-technische Erkenntnisstand zum Zeitpunkt der Ablagerung zugrunde zu legen sein[540]. Maßgeblich für die Annahme einer Verhaltensverantwortlichkeit ist nämlich die Verletzung objektiver Verhaltenspflichten. Kommt es für die Bestimmung dieser Pflichten aber – wie gezeigt[541] – auf die zur Zeit der Handlung geltende Rechtslage und die in ihr niedergelegten Wertungen an[542], kann sich auch ihr Inhalt nur nach dem damaligen wissenschaftlich-technischen Erkenntnisstand richten. Eine dahingehende Pflicht, Dritte vor Gefahren durch gefährliche Stoffe und Ablagerungen zu schützen, kann nur soweit reichen, wie bekannt ist, dass von einer Ablagerung oder einem Stoff überhaupt eine Gefahr ausgeht. Waren Ablagerungen oder Stoffe im Entsorgungszeitpunkt nach dem damaligen Kenntnisstand als ungefährlich zu beurteilen, fehlt es regelmäßig an einer polizeirechtlich relevanten Pflichtverletzung[543]. Anhaltspunkte für den jeweiligen, zur Zeit der Veröffentlichung bestehenden wissenschaftlich-technischen Erkenntnisstand können den inzwischen von der Bundes-Bodenschutz- und Altlastenverordnung ersetzten diversen Grenzwert- und Bodenwertlisten[544] entnommen werden. Gleichwohl wird man eine Verhaltensverantwortlichkeit aber unter Risikogesichtspunkten bejahen müssen, wenn mit der Ablagerung oder dem Umgang mit Stoffen ein erkennbar generelles Risiko verbunden war, etwa wenn die Gefährlichkeit eines Stoffes wissenschaftlich umstritten oder nur naheliegend war, es jedoch an gesicherten Erkenntnissen fehlte. In vielen Fällen wird daher trotz der objektiven Unerkennbarkeit der Gefahr eine Verhaltensverantwortlichkeit zu bejahen sein.

---

[538] Kohte, Altlastenrecht in den neuen Bundesländern, S. 109.
[539] So etwa Brandner, Gefahrenerkennbarkeit und polizeiliche Verhaltensverantwortlichkeit, S. 19 ff.; Fehn, Verantwortlichkeit und Haftung für Altlasten, S. 39 f.
[540] So auch Sparwasser/Engel/Voßkuhle, Umweltrecht, § 9 Rn. 194.
[541] Siehe Kapitel 4 § 14 C. I. 1. (S. 117).
[542] OVG Münster, Urt. v. 30.5.1996, NVwZ 1997, 507 (508).
[543] So auch Sparwasser/Engel/Voßkuhle, Umweltrecht, § 9 Rn. 194.
[544] Siehe ausführlich in Fn. 80.

Im Ergebnis ist unter Zugrundelegung einer Störerbestimmung nach Pflicht-widrigkeit und Risikosphären die objektive Erkennbarkeit der Gefahrenlage oder des Gefahrenpotentials daher kein selbständiges Kriterium für die Be-stimmung der Verhaltensverantwortlichkeit. Sie beeinflusst aber die zur Störerbestimmung maßgeblichen Verhaltensanforderungen und Risikozuwei-sungen, so dass ihr gleichwohl mittelbar erhebliche Bedeutung zukommt.

V. Legalisierungswirkung behördlicher Genehmigungen

In vielen Fällen stehen schädliche Bodenveränderungen und Altlasten mit dem Betrieb von Anlagen in Zusammenhang, deren Betrieb durch eine öffentlich-rechtliche Erlaubnis gedeckt war oder noch ist. Es stellt sich dann die Frage, ob und welchem Umfang der polizei- und ordnungsrechtliche Verantwortlichkeit – bzw. nunmehr die Sanierungsverantwortlichkeit nach § 4 Abs. 3 S. 1 BBodSchG – mit dem Einwand der Legalisierungswirkung behördlicher Genehmigungen, Gestattungen oder vergleichbarer Erlaubnis-akte begegnet werden kann.

Der Begriff der „Legalisierungswirkung von Genehmigungen" wurde – so-weit ersichtlich – erstmals von *Papier*[545] in die altlastenrechtliche Diskussion eingeführt, aber schon zuvor vom BVerwG in dessen Urteil vom 2.12.1977[546] verwandt. Das Gericht umschrieb damit eine Rechtsfigur, die den Anwen-dungsbereich der Generalklausel des nordrhein-westfälischen Ordnungs-behördengesetzes gegenüber immissionsschutzrechtlich genehmigten Anlagen einschränken soll.

Es ist unbestritten, dass eine behördliche Genehmigung grundsätzlich eine Legalisierungswirkung entfalten kann[547]. Die dogmatische Herleitung und insbesondere der Umfang und die Reichweite einer solchen Wirkung sind jedoch umstritten.

Das BVerwG entnahm in der Entscheidung aus dem Jahre 1977 die Lega-lisierungswirkung immissionsschutzrechtlicher Genehmigungen aus § 13 BImSchG, leitete sie „im Grunde aber unabhängig davon aus dem Wesen der Genehmigung" ab[548]. Die obergerichtliche Rechtsprechung hat zwar zu den Grenzen der Legalisierungswirkung Stellung genommen, sich aber nicht um

---

[545] Papier, Altlasten, S. 24 ff.; ders., DVBl. 1985, 873 (876); ders., NVwZ 1986, 256 (257 ff.).
[546] BVerwG, Urt. v. 2.12.1977, E 55, 118 (121 ff.).
[547] Siehe statt vieler BGH, Urt. v. 3.2.2000, DVBl. 2000, 904 (906) m.w.N.
[548] BVerwG, Urt. v. 2.12.1977, E 55, 118 (124).

eine dogmatische Begründung bemüht[549]. Auch der BGH[550] hat es in einer jüngeren Entscheidung bei der Aufzählung möglicher Herleitungen belassen. In der Literatur werden verschiedene Auffassungen vertreten[551]. Häufig wird die Legalisierungswirkung von Genehmigungen als Zurechnungsproblem bei der Bestimmung des polizei- und ordnungsrechtlich Verantwortlichen angesehen: Genehmigungskonform verursachte Gefahren oder Störungen könnten dem Genehmigungsinhaber nicht zugerechnet werden[552]. Nach einer anderen, im Vordringen befindlichen Ansicht ist es die Bindungswirkung einer Genehmigung in einem nachfolgenden, auf den Erlass eines weiteren Verwaltungsaktes gerichteten Verwaltungsverfahren, die es ausschließe, dass eine Behörde eine neue, dem Regelungsgehalt der Genehmigung widersprechende Regelung treffe[553].

In der Sache selbst werden insbesondere zwei Problemkreise diskutiert: Erstens geht es darum, ob die Genehmigung eines Anlagenbetriebes auch nicht ausdrücklich genannte, aber mit dem Betrieb in Zusammenhang stehende Tätigkeiten und Verfahren, insbesondere die Ablagerung von Produktionsrückständen umfasst. Und zweitens wird erörtert, ob eine Legalisierungswirkung nicht nur für die Realisierung von im Genehmigungszeitpunkt erkennbaren, sondern auch für damals objektiv nicht vorhersehbare Risiken und Gefahren eintritt. Insbesondere *Papier* hat sich für die Bejahung beider Fragen und damit eine sehr weitreichende Legalisierungswirkung von Genehmigungen ausgesprochen: Eine Inanspruchnahme des Anlagenbetriebers sei nicht bloß wegen des Anlagenbetriebes selbst, sondern auch wegen der durch Reststoffe und die Ablagerung von Produktionsrückständen entstandenen Kontaminationen ausgeschlossen, und dies selbst dann, wenn das Risiko zur Zeit der Genehmigungserteilung noch nicht abzusehen gewesen

---

[549] Z. B. OVG Koblenz, Beschl. v. 22.1.1986, NVwZ 1986, 946 (947); Urt. v. 7.5.1991, NVwZ 1992, 499 (500); VGH Mannheim, Beschl. v. 11.9.1986, VersR 1987, 218 (219); Beschl. v. 4.12.1989, UPR 1990, 310 (312).

[550] Urt. v. 3.2.2000, DVBl. 2000, 904 (906), wonach die Legalisierungswirkung von Genehmigungen im Grundsatz seit langem anerkannt sei, „gleichgültig woraus [sie] im einzelnen begründet sein mag (Sinngehalt, Tatbestands- oder Bindungswirkung des Verwaltungsakts, Vertrauensschutz, Verbot eines venire contra factum proprium, Einheit oder Widerspruchsfreiheit der Rechtsordnung)".

[551] Siehe im Einzelnen die umfassenden Darstellungen von Hilger, Legalisierungswirkung von Genehmigungen, S. 16 ff. und Peine, JZ 1990, 201 ff.

[552] Papier, Altlasten, S. 27; ders., DVBl. 1985, 873 (876); ders., NVwZ 1986, 256 (258); Breuer, JuS 1986, 359 (362); ders., NVwZ 1987, 751 (755); Schink, DVBl. 1985, 1149 (1155); ders., DVBl. 1986, 161 (166); Striewe, ZfW 1986, 273 (285).

[553] Fluck, VerwArch 79 (1988), 406 (412 ff.); Peine, JZ 1990, 201 (210 ff.); Seibert, Die Bindungswirkung von Verwaltungsakten, S. 448 ff.; ders., DVBl. 1992, 664 (671); Hilger, Legalisierungswirkung von Genehmigungen, S. 34 ff.; ihm folgend Foquet, Sanierungsverantwortlichkeit, S. 48; ähnlich auch Kloepfer, NuR 1987, 7 (13).

sei[554]. Nach dieser Auffassung führt die Genehmigung zu einer Risikoverlagerung, und zwar weg vom Anlagenbetreiber hin zur Allgemeinheit.

Das Bundes-Bodenschutzgesetz äußert sich zu der Problematik der Legalisierungswirkung von Genehmigungen – wie auch nahezu sämtliche altlastenrechtlichen Landesregelungen zuvor[555] – nicht. Einen Anhaltspunkt, wie sich das Bundes-Bodenschutzgesetz zu der Problematik verhält, könnte jedoch möglicherweise der Regelung des § 4 Abs. 5 S. 2 BBodSchG entnommen werden. Diese nimmt zunächst auf S. 1 des Absatzes Bezug, der das Sanierungsniveau für ab dem 1.3.1999 eingetretene schädliche Bodenveränderungen festlegt und für so genannte Neulasten anstelle des Nebeneinanders von Sicherungs- und Beseitigungsmaßnahmen einen grundsätzlichen Vorrang von Schadstoffbeseitigungsmaßnahmen vorschreibt. Nach S. 2 gilt dies jedoch „für denjenigen nicht, der zum Zeitpunkt der Verursachung auf Grund der Erfüllung der für ihn geltenden gesetzlichen Anforderungen darauf vertraut hat, dass solche Beeinträchtigungen nicht entstehen werden, und sein Vertrauen unter Berücksichtigung der Umstände des Einzelfalles schutzwürdig ist". Ähnliche Regelungen gab es zuvor in § 12 Abs. 3 HAltlastG und § 20 Abs. 2 ThAbfAG. Nach *Bickel* wird bei § 4 Abs. 5 S. 2 BBodSchG auf der Normebene der gleiche Gedankengang verfolgt, wie er auf der Ebene des Verwaltungsaktes bei der Frage der Legalisierungswirkung von Genehmigungen anzutreffen sei[556]. Im Gegensatz zu den beiden vorgenannten Länderregelungen lässt § 4 Abs. 5 S. 2 BBodSchG die Verantwortlichkeit bei Vorliegen der Tatbestandsvoraussetzungen jedoch nicht entfallen, vielmehr gilt nur der in § 4 Abs. 5 S. 1 BBodSchG angeordnete Vorrang von Dekontaminationsmaßnahmen bei Neulasten nicht. Es verbleibt dann bei dem in § 4 Abs. 3 S. 2 BBodSchG normierten gleichberechtigten Nebeneinander von Dekontaminations- und Sicherungsmaßnahmen, führt aber – entgegen § 12 Abs. 3 HAltlastG und § 20 Abs. 2 ThAbfAG – nicht zu einem ausdrücklichen Entfallen der Verantwortlichkeit. § 4 Abs. 5 S. 2 BBodSchG kann daher als Indiz für den Willen des Gesetzgebers gesehen werden, ein Entfallen der Verantwortlichkeit auf Ausnahmefälle zu begrenzen.

---

[554] Papier, NVwZ 1986, 256 (258 f.); ebenso Fluck, VerwArch 79 (1988), 406 (430 f.); Ziehm, Störerverantwortlichkeit für Boden- und Wasserverunreinigungen, S. 34 ff.

[555] Eine Ausnahme bildete lediglich § 13 Abs. 3 Bln BodSchG, der in S. 1 den Grundsatz anordnete, dass eine Verantwortlichkeit nicht dadurch ausgeschlossen wird, dass die Bodenverunreinigung im Rahmen einer Tätigkeit entstanden ist, für die eine behördliche Zulassung vorlag, und in S. 2 als Ausnahme, dass eine Verantwortlichkeit nur dann ausgeschlossen ist, wenn die behördlich zugelassene Tätigkeit die Bodenverunreinigung unvermeidbarerweise zur Folge hatte.

[556] Bickel, BBodSchG, § 4 Rn. 67.

Gleichwohl kann die Problematik der Legalisierungswirkung behördlicher Genehmigungen als geklärt angesehen werden. In Rechtsprechung[557] und Literatur[558] hat sich nämlich die Auffassung durchgesetzt, dass eine Legalisierungswirkung nicht pauschal alle von einer Anlage ausgehenden Wirkungen erfassen, sondern nur im Rahmen des Regelungsgehaltes der Genehmigung eintreten kann, ausschlaggebend sind Gegenstand und Umfang der erteilten Genehmigung. Maßgeblich ist insoweit zunächst der Wortlaut des Genehmigungsbescheids. Enthält dieser keine entsprechenden Aussagen, etwa zum Verbleib der beim Betrieb anfallenden Abfälle, ist auf die der Genehmigung zugrundeliegenden Normen abzustellen. Verbleiben danach noch Unklarheiten, so gilt, dass ein Verhalten, das nicht ausdrücklich vom Genehmigungsbescheid erfasst ist, auch nicht erlaubt ist[559]. Insbesondere erfasst die Genehmigung eines Anlagenbetriebes in aller Regel nicht auch die Ablagerung von Rest- und Abfallstoffen[560]. Gerade den früher häufigen gewerberechtlichen Zulassungen kommt daher regelmäßig keine Legalisierungswirkung zu.

Aufgrund dieser erheblichen Einschränkungen, unter denen eine Legalisierungswirkung durch eine behördliche Zulassung die Verantwortlichkeit die Sanierungsverantwortlichkeit entfallen lässt, wird dieser in Zukunft keine bedeutende Rolle zukommen[561].

VI. Verjährung der Sanierungsverantwortlichkeit

Die Verursachungsbeiträge, die zum Entstehen von schädlichen Bodenveränderungen und Altlasten geführt haben, liegen oft viele Jahre zurück. In

---

[557] VGH Mannheim, Beschl. v. 4.12.1989, UPR 1990, 310 (312); Beschl. v. 4.3.1996, NVwZ-RR 1996, 387 (389); Urt. v. 29.3.2000, VBlBW 2000, 362 (363); VG Freiburg, Urt. v. 16.10.2002, ZUR 2003, 304 (nur LS).

[558] Schoeneck, in Sanden/Schoeneck, BBodSchG, § 10 Rn. 11; Wüterich, in Landel/Vogg/Wüterich, BBodSchG, § 4 Rn. 72; Sparwasser/Engel/Voßkuhle, Umweltrecht, § 9 Rn. 242; Duesmann, Verantwortlichkeit für schädliche Bodenveränderungen und Altlasten nach dem Bundes-Bodenschutzgesetz, S. 64 ff. Ebenso bereits Brandt, Altlastenrecht, Kap. IV Rn. 56; Kloepfer, NuR 1987, 7 (13 f.); ders., Umweltrecht, § 12 Rn. 72; Schink, DVBl. 1986, 161 (167).

[559] BVerwG, Urt. v. 15.15.1989; NVwZ 1990, 963 (964); OVG Hamburg, GewArch 1992, 350 f.; Hilger, Legalisierungswirkung von Genehmigungen, S. 53. Ausführlich zu der Reichweite und den Grenzen der Genehmigung siehe Hilger, Legalisierungswirkung von Genehmigungen, S. 50 ff.

[560] VGH München, Beschl. v. 26.7.1991, BayVBl. 1992, 274 f.; VGH Mannheim, Beschl. v. 4.3.1996, NVwZ-RR 1996, 387 (389); Hilger, in Holzwarth/Radtke/Hilger/Bachmann, BBodSchG, § 4 Rn. 78.

[561] Ebenso Knoche, Altlasten, S. 51; Schlabach/Heck, VBlBW 2001, 46 (53).

einem den Entscheidungen des VG Köln vom 12.4.1994[562] und des OVG Münster vom 30.5.1996[563] zugrunde liegenden Fall ging es beispielsweise um die Verantwortlichkeit für Altlasten auf einem Gelände, auf dem zwischen 1887 und 1926 Sprengstoffe hergestellt und dadurch Altlasten verursacht wurden. Dem Betroffenen und insbesondere seinem Rechtsnachfolger wird es oft unbillig erscheinen, nach einem so langen Zeitraum Sanierungsmaßnahmen durchzuführen bzw. die Kosten dafür zu tragen. Damit drängt sich aufgrund der Akzessorietät der Verantwortlichkeit auch und gerade in den Fällen der Gesamtrechtsnachfolge die Frage auf, ob die Sanierungsverantwortlichkeit des Verhaltensverantwortlichen nach dem Bundes-Bodenschutzgesetz verjähren kann, ob also öffentlich-rechtliche Befugnisse gegen den Verursacher auf Sanierung oder Ansprüche auf Ersatz der hierfür von der Behörde aufgewendeten Kosten unabhängig von einem bestimmten Verhalten des Verursachers oder gar unabhängig von der Kenntnis des Vorhandenseins einer schädlichen Bodenveränderung oder Altlast alleine durch Zeitablauf nicht mehr durchsetzbar sind.

1. Meinungsstand vor Inkrafttreten des Bundes-Bodenschutzgesetzes

Von der überwiegenden Rechtsprechung[564] und Teilen der Literatur[565] wurde eine Verjährung der Verhaltensverantwortlichkeit abgelehnt. Dies hat die Rechtsprechung vor allem damit begründet, dass die ordnungsbehördlichen Eingriffsbefugnisse und die materielle Polizeipflicht keine vermögensrechtlichen Ansprüche begründen – nur für diese ist die analoge Anwendung der zivilrechtlichen Verjährungsvorschriften anerkannt[566] – und eine ausdrück-

---

[562] NVwZ 1994, 927 ff.

[563] NVwZ 1997, 507 ff.

[564] Insbesondere VGH Mannheim, Beschl. v. 4.3.1996, NVwZ-RR 1996, 387 (390); Urt. v. 27.9.1996, VBlBW 1997, 110. Auch das OVG Münster hat mit Urt. v. 30.5.1996, NVwZ 1997, 507 (511), eine direkte oder analoge der zivilrechtlichen Verjährungsvorschriften auf § 14 OBG NW abgelehnt, wollte aber die lange Zeitdauer zwischen Verursachung und Inanspruchnahme „unter dem Gesichtspunkt der Verhältnismäßigkeit nicht außer acht lassen". Weitergehend hielt das VG Köln als Vorinstanz mit Urt. v. 12.4.1994, NVwZ 1994, 927 (930), eine Verjährung als Korrektiv einer polizeirechtlichen Ewigkeitshaftung für möglich. Der VGH München hat die Frage in seinem Urt. v. 10.12.1996, NVwZ 1997, 1023 (1024) offen gelassen.

[565] Brandt, Altlastenrecht, Kap. IV Rn. 66; Martensen, NVwZ 1997, 442 (444); Götz, Polizei- und Ordnungsrecht, Rn. 216; Striewe, ZfW 1986, 273 (290); Knopp/Albrecht, Altlastenrecht, Rn. 139.

[566] Z. B. BVerwG, Urt. v. 15.12.1967, E 28, 336 (338); VGH Mannheim, Beschl. v. 4.3.1996, NVwZ-RR 1996, 387 (390); Erichsen, in Erichsen/Ehlers, Allgemeines Verwaltungsrecht, § 11 Rn. 56; Götz, Polizei- und Ordnungsrecht, Rn. 216; Brandt, Altlastenrecht, Kap. IV Rn. 66.

liche gesetzliche Regelung, die eine Verjährung anordne, nicht existiere[567]. Die ordnungsbehördlichen Ermächtigungen seien ihrem Charakter nach auch nicht einem Anspruch im bürgerlichrechtlichen Gleichordnungsverhältnis vergleichbar[568]. Von der Verjährung der Verantwortlichkeit zu trennen sei die Frage der Verjährung von Kostenersatzforderungen nach erfolgter Gefahrbeseitigung durch die Behörde im Wege der Ersatzvornahme oder unmittelbaren Ausführung. Kostenersatzansprüche seien – dies ist allgemein anerkannt[569] – vermögensrechtliche Ansprüche und unterlägen als solche der Verjährung.

Nach einer beachtlichen Literaturmeinung soll die Verhaltenverantwortlichkeit dagegen der Verjährung unterliegen, wobei vorgeschlagen wurde, die 30-jährige Verjährungsfrist des § 195 BGB (in der Fassung vor dem Schuldrechtsmodernisierungsgesetz) analog anzuwenden[570]. Es sei nicht plausibel, dass die Verjährung im öffentlichen Recht auf vermögensrechtliche Ansprüche beschränkt sei, denn das Zivilrecht kenne Verjährungsregelungen auch für Beseitigungs- oder Herausgabeansprüche. Im Übrigen sei es keineswegs so, dass durch den Eintritt der Verjährung der polizeiwidrige Zustand festgeschrieben oder legalisiert werde, denn die Behörde verliere nicht ihre Eingriffsbefugnis, sie könne gegen den Verursacher aber nur als Dritten im polizeilichen Notstand vorgehen und die Kosten nicht mehr auf ihn abwälzen[571]. Im Übrigen stehe nicht dominierend die Gefahrbeseitigung durch den Verursacher selbst, sondern vielmehr die Finanzierung der Gefahrenabwehr im Vordergrund. Dass der im Falle der Ersatzvornahme bestehende polizeirechtliche Kostenersatzanspruch vermögensrechtlicher Natur ist, sei anerkannt. Zwar sei dies bei dem ihm vorgelagerten Gefahrenbeseitigungsanspruch formal nicht der Fall, es gebe aber keinen plausiblen Grund, zwischen beiden einen Unterschied zu machen[572].

---

[567] VGH Mannheim, Beschl. v. 4.3.1996, NVwZ-RR 1996, 387 (390) und Urt. v. 27.9.1996, VBlBW 1997, 110.

[568] OVG Münster, Urt. v. 30.5.1996, NVwZ 1997, 507 (511), ähnlich VGH Mannheim, Beschl. v. 4.3.1996, NVwZ-RR 1996, 387 (390) und Urt. v. 27.9.1996, VBlBW 1997, 110, wonach es an einer vergleichbaren Interessenlage fehle.

[569] Siehe z. B. Martensen, NVwZ 1997, 442 (445 f.).

[570] Ossenbühl, NVwZ 1995, 547 (549); ders., Rechtsnachfolge, S. 77; Gärtner, UPR 1997, 452 f.; Kothe VerwArch 88 (1997), 456 (486 f.); Kniesel, BB 1997, 2009 (2013).

[571] Gärtner, UPR 1997, 452 f.

[572] Ossenbühl, NVwZ 1995, 547 (549); Gärtner, UPR 1997, 452 (453).

2. Verjährung der materiellen Sanierungsverantwortlichkeit des § 4 Abs. 3 S. 1 BBodSchG?

Der Gesetzgeber hat die Frage der Verjährung der Sanierungsverantwortlichkeit im Bundes-Bodenschutzgesetz nicht geregelt. Dies bedeutet jedoch nicht, dass dadurch keine Veränderung gegenüber der früheren Diskussion über die Verjährung der Verhaltensverantwortlichkeit im Altlastenrecht eingetreten ist. Der Gesetzgeber hat im Bundes-Bodenschutzgesetz Verjährungsfragen nämlich geregelt, und zwar in § 24 Abs. 2 S. 2 BBodSchG für den Ausgleichsanspruch zwischen mehreren Verantwortlichen. Eine planwidrige Regelungslücke kann daher nicht angenommen werden, zumal die Problematik aus der langjährigen Diskussion in Rechtsprechung und Literatur bekannt war und auch nicht ersichtlich ist, dass der Gesetzgeber die Klärung der Frage – was er hinsichtlich der Problematik der Gesamtrechtsnachfolge zunächst tun wollte und auch ausdrücklich festgehalten hat[573] – dem Vollzug und der Rechtsprechung überlassen wollte. Ferner widerspräche es dem Verursacherprinzip, das mit dem Bundes-Bodenschutzgesetz und seinen Regelungen zur Sanierungsverantwortlichkeit gestärkt werden sollte[574], wenn die Sanierungsverantwortlichkeit des Verursachers verjähren könnte und die öffentliche Hand die Kosten einer Sanierung übernehmen müsste. Es spricht daher Einiges für die Auffassung von *Becker*[575], dass der Gesetzgeber einen solchen Vortritt des Gemeinwohlprinzips vor das Verursacherprinzip ausdrücklich hätte anordnen müssen. Da von einem bewussten Verzicht des Gesetzgebers auf eine Regelung der Verjährung der Sanierungsverantwortlichkeit ausgegangen werden muss, ist eine Analogie ausgeschlossen, so dass die Verpflichtungen des Verursachers aus § 4 Abs. 3 S. 1 BBodSchG keiner Verjährung unterliegen[576].

---

[573] Vgl. Begründung zum RegE-BBodSchG, BT-Drucks. 13/6701, S. 35.

[574] Vgl. insbesondere BT-Drucks. 13/8182, S. 3 f.; Stellungnahme des Bundesrates zum RegE-BBodSchG, BT-Drucks. 13/6701, S. 51.

[575] BBodSchG, § 4 Rn. 47.

[576] VGH Mannheim, Beschl. v. 3.9.2002, NVwZ-RR 2003, 103 (107). Dies ist auch in der Literatur zum BBodSchG einhellige Meinung: vgl. Trurnit, NVwZ 2001, 1126 (1128); Versteyl, in Versteyl/Sondermann, BBodSchG, § 4 Rn.101 ff.; Bickel, BBodSchG, § 4 Rn. 25; Schoeneck, in Sanden/Schoeneck, BBodSchG, § 4 Rn. 15; Wüterich, in Landel/Vogg/Wüterich, BBodSchG, § 4 Rn. 78; Becker, BBodSchG, § 4 Rn. 47; Kloepfer, Umweltrecht, § 12 Rn. 164; Duesmann, Verantwortlichkeit für schädliche Bodenveränderungen und Altlasten nach dem Bundes-Bodenschutzgesetz, S. 68 f. sowie ausführlich Kummehrmehr, Zeitliche Grenzen des polizeilichen Gefahrbeseitigungsanspruchs, insb. S. 161 ff.; vgl. auch Kohls, Nachwirkende Zustandsverantwortlichkeit, S. 234 f.

D. Konsequenzen für die Bestimmung der Sanierungspflichtigkeit des Verursachers nach § 4 Abs. 3 S. 1 BBodSchG

Der weitaus größte Teil schädlicher Bodenveränderungen geht entweder auf industrielle Altanlagen, insbesondere kontaminierte Betriebsflächen, oder auf Altablagerungen, insbesondere Deponien, zurück. Für diese beiden Bereiche soll die Verhaltensverantwortlichkeit potentieller Verursacher auf der Grundlage der bisherigen Ausführungen näher beleuchtet werden.

I. Industrielle Altanlagen

Die Verursacherhaftung für industrielle Altanlagen ist recht unproblematisch. Der Betreiber ist regelmäßig für schädliche Bodenveränderungen während des Betriebes verantwortlich[577]. Das Entstehen einer schädlichen Bodenveränderung wird dabei meist aus einer Verletzung seiner im Umgang mit umweltgefährdenden Stoffen bestehenden Pflichten resultieren. Eine Unterbrechung der Zurechnung kann sich aber im Einzelfall aufgrund der Legalisierungswirkung einer Genehmigung oder daraus ergeben, dass spezielle Pflichten aufgrund der nach dem seinerzeitigen wissenschaftlich-technischen Entwicklungsstand objektiven Unerkennbarkeit der Gefahr nicht bestanden.

Eine bestehende Verantwortlichkeit ist dabei, wenn der Betreiber als Verursacher und nicht als Zustandsverantwortlicher in Anspruch genommen wird, nicht auf das Betriebsgelände beschränkt, sondern umfasst auch die betroffenen umliegenden Flächen. Eine Verantwortlichkeit scheidet jedoch aus, soweit es sich bei den schädlichen Bodenveränderungen auf durch weiträumige Luftverunreinigungen beruhende Distanz- oder Summationsschäden handelt[578]. Es fehlt dann an der von § 4 BBodSchG geforderten bodenschutzrechtlichen Relevanz des Verursachungsbeitrags, die den Realitäten eines Industrielandes Rechnung tragend als Beschränkung der Zurechnung des Verursachungsbeitrags unter dem Gesichtspunkt der Risikosphäre anzusehen ist. Die Grenzziehung, welche Bodenschäden gerade in der näheren Umgebung noch einer bestimmten industriellen Anlage zugerechnet werden können, kann sich dabei im Einzelfall durchaus als schwierig erweisen.

Bestanden auf dem Betriebsgelände bereits Vorbelastungen oder wurde das Gelände von mehreren Betrieben zugleich genutzt und sind daher die einzelnen Verursachungsbeiträge nicht mehr aufklärbar, können alle nebeneinander und unabhängig voneinander in Anspruch genommen werden, sofern ihr Anteil an der Verursachung auch für sich betrachtet ein Einschreiten recht-

---

[577] So auch Brandt, Altlastenrecht, Kap. IV Rn. 48.
[578] Begründung zum RegE-BBodSchG, BT-Drucks. 13/6701, S. 34.

fertigen würde, und zwar auch dann, wenn sich der jeweilige Umfang der Beiträge nicht mehr genau rekonstruieren lässt[579]. Voraussetzung ist aber, dass die (Mit-) Verursachung objektiv feststeht, bloße Vermutungen zu etwaigen Kausalverläufen sind nicht ausreichend[580].

Der Betreiber wird die schädlichen Bodenveränderungen selten selbst verursacht haben. Er hat aber nach den ergänzend heranzuziehenden Länderregelungen über die Haftung für Verrichtungsgehilfen auch für das Verhalten seiner Betriebsangehörigen einzustehen. In diesem Fall sind sowohl der Betriebsangehörige als auch der Betreiber als Verursacher anzusehen, ihre Verantwortlichkeit besteht nebeneinander. Ist der Betreiber eine Personen- oder Kapitalgesellschaft, haftet sie auch für das Verhalten ihrer Organe. In diesem Fall sind sowohl die Gesellschaft als auch das verursachende Organ sanierungspflichtig. Wurde die Bodenverunreinigung aber nicht von einem Organ der Gesellschaft, sondern einem Verrichtungsgehilfen verursacht, schlägt die Verantwortlichkeit der Gesellschaft nicht auf ihre Organe durch. Geschäftsherr ist allein die Gesellschaft. Wer darüber hinaus für eine sanierungspflichtige juristische Person einzustehen hat, regelt § 4 Abs. 3 S. 4 BBodSchG.

II. Altablagerungen, insbesondere Deponien

Schwieriger als bei industriellen Altanlagen ist die Bestimmung des Verursachers bei Altablagerungen. Geht es um schädliche Bodenveränderungen bzw. Altlasten infolge von Altablagerungen, insbesondere von Deponien, kommen mehrere Personen als Verursacher in Betracht. Zu nennen sind zunächst der Betreiber der Deponie bzw. – soweit personenverschieden – der Eigentümer, der dann regelmäßig Verpächter des Grundstücks ist; ferner der Abfallentsorger. Er spielt jedoch nur dann eine eigenständige Rolle als potentieller Verursacher, wenn er nicht zugleich auch Betreiber der Deponie ist, so dass insoweit die Bezeichnung Abfallanlieferer bzw. -transporteur passender ist. Schließlich haben aber auch der Abfallerzeuger, also derjenige, bei dem der Abfall angefallen ist, sowie selbst der Produzent des ursprünglichen Erzeugnisses, bei dessen Gebrauch oder Verarbeitung der Abfall anfällt, in irgend-

[579] OVG Schleswig, Beschl. v. 14.7.1995, UPR 1996, 194; VGH Mannheim, Beschl. v. 11.12.2000, UPR 2001, 274 f.; Beschl. v. 3.9.2002, NVwZ-RR 2003, 103 (105); ausführlich Dombert, in Landmann/Rohmer, Umweltrecht, § 4 BBodSchG Rn. 22. Nach OVG Hamburg, Urt. v. 19.12.1989, BB 1990, 662 f. ist dagegen der konkrete Nachweis der einzelnen Verursachungsbeiträge erforderlich. Siehe zu den Anforderungen an den Nachweis der Verursachung auch VGH München, Urt. v. 15.3.1999, NVwZ 2000, 450 (452).

[580] VGH Mannheim, Beschl. v. 11.12.2000, UPR 2001, 274 f.; Beschl. v. 3.9.2002, NVwZ-RR 2003, 103 (105).

einer Weise einen – wenn auch entfernten – Beitrag zur Entstehung der Gefahr geleistet, zumindest bei zunächst rein kausaler Betrachtung.

1. Deponiebetreiber

Der Deponiebetreiber[581] hat durch die Errichtung und das Betreiben der Deponie eine gefährliche Lage geschaffen, so dass ihn in Anlehnung an die zivilrechtlichen Verkehrssicherungspflichten die auch polizeirechtlich maßgebliche Verhaltenspflicht trifft, alles Zumutbare zur Abwehr von Gefahren und schädlichen Bodenveränderungen zu tun. Die sich hieraus ergebenden wichtigsten Pflichten sind, sich über die Eignung des Grundstücks als Deponie sowie über die Art und Gefährlichkeit der angelieferten und zu deponierenden Stoffe zu informieren und eine entsprechende Deponierung vorzunehmen[582]. Er darf nur solche Stoffe annehmen, die er gefahrlos entsorgen kann. Kommt es – regelmäßig wegen fehlender Eignung der Deponie oder unsachgemäßer Lagerung – zu schädlichen Bodenveränderungen, ist die Verhaltensverantwortlichkeit des Deponiebetreibers daher meist unproblematisch zu bejahen. Auch dass die Gefahr oftmals nicht von der Ablagerung an sich, sondern vom Hinzutreten weiterer Umstände – etwa dem Durchrosten von Behältern, von Verschiebungen, der Ablagerung anderer Abfälle oder einer Vermischung mit diesen – ausgeht, steht dem nicht entgegen, da der Betreiber allein durch die Annahme und Ablagerung von Abfällen das Risiko jedenfalls mitverursacht hat. Da der Verursachungsbeitrag des Betreibers in seiner Bedeutung auch nicht wesentlich hinter die anderen Ursachen zurücktreten wird, reicht die Mitverursachung zur Inanspruchnahme als Verursacher aus.

Die Zurechnung kann allerdings aufgrund der objektiven Unerkennbarkeit der Gefahr aufgrund des im Zeitpunkt der Ablagerung bestehenden wissenschaftlich-technischen Erkenntnisstandes unterbrochen sein. Sofern die Ablagerung nach seinerzeitigem Entwicklungsstand ordnungsgemäß erfolgte, fehlt es grundsätzlich an einer Pflichtverletzung des Betreibers. Sofern das Gefahrenpotential jedoch später objektiv erkennbar wird und noch kein Schaden eingetreten ist, ist der Betreiber aber aufgrund seiner Gefahrvermeidungspflicht zu Sicherungsmaßnahmen, etwa der Umlagerung, verpflichtet, so dass eine Zurechnung gleichwohl nur bei bereits stillgelegten Deponien oder wenn der Schaden sich bereits vor der objektiven Erkennbarkeit des Gefahrenpotentials realisiert hat, ausscheiden wird.

---

[581] Frenz, BBodSchG, § 4 Abs. 3 Rn. 37 spricht vom Abfallentsorger.
[582] Siehe auch Koch, Bodensanierung, S. 16.

Daneben kann eine Inanspruchnahme als Verursacher – allerdings nur in seltenen Fällen – an der Legalisierungswirkung einer erteilten Genehmigung scheitern.

2. Deponieeigentümer

Ist der Betreiber einer Deponie nicht zugleich auch Eigentümer des Deponiegrundstücks, stellt sich die Frage, ob der Eigentümer neben seiner Pflichtigkeit als Zustandsstörer auch als Verhaltensstörer in Anspruch genommen werden kann. Grundsätzlich kommt eine Verhaltensverantwortlichkeit durch die bloße Überlassung des Grundstücks an Dritte ohne das Hinzutreten weiterer Umstände nicht in Betracht[583]. Den Eigentümer trifft seit dem 1.3.1999 jedoch eine Abwehrpflicht bei drohenden schädlichen Bodenveränderungen gemäß § 4 Abs. 2 BBodSchG, deren Nichtbeachtung die Verhaltensverantwortlichkeit des Grundstückseigentümers begründet.

3. Abfallentsorger / Abfalltransporteur

Die Bezeichnungen sind in der Literatur nicht einheitlich. Gesprochen wird vom Abfallanlieferer[584], Abfalltransporteur[585] und Abfallentsorger[586]. Zur Bestimmung der Verantwortlichkeit ist zunächst zu unterscheiden, ob nur der Transport oder auch die Beseitigung der Abfälle übernommen wurde. Derjenige, der lediglich den Transport der Abfälle besorgt, soll hier als Abfalltransporteur bezeichnet werden, derjenige, der nicht nur den Transport, sondern auch die Beseitigung der Abfälle übernommen hat, als Abfallentsorger.

Hat sich der Abfalltransporteur bei dem Transport im Rahmen des geltenden Rechts verhalten, kommt er als Verursacher nicht in Betracht. Seine Verantwortungssphäre ist begrenzt, da die Rechtsordnung von ihm Sicherungsvorkehrungen nur für die spezifischen Transportgefahren verlangt[587].

Der den Transport und die Deponierung durchführende Abfallentsorger trägt die Verantwortung dagegen auch für die schadlose Beseitigung der Abfälle.

---

[583] Ebenso VGH München, Beschl. v. 17.3.2004, NJW 2004, 2768 (2769).

[584] Brandt, Altlastenrecht, Kap. IV Rn. 49; Koch, Bodensanierung, S. 11, verwendet den Begriff des Abfallanlieferers als Oberbegriff für den Abfalltransporteur und den Abfallentsorger.

[585] Schink, GewArch 1996, 50 (56).

[586] Frenz, BBodSchG, § 4 Abs. 3 Rn. 37, der darunter zwar auch, aber nicht in erster Linie den Transporteur versteht, sondern den Betreiber der Entsorgungsanlage.

[587] Schink, GewArch 1996, 50 (56).

Es besteht die Verantwortung für den gesamten Entsorgungsvorgang, so dass für ihn auch das zum Deponiebetreiber Gesagte gilt.

4. Abfallproduzent

Die Frage nach der Verhaltensverantwortlichkeit des Abfallproduzenten, der teilweise auch als Abfallerzeuger bezeichnet wird[588], war vor Inkrafttreten des Bundes-Bodenschutzgesetzes sehr umstritten[589]. Ihr kommt eine besondere Bedeutung zu, da der Abfallproduzent, insbesondere soweit es sich um große Chemie- oder allgemein Industriekonzerne handelt, gerade bei länger zurückliegenden Sachverhalten oftmals der einzige Verursacher sein dürfte, der zur Übernahme hoher Sanierungskosten wirtschaftlich in der Lage ist.

Unproblematisch ist seine Verantwortlichkeit bei der Selbstentsorgung, also dann, wenn er zugleich auch Entsorger ist. Dann kommt es auf seinen Verursachungsbeitrag als Abfallproduzent nicht mehr an, es gilt das bereits zum Abfallentsorger bzw. Deponiebetreiber Gesagte.

Sind Abfallproduzent und Entsorger dagegen personenverschieden, bereitet die Verhaltensverantwortlichkeit Probleme. Zwar dürfte noch unstreitig sein, dass der Produzent von Abfällen mit einer spezifischen Gefährlichkeit, deren schadlose Beseitigung nicht ohne Weiteres möglich ist, eine Gefahrenlage geschaffen hat. Gleichwohl fehlt noch eine entscheidende Zwischenstation bis zur Entstehung einer schädlichen Bodenveränderung, nämlich die Entsorgung bzw. Deponierung. Aus diesem Grund wurde die Unmittelbarkeit der Gefahrverursachung und damit die Verantwortlichkeit des Abfallproduzenten von Autoren, die der Unmittelbarkeitslehre folgen, weitgehend abgelehnt[590]. Allerdings nahmen auch die Vertreter einer Störerbestimmung nach Pflichtwidrigkeit und Risikosphären keine uneingeschränkte, wohl aber eine weitergehende Haftung an. Um die Klärung der Reichweite der Verantwortlichkeit des Abfallproduzenten nicht der Rechtsprechung zu überlassen, verankerten mehrere Länder seine Verantwortlichkeit in ihren Landesaltlastengesetzen[591]. Die Verantwortlichkeit fußte dabei nicht auf der Verursachung einer Altlast im Einzelfall, sondern wurde unabhängig davon aufgrund der typischer Weise bestehenden Nähe zur Altlast per Gesetz festgeschrieben.

---

[588] So Frenz, BBodSchG, § 4 Abs. 3 Rn. 33.
[589] Vgl. dazu etwa Kloepfer, NuR 1987, 7 (15 f.); Papier, NVwZ 1986, 256 (260).
[590] Insbesondere Papier, NVwZ 1986, 256 (260 f.).
[591] § 12 Abs. 1 Nr. 2 HAltlastG; §20 Abs. 1 Nr. 2 ThAbfAG. Siehe auch Kapitel 2 § 8 D. II. 2. b) (S. 63 f.).

Der Abfallerzeuger wurde zum Garanten für eine gefahrlose Entsorgung gemacht.

Das Bundes-Bodenschutzgesetz hat solche Landesregelungen nicht übernommen. Daraus lässt sich jedoch nicht schließen, dass nach § 4 Abs. 3 BBodSchG eine Verhaltensverantwortlichkeit des Abfallproduzenten generell ausscheide[592]. Der Gesetzgeber ist den Ländervorgaben insoweit nicht gefolgt, als er mit § 4 Abs. 3 BBodSchG das Verursacherprinzip stärken wollte, während § 12 Abs. 1 Nr. 2 HAltlastG und §20 Abs. 1 Nr. 2 ThAbfAG gerade eine gewisse Abkehr vom Verursacherprinzip beinhalteten[593]. Andererseits enthält § 4 Abs. 3 S. 1 BBodSchG keine eigenständige Regelung hinsichtlich des Verursachers von schädlichen Bodenveränderungen, sondern knüpft am klassischen Störerbegriff des allgemeinen Polizei- und Ordnungsrechts an. § 4 Abs. 3 S. 1 BBodSchG lässt sich hierzu keine Regelung entnehmen. Ob der Abfallproduzent als Verursacher einer schädlichen Bodenveränderung in Anspruch genommen werden kann, ist daher – wie vor Inkrafttreten des Bundes-Bodenschutzgesetzes – anhand der Zurechnungskriterien des allgemeinen Polizei- und Ordnungsrechts zu ermitteln.

Eine Verantwortlichkeit des Abfallproduzenten ist zu bejahen, wenn schon der Abfallproduzent nach dem Stand der Technik und dem wissenschaftlichen Erkenntnisstand wegen der besonderen Beschaffenheit oder Gefährlichkeit der Abfälle eine Gefahr verursacht. Ausgangspunkt der Bestimmung der Verantwortlichkeit ist der wohl unstreitige Umstand, dass der Abfallproduzent mit der Produktion von Abfällen mit einer spezifischen Gefährlichkeit eine Gefahrenlage schafft. Fraglich ist aber, ob die Produktion nur eine Gefahrerhöhung darstellt oder ob die Gefahrenschwelle schon überschritten und damit eine Verantwortlichkeit begründet wird. Dass schon durch die Produktion die Gefahrengrenze überschritten wird, ist nur denkbar, wenn bereits im Zeitpunkt der Produktion eine hinreichende, gefahrvermeidende Entsorgung objektiv nicht möglich ist[594].

Als eine die Verantwortlichkeit begründende Handlung kommt jedoch nicht nur der Produktionsvorgang in Betracht, sondern auch und gerade die Übergabe des Abfalls an Dritte, etwa den Transporteur, Entsorger oder Ablagerer. Ein Überschreiten der Gefahrenschwelle kommt – unabhängig von der Frage, ob man der Unmittelbarkeitslehre folgt oder eine Störerbestimmung nach

[592] So wohl Wüterich, in Landel/Vogg/Wüterich, BBodSchG, § 4 Rn. 67 a.E.
[593] Siehe Kapitel 2 § 8 D. II. 2. b) (S. 63).
[594] Über dieses Ergebnis besteht noch weitgehend Einigkeit, vgl. Papier, NVwZ 1986, 256 (261); Kloepfer, NuR 1987, 7 (16); Brandt, Altlastenrecht, Kap. IV Rn. 49. Anderer Ansicht ist Wüterich, in Landel/Vogg/Wüterich, BBodSchG, § 4 Rn. 67, der eine Verantwortlichkeit des Abfallproduzenten gänzlich ausschließen will.

Pflichtwidrigkeit und Risikosphären favorisiert – dann in Betracht, wenn die gefahrbegründende Abfallablagerung entweder beabsichtigt oder aber aufgrund mangelnder fachlicher oder finanzieller Kompetenz des mit der Entsorgung und Ablagerung betrauten Dritten geradezu vorprogrammiert ist oder billigend in Kauf genommen wird[595]. Die Anhänger der Unmittelbarkeitslehre können zur Begründung dieses Ergebnisses auf die Figur des Zweckveranlassers zurückgreifen, diejenigen, die eine Störerbestimmung nach Pflichtwidrigkeit und Risikosphären bevorzugen, auf eine Verletzung der Verkehrspflichten des Abfallproduzenten. Die zivilgerichtliche Rechtsprechung hat diese Pflichten wie folgt umschrieben: Wie dem Warenhersteller hinsichtlich der von ihm in Verkehr gebrachten Waren die allgemeine Rechtspflicht obliegt, eine Gefährdung Dritter zu vermeiden, hat er im Rahmen des Zumutbaren und Verkehrsüblichen auch für die Abwendung von Gefahren seiner bei der Produktion anfallenden Erzeugnisse 'mit negativem Wert' zu sorgen. Soweit diese Nebenprodukte ohne besondere Vorkehrungen eine Quelle von Umweltgefahren sind, hat der Produzent das Erforderliche zu tun, damit sich diese nicht zum Schaden Dritter auswirken[596]. Indem der Abfallproduzent die gefahrbegründende Abfallablagerung beabsichtigt oder sie aufgrund mangelnder Kompetenz des mit der Entsorgung und Ablagerung betrauten Dritten geradezu vorprogrammiert ist bzw. billigend in Kauf genommen wird, handelt er pflichtwidrig und überschreitet regelmäßig schon damit die Gefahrenschwelle.

Die bisher genannten haftungsbegründenden Handlungen stellen jedoch eher die Ausnahme dar. Fraglich ist, ob und wie sich eine umfassendere Verantwortlichkeit begründen lässt. Einer solchen steht jedenfalls nicht schon entgegen, dass zwischen der Abfallerzeugung und der in der Regel erst die Gefahrenschwelle überschreitenden Abfallablagerung ein gewisser Zeitraum und noch weitere Zwischenstationen – der Transporteur und der Ablagerer – liegen. Denn selbst nach der Theorie der unmittelbaren Verursachung kommt es ja gerade nicht auf eine zeitliche als vielmehr auf eine wertende Unmittelbarkeit an. Auch wenn sich die Argumentation mit den Zwischenstationen in der Literatur einiger Beliebtheit erfreut, so ist es doch zur Verneinung der Verhaltensverantwortlichkeit untauglich, zumal sie allenfalls das Ergebnis einer Wertung wiedergibt, diese aber nicht offen legt.

Bei einer Störerbestimmung nach Pflichtwidrigkeit und Risikosphären dagegen bietet sich mit den Verkehrspflichten des Abfallproduzenten ein handhabbarer Maßstab zur Bestimmung des Umfangs und der Reichweite seiner Verantwortlichkeit an. Danach ist der Abfallproduzent grundsätzlich auch für

---

[595] Brandt, Altlastenrecht, Kap. IV Rn. 49.
[596] BGH, Urt. v. 7.10.1975, NJW 1976, 46 f.; OLG Düsseldorf, Urt. v. 13.7.1995, NJW-RR 1996, 1426 (1427).

die gefahrlose Entsorgung des von ihm produzierten Abfalls verantwortlich. Dies ist grundsätzlich auch nachvollziehbar, bestimmt er doch durch die Auswahl des Entsorgers bzw. der Ablagerungsstätte den weiteren Lauf der Dinge maßgeblich mit. Allerdings sind bei der Bestimmung der Reichweite der Verantwortlichkeit des Abfallproduzenten die Wertungen des Kreislaufwirtschafts- und Abfallgesetzes zu beachten. Dieses räumt dem Abfallproduzenten in §§ 16 bis 18 KrW-/AbfG gerade die Möglichkeit ein, seine Pflicht zur Abfallbeseitigung auf Dritte zu übertragen. Macht der Produzent von dieser Möglichkeit Gebrauch, beschränkt sich seine Verantwortlichkeit auf die Auswahl eines fachlich kompetenten Entsorgers. Hat er sich einer solchen oder einer für die spezifischen Abfälle zugelassenen Anlage bedient, scheidet eine Verantwortlichkeit des Abfallproduzenten regelmäßig aus. Er hat dann alles Zumutbare getan, um Gefährdungen Dritter zu verhüten, und damit seine Verkehrspflichten erfüllt. Kommt es aufgrund eines Fehlverhaltens des Transporteurs oder des Ablagerers zu einer Gefahrenlage, so begründet dies die Verantwortlichkeit dieser Personen. Dem Abfallproduzenten kann die Gefahr nicht zugerechnet werden. Die gegenteilige Auffassung, die von *Frenz*[597] mit dem Argument vertreten wird, der Abfallproduzent habe mit dem Abfallanfall erst den Anlass für die Entsorgung geschaffen, kann – jedenfalls in dieser Allgemeinheit – nicht überzeugen. Die bloße Veranlassung ist von der Verursachung zu unterscheiden.

Auch eine falsche Deklaration der Abfälle begründet, wenn es dadurch zu einer gefahrbringenden Beseitigung kommt, die Haftung des Abfallproduzenten[598].

§ 15 Gesamtrechtsnachfolger des Verursachers

Nach § 4 Abs. 3 S. 1 Alt. 2 BBodSchG ist auch der Gesamtrechtsnachfolger des Verursachers einer schädlichen Bodenveränderung oder Altlast zur Sanierung verpflichtet. Diese Regelung war im ursprünglichen Referentenentwurf vom 22.3.1996, den das Bundeskabinett am 25.9.1996 als Regierungsentwurf beschlossen hatte, nicht vorgesehen. Die Verantwortlichkeit des Rechtsnachfolgers wurde vielmehr als spezifische Frage des allgemeinen Polizei- und Ordnungsrechts angesehen, deren Klärung durch Vollzug und Rechtsprechung nicht präjudiziert werden sollte[599]. Erst der Bundesrat forderte die Aufnahme, um die bis dahin strittige Rechtsfrage, „ob eine Gesamtrechtsnachfolge in die abstrakte Verhaltensverantwortlichkeit stattfindet", zu

---

[597] Frenz, BBodSchG, § 4 Abs. 3 Rn. 35.
[598] Schink, GewArch 1996, 50 (55), Müggenborg, SächsVBl. 2000, 77 (81).
[599] Begründung zum RegE-BBodSchG, BT-Drucks. 13/6701, S. 35.

klären und das Verursacherprinzip zu stärken[600]. Im Vermittlungsverfahren setzte sich der Bundesrat schließlich durch.

Unter Rechtsnachfolge wird der von einem anderen Rechtssubjekt abgeleitete – derivative – Erwerb einer Rechtsposition verstanden[601]. Dieser steht im Gegensatz zum originären Erwerb, bei dem eine Rechtsposition erstmalig entsteht. Bei der Rechtsnachfolge wird sodann nach dem Umfang des Übergangs von Rechtspositionen zwischen der Gesamt- und der Einzelrechtsnachfolge unterschieden: Bei der Gesamtrechtsnachfolge, auch Universalsukzession genannt, geht das Vermögen als Ganzes mit allen Rechten und Pflichten unmittelbar kraft gesetzlicher Anordnung uno actu über[602]. Im Gegensatz zur Einzelrechtsnachfolge oder Singularsukzession übernimmt der Gesamtrechtsnachfolger nicht nur einzelne Rechte oder Pflichten, sondern tritt umfassend in die Stellung des Rechtsvorgängers und damit in die gesamten Rechte und Pflichten ein[603]. Die wichtigsten Fälle der Gesamtrechtsnachfolge sind die Erbfolge nach §§ 1922, 1967 BGB sowie die Verschmelzung und Spaltung von Unternehmen nach dem Umwandlungsgesetz.

Im Polizei- und Ordnungsrecht kann entsprechend der Art der übergehenden Pflicht weiter danach unterschieden werden, ob eine Rechtsnachfolge in die abstrakte oder in die konkretisierte Polizei- oder Ordnungspflicht stattfindet. Eine konkrete Polizeipflicht ist anzunehmen, wenn eine die generell-abstrakten Eingriffsermächtigungsnormen konkretisierende, dem Verwaltungsaktadressaten gegenüber spezifische Ge- oder Verbote aussprechende polizei- oder ordnungsrechtliche Verfügung bereits ergangen ist[604]. Wurde der Verantwortliche dagegen noch nicht durch eine normkonkretisierende Verfügung in Anspruch genommen, kommt nur das Bestehen und der Übergang einer kraft Gesetzes bestehenden, abstrakten Pflicht in Betracht.

A. Bedeutung der Verantwortlichkeit des Gesamtrechtsnachfolgers

Der Frage, ob der Gesamtrechtsnachfolger in die Verantwortlichkeit seines Rechtsvorgängers einrückt, kommt je nachdem, ob es um eine konkrete oder abstrakte Verantwortlichkeit geht, unterschiedliche praktische Bedeutung zu.

---

[600] Stellungnahme zum RegE-BBodSchG, BT-Drucks. 13/6701, S. 51 sowie BT-Drucks. 13/8182, S. 3.
[601] Z.B. OVG Schleswig, Urt. v. 23.8.2000, DVBl. 2000, 1877 (1878).
[602] VGH Kassel, Urt. v. 9.9.1999, NVwZ 2000, 828; VGH Mannheim, Beschl. v. 11.12.2000, UPR 2001, 274 (275); Palandt/Edenhofer, BGB, § 1922 Rn. 6; Stadie, DVBl. 1990, 501.
[603] VGH Mannheim, Beschl. v. 11.12.2000, UPR 2001, 274 (275).
[604] OVG Bautzen, Urt. v. 12.6.1997, LKV 1998, 62 (64); Papier, DVBl. 1996, 125 (126).

Bei der Problematik der Rechtsnachfolge in die abstrakte Sanierungspflicht geht es um die Erweiterung des Kreises der sanierungspflichtigen Personen, also darum zu verhindern, dass die Behörde ohne leistungsfähigen Verantwortlichen dasteht und die Sanierungskosten von der öffentlichen Hand zu tragen sind. Keine Probleme bereitet dabei die abstrakte Zustandsverantwortlichkeit, denn sie tritt kraft Gesetzes bei jedem Übergang des Eigentums oder der tatsächlichen Gewalt in der Person des Erwerbers ein, und zwar nicht im Wege der Singular- oder Universalsukzession, sondern originär[605]. Umso bedeutsamer ist dafür die Frage nach einer Gesamtrechtsnachfolge in die abstrakte Verhaltensverantwortlichkeit. Gerade in den Altlastenfällen ist sie sehr praxisrelevant, da die Verursachungsbeiträge zumeist lange zurückliegen. Dementsprechend existieren die Verursacher oftmals nicht mehr und zumeist ist auch noch keine die Verantwortlichkeit konkretisierende Anordnung ergangen. Fraglich ist also, ob in den Fällen, in denen der Verursacher stirbt oder – im Falle juristischer Personen – durch gesellschaftsrechtliche Umwandlung wegfällt, sein Rechtsnachfolger statt seiner in Anspruch genommen werden kann. Diese Frage ist vor allem bedeutsam, wenn der Verursacher nicht auch Eigentümer des verunreinigten Grundstücks war, da anderenfalls mit dem Erbfall auch das Grundstückseigentum auf den Gesamtrechtsnachfolger übergeht und dieser Zustandsverantwortlicher wird. Aber selbst dann kann der Inanspruchnahme des Erben als Gesamtrechtsnachfolger Bedeutung zukommen, da nach der wegweisenden Entscheidung des BVerfG[606] zur Beschränkung der Zustandshaftung in Altlastenfällen die Zustandshaftung in bestimmten Fällen auf den Verkehrswert des Grundstücks begrenzt sein kann, während die Verhaltensverantwortlichkeit grundsätzlich der Höhe nach unbegrenzt besteht[607].

Anders liegt die Interessenlage dagegen bei der konkretisierten Zustands- oder Verhaltensverantwortlichkeit. Bei der Problematik der Rechtsnachfolge in die konkretisierte Polizei- oder Ordnungspflicht geht es ausschließlich um die Effizienz von Verwaltungsverfahren und Verwaltungsvollstreckung. Im Mittelpunkt steht nicht die Frage, ob jemand als Verantwortlicher überhaupt in Anspruch genommen werden kann, sondern ob ihm gegenüber eine neue Verfügung – ggf. mit sich anschließendem langwierigen Rechtsstreit – ergehen muss. Mit der Rechtsnachfolge in die konkretisierte Pflicht sollen der Verwaltung die Früchte ihrer bisherigen Bemühungen zur Herbeiführung

---

[605] Allgemeine Meinung, siehe etwa VGH München, Beschl. v. 28.11.1988, ZfW 1989, 147 (150); Breuer, NVwZ 1987, 751 (756); Doerfert, VR 1999, 229 (231); Götz, Polizei- und Ordnungsrecht, Rn. 247.

[606] Beschl. v. 16.2.2000, E 102, 1 ff.

[607] Zum Umfang der Verantwortlichkeit des Gesamtrechtsnachfolgers und etwaigen Haftungsgrenzen siehe Kapitel 4 § 15 D. (S. 163 ff.).

rechtmäßiger Zustände gesichert werden[608], damit sie nicht wieder von vorne anfangen muss.

B. Regelungsgehalt von § 4 Abs. 3 S. 1 Alt. 2 BBodSchG

Das Gesetz beschränkt den Regelungsgehalt der Norm auf die Verantwortlichkeit des Gesamtrechtsnachfolgers. Es äußert sich jedoch nicht zu den Fragen, auf welche Weise eine Verantwortlichkeit des Gesamtrechtsnachfolgers durch § 4 Abs. 3 S. 1 Alt. 2 BBodSchG begründet wird und welche Rechtsnachfolgekonstellationen innerhalb der Gesamtrechtsnachfolge erfasst sind.

I. Begründung einer originären oder einer derivativen Verantwortlichkeit

Fraglich ist, ob die Anordnung der Verantwortlichkeit des Gesamtrechtsnachfolgers des Verursachers den Kreis der Sanierungspflichtigen um den zivilrechtlichen Gesamtrechtsnachfolger im Sinne einer Originärhaftung erweitert oder ob ein Übergang der abstrakten Sanierungspflicht vom Verursacher auf den Gesamtrechtsnachfolger im Sinne einer Derivativhaftung stattfindet, die Verantwortlichkeit des Gesamtrechtsnachfolgers des Verursachers also eine vom Verursacher abgeleitete Haftung darstellt.

Im Fall einer Originärverantwortlichkeit würde die Sanierungspflicht in der Person des Gesamtrechtsnachfolgers neu entstehen. Dann wäre die zivilrechtliche Gesamtrechtsnachfolge nur eine Bedingung für die Verantwortlichkeit des Gesamtrechtsnachfolgers, die sich allein nach öffentlich-rechtlichen Vorschriften bestimmen würde.

Bei der Annahme einer Derivativhaftung wäre dagegen weiter danach zu differenzieren, ob der Pflichtenübergang unmittelbar nach § 4 Abs. 3 S. 1 BBodSchG[609] stattfindet oder sich nach den zivilrechtlichen Übertragungsvorschriften – insbesondere denen des Umwandlungsgesetzes und des Erbrechts – vollzieht[610]. Bei der Annahme einer Originärhaftung des Gesamtrechtsnachfolgers oder einer Derivativhaftung, bei der die Überleitung unmittelbar durch § 4 Abs. 3 S. 1 Alt. 2 BBodSchG erfolgt, blieben zivilrechtliche Vorschriften und Grundsätze dagegen unberücksichtigt.

---

[608] So plakativ Schoch, JuS 1994, 1026 (1029).
[609] So etwa Schwartmann/Vogelheim, ZEV 2001, 101 (102).
[610] So beispielsweise Bickel, BBodSchG, § 4 Rn. 26.

Auszugehen ist zunächst vom Wortlaut der Norm. § 4 Abs. 3 S. 1 Alt. 2 BBodSchG verwendet den Begriff des Gesamtrechtsnachfolgers, ohne diesen näher zu konkretisieren und auszufüllen. Das Gesetz greift auf die zivilrechtliche Figur der Gesamtrechtsnachfolge zurück, ohne selbst Regelungen oder Modifizierungen vorzunehmen. Die Frage, wer Gesamtrechtsnachfolger ist, kann daher nur unter Rückgriff auf das Zivilrecht beantwortet werden[611]. Dies spricht dafür, dass das Bundes-Bodenschutzgesetz keinen vom Zivilrecht losgelösten Übertragungstatbestand schafft, sondern vielmehr ein Übergang der abstrakten Sanierungspflicht nach den zivilrechtlichen Regelungen anzunehmen ist.

Gegen die anderen beiden Konstruktionen, dass § 4 Abs. 3 S. 1 BBodSchG eine originäre Haftung des Gesamtrechtsnachfolgers oder einen sich unmittelbar nach § 4 Abs. 3 S. 1 BBodSchG vollziehenden derivativen Rechtsübergang beinhaltet, spricht zudem die Entstehungsgeschichte der Regelung im Gesetzgebungsverfahren. Der Regierungsentwurf enthielt keine Anordnung der Sanierungsverantwortlichkeit des Gesamtrechtsnachfolgers. Dies wurde – wie bereits angesprochen – damit begründet, dass es sich bei der Frage der Verantwortlichkeit des Gesamtrechtsnachfolgers des Verursachers um eine Frage des allgemeinen Polizei- und Ordnungsrechts handele, deren Klärung durch Vollzug und Rechtsprechung nicht präjudiziert werden sollte[612]. Dagegen verlangte der Bundesrat die Aufnahme der Regelung, um einerseits dem Verursacherprinzip stärker Rechnung zu tragen und andererseits die bisher strittige Rechtslage positiv zu klären[613]. Alle am Gesetzgebungsverfahren Beteiligten nahmen also auf die im Polizei- und Ordnungsrecht seit langem bestehende und kontovers diskutierte Streitfrage Bezug, ob eine Gesamtrechtsnachfolge in die abstrakte Polizei- und Ordnungspflicht stattfindet oder nicht.

Im allgemeinen Polizei- und Ordnungsrecht wurde aber weder über eine originäre Verantwortlichkeit des zivilrechtlichen Gesamtrechtsnachfolgers noch über die Überleitung der Ordnungspflicht aufgrund polizeirechtlicher Normen diskutiert. Vielmehr wurde von der befürwortenden Auffassung ein Übergang der abstrakten Polizeipflicht auf den Gesamtrechtsnachfolger in direkter oder analoger Anwendung der erbrechtlichen Vorschriften ange-

---

[611] Ebenso VGH Mannheim, Beschl. v. 10.12.2000, UPR 2001, 274 (275); VG Sigmaringen, Beschl. v. 3.7.2003 (Juris-Nr. MWRE112690300 Rn. 3, ansonsten unveröffentlicht); Müggenborg, SächsVBl 2000, 77 (82); Schink, DÖV 1999, 797 (801); Kügel, NJW 2004, 1570 (1572).
[612] Begründung zum RegE-BBodSchG, BT-Drucks. 13/6701, S. 35.
[613] Stellungnahme zum RegE-BBodSchG, BT-Drucks. 13/6701, S. 51.

nommen[614]. Vor diesem Hintergrund kann nicht davon ausgegangen werden, dass der Gesetzgeber mit der Gesamtrechtsnachfolgeregelung in § 4 Abs. 3 S. 1 BBodSchG eine originäre Haftung des Gesamtrechtsnachfolgers des Verursachers einführen wollte, bei der die Pflicht kraft Gesetzes in der Person des Gesamtrechtsnachfolgers völlig neu entsteht und bei der die zivilrechtliche Gesamtrechtsnachfolge nur eine Bedingung für die Verantwortlichkeit des Gesamtrechtsnachfolgers wäre. Für den Willen des Gesetzgebers, einen solch tiefen Einschnitt in das Erbrecht oder das Umwandlungsrecht vorzunehmen, fehlen jegliche Anhaltspunkte[615].

Gleiches spricht auch gegen die Annahme, die Überleitung der Sanierungspflicht erfolge unmittelbar gemäß § 4 Abs. 3 S. 1 BBodSchG. Aufgrund der Entstehungsgeschichte ist die Gesamtrechtsnachfolgeregelung im Bundes-Bodenschutzgesetz vielmehr nur als ausdrückliche Klarstellung anzusehen, dass eine Gesamtrechtsnachfolge in die abstrakte Ordnungspflicht möglich ist. Aus diesem Grund kann gegen die gefundene Lösung auch nicht eingewandt werden, sie widerspreche der ständigen Rechtsprechung der Verwaltungsgerichte, wonach § 1922 BGB nur Rechtsbeziehungen öffentlich-rechtlicher Art erfasse, soweit diese nicht höchstpersönlicher Natur oder gesetzlich anders geregelt seien[616]. Eine anderweitige gesetzliche Regelung stellt § 4 Abs. 3 S. 1 BBodSchG gerade nicht dar.

Gegen die Annahme einer originären Verantwortlichkeit des Rechtsnachfolgers sprechen ferner noch Sinn und Zweck der Regelung, nämlich die Stärkung des Verursacherprinzips[617]. Auch wenn man sich darüber streiten kann, ob mit der Haftung des Gesamtrechtsnachfolgers des Verursachers das Verursacherprinzip gestärkt wird[618], würde eine Stärkung jedenfalls oder allenfalls – je nach Sichtweise – nur dann vorliegen, wenn die Haftung des

---

[614] Z.B. BVerwGE, Urt. v. 18.9.1981, E 64, 105 (108); OVG Koblenz, Urt. v. 12.6.1979, DÖV 1980, 654 (655); Urt. v. 26.7.1983, NVwZ 1985, 431 f.; OVG Münster, Urt. v. 30.5.1996, NVwZ 1997, 507 (508); VG Köln, Urt. v. 12.4.1994, NVwZ, 1994, 927 (929 f.); Palandt/Edenhofer, BGB, § 1922 Rn. 49; Martens in Drews/Wacke/Vogel/ Martens, Gefahrenabwehr, S. 300; Erichsen, in Erichsen/Ehlers., Allgemeines Verwaltungsrecht, § 11 Rn. 51; Stadie, DVBl. 1990, 501 ff.; Knöpfle, in Maunz-Festgabe, S. 225 (236 f.); Doerfert, VR 1999, 229 (230).

[615] Spieth/Wolfers, NVwZ 1999, 355 (360); Bickel, BBodSchG, § 4 Rn. 26.

[616] BVerwG, Urt. v. 9.1.1963, E 15, 234 (238); Urt. v. 18.9.1981, E 64, 105 (108); Urt. v. 13.12.1987, NJW 1987, 3212; Palandt/Edenhofer, BGB, § 1922 Rn. 12.

[617] Stellungnahme des Bundesrates zum RegE-BBodSchG, BT-Drucks. 13/6701, S. 51; Empfehlung des Ausschusses für Umwelt, Naturschutz und Reaktorsicherheit, BT-Drucks. 13, 8182, S. 3.

[618] Dies bestreiten etwa Spieth/Wolfers, NVwZ 1999, 355 (359) mit dem Hinweis, dass der Gesamtrechtsnachfolger des Verursachers gerade keinen Verursachungsbeitrag geleistet habe.

Gesamtrechtsnachfolgers für schädliche Bodenveränderungen oder Altlasten auf die Verursachung durch seinen Rechtsvorgänger zurückgeführt und aus dessen abstrakter Sanierungspflicht abgeleitet würde[619].

Als Ergebnis kann damit festgehalten werden, dass es sich bei der Verantwortlichkeit des Gesamtrechtsnachfolgers um eine derivative Haftung handelt, bei der sich der Übergang der Sanierungsverantwortlichkeit nach den Übertragungstatbeständen des Zivilrechts vollzieht[620].

II. Erfasste Rechtsnachfolgekonstellationen

Sämtliche Konstellationen, die die Rechtsnachfolge in die Zustandsverantwortlichkeit betreffen, werden ebenso wie die Einzelrechtsnachfolge in die Verhaltensverantwortlichkeit schon vom eindeutigen Wortlaut des § 4 Abs. 3 S. 1 BBodSchG nicht umfasst[621].

Dass die Gesamtrechtsnachfolge in die abstrakte Verhaltensverantwortlichkeit unter die Regelung fällt, ist unumstritten und lässt sich historisch und systematisch eindeutig belegen. Zum einen war es genau diese Konstellation, die der Bundesrat vor Augen hatte, als er die Aufnahme des Gesamtrechtsnachfolgers des Verursachers in den Katalog der Sanierungspflichtigen forderte[622]. Zum anderen regelt § 4 Abs. 3 BBodSchG – wie bereits gezeigt[623] – gerade die materielle Sanierungspflicht und damit die abstrakte Verantwortlichkeit.

Fraglich ist dagegen, ob § 4 Abs. 3 S. 1 BBodSchG auch die Gesamtrechtsnachfolge in die durch Verfügung bereits konkretisierte Verhaltensverantwortlichkeit erfasst. Dagegen spricht in systematischer Hinsicht, dass § 4 Abs. 3 S. 1 BBodSchG nur die Existenz der abstrakten Sanierungspflicht regelt, während die Konkretisierung durch behördliche Verfügung nach § 10 Abs. 1 S. 1 BBodSchG erfolgt. Eine Regelung, inwieweit die erlassene Verfügung auch gegen einen Gesamtrechtsnachfolger wirkt, hätte systematisch

---

[619] V. Mutius/Nolte, DÖV 2000, 1 (3).

[620] Ebenso wohl VGH Mannheim, Beschl. v. 10.12.2000, UPR 2001, 274 (275).

[621] Wie bereits gezeigt, ist die Aufzählung des sanierungspflichtigen Personenkreises in § 4 Abs. 3 und Abs. 6 BBodSchG abschließend, so dass sich ein Rückgriff auf das allgemeine Polizei- und Ordnungsrecht verbietet und den Ländern auch kein Spielraum für spezialgesetzliche Regelungen mehr bleibt, siehe Kapitel 2 § 10 E. II. 5. (S. 84 ff.). Insbesondere spezialgesetzliche Regelungen zur Einzelrechtsnachfolge in die Verhaltensverantwortlichkeit sind daher ausgeschlossen.

[622] Stellungnahme zum RegE-BBodSchG, BT-Drucks. 13/6701, S. 51 sowie BT-Drucks. 13/8182, S. 3.

[623] Siehe Kapitel 3 § 11 B. (S. 91 ff.).

dort getroffen werden müssen. Gleichwohl geht die überwiegende Ansicht davon aus, dass auch die gemäß § 10 Abs. 1 S. 1 BBodSchG konkretisierte Sanierungspflicht nach § 4 Abs. 3 S. 1 BBodSchG auf den Gesamtrechtsnachfolger des Verursachers übergeht[624]. Im Ergebnis trifft es zwar zu, dass eine erlassene Verfügung auch gegenüber dem Gesamtrechtsnachfolger des Verursachers wirkt. Es erscheint aus den gerade dargelegten Gründen jedoch zweifelhaft, dass sich dies aus § 4 Abs. 3 S. 1 BBodSchG ergibt. Näher liegt es, einen Übergang der konkretisierten Sanierungspflicht unmittelbar nach den zivilrechtlichen Übertragungsvorschriften anzunehmen, wie es schon vor dem Inkrafttreten des Bundes-Bodenschutzgesetzes ganz herrschende Meinung war[625]. Dieser Annahme stehen auch nicht § 4 Abs. 3 und Abs. 6 BBodSchG entgegen, die die Sanierungsverantwortlichkeit abschließend regeln. Wie bereits erwähnt, geht es nämlich bei der Frage des Übergangs der konkretisierten Sanierungsverantwortlichkeit nicht um die Erweiterung des Kreises der in § 4 BBodSchG abschließend aufgezählten Sanierungsverantwortlichen, sondern nur um die Effektivität und Effizienz von Verwaltungsverfahren und Verwaltungsvollstreckung, damit keine neue Verfügung ergehen muss.

Bedeutung hat die Frage nicht, da § 4 Abs. 3 S. 1 Alt. 2 BBodSchG – wie gerade gezeigt – weder eine originäre Verantwortlichkeit des Gesamtrechtsnachfolgers des Verursachers begründet noch einen vom Zivilrecht losgelösten Übertragungstatbestand darstellt. Unabhängig davon, welche Auffassung man für vorzugswürdig hält, der Übergang der durch Verfügung konkretisierten Verhaltensverantwortlichkeit vollzieht sich jedenfalls nach den zivilrechtlichen Übertragungsvorschriften.

C. Voraussetzungen der Verantwortlichkeit

Voraussetzung für die Sanierungsverantwortlichkeit des Gesamtrechtsnachfolgers des Verursachers ist zum einen die Verantwortlichkeit des Verursachers und zum anderen das Vorliegen eines die Gesamtrechtsnachfolge anordnenden Tatbestandes.

---

[624] Frenz, BBodSchG, § 4 Abs. 3 Rn. 56; Hilger, in Holzwarth/Radtke/Hilger/Bachmann, BBodSchG, § 4 Rn. 90; Müggenborg, SächsVBl. 2000, 77 (81 f.); Kahl, Die Verwaltung, Bd. 33 (2000), 29 (41); Riedel, ZIP 1999, 94 (97). A.A. sind wohl Schoeneck, in Sanden/Schoeneck, BBodSchG, § 4 Rn. 37 und Doerfert, VR 1999, 229 (232).

[625] Siehe Kapitel 5 § 18 B. II. 2. a) bb)bbb) (S. 214 f.).

I. Verantwortlichkeit des Verursachers

Bereits nach dem Wortlaut ist der Gesamtrechtsnachfolger nur sanierungspflichtig, wenn sein Rechtsvorgänger „Verursacher einer schädlichen Bodenveränderung oder Altlast" war. Voraussetzung der Verantwortlichkeit des Rechtsnachfolgers ist es daher, dass spätestens im Zeitpunkt der Gesamtrechtsnachfolge eine materielle Sanierungspflicht des Verursachers bestand[626]. Die Sanierungsverantwortlichkeit des Gesamtrechtsnachfolgers ist insofern akzessorisch zur Verantwortlichkeit des Verursachers. Besteht zum Zeitpunkt der Gesamtrechtsnachfolge keine abstrakte Sanierungspflicht, kann diese auch nicht auf den Gesamtrechtsnachfolger übergehen[627]. Vollzug und Rechtsprechung haben daher stets zu prüfen, ob der Rechtsvorgänger Verursacher und damit sanierungspflichtig war und selbst hätte in Anspruch genommen werden können.

II. Gesamtrechtsnachfolgetatbestand

Die wichtigsten Fälle der Gesamtrechtsnachfolge sind die Erbfolge nach §§ 1922, 1967 BGB sowie – im betrieblichen Bereich und damit im Altlastenrecht besonders relevant – die gesellschaftsrechtliche Umwandlung nach dem Umwandlungsgesetz. Eindeutig ist die Situation bei der Umwandlung durch Verschmelzung der Rechtsträger nach §§ 2 ff. UmwG. Diese führt gemäß § 20 Abs. 1 Nr. 1 UmwG dazu, dass das Vermögen der übertragenden Rechtsträger einschließlich der Verbindlichkeiten auf den übernehmenden Rechtsträger übergeht. Die Spaltung von Unternehmen nach §§ 123 ff. UmwG führt dagegen zu einer partiellen Gesamtrechtsnachfolge des die Teile der Unternehmensvermögensmasse jeweils aufnehmenden Rechtsträgers[628]. Da bei einer Vermögensübertragung nach §§ 174 ff. UmwG entweder die Verschmelzungs- oder die Spaltungsvorschriften des Umwandlungsgesetzes zur Anwendung kommen, stellt auch sie einen Fall der Gesamtrechtsnachfolge dar.

---

[626] VG Düsseldorf, Urt. v. 6.4.1998, NVwZ 1999, 216 (217); Schlabach/Heck, VBlBW 2001, 46 (51); Hilger, in Holzwarth/Radtke/Hilger/Bachmann, BBodSchG, § 4 Rn. 90; Kloepfer, Umweltrecht, § 12 Rn. 170; vgl. auch Erbguth/Stollmann, Bodenschutzrecht, Rn. 143.

[627] VGH Mannheim, Beschl. v. 11.12.2000, UPR 2001, 274.

[628] Siehe ausführlich Giesberts, in Fluck, Kreislaufwirtschafts-, Abfall- und Bodenschutzrecht, § 4 BBodSchG Rn. 188 ff.; Giesberts/Frank, DB 2000, 505 ff.; Becker/Fett NZG 1999, 1189 (1195 ff.); Turiaux/Knigge, BB 1999, 377 (380); Theuer, DB 1999, 621 ff.; Schall/Horn, ZIP 2003, 327 ff.

Keine Fälle der Gesamtrechtsnachfolge sind dagegen die Haftung des Erwerbers bei der Firmenfortführung nach § 25 HGB[629] sowie der Schuldbeitritt nach § 28 HGB[630].

D. Umfang der Verantwortlichkeit des Gesamtrechtsnachfolgers

Der Haftungsumfang des Gesamtrechtsnachfolgers ist wie der des Verursachers gesetzlich nicht geregelt. Eine ausdrückliche Haftungsbeschränkung, etwa auf den Wert des übergegangenen Vermögens, wenn der Gesamtrechtsnachfolger zum Zeitpunkt der Gesamtrechtsnachfolge die Altlast und die Pflicht zur Sanierung weder kannte noch kennen musste[631], enthält § 4 Abs. 3 S. 1 BBodSchG nicht.

Die vom Gesetz her unbeschränkte Haftung birgt für den Gesamtrechtsnachfolger erhebliche finanzielle Risiken in den Fällen, in denen ihm die Sanierungsverantwortlichkeit des Rechtsvorgängers unbekannt ist.

Es stellt sich die Frage, ob die zivilrechtlichen Haftungsbegrenzungen Anwendung finden und bzw. oder ob darüber hinaus von Verfassungs wegen unter dem Gesichtspunkt der Verhältnismäßigkeit eine Haftungsbeschränkung generell oder zumindest in bestimmten Fallgruppen auf das übergegangene Vermögen erforderlich ist.

I. Anwendbarkeit zivilrechtlicher Haftungsregelungen

An zivilrechtlichen Vorschriften, die Haftungsgrenzen des Gesamtrechtsnachfolgers normieren, sind für den Erben die Vorschriften über die Beschränkung der Erbenhaftung (§§ 1975 ff. BGB) sowie für den Fall der Unternehmensspaltung die zeitliche Haftungsgrenze des § 133 Abs. 3 UmwG zu nennen. Fraglich ist, ob diese Vorschriften beim Übergang der öffentlich-rechtlichen Sanierungspflicht vom Verursacher auf dessen Gesamtrechtsnachfolger anwendbar sind.

---

[629] VGH Kassel, Urt. V. 9.9.1999, NVwZ 2000, 828 (829); Schlabach/Heck, VBlBW 2001, 46 (50).

[630] VG Sigmaringen, Beschl. v. 3.7.2003 (Juris-Nr. MWRE112690300 Rn. 5, ansonsten unveröffentlicht).

[631] So § 310 i.V.m. § 303 Abs. 5 S. 1 UGB-BT. Noch weiter geht § 348 Abs. 3 UGB-KomE. Auch der 60. Deutsche Juristentag hatte die Aufnahme einer Haftungsbegrenzung vorgeschlagen, vgl. Beschl. Nr. 50 und Nr. 55b, abgedruckt in NJW 1994, 3075 (3077).

1. Beschränkbarkeit der Erbenhaftung

Ausgehend vom systematischen Aufbau haftet der Erbe nach dem vom Bürgerlichen Gesetzbuch gewählten Haftungsprinzip vorläufig unbeschränkt, aber beschränkbar[632]. Das bedeutet, dass er ab Annahme der Erbschaft außer mit dieser auch mit seinem übrigen Vermögen haftet, aber vom Gesetz in den §§ 1975 ff. BGB die Möglichkeit eingeräumt erhält, seine Haftung unter bestimmten Voraussetzungen und mittels bestimmter Maßnahmen auf den Nachlass zu beschränken[633]. Eine solche Beschränkbarkeit der Haftung kann durch Anordnung der Nachlassverwaltung und Eröffnung des Nachlassinsolvenzverfahrens erreicht werden, mit denen die Trennung von Nachlass und sonstigem Vermögen des Erben, die Fremdverwaltung und der Verlust der Verfügungsbefugnis über den Nachlass verbunden sind. Können diese Verfahren nicht durchgeführt werden, so steht dem Erben die Dürftigkeitseinrede des § 1990 BGB zu.

a) Ansicht von *Hilger*

Hilger[634] ist der Auffassung, dass zivilrechtliche Haftungsregelungen, insbesondere die Haftungsbeschränkungsrechte des Erben, bei der Anwendung von § 4 Abs. 3 BBodSchG keine Anwendung finden können. Dafür spreche, dass die Vorschrift zwar bei ihren Tatbestandsmerkmalen an die durch das Zivilrecht geregelten Fälle der Gesamtrechtsnachfolge anknüpfe, nicht aber bei ihrer Rechtsfolgenanordnung. Die als Rechtsfolge vorgegebene Sanierungspflicht sei eine öffentlich-rechtlich Handlungspflicht, für deren Erfüllung und Durchsetzung allein das Bundes-Bodenschutzgesetz sowie die Grundsätze des allgemeinen Polizei- und Ordnungsrechts maßgeblich seien.

b) Ansicht von *Schwartmann*

Auch *Schwartmann*[635] vertritt die Ansicht, dass die §§ 1975 ff. BGB nicht anwendbar sind. Zwar gehe die Ordnungspflicht derivativ auf den Erben über, aber nicht nach § 1967 BGB, sondern nach § 4 Abs. 3 S. 1 BBodSchG. Abstrakte Polizeipflichten seien auch nach dem Bodenschutzrecht nicht zivilrechtlich vererbbar, vielmehr schaffe § 4 Abs. 3 S. 1 BBodSchG eine gefahrenabwehrrechtliche Haftungsnorm außerhalb des Erbrechts. Dem-

---

[632] Erman/Schlüter, BGB, Vor § 1967 Rn. 6.
[633] Palandt/Edenhofer, BGB, Einf. vor 1967 Rn 2; Erman/Schlüter, BGB, Vor § 1967 Rn. 8; ausführlich auch Lange/Kuschinke, Erbrecht, § 46 III (S. 1186 ff.).
[634] In Holzwarth/Radtke/Hilger/Bachmann, BBodSchG, § 4 Rn. 90a.
[635] Schwartmann/Vogelheim, ZEV 2001, 101 (102).

entsprechend sei die Ordnungspflicht keine Nachlassverbindlichkeit im Sinne des § 1967 BGB.

c) Ansicht der herrschenden Meinung

Die überwiegenden Literaturstimmen meinen dagegen, dass Anknüpfungspunkt der Haftung des Gesamtrechtsnachfolgers dessen erbrechtliches Einrücken in die Pflichtenstellung des Verursachers sei, so dass dem Erben auch die Möglichkeit der Beschränkung der Erbenhaftung gemäß §§ 1975 ff. BGB zustehe und seine Haftung im Falle des § 1975 BGB auf den Nachlass beschränkt sei[636].

d) Stellungnahme

Die Lösung ist bereits durch die oben getroffene Grundentscheidung vorgegeben, dass es sich bei der Verantwortlichkeit des Gesamtrechtsnachfolgers um eine derivative Haftung handelt, bei der sich der Übergang der Sanierungsverantwortlichkeit nach den Vorschriften des Zivilrechts vollzieht[637]. Indem das Bundes-Bodenschutzgesetz auf die zivilrechtliche Figur der Gesamtrechtsnachfolge zurückgreift, ohne Modifizierungen vorzunehmen, verweist es auf das geschlossene zivilrechtliche Konzept der Gesamtrechtsnachfolge und damit auch auf die Folgeregelungen, die mit der Gesamtrechtsnachfolge notwendigerweise zusammenhängen[638]. Dies gilt umso mehr, als es sich bei den Regelungen über die Beschränkbarkeit der Erbenhaftung um für das System der vorläufig unbeschränkten, aber beschränkbaren Erbenhaftung im Bürgerlichen Gesetzbuch grundlegende Vorschriften handelt. Der Gesamtrechtsnachfolger des Verursachers kann seine Haftung daher im Rahmen der §§ 1975 ff. BGB auf den Nachlass begrenzen.

Dieses Ergebnis entspricht auch der bisherigen Rechtsprechungspraxis[639]. So ging der VGH München[640], der über die Rechtmäßigkeit einer wasserrecht-

---

[636] Frenz, BBodSchG, § 4 Abs. 3 Rn. 57; Becker, BBodSchG, § 4 Rn. 22; Wüterich, in Landel/Vogg/Wüterich, BBodSchG, § 4 Rn. 84; Bickel, BBodSchG, § 4 Rn. 26; Gerhold, altlasten spektrum 1998, 107 (108).

[637] Siehe Kapitel 4 § 15 B. I. (S. 157 ff.).

[638] So auch – allerdings zur Anwendbarkeit des § 133 Abs. 3 UmwG – Giesberts, in Fluck, Kreislaufwirtschafts-, Abfall- und Bodenschutzrecht, § 4 BBodSchG Rn. 197.

[639] VGH München, Beschl. v. 13.12.1994, NVwZ-RR 1995, 647 (648). Die Anwendbarkeit der §§ 1975 ff. BGB auf übergegangene öffentlich-rechtliche Verpflichtungen – allerdings im jeweils entschiedenen Fall nicht hinsichtlich einer Ordnungspflicht – bejahen auch BVerwG, Urt. v. 9.1.1963, E 15, 234 (238); BVerwG, Urt. v. 20.1.1977, E 52, 16 (25) sowie jüngst BVerwG, Urt. v. 22.11.2001, NJW 2002, 1892.

lichen Anordnung gegen einen Gesamtrechtsnachfolger nach Art. 68 a Abs. 1 S. 2 BayWassG zu entscheiden hatte, wie selbstverständlich davon aus, dass dem Erben die Möglichkeit der Beschränkung seiner Erbenhaftung zustehe und der Vorbehalt der beschränkten Erbenhaftung gemäß § 780 Abs. 1 ZPO in den Tenor der verfahrensgegenständlichen Anordnung aufgenommen werden müsse.

2. Zeitliche Beschränkung der Haftung nach § 133 Abs. 3 UmwG

§ 133 UmwG regelt den Umfang der Haftung des partiellen Gesamtrechtsnachfolgers im Falle der Unternehmensspaltung. Nach Abs. 1 S. 1 UmwG haften die an der Spaltung beteiligten Rechtsträger für die Verbindlichkeiten der übertragenen Rechtsträger, sofern diese vor dem Wirksamwerden der Spaltung begründet worden sind, als Gesamtschuldner. Sie alle sind daher als partielle Gesamtrechtsnachfolger sanierungspflichtig.

§ 133 Abs. 3 UmwG enthält jedoch eine wichtige Einschränkung. Nach der Vorschrift haften diejenigen Rechtsträger, denen eine Verbindlichkeit nach Abs. 1 im Spaltungs- und Übernahmevertrag nicht zugewiesen worden ist, für diese Verbindlichkeit nur dann, wenn sie vor Ablauf von fünf Jahren nach der Spaltung fällig wird und bis dahin Ansprüche gegen sie gerichtlich geltend gemacht sind, wobei nach dem letzten Halbsatz des § 133 Abs. 3 UmwG bei öffentlich-rechtlichen Verbindlichkeiten der Erlass eines Verwaltungsaktes genügt.

Zwar passt die Vorschrift nicht in die „Ewigkeitshaftung", zu der das Bundes-Bodenschutzgesetz mangels Normierung einer Verjährung der Sanierungsverantwortlichkeit führt, gleichwohl gelten die obigen Ausführungen zur Beschränkung der Erbenhaftung entsprechend: Auch insoweit gilt, dass das Bundes-Bodenschutzgesetz, indem es auf die zivilrechtliche Figur der Gesamtrechtsnachfolge zurückgreift, auf das geschlossene zivilrechtliche Konzept der Gesamtrechtsnachfolge und damit auch auf die Folgeregelungen, die mit der Gesamtrechtsnachfolge notwendigerweise zusammenhängen, verweist[641]. Hinzu kommt, dass der letzte Halbsatz von § 133 Abs. 3 UmwG öffentlich-rechtliche Verbindlichkeiten ausdrücklich erwähnt.

---

[640] Beschl. v. 13.12.1994, NVwZ-RR 1995, 647 (648).
[641] Ebenso Giesberts, in Fluck, Kreislaufwirtschafts-, Abfall- und Bodenschutzrecht, § 4 BBodSchG Rn. 197.

II. Beschränkung der Haftung auf das übergegangene Vermögen von Verfassungs wegen

Ob über die Anwendbarkeit der zivilrechtlichen Haftungsbegrenzungsmöglichkeiten hinaus die Haftung des Gesamtrechtsnachfolgers von Verfassungs wegen generell oder jedenfalls in bestimmten Fällen auf das übergegangene Vermögen beschränkt ist, ist streitig.

1. Erste Ansicht: generelle Beschränkung auf das übergegangene Vermögen

Ein Teil der Literatur ist – teilweise unter Hinweis auf die grundlegende Entscheidung des BVerfG[642] zur Beschränkung der Haftung des Grundstückseigentümers – der Ansicht, dass der Umfang der Haftung des Gesamtrechtsnachfolgers von Verfassungs wegen generell auf den Wert des vom Rechtsvorgänger auf den Gesamtrechtsnachfolger übergegangenen Vermögens begrenzt sei[643]. Die Inanspruchnahme des Gesamtrechtsnachfolgers bedürfe eines legitimierenden Zurechnungsgrundes, ansonsten sei sie unangemessen und unverhältnismäßig. Der Zurechnungsgrund könne aber nicht in der (Mit-) Verursachung der Altlast oder schädlichen Bodenveränderung gesehen werden, da der Gesamtrechtsnachfolger gerade keinen Verursachungsbeitrag geleistet habe. Was ihn von beliebigen Dritten abhebe, sei das vom Verursacher übernommene Vermögen. Gehe man davon aus, dass die Verantwortlichkeit des Verursachers nicht seiner Person, sondern seinem Vermögen anhafte, so könne in dem Übergang des mit der Sanierungsverantwortlichkeit „belasteten" Vermögens auf den Gesamtrechtsnachfolger der Anknüpfungspunkt für dessen Haftung gesehen werden. Diese Vermögenskontinuität sei aber nicht nur Zurechnungsgrund der Sanierungspflicht, sondern zugleich auch die Grenze der Haftung des Gesamtrechtsnachfolgers, so dass eine weitergehende, insbesondere unbeschränkte Haftung mangels Zurechnungsgrundes unverhältnismäßig wäre[644].

---

[642] Beschl. v. 16.2.2000, E 102, 1 ff.

[643] Spieth/Wolfers, NVwZ 1999, 355 (359 f.); Spieth/v. Oppen, ZUR 2002, 257 (261 f.); Dombert, in Landmann/Rohmer, Umweltrecht, § 4 BBodSchG Rn. 37; Nolte, NVwZ 2000, 1135 (1136); v. Mutius/Nolte, DÖV 2000, 1 (5); Knopp, DÖV 2001, 441 (452); Schall/Horn, ZIP 2003, 327 (335).

[644] Spieth/Wolfers, NVwZ 1999, 355 (360).

2. Zweite Ansicht: Beschränkung auf das übergegangene Vermögen bei Gutgläubigkeit des Gesamtrechtsnachfolgers

Ausgehend vom Grundsatz der Verhältnismäßigkeit will eine andere Ansicht die Haftung des Gesamtrechtsnachfolgers ebenfalls im Wege einer verfassungskonformen Auslegung auf den Wert des übergegangenen Vermögens begrenzen, allerdings nicht generell, sondern nur in dem Fall, in dem der Gesamtrechtsnachfolger die schädliche Bodenveränderung oder Altlast und damit die Sanierungspflicht seines Rechtsvorgängers im Zeitpunkt der Gesamtrechtsnachfolge weder kannte noch kennen musste[645]. Auch diese Auffassung geht grundsätzlich davon aus, dass der Rechtsnachfolger der von seinem Rechtsvorgänger verursachten schädlichen Bodenveränderung oder Altlast – wie jeder andere Dritte auch – grundsätzlich unbeteiligt gegenüberstehe. Wenn der Gesetzgeber mit der Aufnahme des Gesamtrechtsnachfolgers in den Katalog der sanierungspflichtigen Personen dem Verursacherprinzip stärker habe Rechnung tragen wollen, so sei es ihm darum gegangen, dass das Vermögen des Verursachers auch nach Beendigung seiner rechtlichen Existenz noch zur Finanzierung der Sanierung zur Verfügung stehe. Grund der Haftung des Gesamtrechtsnachfolgers sei seine durch die Rechtsnachfolge dokumentierte Nähe zum Vermögen des Verursachers. Dies führe – insofern weicht diese Auffassung von der vorgenannten ab – aber nicht zu einer generellen Beschränkung der Haftung des Gesamtrechtsnachfolgers auf die Höhe des übernommenen Vermögens, da es ein Grundsatz der Gesamtrechtsnachfolge sei, mit seinem gesamten Vermögen für die Verpflichtungen des Rechtsvorgängers einstehen zu müssen[646].

Um zwischen diesem Prinzip und dem Interesse des Gesamtrechtsnachfolgers an einer verhältnismäßigen Belastung einen angemessenen Ausgleich herzustellen, sei die Haftung des Gesamtrechtsnachfolgers im Wege einer verfassungskonformen Auslegung daher nur dann auf den Wert des übergegangenen Vermögens zu begrenzen, wenn der Gesamtrechtsnachfolger die schädliche Bodenveränderung oder Altlast und damit die Sanierungspflicht seines Rechtsvorgängers im Zeitpunkt der Gesamtrechtsnachfolge weder kannte noch kennen musste.

---

[645] Trurnit, VBlBW 2000, 261 (263 f.); ders., Altlastenhaftung, S. 83 f.; im Ergebnis auch Kahl, Die Verwaltung, Bd. 33 (2000), 29 (40).
[646] Trurnit, VBlBW 2000, 261 (263 f.).

3. Dritte Ansicht: keine Beschränkung auf das übergegangene Vermögen

Eine dritte Meinung lehnt eine generelle oder fallgruppenspezifische Beschränkung der Haftung des Gesamtrechtsnachfolgers auf das übergegangene Vermögen dagegen strikt ab[647]. Begründet wird dies damit, dass der Gesamtrechtsnachfolger an die Stelle des Verursachers trete[648] und gerade bei weiter zurückliegenden Rechtsnachfolgetatbeständen schwierige Fragen der Wertminderung zu klären seien; daher genügten grundsätzlich die Grenzen, die auch für den Verursacher gelten würden[649].

4. Stellungnahme

Die erste Ansicht orientiert sich zur Bestimmung der Reichweite der Verantwortlichkeit des Gesamtrechtsnachfolgers ausschließlich am Zurechnungsgrund der Vermögenskontinuität und argumentiert, dass der Gesamtrechtsnachfolger selbst keinen Verursachungsbeitrag geleistet habe und sich allein durch das vom Verursacher übernommene Vermögen von Dritten abhebe. Es könne daher im Grundsatz nichts anderes gelten, als beim Grundstückseigentümer, der nicht zugleich Verursacher ist und der nach der Entscheidung des BVerfG[650] grundsätzlich nur mit dem Vermögen haftet, das in einem rechtlichen und wirtschaftlichen Zusammenhang mit dem zu sanierenden Grundstück steht.

Dies kann jedoch in zweifacher Hinsicht nicht überzeugen. Erstens kann der Haftungsgrund des Gesamtrechtsnachfolgers nicht allein in der Vermögenskontinuität gesehen werden. Zurechnungsgrund ist nämlich nicht ausschließlich die Vermögenskontinuität, sondern daneben auch die Person des Rechtsvorgängers und deren „quasi weitergereichter Verursachungsbeitrag"[651]. Der Erbe erwirbt nicht nur das gesamte Vermögen des Erblassers einschließlich der Passiva, sondern er tritt auch als ansprechbares Rechts- und Pflichtsubjekt in alle einer Vererbung zugänglichen Belange voll an die Stelle der durch den Tod erloschenen Rechtsperson des Erblassers[652]. Der Übergang der Erbschaft ist gerade nicht nur ein Übergang von Forderungen und Verbindlichkeiten, sondern ein Übergang der Rechtsverhältnisse. Dass die Sanie-

---

[647] Müggenborg, SächsVBl. 2000, 108; Schlabach/Heck, VBlBW 2001, 46 (51); Hilger, in Holzwarth/Radtke/Hilger/Bachmann, BBodSchG, § 4 Rn. 90a; Ginzky, DVBl. 2003, 169 (175).

[648] Ginzky, NuR 2003, 727 (730), ders., DVBl. 2003, 169 (175).

[649] Ginzky, DVBl. 2003, 169 (175).

[650] Beschl. v. 16.2.2000, E 102, 1 (22 f.).

[651] So zutreffend Kahl, Die Verwaltung, Bd. 33 (2000), 29 (40).

[652] Statt vieler: Marotzke, in Staudinger, BGB, Vorbem. zu §§ 1967-2017, Rn. 7.

rungsverantwortlichkeit einer Vererbung zugänglich ist, stellt § 4 Abs. 3 S. 1 BBodSchG klar. Die erste Auffassung, die ausschließlich auf das übergegangene, mit der Sanierungsverantwortlichkeit belastete Vermögen abstellt, verkennt, dass es sich bei der Gesamtrechtsnachfolge gemäß §§ 1922, 1967 BGB nicht um eine bloße Vermögensübernahme handelt. Gleiches gilt für die Gesamtrechtsnachfolge nach dem Umwandlungsgesetz, da die Begriffe „Vermögen" und „Verbindlichkeit" denen im Erbrecht entsprechen.

Das zweite Gegenargument entstammt dem Erbrecht selbst. Es wurde bereits herausgearbeitet, dass sich der Übergang der Sanierungsverantwortlichkeit nach den Vorschriften des Zivilrechts vollzieht[653]. Indem das Bundes-Bodenschutzgesetz auf die zivilrechtliche Figur der Gesamtrechtsnachfolge zurückgreift, ohne Modifizierungen vorzunehmen, verweist es auf das geschlossene zivilrechtliche Konzept der Gesamtrechtsnachfolge und damit auch auf Folgeregelungen, die mit der Gesamtrechtsnachfolge notwendigerweise zusammenhängen[654]. Wesentlicher Bestandteil des Erbrechts ist das Prinzip der vorläufig unbeschränkten, aber beschränkbaren Erbenhaftung. Es wären auch andere Haftungssysteme denkbar gewesen, nämlich die gegenständlich beschränkte Haftung, bei der der Erbe nur mit den Gegenständen des Nachlasses oder mit dem Nachlass selbst haftet, oder die rechnerisch beschränkte Haftung, bei der der Erbe bis zur Höhe des Wertes des Nachlasses mit seinem gesamten Vermögen haftet[655]. Letzteres entspricht dem Standpunkt der erstgenannten Ansicht. Der Gesetzgeber hat sich jedoch anders entschieden, nämlich dafür, dass der Erbe grundsätzlich ohne Rücksicht auf Vorhandensein und Wert des Nachlasses mit seinem ganzen Vermögen einzustehen hat. Durch den Verweis des Bundes-Bodenschutzgesetzes auf die zivilrechtlichen Vorschriften zur Gesamtrechtsnachfolge ist auch der Haftungsumfang des Gesamtrechtsnachfolgers des Verursachers gesetzlich vorgegeben und damit für eine generelle Beschränkung der Haftung des Gesamtrechtsnachfolgers von Verfassungs wegen auf den Wert des vom Rechtsvorgänger auf den Gesamtrechtsnachfolger übergegangenen Vermögens kein Raum.

Den erbrechtlichen Grundprinzipien trägt auch die zweite Auffassung im Ergebnis nicht ausreichend Rechnung. Entgegen der Ansicht von *Trurnit*[656] bestehen zudem erhebliche funktionell-rechtliche Bedenken, die Haftung des Gesamtrechtsnachfolgers im Wege einer verfassungskonformen Auslegung auf den Wert des übergegangenen Vermögens zu begrenzen, wenn der

---

[653] Siehe Kapitel 4 § 15 B. I. (S. 157 ff.).

[654] So auch, allerdings zur Anwendbarkeit des § 133 Abs. 3 UmwG, Giesberts, in Fluck, Kreislaufwirtschafts-, Abfall- und Bodenschutzrecht, § 4 BBodSchG Rn. 197.

[655] Dazu ausführlich Lange/Kuschinke, Erbrecht, § 46 I 3 (S. 1179 ff.); Erman/Schlüter, BGB, Vor § 1967 Rn. 1.

[656] Trurnit, VBlBW 2000, 261 (264).

Gesamtrechtsnachfolger die schädliche Bodenveränderung oder Altlast und damit die Sanierungspflicht seines Rechtsvorgängers zum Zeitpunkt der Gesamtrechtsnachfolge weder kannte noch kennen musste. Eine solche verfassungskonforme Auslegung würde den Vorrang des Gesetzgebers bei der Konkretisierung der Verfassung antasten[657]. Auch wenn sich den Gesetzgebungsmaterialien nicht entnehmen lässt, dass sich der Gesetzgeber speziell im Hinblick auf den Umfang der Haftung des Gesamtrechtsnachfolgers Gedanken gemacht hat, so hat er doch in § 4 Abs. 6 S. 2 BBodSchG eine entsprechende kenntnisabhängige Haftungsbegrenzung eingeführt, nach der der frühere Grundstückseigentümer zur Sanierung nicht verpflichtet ist, wenn er beim Grundstückserwerb gutgläubig war. Dies zeigt, dass dem Gesetzgeber das Problem, dass jemandem in Unkenntnis ein unbillig und – im weiteren Sinne – unverhältnismäßig erscheinendes Risiko auferlegt wird, bekannt gewesen ist. Insoweit ist die Situation des Grundstückserwerbers auch mit der des Erben vergleichbar.

Eine generelle oder an bestimmte Voraussetzungen geknüpfte Beschränkung der Haftung des Gesamtrechtsnachfolgers auf das übergegangene Vermögen ist daher abzulehnen.

III. Ergebnis

Die Haftung des Gesamtrechtsnachfolgers ist grundsätzlich unbeschränkt. Allerdings kann sich der Gesamtrechtsnachfolger auf die zivilrechtlichen Haftungsgrenzen berufen. Unabhängig davon kann sich im Einzelfall eine Beschränkung der Haftung des Gesamtrechtsnachfolgers, etwa aus Gründen der Verhältnismäßigkeit, aus den besonderen Umständen des konkreten Falles ergeben, die die Behörde bei der Ausübung ihres Ermessens gemäß § 10 BBodSchG zu berücksichtigen hat. Eine grundsätzliche Beschränkung der Haftung auf das übergegangene Vermögen kann jedoch nicht angenommen werden. Nachdem herausgearbeitet worden ist, dass dem Erben die zivilrechtlichen Beschränkungsmöglichkeiten der §§ 1975 ff. BGB zustehen, kann auch keine Rede davon sein, dass eine unbegrenzte Inanspruchnahme des Gesamtrechtsnachfolgers stets unverhältnismäßig sei.

---

[657] Siehe dazu Hesse, Grundzüge des Verfassungsrechts Rn. 82 ff.

Kapitel 5
Bundes-Bodenschutzgesetz und Rückwirkungsverbot

Da altlastenverursachende Handlungen zumeist lange zurückliegen, stellt sich häufig die Frage, auf welche Rechtsgrundlage eine Sanierungsanordnung gestützt werden kann und ob diese mit dem verfassungsrechtlichen Rückwirkungsverbot vereinbar ist.

Ein Konflikt mit dem Rückwirkungsverbot kommt in Betracht, wenn eine der die Sanierungspflicht oder die Sanierungsverantwortlichkeit betreffenden Regelungen im Bundes-Bodenschutzgesetz auch auf vor dem Inkrafttreten des Bundes-Bodenschutzgesetzes am 1.3.1999 entstandene schädliche Bodenveränderungen und Altlasten Anwendung findet und die neue Regelung eine Verschärfung der früheren Gesetzeslage darstellt. Unproblematisch sind die Fälle, in denen die gleiche Anordnung schon auf der Grundlage des allgemeinen Polizei- und Ordnungsrechts hätte ergehen können. Bezüglich der zeitlichen Anwendbarkeit des allgemeinen Polizei- und Ordnungsrechts besteht insoweit nämlich kein Konflikt, da alle Polizei- und Ordnungsgesetze der Bundesländer im Wesentlichen – insbesondere die Generalklausel und die Vorschriften über die Verantwortlichkeit, beispielsweise §§ 14, 17, 18 NWOBG – ohne inhaltliche Änderung auf das Preußische Polizeiverwaltungsgesetz (PrPVG) von 1931[658] zurückgehen. Dieses kodifizierte seinerseits das Polizeirecht, wie es sich auf der Grundlage des § 10 Teil 2 Titel 17 des Preußischen Allgemeinen Landrechts (PrALR) von 1794 und der Auslegung durch das PrOVG darstellte[659].

Gibt die Regelung dagegen wieder, was schon Regelungsinhalt der Altlastenregelungen der Länder war, so vermindert sich die Rückwirkungsproblematik wegen des jungen Alters der Länderregelungen kaum. Die Problematik besteht dann hinsichtlich des Zeitraumes vor deren Inkrafttreten.

Erst wenn feststeht, dass eine Regelung auch auf vor dem 1.3.1999 entstandene schädliche Bodenveränderungen und Altlasten Anwendung findet und

---

[658] Preuß. GS. S. 77.

[659] OVG Münster, Urt. v. 30.5.1996, NVwZ 1997, 507 (508); Friauf, in Schmidt-Aßmann, Besonderes Verwaltungsrecht, 11. Aufl. 1999, 2. Abschn. Rn. 8; vgl. auch Drews/Wacke/Vogel/Martens, Gefahrenabwehr, S. VII. Siehe auch Kapitel 2 § 8 D. I. 1. (S. 47 f.). Zur historischen Entwicklung, insbesondere zu § 10 Teil 2 Titel 17 PrALR und zum PrPVG siehe Friauf, in Schmidt-Aßmann, Besonderes Verwaltungsrecht, 11. Aufl. 1999, 2. Abschn. Rn. 6 ff.; Götz, Polizei- und Ordnungsrecht, Rn. 10 ff.

eine Verschärfung der früheren Gesetzeslage darstellt, stellt sich die Frage nach einer verfassungswidrigen Rückwirkung.

§ 16 Rückwirkungsdogmatik des BVerfG

A. Grundlagen

Die zeitliche Dimension ist für das Recht von besonderer Bedeutung. Es kann seine Aufgabe als Ordnungsfaktor des sozialen wie des staatlichen Lebens nur erfüllen, wenn es auf Beständigkeit und Dauerhaftigkeit angelegt ist[660]. Die Rechtsordnung verlangt vom Bürger, dass er sich an ihr orientiert und sie beachtet. Soweit der Bürger daraufhin Dispositionen trifft, muss sein Vertrauen in den Fortbestand der Rechtsordnung grundsätzlich Schutz genießen. Insoweit ist der Vertrauensschutz die subjektive Ausprägung des objektiven Rechtsgrundsatzes der Rechtssicherheit. Entsprechend hat das BVerfG betont, dass die Verlässlichkeit der Rechtsordnung eine Grundbedingung freiheitlicher Verfassungen sei[661].

Andererseits ist das Recht nicht statisch. Es muss vielmehr ständig auf seinen Wirklichkeitsbezug hin überprüft und gegebenenfalls veränderten Rahmenbedingungen oder aufgrund von gewonnenen Erfahrungen angepasst werden. Hinzukommend führen die Gestaltungsfreiheit und der Gestaltungswille des Gesetzgebers, den unvermeidlichen oder politisch gewollten Wandel gesetzgeberisch umzusetzen, zu einer dynamischen Entwicklung des Rechts.

Mit der Problematik der Rückwirkung von Gesetzen stellt sich also ein Wertungsproblem, das im Rechtsstaatsprinzip im Allgemeinen und in dessen Teilbereichen Rechtssicherheit und Vertrauensschutz im Besonderen angesiedelt wird[662]. Das Prinzip der Rechtssicherheit, von dem in Art. 20 Abs. 3 GG nur Teilaspekte verankert sind, hat in zahlreichen grundgesetzlichen Vorschriften eine nähere Konkretisierung erfahren[663]. Der Bürger soll die ihm gegenüber möglichen Eingriffe des Staates voraussehen und sich darauf ein-

---

[660] Maurer, in Isensee/Kirchhof, HdbStR III, § 60 Rn. 1.

[661] BVerfG, Beschl. v. 3.12.1997, E 97, 67 (78).

[662] St. Rspr. des BVerfG seit dem Beschl. v. 24.7.1956, E 7, 89 (92); vgl. Beschl. v. 16.10.1957, E 7, 129 (152); Beschl. v. 12.11.1958, E 8, 274 (304); Beschl. v. 4.5.1960, E 11, 64 (72); Beschl. v. 7.11.1961, E 13, 261 (270 f.); Beschl. v. 19.7.1967, E 22, 241 (248); Beschl. v. 10.3.1971, E 30, 272 (285); Beschl. v. 8.6.1977, E 45, 142 (167 f.); Beschl. v. 13.11.1990, E 83, 89 (109 f.); Beschl. v. 25.5.1993, E 88, 384 (403); Beschl. v. 12.3.1996, E 94, 241 (258); Beschl. v. 3.12.1997, E 97, 67 (79).

[663] Im Einzelnen siehe Jarass, in Jarass/Pieroth, GG, Art. 20 Rn. 28 f.

richten können; er muss darauf vertrauen können, dass sein dem geltendem Recht entsprechendes Handeln auch zukünftig rechtmäßig bleibt. In diesem Vertrauen wird der Bürger aber verletzt, wenn der Gesetzgeber an vergangene Sachverhalte ungünstigere Folgen knüpft als für den Bürger im Zeitpunkt der getroffenen Dispositionen vorhersehbar waren. Für den Bürger bedeutet Rechtssicherheit daher in erster Linie Vertrauensschutz[664]. Seit der Entscheidung vom 14.5.1986[665] misst der Zweite Senat bei der Beurteilung der Frage der Rückwirkung von Gesetzen neben dem Rechtsstaatsprinzip den Grundrechten eine stärkere Bedeutung bei[666]. Dabei lässt er allerdings rechtsstaatliche Grundsätze mit einfließen[667], so dass im Ergebnis kein Unterschied besteht.

Ein Konflikt besteht freilich nicht, wenn der Gesetzgeber für künftig entstehende Sachverhalte neue Regelungen erlassen will. Natürlich kann der Bürger nicht darauf vertrauen, dass die bestehenden Gesetze unverändert bleiben[668]. Die Problematik entsteht also nur, wenn auf Sachverhalte mit Vergangenheitsbezug gesetzgeberisch eingewirkt wird. Allerdings besteht insoweit kein allgemeiner Rechtssatz, der es dem Gesetzgeber verbietet, auf vergangene Sachverhalte einzuwirken[669]. Das Rechtsstaatsprinzip begrenzt eine Rückwirkung vielmehr erst dann, wenn die rückwirkende Verschlechterung der Rechtsposition des Bürgers die Rechtssicherheit verletzt[670]. Im Grundsatz des Vertrauensschutzes findet das Rückwirkungsverbot nicht nur seinen Grund, sondern auch seine Grenze[671].

Das BVerfG hat im Rahmen seiner Rückwirkungsdogmatik versucht, einen Ausgleich zwischen dem schutzwürdigen Kontinuitätsinteresse einerseits und dem gesetzgeberischen Gestaltungsdruck andererseits zu finden.

---

[664] BVerfG, Beschl. v. 7.11.1961, E 13, 261 (271); Beschl. v. 11.10.1962, E 14, 288 (297 f.); Beschl. v. 9.6.1964, E 18, 70 (81); Beschl. v. 26.2.1969, E 25, 269 (290); Beschl. v. 22.6.1971, E 31, 222 (225); Beschl. v. 8.6.1977, E 45, 142 (168); Beschl. v. 14.2.1979, E 50, 244 (250); Beschl. v. 9.2.1983, E 63, 152 (175); Beschl. v. 23.2.1983, E 63, 215 (223 f.).

[665] Beschl. v. 14.5.1986, E 72, 200 (242), dazu auch Möller/Rührmair, NJW 1999, 908 ff.

[666] So auch jüngst BVerfG, Urt. v. 5.2.2004, NJW 2004, 739 (747).

[667] Etwa BVerfG, Beschl. v. 30.9.1987, E 76, 256 (347); Beschl. v. 8.6.1988, E 78, 249 (283 f.); Urt. v. 5.2.2004, NJW 2004, 739 (747).

[668] BVerfG, Beschl. v. 17.7.1974, E 38, 61 (83); Beschl. v. 31.10.1984, E 68, 193 (222); Urt. v. 5.2.2004, NJW 2004, 739 (747); Maurer, in Isensee/Kirchhof, HdbStR III, § 60 Rn. 55.

[669] BVerfG, Urt. v. 30.4.1952, E 1, 264 (280); Beschl. v. 24.4.1953, E 2, 237 (265 f.); Beschl. v. 24.7.1956, E 7, 89 (92).

[670] BVerfG, Beschl. v. 7.11.1961, E 13, 261 (271).

[671] BVerfG, Beschl. v. 20.7.1971, E 32, 111 (123); Beschl. v. 25.5.1993, E 88, 384 (404).

B. Ursprüngliche Rechtsprechung beider Senate bis 1983

Auf den Begriff der Rückwirkung ist das BVerfG erstmals in einer Entscheidung vom 31.5.1960[672] eingegangen. Das Gericht unterschied dabei zwischen echter (retroaktiver) und unechter (retrospektiver) Rückwirkung. Eine echte Rückwirkung liege nur vor, „wenn das Gesetz nachträglich ändernd in abgewickelte, der Vergangenheit angehörende Tatbestände eingreift". Dagegen handele es sich um eine unechte Rückwirkung, wenn das Gesetz „nur auf gegenwärtige, noch nicht abgeschlossene Sachverhalte und Rechtsbeziehungen für die Zukunft einwirkt"[673]. Diese Differenzierung lag bis Anfang der achtziger Jahre der Rechtsprechung beider Senate zugrunde[674]. Ob ein Gesetz echte oder unechte Rückwirkung entfaltet, entschied das BVerfG einzelfallorientiert[675].

Der Einordnung in eine der beiden Kategorien kommt dabei erhebliche Bedeutung zu, da sie das Ergebnis präjudiziert. Gesetze mit echter Rückwirkung – so das BVerfG – seien regelmäßig unvereinbar mit dem Gebot der Rechtsstaatlichkeit, zu dessen wesentlichen Elementen die Rechtssicherheit gehöre, die ihrerseits für den Bürger in erster Linie Vertrauensschutz bedeute[676], und daher grundsätzlich verfassungswidrig[677]. Nur ausnahmsweise komme eine Durchbrechung dieses Grundsatzes in Betracht, nämlich dann, wenn das Vertrauen nicht schutzwürdig sei. Das BVerfG hat bereits in

---

[672] Beschl. v. 31.5.1960, E 11, 139 ff.
[673] BVerfG, Beschl. v. 31.5.1960, E 11, 139 (145 f.).
[674] Vgl. BVerfG, Beschl. v. 11.10.1962, E 14, 288 (297 f.); Beschl. v. 17.1.1967, E 21, 117 (131 f.); Beschl. v. 19.7.1967, E 22, 241 (248); Beschl. v. 16.8.1968, E 24, 220 (229 f.); Urt. v. 17.10.1968, E 24, 260 (266); Beschl. v. 21.1.1969, E 25, 142 (154); Urt. v. 7.5.1969, E 25, 371 (403 f., 406); Beschl. v. 9.3.1971, E 30, 250 (267); Beschl. v. 23.3.1971, E 30, 367 (385 f.); Beschl. v. 23.3.1971, E 30, 392 (401 ff.); Beschl. v. 22.6.1971, E 31, 222 (225 f.); Beschl. v. 20.7.1971, E 32, 111 (123); Beschl. v. 22.1.1975, E 39, 128 (143 f.); Beschl. v. 20.6.1978, E 48, 403 (413 f.); Urt. v. 26.1.1981, E 57, 361 (391); Beschl. v. 3.11.1981, E 59, 1 (25, 28); Beschl. v. 16.12.1981, E 59, 128 (164 f.); Beschl. v. 9.2.1983, E 63, 152 (175); Beschl. v. 8.3.1983, E 63, 312 (328 f.).
[675] BVerfG, Beschl. v. 23.3.1971, E 30, 392 (402 f.).
[676] BVerfG, Beschl. v. 31.3.1964, E 18, 429 (439); Beschl. v. 19.12.1967, E 23, 12 (32); Beschl. v. 17.1.1979, E 50, 177 (193).
[677] BVerfG, Beschl. v. 7.11.1961, E 13, 261 (272); Beschl. v. 31.3.1964, E 18, 429 (439); Beschl. v. 19.12.1967, E 23, 12 (32); Beschl. v. 16.8.1968, E 24, 220 (229); Urt. v. 7.5.1969, E 25, 371 (403); Beschl. v. 23.3.1971, E 30, 392 (401); Beschl. v. 22.6.1971, E 31, 222 (225); Beschl. v. 20.7.1971, E 32, 111 (123); Beschl. v. 22.1.1975, E 39, 128 (143); Beschl. v. 8.6.1977, E 45, 142 (174); Beschl. v. 15.2.1978, E 48, 1 (20); Beschl. v. 17.1.1979, E 50, 177 (193); Beschl. v. 12.3.1996, E 94, 241 (258); Beschl. v. 15.10.1996, E 95, 64 (86).

einer Entscheidung vom 07.11.1961[678] die Fälle mangelnden Vertrauensschutzes zu objektivieren versucht und in Fallgruppen zusammengefasst, an der sich das Gericht[679] und die Literatur[680] seitdem orientieren: Danach ist auch eine echte Rückwirkung zulässig, wenn

- der Bürger schon im Zeitpunkt, auf den der Eintritt der Rechtsfolge zurückbezogen wird, nicht mit dem Fortbestand der Regelung, sondern mit einer Neuregelung rechnen musste[681];
- die Rechtslage unklar, verworren oder lückenhaft war, so dass mit einer Rechtssicherheit herstellenden und auch rückwirkenden Klärung gerechnet werden musste[682];
- sich eine Norm nachträglich als ungültig erweist und durch eine neue, rechtlich nicht zu beanstandende Norm ersetzt wird[683];
- zwingende Gründe des Allgemeinwohls dem Vertrauensschutz vorgehen[684] oder
- eine Rückwirkung nur zu einer ganz unerheblichen Beeinträchtigung führt[685].

---

[678] Beschl. v. 7.11.1961, E 13, 261 (271 f.).

[679] Auf alle im Beschl. v. 7.11.1961, E 13, 261 (272) genannten Fallgruppen beziehen sich etwa BVerfG, Beschl. v. 31.3.1964, E 18, 429 (439); Beschl. v. 8.6.1977, E 45, 142 (173 f.).

[680] Jarass, in Jarass/Pieroth, GG, Art. 20 Rn. 72; Sommermann, in Mangoldt/Klein/Starck, GG, Art. 20 Rn. 285; Schulze-Fielitz, in Dreier, GG, Art. 20 147 ff.; ausführlich zu den einzelnen Fallgruppen Pieroth, Rückwirkung, S. 55 ff.

[681] BVerfG, Urt. v. 30.4.1952, E 1, 264 (280); Beschl. v. 24.4.1953, E 2, 237 (266); Beschl. v. 12.11.1958, E 8, 274 (304); Beschl. v. 16.11.1965, E 19, 187 (196 f.); Beschl. v. 15.11.1967, E 22, 330 (347); Beschl. v. 10.3.1971, E 30, 272 (286); Beschl. v. 23.3.1971, E 30, 367 (387 f.); Beschl. v. 25.6.1974, E 37, 363 (397); Beschl. v. 8.6.1977, E 45, 142 (174); Beschl. v. 15.2.1978, E 48, 1 (20); Beschl. v. 4.12.1985, E 71, 230 (252); Beschl. v. 25.5.1993, E 88, 384 (404); Beschl. v. 23.6.1993, E 89, 48 (67); Beschl. v. 15.10.1996, E 95, 64 (87).

[682] BVerfG, Beschl. v. 4.5.1960, E 11, 64 (73); Beschl. v. 10.3.1971, E 30, 272 (286); Beschl. v. 23.3.1971, E 30, 367 (388); Beschl. v. 17.1.1979, E 50, 177 (193 f.); Beschl. v. 14.5.1986, E 72, 200 (259); Beschl. v. 25.5.1993, E 88, 384 (404); Beschl. v. 30.11.1999, FamRZ 2000, 281.

[683] BVerfG, Beschl. v. 24.7.1956, E 7, 89 (94); Beschl. v. 16.11.1965, E 19, 187 (196 f.); Beschl. v. 23.3.1971, E 30, 367 (388); Beschl. v. 30.11.1999, FamRZ 2000, 281.

[684] BVerfG, Urt. v. 1.7.1953, E 2, 380 (405); Beschl. v. 9.3.1971, E 30, 250 (268); Beschl. v. 23.3.1971, E 30, 367 (390 f.); Beschl. v. 25.6.1974, E 37, 363 (397); Beschl. v. 8.6.1977, E 45, 142 (174); Beschl. v. 14.5.1986, E 72, 200 (260); Beschl. v. 25.5.1993, E 88, 384 (404); Beschl. v. 3.12.1997, E 97, 67 (79); Urt. v. 23.11.1999, E 101, 239 (263 f.).

[685] So genannter Bagatellvorbehalt. Diese Fallgruppe war zwar in der Aufzählung in BVerfG, Beschl. v. 7.11.1961, E 13, 261 (272) noch nicht enthalten, ist inzwischen aber anerkannt, siehe BVerfG, Beschl. v. 23.3.1971, E 30, 367 (389); Beschl. v. 14.5.1986, E 72, 200 (258 f.); Beschl. v. 15.10.1996, E 95, 64 (87).

Eine unechte Rückwirkung sei dagegen grundsätzlich zulässig[686]. Allerdings ergäben sich aus dem Prinzip der Rechtssicherheit auch bei der unechten Rückwirkung verfassungsrechtliche Grenzen, da auch bei der unechten Rückwirkung denkbar sei, dass der Vertrauensschutz verletzt werde, indem das Gesetz einen entwertenden Eingriff vornehme, mit dem der Bürger nicht rechnen konnte[687]. Daher sei zur Bestimmung der verfassungsrechtlichen Grenzen eines Gesetzes mit unechter Rückwirkung das Vertrauen des betroffenen Bürgers auf den Fortbestand der bisherigen Rechtslage gegen die Bedeutung des gesetzgeberischen Anliegens für das Wohl der Allgemeinheit abzuwägen[688].

C. Rechtsprechung des Ersten Senats seit 1983

Der Erste Senat hat bis heute vollumfänglich an der soeben dargestellten Unterscheidung zwischen grundsätzlich unzulässiger echter Rückwirkung und grundsätzlich zulässiger unechter Rückwirkung festgehalten[689]. Dies gilt

---

[686] BVerfG, Beschl. v. 23.3.1971, E 30, 392 (402); Beschl. v. 22.1.1975, E 39, 128 (143 f.); Beschl. v. 3.11.1981, E 59, 1 (25); Beschl. v. 9.2.1983, E 63, 152 (175); Beschl. v. 13.5.1986, E 72, 141 (154); Beschl. v. 14.11.1987, E 74, 129 (155); Beschl. v. 15.10.1996, E 95, 64 (86); Urt. v. 23.11.1999, E 101, 239 (263).

[687] BVerfG, Beschl. v. 11.10.1962, E 14, 288 (297); Beschl. v. 17.1.1967, E 21, 117 (132); Beschl. v. 19.12.1967, E 23, 12 (32); Beschl. v. 16.8.1968, E 24, 220 (230); Urt. v. 17.10.1968, E 24, 260 (266); Beschl. v. 23.3.1971, E 30, 392 (402); Urt. v. 16.7.1985, E 69, 272 (309).

[688] BVerfG, Beschl. v. 21.1.1969, E 25, 142 (154); Beschl. v. 9.3.1971, E 30, 250 (268); Beschl. v. 23.3.1971, E 30, 367 (391); Beschl. v. 23.3.1971, E 30, 392 (404); Beschl. v. 22.6.1971, E 31, 222 (227); Beschl. v. 22.1.1975, E 39, 128 (145 f.); Urt. v. 8.2.1977, E 43, 242 (286); Beschl. v. 20.6.1978, E 48, 403 (415 f.); Beschl. v. 13.3.1979, E 50, 386 (397 f.); Beschl. v. 8.3.1983, E 63, 312 (329 f.); Beschl. v. 5.5.1987, E 75, 246 (280); Beschl. v. 25.5.1993, E 88, 384 (406 f.); Urt. v. 23.11.1999, E 101, 239 (263).

[689] BVerfG, Urt. v. 16.7.1985, E 69, 272 (309); Beschl. v. 13.5.1986, E 72, 141 (154); Beschl. v. 13.5.1986, E 72, 175 (196); Beschl. v. 14.11.1987, E 74, 129 (155); Beschl. v. 12.3.1996, E 94, 241 (258 f.); Beschl. v. 15.10.1996, E 95, 64 (86); Urt. v. 23.11.1999, E 101, 239 (263); Beschl. v. 22.4.1998, WM 1998, 1343 (1345); Beschl. v. 30.11.1999, FamRZ 2000, 281. Unklar allerdings BVerfG, Beschl. v. 3.7.2001, 1 BvR 382/01, Abs. 7 (http://www.bverfg.de, ansonsten unveröffentlicht), in der der Erste Senat neben seiner Differenzierung zwischen echter und unechter Rückwirkung auch die Terminologie des Zweiten Senats verwendet. Dort heißt es: „Knüpft indessen eine Regelung mit Wirkung für die Zukunft die Rechtsfolgen an einen in der Vergangenheit liegenden Sachverhalt an, so handelt es sich bei dieser sachlichen Erstreckung um eine tatbestandliche Rückanknüpfung, eine so genannte unechte Rückwirkung, die weniger strengen Anforderungen unterliegt." Dies ist insoweit missverständlich, als dass der Erste Senat in der Entscheidung nicht danach differenziert, ob der in der Vergangenheit liegende Sachverhalt abgeschlossen war oder nicht.

sowohl für die präjudizielle Wirkung der Kategorisierung in echte oder unechte Rückwirkung[690] wie für die entwickelten Fallgruppen, in denen eine
echte Rückwirkung ausnahmsweise zulässig sein soll[691], als auch für die
Grenzen der Zulässigkeit einer unechten Rückwirkung[692].

D. Rechtsprechung des Zweiten Senats seit 1983

Der Zweite Senat ist dagegen in seiner zum deutsch-österreichischen Rechtshilfevertrag ergangenen Entscheidung vom 22.3.1983[693] von der bis dato einheitlich gebrauchten Differenzierung zwischen echter und unechter Rückwirkung abgerückt. Eine Rechtsnorm entfalte nur dann Rückwirkung, „wenn
der Beginn ihres zeitlichen Anwendungsbereichs normativ auf einen Zeitpunkt festgelegt ist, der vor dem Zeitpunkt liegt, zu dem die Norm rechtlich
existent, d. h. gültig geworden ist"[694].

Die Frage einer Rückwirkung wird damit rein formal auf die Frage des zeitlichen Anwendungsbereiches reduziert. Weiter wird ausgeführt: „Keine
Frage des Beginns eines zeitlichen Anwendungsbereichs – und damit keine
Frage der Rückwirkung – ist, ob der Rechtshilfevertrag auch auf solche Bei-
treibungsverfahren anzuwenden ist, denen als Vollstreckungstitel Abgaben-
bescheide zugrunde liegen, die vor der völkerrechtlichen oder der innerstaat-
lich-deutschen Anwendbarkeit des Vertrages bestandskräftig geworden
sind."[695] Diese tatbestandliche Rückanknüpfung sei eine Frage des sachlichen
Anwendungsbereiches der Norm. Sie sei jeder Norm insoweit eigen, als sie
den Eintritt ihrer Rechtsfolgen in der Zukunft von Gegebenheiten aus der
Zeit vor ihrer Verkündung abhängig mache[696].

Die Aufgabe der Unterscheidung zwischen echter und unechter Rückwirkung
zugunsten einer Differenzierung zwischen der Rückbewirkung von Rechtsfolgen und der tatbestandlichen Rückanknüpfung hat der Zweite Senat in

---

[690] Etwa BVerfG, Beschl. v. 22.4.1998, WM 1998, 1343 (1345).
[691] BVerfG, Urt. v. 23.11.1999, E 101, 239 (263); Beschl. v. 3.7.2001, 1 BvR 382/01,
Abs. 7 (http://www.bverfg.de, ansonsten unveröffentlicht).
[692] BVerfG, Beschl. v. 13.5.1986, E 72, 141 (154); Beschl. v. 13.5.1986, E 72, 175 (196);
Beschl. v. 15.10.1996, E 95, 64 (86); Urt. v. 23.11.1999, E 101, 239 (263); Beschl. v.
22.4.1998, WM 1998, 1343 (1345).
[693] E 63, 343 ff.
[694] BVerfG, Beschl. v. 22.3.1983, E 63, 343 (353).
[695] BVerfG, Beschl. v. 22.3.1983, E 63, 343 (356).
[696] BVerfG, Beschl. v. 14.5.1986, E 72, 200 (242).

seiner Entscheidung vom 14.5.1986[697] nochmals eingehend ausgeführt und in der Folgezeit seinen weiteren Entscheidungen[698] zugrunde gelegt.

Hinsichtlich der präjudiziellen Wirkung beider Kategorien führt der Zweite Senat allerdings die ursprüngliche Rechtsprechung fort: Die Rückbewirkung von Rechtsfolgen sei grundsätzlich unzulässig, die tatbestandliche Rückanknüpfung dagegen grundsätzlich zulässig[699]. Gleiches gilt bezüglich der Fallgruppen, in denen eine Rückbewirkung von Rechtsfolgen ausnahmsweise zulässig sein soll[700].

Zu einer Annäherung an die Terminologie des Ersten Senats hat die Entscheidung vom 3.12.1997[701] geführt, in der der Zweite Senat seine Definitionen mit denen des Ersten Senats gleichgesetzt hat[702].

E. Stellungnahme

I. Maßgeblichkeit der Rechtsprechung des BVerfG

Die Rückwirkungsdogmatik des BVerfG[703] hat auch Kritik erfahren. Dem Rückwirkungsbegriff des Ersten Senats wird – sicherlich nicht ganz unberechtigt – entgegengehalten, dass das Abstellen auf die Abgeschlossenheit des Sachverhaltes kein klares Kriterium für die Abgrenzung zwischen echter und unechter Rückwirkung biete[704]. Die rein zeitliche Eingrenzung der Rück-

---

[697] E 72, 200 ff.

[698] BVerfG, Beschl. v. 30.9.1987, E 76, 256 (345 f.); Beschl. v. 20.1.1988, E 77, 370 (377).

[699] BVerfG, Beschl. v. 15.5.1997, E 92, 277 (325) unter Bezugnahme auf die ältere Rechtsprechung sowie jüngst BVerfG, Urt. v. 5.2.2004, NJW 2004, 739 (748).

[700] So bezieht sich der Zweite Senat in seinem Beschluss vom 14.5.1986, E 72, 200 (259 f.) ausdrücklich auf die in der früheren Rechtsprechung beider Senate entwickelten Fallgruppen; ebenso Beschl. v. 10.12.1985, E 71, 255 (273).

[701] E 97, 67 ff.

[702] So heißt es in BVerfG, Beschl. v. 3.12.1997, E 97, 67 (78): „Die Anordnung, eine Rechtsfolge solle schon für einen vor dem Zeitpunkt der Verkündung der Norm liegenden Zeitraum eintreten (Rückbewirkung von Rechtsfolgen, „echte" Rückwirkung), ist grundsätzlich unzulässig." Auf S. 79 heißt es weiter: „Demgegenüber betrifft die tatbestandliche Rückanknüpfung („unechte" Rückwirkung) nicht den zeitlichen, sondern den sachlichen Anwendungsbereich einer Norm."

[703] Umfassend mit der Rechtsprechung des BVerfG setzten sich etwa Pieroth, Rückwirkung, S. 79 ff. und Götz, Festgabe BVerfG, Bd. 2, S. 421 ff. auseinander.

[704] Z.B. Pieroth, Rückwirkung, S. 79 ff.; vgl. auch Sondervotum des Verfassungsrichters Steinberger in BVerfG, Beschl. v. 15.2.1978, E 48, 1 (23) sowie Rensmann, JZ 1999, 168 (170).

wirkungsproblematik des Zweiten Senats lässt sich aufgrund ihrer Formalität einfacher feststellen. Die Terminologie des Zweiten Senats mag daher griffiger erscheinen. Gleichwohl hat *Brüning*[705] anhand zweier Beispielsfälle überzeigend nachgewiesen, dass in der Sache die gleichen Abgrenzungsprobleme bestehen bleiben[706]. Zudem kann dem formalen Rückwirkungsbegriff des Zweiten Senats entgegenhalten werden, dass es eine Vielzahl gesetzgeberischer Techniken gibt, die in ihrer Wirkung unter den Gesichtspunkten Rechtssicherheit und Vertrauensschutz ebenso problematisch sind wie ein rückdatiertes Inkrafttreten[707].

Die im Zusammenhang mit den Regelungen des Bundes-Bodenschutzgesetzes auftretenden Rückwirkungsfragen werden jedoch vom BVerfG entschieden werden. Daher wird in dieser Arbeit auch dessen Rechtsprechung bei der Erörterung der einzelnen Rückwirkungsprobleme zugrunde gelegt. Dies gilt umso mehr, als sich alle anderen Bundesgerichte der Rechtsprechung des BVerfG – überwiegend unter ausdrücklicher Verwendung der althergebrachten Terminologie des Ersten Senats – angeschlossen haben[708].

II. Unterschiede in der Rechtsprechung beider Senate

Beide Senate setzen bei der Eingrenzung des Problemfeldes der Rückwirkung von Gesetzen an unterschiedlichen Ansatzpunkten an[709]: Der Zweite Senat nimmt die Abgrenzung rein formal anhand eines Vergleichs von Verkündungszeitpunkt und Zeitpunkt des Inkrafttretens der Rechtsnormen bzw. des Eintretens der Rechtsfolgen vor. Der Rückwirkungsbegriff des Zweiten Senats wird daher auch als formaler oder enger Rückwirkungsbegriff bezeichnet, der sich auf die Rückbewirkung von Rechtsfolgen beschränkt. Dagegen differenziert der Erste Senat weiterhin zwischen echter und unechter Rückwirkung und setzt am Lebenssachverhalt und dessen Abgeschlossenheit bzw. Fortwirkung an und versetzt sich damit eher in die Sichtweise eines betroffenen Bürgers. Dadurch werden auch Fälle der tatbestandlichen

---

[705] NJW 1998, 1525 ff.

[706] Insoweit mag man es für bezeichnend halten, dass der Zweite Senat in seiner Entscheidung vom 3.12.1997, E 97, 67 (81), die Frage, ob das zu überprüfende Gesetz nach den Maßstäben der Rückbewirkung von Rechtsfolgen oder der tatbestandlichen Rückanknüpfung zu beurteilen ist, offen gelassen hat.

[707] Ebenso Pieroth, JZ 1984, 971 (973); Papier, DVBl. 1996, 125 (130).

[708] Aus der jüngeren Rechtsprechung siehe etwa BVerwG, Beschl. v. 1.2.1999, NuR 1999, 327 (329); Urt. v. 26.2.2003, NVwZ-RR 2003, 522 f.; BGH, Urt. v. 19.3.1998, WM 1998, 1348 ff.; BFH, Urt. v. 12.10.2000, NVwZ 2001, 715. Aus der oberverwaltungsgerichtlichen Rechtsprechung siehe etwa OVG Lüneburg, Urt. v. 25.9.1998, GewArch 1999, 121 (124).

[709] So auch Fiedler, NJW 1988, 1624 (1626); Brüning, NJW 1998. 1525 (1526).

Rückanknüpfung in den Begriff der echten Rückwirkung einbezogen, allerdings begrenzt auf abgeschlossene Sachverhalte. Der Rückwirkungsbegriff wird daher auch als weiter Rückwirkungsbegriff bezeichnet.

Die unterschiedliche Terminologie beider Senate wirft die Frage auf, ob und inwieweit auch inhaltliche Unterschiede bestehen.

Der Wandel in der Rechtsprechung des Zweiten Senats ist in der Literatur unterschiedlich aufgenommen worden: Während etwa *Fiedler*[710] ihr aus terminologischer Sicht den Vorzug vor der als unscharf gerügten Unterscheidung zwischen echter und unechter Rückwirkung gibt, lehnt *Papier*[711] den engen Rückwirkungsbegriff des Zweiten Senats gerade wegen seiner Formalisierung und Enge als ungeeignet ab. Überwiegend wird jedoch vertreten, dass dadurch eine sachliche Änderung nicht erfolgt sei[712]. Die Unterschiede in der Rechtsprechung und Terminologie beider Senate werden stattdessen eher in der dogmatischen Herleitung gesehen, und zwar in dem Verhältnis des im Rechtsstaatsprinzip angesiedelten Vertrauensschutzes zu den Grundrechten[713]. Dies hat dazu geführt, dass die unterschiedlichen Definitionen in der Rechtsprechung[714] und weiten Teilen der Literatur[715] synonym verwendet werden. Dazu hat nicht zuletzt auch die Gleichsetzung der Terminologien beider Senate in der Entscheidung vom 3.12.1997[716] beigetragen.

Vor dem Hintergrund, dass vielfach kein sachlicher Unterschied zwischen der Rückwirkungsdogmatik beider Senate des BVerfG gesehen wird, ver-

---

[710] NJW 1988, 1624 (1631).
[711] DVBl. 1996, 125 (130).
[712] So Maurer, in Isensee/Kirchhof, HdbStR III, § 60 Rn. 15; Vogel, JZ 1988, 833 (837); Pieroth, JZ 1990, 279 (280 f.); Schink, VerwArch 82 (1991), 357 (360, Fn. 10); Peine, NVwZ 1993, 958 (960); Enders, DVBl. 1993, 82 (84); Pohl, NJW 1995, 1645 (1649, Fn. 57); Brüning, NJW 1998, 1525 (1526); wohl auch Möller/Rührmair, NJW 1999, 908 (909).
[713] Dazu Rensmann, JZ 1999, 168 (169) sowie ausführlich zur Bedeutung der Grundrechte für die verfassungsrechtlichen Anforderungen an rückwirkende Gesetze Möller/Rührmair, NJW 1999, 908 ff.
[714] Siehe nur zuletzt BGH, NVwZ 2004, 1267 (1268).
[715] Etwa Jarass, in Jarass/Pieroth, GG, Art. 20 Rn. 67 ff.; Sommermann, in Mangoldt/Klein/Starck, GG, Art. 20 Rn. 284; Schulze-Fielitz, in Dreier, GG, Art. 20 Rn. 144, 152; Degenhart, Staatsrecht, Rn. 369. Aus der Literatur zum Bundes-Bodenschutzgesetz siehe z. B. Versteyl, in Versteyl/Sondermann, BBodSchG, § 4 Rn. 95. Ebenso schon SRU, Altlasten II, BT-Drucks. 13/380, Tz. 274.
[716] E 97, 67 (78). Ebenso jüngst BVerfG, Urt. v. 5.2.2004, NJW 2004, 739 (748).

wundert es nicht, dass Rechtsprechung[717] und Literatur[718] zur Rückwirkungsproblematik im Altlastenrecht ebenso wie die neuere, sich speziell auf das Bundes-Bodenschutzgesetz beziehende Literatur[719] ohne nähere Erörterung entsprechend der althergebrachten Terminologie zwischen echter und unechter Rückwirkung unterscheiden und so die Rückwirkungsdogmatik des Ersten Senats als maßgeblichen Bewertungsmaßstab zur Überprüfung der Verfassungsmäßigkeit altlastenrechtlicher Normen heranziehen.

Der terminologische und in Bezug auf die Einordnungskategorien bestehende Unterschied könnte ferner dadurch relativiert werden und schließlich zu identischen Ergebnissen in der Sache führen, dass auch der Zweite Senat die verfassungsrechtliche Problematik jenseits der von ihm als Rückwirkung bezeichneten Rückbewirkung von Rechtsfolgen erkennt. So heißt es in seiner zum deutsch-österreichischen Rechtshilfevertrag ergangenen Entscheidung: „Allerdings hat die Anwendung des Rechtshilfevertrages auf den Fall des Beschwerdeführers zur Veränderung einer bereits vor Abschluss und Inkrafttreten des Vertrages bestehenden verfahrensrechtlichen Lage des Beschwerdeführers geführt. In dieser zeitlichen Komponente der sachlichen Anwendungsbreite des Rechtshilfevertrages mögen Auswirkungen für den Grundrechts- und Freiheitsraum des betroffenen Bürgers liegen, die verfassungsrechtlich von erheblichem Gewicht sind. Diese Auswirkungen beruhen jedoch nicht auf der Rückerstreckung des zeitlichen Anwendungsbereiches einer Norm, mithin nicht auf ihrer Rückwirkung, sondern darauf, dass der Rechtshilfevertrag für die Zukunft [...] auch bereits vorgefundene Verfahrenslagen regeln will und damit notwendiger Weise auch an in der Vergangenheit liegende Umstände anknüpft."[720] Auch der Zweite Senat will dementsprechend Gesetze, die auf gegenwärtige, noch nicht abgeschlossene Rechtsbeziehungen für die Zukunft einwirken – und bei denen damit eine tatbestandliche Rückanknüpfung vorliegt – nach den Grundsätzen des Ver-

---

[717] Beispielsweise VG Darmstadt, Beschl. v. 21.2.1994, NVwZ-RR 1994, 497 (500). Das VG Gießen, Beschl. v. 16.12.1991, NVwZ 1992, 908 (910) verwendet dagegen die Terminologien beider Senate nebeneinander.

[718] Papier, DVBl. 1996, 125 (130); ders. JZ 1994, 810 (821 f.); Pohl, NJW 1995, 1645 (1649); Peine, NVwZ 1993, 958 (960).

[719] Müggenborg, SächsVBl. 2000, 77 (83); Frenz, BBodSchG, § 4 Abs. 3 Rn. 176; Oerder, in Oerder/Numberger/Schönfeld, BBodSchG, § 4 Rn. 17; differenzierend aber Sanden, in Sanden/Schoeneck, BBodSchG, § 2 Rn. 35 und Versteyl, in Versteyl/Sondermann, BBodSchG, § 4 Rn. 95.

[720] BVerfG, Beschl. v. 22.3.1983, E 63, 343 (356).

trauensschutzes beurteilen, wenn die betroffenen Rechtspositionen nachträglich entwertet werden[721].

Als gewichtiges Argument, dass in der Sache keine Unterschiede bestünden, wird auch die Entscheidung des Zweiten Senats vom 3.12.1997[722] angeführt, in der dieser sich wieder der Terminologie des Ersten Senats annähert, indem er seine Definitionen mit denen des Ersten Senats gleichgesetzt hat. Bedenkt man, dass er die Terminologie von echter und unechter Rückwirkung früher ausdrücklich mit dem Argument abgelehnt hat, die Zusammenfassung beider Bereiche unter einem Oberbegriff sei nicht sinnvoll, da er keinerlei verfassungsrechtlichen Maßstäbe aufzuzeigen vermöge[723], könnte die Gleichstellung beider Terminologien durch den Zweiten Senat durchaus dahin gehend ausgelegt werden, dass er hinsichtlich der Abgrenzung der beiden Fallgruppen keine sachliche Differenzierung zum Ersten Senat (mehr) bezweckt[724].

Entgegen vielfacher Ansicht können die unterschiedlichen Ansatzpunkte jedoch zu unterschiedlichen Ergebnissen führen. Dies ist darauf zurückzuführen, dass das Kriterium des Ersten Senats, die Annahme eines abgeschlossenen oder noch gegenwärtigen Tatbestandes, unabhängig vom Inkrafttreten des neuen Gesetzes und damit dem formalen Kriterium des Zweiten Senats ist. Zwar hat das BVerfG in den Fällen, in denen das Gesetz ausdrücklich das Inkrafttreten für einen Zeitraum schon vor der Verkündung anordnete, in der Mehrzahl einen abgeschlossenen Tatbestand angenommen[725], in einigen Fällen aber auch nicht[726]. Auch wenn die Unterschiede recht gering sein mögen, als Folge der teilweise unterschiedlichen Kategorisierung bleibt eine Differenz in Form des unterschiedlichen Präjudizes. Der Unterscheidung zwischen echter und unechter Rückwirkung bzw. zwischen der Rückbewirkung von Rechtsfolgen und der tatbestandlichen Rückanknüpfung ist gerade wegen der mit der Einordnung in eine der Kategorien einhergehenden präjudiziellen Wirkung von erheblicher praktischer Bedeutung. Von der Einordnung in eine der Kategorien hängt das Ergebnis der verfassungsrecht-

---

[721] Siehe insbesondere BVerfG, Beschl. v. 22.3.1983, E 63, 343 (356 ff.); Beschl. v. 10.4.1984, E 67, 1 (15); Beschl. v. 15.5.1985, E 70, 69 (84); Beschl. v. 14.5.1986, E 72, 200 (242 f.).

[722] E 97, 67 (78).

[723] BVerfG, Beschl. v. 14.5.1986, E 72, 2000 (243).

[724] So Möller/Rührmair, NJW 1999, 908 (909).

[725] BVerfG, Beschl. v. 14.11.1961, E 13, 206 (212 ff.); Beschl. v. 14.11.1961, E 13, 215 (223 f.); Beschl. v. 15.11.1967, E 22, 330 ff.; Urt. v. 24.7.1968, E 24, 75 ff.; Beschl. v. 29.10.1969, E 27, 167 ff.; Beschl. v. 23.3.1971, E 30, 367 ff.; Beschl. v. 25.6.1974, E 37, 363 ff.

[726] BVerfG, Beschl. v. 11.10.1962, E 14, 288 (296 f.); Beschl. v. 19.12.1967, E 23, 12 (32).

lichen Prüfung entscheidend ab[727]. Unabhängig davon, welche Terminologie man bevorzugt, bleibt festzuhalten, dass die echte Rückwirkung bzw. die Rückbewirkung von Rechtsfolgen grundsätzlich unzulässig und die unechte Rückwirkung bzw. tatbestandliche Rückanknüpfung grundsätzlich zulässig ist. Nur vor diesem Hintergrund erschließen sich die begrifflichen Abgrenzungsversuche und der darauf verwendete juristische Begründungsaufwand.

Gesetze, die auf in der Vergangenheit abgeschlossene Sachverhalte einwirken, unterfallen nach der Dogmatik des Ersten Senats den strengeren Maßstäben der echten Rückwirkung und sind damit grundsätzlich unzulässig, wenn nicht eine der Ausnahmefallgruppen greift. Nach der Terminologie des Zweiten Senats liegt dagegen nur eine tatbestandliche Rückanknüpfung vor, die grundsätzlich zulässig ist. Zwar wird auch diese nach den Grundsätzen des Vertrauensschutzes beurteilt, also einer Abwägung zwischen dem Ausmaß des Vertrauensschadens des Einzelnen und der Bedeutung des gesetzlichen Anliegens für die Allgemeinheit. In mehreren Entscheidungen des Zweiten Senats heißt es dazu: „Ist das Vertrauen in den Bestand der begünstigenden Regelung nicht generell schutzwürdiger als das öffentliche Interesse an einer Änderung, ist die Regelung mit der Verfassung vereinbar."[728] Aber dadurch wird die Schwelle der Annahme der Verfassungswidrigkeit deutlich angehoben[729].

F. Ergebnis

Bei der Untersuchung der Einzelprobleme im Folgenden ist damit zwischen der Rechtsprechung beider Senate zu differenzieren[730], sofern sich der Beurteilungsmaßstab der Senate unterscheidet. Keiner Differenzierung bedarf es, soweit verschärfende Regelungen an nicht abgeschlossene und damit noch fortwirkende Sachverhalte anknüpfen. In diesem Fall liegt nach der Terminologie des Ersten Senats eine unechte Rückwirkung, nach der des Zweiten Senats eine tatbestandliche Rückanknüpfung vor. Der Beurteilungsmaßstab ist identisch, die unechte Rückwirkung bzw. tatbestandliche Rückanknüpfung ist grundsätzlich zulässig, sofern nicht das Vertrauen des Einzel-

---

[727] So zutreffend Degenhart, Staatsrecht, Rn. 369.
[728] BVerfG, Beschl. v. 15.5.1985, E 70, 69 (84 f.); Beschl. v. 10.12.1985, E 71, 255 (273); ähnlich Beschl. v. 30.9.1987, E 76, 256 (356).
[729] So auch Pieroth, JZ 1990, 279 (285).
[730] Soweit ersichtlich unterscheiden ansonsten nur VGH Mannheim, Urt. v. 27.9.1996, VBlBW 1997, 110, Versteyl, in Versteyl/Sondermann, BBodSchG, § 4 Rn. 95 ff. sowie Sanden, in Sanden/Schoeneck, BBodSchG, § 2 Rn. 35 zwischen der Rechtsprechung beider Senate.

nen auf den Fortbestand der bisherigen Rechtslage die Bedeutung des gesetz-geberischen Anliegens für das Wohl der Allgemeinheit überwiegt.

Hingegen ist eine differenzierte Betrachtung angezeigt, soweit verschärfende Regelungen zwar erst für die Zeit nach Inkrafttreten greifen, aber an bereits in der Vergangenheit abgeschlossene Sachverhalte anknüpfen. Denn dann liegt nach der Terminologie des Ersten Senats eine echte Rückwirkung vor, nach der des Zweiten Senats dagegen nur eine tatbestandliche Rückanknüp-fung[731]. Der Beurteilungsmaßstab unterscheidet sich. Nach der Dogmatik des Zweiten Senats wäre eine solche Regelung grundsätzlich zulässig, sofern nicht im Einzelfall das Vertrauen in den Bestand der begünstigenden Rege-lung generell schutzwürdiger als das öffentliche Interesse an einer Änderung ist. Nach der Dogmatik des Zweiten Senats wäre eine entsprechende Rege-lung dagegen grundsätzlich unzulässig, sofern nicht eine der Ausnahmefall-gruppen eingreift. Neben einer unklaren Gesetzeslage kämen im Gegensatz zur Dogmatik des Zweiten Senats nur zwingende Gründe des Gemeinwohls in Betracht.

Gerade bei den im Laufe der Jahre immer umfangreicher und spezieller gewordenen Altlastenregelungen sowie nunmehr dem Bundes-Bodenschutz-gesetz kann die unterschiedliche Rückwirkungsdogmatik zu verschiedenen Bewertungsmaßstäben führen, nämlich soweit erstens eine nachträgliche Verschärfung der Sanierungsanforderungen erfolgt und zweitens mit Bezug auf die vergangene altlastenverursachende Handlung von abgeschlossenen Sachverhalten auszugehen wäre, was aufgrund der häufig lange zurücklie-genden Verursachungsbeiträge zumindest nicht fern liegend erscheint.

§ 17 Sanierungspflicht und Rückwirkungsverbot

Bestehen und Umfang der Sanierungspflicht richten sich auch dann nach § 4 Abs. 3 S. 1 BBodSchG, wenn eine schädliche Bodenveränderung oder Altlast vor dem Inkrafttreten des Gesetzes eingetreten ist. Dafür spricht neben dem Wortlaut und dem systematischen Argument, dass eine Stichtagsregelung wie in § 4 Abs. 5 Bundes-Bodenschutzgesetz in § 4 Abs. 3 S. 1 BBodSchG nicht enthalten ist, insbesondere der Regelungszweck des Gesetzes, der auch und gerade die Altlastensanierung umfasst[732].

Rückwirkungsprobleme kommen nur in Betracht, sofern Bestehen und Inhalt der Sanierungspflicht eine Verschärfung der früher geltenden Rechtslage dar-

---

[731] Ebenso VGH Mannheim, Urt. v. 27.9.1996, VBlBW 1997, 110.
[732] BGH, Urt. v. 2.4.2004, NVwZ 2004, 1267 ff.

stellen. Geht die Sanierungspflicht nicht über dasjenige Maß an Gefahren-abwehr hinaus, das bereits auf der Grundlage der polizei- und ordnungs-rechtlichen Generalklauseln vom Pflichtigen verlangt werden konnte, so kommt es auf die Frage, ob die Sanierungspflicht Rückwirkung entfaltet und ob diese zulässig wäre, gar nicht an[733].

Im Vergleich zu der vor Inkrafttreten des Bundes-Bodenschutzgesetzes auf einer spezialgesetzlichen Länderaltlastenregelung oder dem allgemeinen Polizei- und Ordnungsrecht beruhenden Sanierungspflicht kommt in zwei-facher Hinsicht eine Verschärfung in Betracht. Zum einen in Form der Er-weiterung des geforderten Sanierungsumfangs, da nicht mehr nur die Gefahr an sich, sondern auch erhebliche Nachteile oder erhebliche Belästigungen dauerhaft beseitigt werden müssen. Zum anderen in Form der Absenkung der Eingriffsschwelle, indem die Sanierungspflicht nicht erst bei Vorliegen einer Gefahr, sondern bereits durch drohende erhebliche Nachteile oder erhebliche Belästigungen ausgelöst wird. Es ist dementsprechend danach zu trennen, ob der Bürger für ein zurückliegendes Verhalten durch ein Absenken der Ge-fahrenschwelle erstmalig haftbar im Sinne von sanierungspflichtig gemacht wird oder ob die aufgrund der früheren Gefahrverursachung bestehende Sanierungspflicht in ihrem Inhalt verändert wird[734].

A. Erweiterung des Umfangs der Sanierungspflicht

Nach § 4 Abs. 3 S. 1 BBodSchG sind schädliche Bodenveränderungen so zu sanieren, dass dauerhaft keine Gefahren, erhebliche Nachteile oder erhebliche Belästigungen entstehen. In diesem Kontext ist noch § 2 Abs. 3 BBodSchG von Bedeutung, wonach schädliche Bodenveränderungen solche Beein-trächtigungen der Bodenfunktionen sind, die geeignet sind, Gefahren, erheb-liche Nachteile oder erhebliche Belästigungen herbeizuführen. Hier soll zunächst untersucht werden, ob der Erweiterung des Umfangs der Sanie-rungspflicht des § 4 Abs. 3 S. 1 BBodSchG gegen das Rückwirkungsverbot verstößt. Dabei ist zwischen der Pflicht, Gefahren zu beseitigen, und der Pflicht, auch erhebliche Belästigungen und erhebliche Nachteile dauerhaft zu beseitigen, zu differenzieren.

---

[733] Dies verkennt BGH, Urt. v. 2.4.2004, NVwZ 2004, 1267 ff. In der zum Ausgleichsanspruch nach § 24 Abs. 2 BBodSchG ergangenen Entscheidung gelangt der BGH zu dem Ergebnis, dass das Gesetz keine verfassungsrechtlich grundsätzlich unzulässige echte oder retroaktive Rückwirkung beanspruche. Maßgeblicher Sachver-halt sei nämlich nicht die Verursachung der Kontamination, sondern die von der vorhandenen Schadstoffbelastung ausgehende gegenwärtige Umweltgefahr. Da der maßgebliche Sachverhalt mithin noch nicht abgeschlossen sei, liege nur eine unechte (retrospektive) Rückwirkung vor.

[734] So ansatzweise schon Papier, JZ 1994, 810 (822).

I. Gefahrenbeseitigung

Hinsichtlich der Pflicht zur Gefahrenbeseitigung führt das Bundes-Boden-schutzgesetz zu keiner Verschärfung der Rechtslage aus Sicht des Sanie-rungspflichtigen. Er war schon auf der Grundlage des allgemeinen Polizei-und Ordnungsrechts zur umfassenden und dauerhaften Gefahrenabwehr ver-pflichtet. Insoweit ordnet § 4 Abs. 3 S. 1 BBodSchG nur spezialgesetzlich an, was bereits auf Grundlage des allgemeinen Polizei- und Ordnungsrechts gefordert werden konnte. Rückwirkungsprobleme stellen sich insoweit nicht.

II. Beseitigung erheblicher Nachteile und erheblicher Belästigungen

Dagegen liegt in der in § 4 Abs. 3 S. 1 BBodSchG normierten Sanierungs-pflicht eine Vergrößerung des zu erfüllenden Pflichtenumfangs und insoweit eine für den Verpflichteten nachteilige Veränderung der bestehenden Rechtslage[735]. Er muss nicht nur von der schädlichen Bodenveränderung oder Altlast ausgehende Gefahren dauerhaft beseitigen, sondern zusätzlich auch unterhalb der Gefahrenschwelle bestehende erhebliche Belästigungen und erhebliche Nachteile. Dies bedeutet eine Anhebung des Sanierungsniveaus und wird regelmäßig den erforderlichen Sanierungsaufwand vergrößern.

1. Verfassungsrechtliche Zulässigkeit der Verschlechterung

a) Prüfung anhand der Maßstäbe des Ersten Senats

Unter Zugrundelegung der Rückwirkungsdogmatik des Ersten Senats stellt sich zunächst die Frage, ob ein abgeschlossener Sachverhalt gegeben ist oder nicht. Im Laufe der rechtswissenschaftlichen Diskussion hat sich dabei ein wegen der präjudiziellen Wirkung des Ergebnisses bedeutsamer Streit über das Problem entwickelt, wie im Altlastenrecht ein abgeschlossener von einem noch fortwirkenden Sachverhalt abzugrenzen ist. Die Frage geht dahin, ob der Tatbestand „Verursachung einer Altlast" mit Abschluss der verursa-chenden Handlung als abgeschlossen anzusehen ist oder erst mit Abschluss der Sanierung.

---

[735] Ebenso Wüterich, in Landel/Vogg/Wüterich, BBodSchG, § 4 Rn. 31.

aa) Anknüpfung an die gefahrverursachende Handlung

Die früher herrschende Literaturmeinung, die noch immer von einem gewichtigen Teil der Literatur vertreten wird, stellt auf das altlastenverursachende Verhalten in der Vergangenheit ab und geht davon aus, dass der Lebenssachverhalt mit Entstehung der Altlast abgeschlossen sei[736]. Für diese Sichtweise wird angeführt, dass alleine der haftungsbegründende Tatbestand Anknüpfungspunkt der Frage sein könne, ob der geregelte Sachverhalt abgeschlossen sei oder nicht. Die noch bestehende Bodenverunreinigung sei lediglich eine Folgewirkung des abgeschlossenen Sachverhaltes[737]. Ließe man solche Folgewirkungen ausreichen, um zu einer unechten Rückwirkung zu gelangen, so könne man konsequenterweise niemals eine echte Rückwirkung annehmen[738]. Für die Anknüpfung an die altlastenverursachende Handlung spreche ferner der Sinn und Zweck des Vertrauensschutzes. Dem Bürger solle garantiert werden, dass sein an der Rechtsordnung orientiertes Handeln mit allen seinen Folgen auch zukünftig anerkannt bleibe. Insoweit müsse auf den Zeitpunkt der gefahrverursachenden Handlung abgestellt werden[739].

bb) Anknüpfung an die fortbestehende Gefahrenlage

Der inzwischen wohl überwiegende Teil der Literatur[740] sowie die Rechtsprechung[741] stellen dagegen auf die durch die Altlast verursachte Gefahrenlage ab. Diese Ansicht geht auf *Paetow*[742] zurück, nach dem sich der Geltungsanspruch des Abfallgesetzes grundsätzlich auf alle umweltschädlich

---

[736] Papier, Altlasten, S. 11; ders., DVBl. 1996, 125 (130 f.); Kloepfer, NuR 1987, 7; Pohl, NJW 1995, 1645 (1649); Gelen, UPR 1996, 212 214 ff.; Kothe, DÖV 1994, 716 (722); ders. VerwArch 88 (1997), 456 (471); SRU, Altlasten II, BT-Drucks. 13/380, Tz. 274; Knopp, DÖV 1990, 683 (687); Trurnit, Altlastenhaftung, S. 91; Nolte, NVwZ 2000, 1135 (1136).

[737] Pohl, NJW 1995, 1645 (1649); Gelen, UPR 1996, 212 (215); Papier, DVBl. 1996, 125 (130).

[738] Pohl, NJW 1995, 1645 (1649); ebenso Kothe VerwArch 88 (1997), 456 (471).

[739] Trurnit, Altlastenhaftung, S. 91.

[740] Peine, NVwZ 1993, 958 (960); Breuer, DVBl. 1994, 890 (898); Herbert, NVwZ 1994, 1061 (1065 f.); Schink, DÖV 1995, 213 (217); ders., DÖV 1999, 797 (802 f.); Landel, in Landel/Vogg/Wüterich, BBodSchG, Einf. C Rn. 22; Wüterich, in Landel/Vogg/Wüterich, BBodSchG, § 4 Rn. 31; Versteyl, in Versteyl/Sondermann, BBodSchG, § 4 Rn. 99; Frenz, BBodSchG, § 4 Abs. 3 Rn. 176; ders., ZUR 2001, 337 (340); Sanden, in Sanden/Schoeneck, BBodSchG, § 2 Rn. 35; Brandt, Altlastenrecht, Kap. IV Rn. 60.

[741] VGH Mannheim, Urt. v. 27.9.1996, VBlBW 1997, 110; VG Gießen, Beschl. v. 16.12.1991, NVwZ 1992, 908 (910); VG Darmstadt, Beschl. v. 21.2.1994, NVwZ-RR 1994, 497 (500). Nunmehr auch BGH Urt. v. 2.4.2004, NVwZ 2004, 1267 (1268).

[742] NVwZ 1990, 510 (512 f., 517).

abgelagerten Abfälle erstrecke, unabhängig von der schließlich zu einer Altlast führenden Kausalkette. Wenn das Abfallrecht Sanierungsmaßnahmen gegen den (heutigen) Abfallbesitzer zulasse, liege darin kein Wiederaufgreifen vergangener, abgeschlossener Sachverhalte, sondern ein Anknüpfen an einen bis in die Gegenwart reichenden Gefahrentatbestand[743]. Dieser Ansatzpunkt wurde seitdem verallgemeinert. Die Verunreinigungen und die mit ihr zusammenhängende Gefahrenlage seien ein in der Vergangenheit begonnener Vorgang, der bis zur Gegenwart und in die Zukunft fortwirke und damit keineswegs abgeschlossen sei[744]. Daher seien die Lebenssachverhalte nicht schon mit der Gefahrverursachung, sondern erst nach der Gefahrbeseitigung mit Durchführung der Sanierung abgeschlossen. Der Sachverhalt, um den es gehe, sei die bestehende Altlast, nicht der Entstehungszeitpunkt der Sanierungspflicht[745].

Maßgeblich für die Annahme eines abgewickelten Sachverhaltes sei, dass alle mit dem Sachverhalt verbundenen öffentlich-rechtlichen Pflichten erfüllt seien[746]. Zwar sei der Vorgang des Entstehens einer Altlast abgeschlossen, doch seien damit noch nicht alle öffentlichrechtlichen Pflichten erfüllt, die Sache habe sich unter öffentlichrechtlichen Aspekten noch nicht erledigt[747]. Solange die Sanierung noch nicht beendet sei, sei auch die Gefahr noch nicht beseitigt, weswegen von einem abgeschlossenen Sachverhalt keine Rede sein könne. Die auf die Altlastenverursachung abstellende Gegenansicht lasse die verursachte Umweltgefahr völlig unberücksichtigt[748]. Den Abschluss des Lebenssachverhaltes allein nach dem Abschluss der erfolgten Stoffeintragung im Boden zu beurteilen, werde dem Charakter der Regelungen als Gefahrenabwehrvorschriften nicht gerecht[749].

Nach *Peine*[750] muss wie folgt differenziert werden: Sei die Sanierung bereits vor Inkrafttreten einer verschärfenden Regelung, beispielsweise einer Rekultivierungsverpflichtung, abgeschlossen, so liege ein abgewickelter Tatbestand vor. Nur in diesem Fall handele es sich um eine echte Rückwirkung, da das Gesetz eine bis zu seinem Inkrafttreten bestehende Rechtslage mit Wirkung für die Vergangenheit neu ordne. Erfolge eine Gesetzesänderung bis zur Gefahrenbeseitigung, handele es sich dagegen nur um eine Erweiterung noch bestehender und damit gegenwärtiger Pflichten.

---

[743] Paetow, NVwZ 1990, 510 (517).
[744] VG Gießen, Beschl. v. 16.12.1991, NVwZ 1992, 908 (910).
[745] Peine, NVwZ 1993, 958 (960).
[746] Peine, NVwZ 1993, 958 (960).
[747] Herbert, NVwZ 1994, 1061 (1065).
[748] Schink, DÖV 1995, 213 (219).
[749] Herbert, NVwZ 1994, 1061 (1065) entgegen Knopp, DÖV 1990, 683 (687).
[750] Peine, NVwZ 1993, 958 (960).

cc) Stellungnahme

Ausgangspunkt für die Beantwortung soll die Rechtsprechung des BVerfG zu den Grundsätzen des verfassungsrechtlichen Rückwirkungsverbotes sein. Ihr im Kern immer gleich lautender Tenor heißt: Der Bürger soll die ihm gegenüber möglichen Eingriffe voraussehen und sich darauf einrichten können; er muss darauf vertrauen können, dass sein dem geltendem Recht entsprechendes Handeln auch zukünftig anerkannt bleibt. In diesem Vertrauen wird der Bürger aber verletzt, wenn der Gesetzgeber an vergangene Sachverhalte ungünstigere Folgen knüpft, als für den Bürger im Zeitpunkt der getroffenen Dispositionen vorhersehbar war. Für den Bürger bedeutet Rechtssicherheit daher in erster Linie Vertrauensschutz[751].

In der vorliegenden Konstellation geht es nicht darum, anknüpfend an eine zurückliegende Handlung des Bürgers Rechtsfolgen zu knüpfen, die es im Zeitpunkt der getroffenen Disposition nicht gab. In der vorliegenden Konstellation wurde in der Vergangenheit eine Gefahr verursacht. Der Altlastenverursacher hielt sich also nicht im Rahmen des geltenden Rechts. Die Situation, dass der Bürger darauf vertrauen darf, dass sein Handeln auch künftig anerkannt bleibt, liegt nicht vor. Allenfalls lässt sich fragen, ob der Bürger darauf vertrauen darf, dass sich die entstandene Sanierungspflicht in ihrem Umfang nicht verändert. Die Sanierungspflicht besteht gleichwohl bis zum Abschluss der Sanierung fort, reicht also auch in die Zukunft. Darauf, dass bestehende gesetzliche Regelungen auch zukünftig unverändert bleiben, kann der Bürger nach der Rechtsprechung des BVerfG jedoch nicht vertrauen[752].

Dagegen lässt sich auch nicht der Einwand erheben, diese Betrachtung führe dazu, dass altlastenrechtliche Sachverhalte nie abgeschlossen seien und beim Abstellen auf die Fortwirkung der Gefahrenlage konsequenterweise niemals eine echte Rückwirkung vorgenommen werden könne[753]. Der Einwand ist unzutreffend, denn mit Abschluss der Sanierung erlischt die Sanierungspflicht und der Sachverhalt ist abgewickelt[754]. Erlässt der Gesetzgeber nach abgeschlossener Sanierung den Umfang der Sanierungspflicht erweiternde Regelungen, bei deren Zugrundelegung beispielsweise ein bereits saniertes

---

[751] BVerfG, Beschl. v. 7.11.1961, E 13, 261 (271); Beschl. v. 9.6.1964, E 18, 70 (81); Beschl. v. 26.2.1969, E 25, 269 (290); Beschl. v. 22.6.1971, E 31, 222 (225); Beschl. v. 8.6.1977, E 45, 142 (168).

[752] BVerfG, Beschl. v. 17.7.1974, E 38, 61 (83); Beschl. v. 31.10.1984, E 68, 193 (222); Maurer, in Isensee/Kirchhof, HdbStR III, § 60 Rn. 55.

[753] So Pohl, NJW 1995, 1645 (1649); ihm folgend Kothe VerwArch 88 (1997), 466 (471).

[754] Ebenso Peine, NVwZ 1993, 958 (960); wohl auch Frenz, ZUR 2001, 337 (340).

Grundstück wegen gesteigerter Anforderungen erneut saniert werden müsste, so greifen diese insoweit in abgeschlossene Tatbestände ein.

Dieses Ergebnis leuchtet auch ein. Der Sanierungspflichtige kann eine schützenswerte Position erst erlangen, wenn er seiner Sanierungspflicht nachgekommen ist. Erst nach Abschluss der Sanierung darf er darauf vertrauen, nicht erneut in Anspruch genommen zu werden. Insoweit ist er dann auch grundsätzlich davor geschützt, aufgrund inhaltlicher Veränderungen der Sanierungspflicht „Nachsanierungen" vornehmen zu müssen. Eine nach Abschluss der Sanierung in Kraft tretende Veränderung des Umfangs der Sanierungspflicht greift nämlich in einen dann abgeschlossenen Sachverhalt ein und ist somit grundsätzlich unzulässig.

Es ist bei der Beurteilung, ob die Veränderung des Umfangs der Sanierungspflicht einen abgeschlossenen Tatbestand betrifft oder nicht, also echte oder unechte Rückwirkung entfaltet, danach zu differenzieren, ob eine Sanierung im Zeitpunkt des Inkrafttretens der Änderung abgeschlossen ist oder nicht[755]. In der Regel entfaltet die Erweiterung der Sanierungspflicht in § 4 Abs. 3 S. 1 BBodSchG also nur eine unechte Rückwirkung. Diese ist nicht nur grundsätzlich, sondern auch vorliegend zulässig, da die Sanierungspflichtigen nicht darauf vertrauen durften, ihre noch zu erfüllenden Pflichten blieben unverändert.

Die Ausweitung der Sanierungspflicht in § 4 Abs. 3 S. 1 BBodSchG führt jedoch nicht dazu, dass bei bereits sanierten Flächen eine Nachsanierung in dem Sinne verlangt werden kann, neben der bereits erfolgten Gefahrenbeseitigung nunmehr auch noch bestehende erhebliche Belästigungen oder erhebliche Nachteile zu beseitigen. Die diesbezügliche echte Rückwirkung kann auch nicht durch zwingende Gründe des Allgemeinwohls gerechtfertigt werden. Zum einen mag die Beseitigung erheblicher Belästigungen oder erheblicher Nachteile zwar wünschenswert sein, das Allgemeinwohl erfordert zwingend aber nur die Beseitigung der von der Verunreinigung ausgehenden Gefahren. Zum anderen hat derjenige, der eine Sanierung nach der geltenden Rechtslage ordnungsgemäß durchgeführt und seinen öffentlich-rechtlichen Pflichten damit nachgekommen ist, eine schutzwürdige Vertrauensposition erlangt. Er muss darauf vertrauen dürfen, nach einer ordnungsgemäßen Gefahrenbeseitigung nicht erneut oder gar wieder und wieder in Anspruch genommen werden zu können, um zunächst auch erhebliche Belästigungen und erhebliche Nachteile, und später vielleicht sogar sämtliche Belästigungen und Nachteile beseitigen zu müssen.

---

[755] So schon Peine, NVwZ 1993, 958 (960) zur Zulässigkeit der Einführung einer Rekultivierungspflicht.

b) Prüfung anhand der Maßstäbe des Zweiten Senats

Legt man die Rückwirkungsdogmatik des Zweiten Senats zugrunde, so stellt sich das Einordnungsproblem nicht. Da das Inkrafttreten des Bundes-Bodenschutzgesetzes nicht auf einen Zeitpunkt vor seiner Verkündung vordatiert worden ist, handelt es sich bei der Absenkung der Eingriffsschwelle lediglich um eine grundsätzlich zulässige tatbestandliche Rückanknüpfung. Diese beurteilt aber auch der Zweite Senat nach den Grundsätzen des Vertrauensschutzes[756]. Allerdings ist die Regelung schon mit der Verfassung vereinbar, wenn das Vertrauen in den Bestand der begünstigenden Regelung nicht generell schutzwürdiger ist als das öffentliche Interesse an einer Änderung[757].

Letztlich wird man auf der Grundlage dieser Dogmatik zum selben Ergebnis kommen wie nach der Dogmatik des Ersten Senats. Sofern die Sanierungspflicht im Zeitpunkt des Inkrafttretens des Bundes-Bodenschutzgesetzes noch bestand, die Sanierung also noch nicht abgeschlossen war, konnte sich vor Inkrafttreten des Gesetzes keine schutzwürdige Vertrauensposition bilden. Dagegen wird auch nach den Maßstäben des Zweiten Senats die Erweiterung der Sanierungspflicht auf vor dem 1.3.1999 abgeschlossene Sanierungen als unzulässig anzusehen sein, da das Vertrauen der Betroffenen als generell schutzwürdiger anzusehen ist. Hier kann auf die gerade angestellten Überlegungen verwiesen werden, die eine generellere Schutzwürdigkeit ergeben. Mit Abschluss der ordnungsgemäßen Sanierung hatten die Pflichtigen ihre öffentlich-rechtlichen Pflichten erfüllt. Im Übrigen ist auch hier zugunsten des ehemals Sanierungsverantwortlichen zu berücksichtigen, dass es bloß um die Abwehr erheblicher Belästigungen und erheblicher Nachteile und damit nur um unterhalb der Gefahrenschwelle liegende Beeinträchtigungen geht. Diese rechtfertigen es nicht, nach bereits abgeschlossener Sanierung „Nachbesserungen" zu verlangen.

2. Ergebnis

§ 4 Abs. 3 S. 1 BBodSchG ist insoweit verfassungskonform auszulegen, als die durch die Pflicht zur Beseitigung von erheblichen Belästigungen und erheblichen Nachteilen erfolgte Erweiterung der Sanierungspflicht nur auf schädliche Bodenveränderungen und Altlasten Anwendung finden kann, die am 1.3.1999 noch bestanden oder danach entstanden sind bzw. entstehen. Auf bereits abgeschlossene Sanierungen kann die Erweiterung der Sanie-

---

[756] BVerfG, Beschl. v. 22.3.1983, E 63, 343 (356 ff.); Beschl. v. 10.4.1984, E 67, 1 (15); Beschl. v. 15.5.1985, E 70, 69 (84); Beschl. v. 14.5.1986, E 72, 200 (242 f.).
[757] BVerfG, Beschl. v. 15.5.1985, E 70, 69 (84 f.); Beschl. v. 10.12.1985, E 71, 255 (273); ähnlich Beschl. v. 30.9.1987, E 76, 256 (356).

rungspflicht keine Anwendung finden. Nachsanierungen zur Beseitigung erheblicher Belästigungen oder erheblicher Nachteile können nicht verlangt werden.

B. Absenkung der Eingriffsschwelle in § 4 Abs. 3 S. 1 i. V. m. § 2 Abs. 3 und Abs. 4 BBodSchG

Nach § 4 Abs. 3 S. 1 BBodSchG in Verbindung mit den Legaldefinitionen in § 2 Abs. 2, Abs. 3 und Abs. 4 BBodSchG genügen auch schon drohende erhebliche Nachteile oder erhebliche Belästigungen für den Einzelnen oder für die Allgemeinheit, um die Sanierungspflicht auszulösen. Die Absenkung der Eingriffsschwelle dokumentiert die Fortentwicklung des Rechtsgüterschutzes im Umweltrecht.

Diese Konstellation unterscheidet sich von der vorgenannten dadurch, dass beim Einwirken auf den Boden in der Vergangenheit keine Gefahr verursacht wurde und damit mangels Vorliegen einer Altlast keine Sanierungspflicht entstand. Sie betrifft also nicht die nachträgliche Änderung des Umfangs der Sanierungspflicht, sondern deren nachträgliche Begründung.

I. Veränderung der früheren Rechtslage zuungunsten des Bürgers

Nach dem Bundes-Bodenschutzgesetz liegt eine schädliche Bodenveränderung oder Altlast nicht mehr erst bei Überschreiten der Gefahrenschwelle, sondern bereits dann vor, wenn von ihr erhebliche Belästigungen oder erhebliche Nachteile ausgehen. Da im Gegensatz zur Rechtslage vor Inkrafttreten des Bundes-Bodenschutzgesetzes eine Gefahr im polizeirechtlichen Sinne jetzt gerade nicht mehr erforderlich ist, sind die Eingriffsmöglichkeiten der zuständigen Behörde gegenüber der reinen Gefahrenabwehr erhöht worden[758]. Das Absenken der Eingriffsschwelle beinhaltet damit eine Verschärfung der Rechtslage für den betroffenen Verantwortlichen, da eine vor dem 1.3.1999 eingetretene schädliche Bodenveränderung oder Altlast, von der etwa erhebliche Belästigungen ausgehen, auf der Grundlage des Bundes-Bodenschutzgesetzes eine Sanierungspflicht des Verursachers auslöst, während sie im Zeitpunkt der Verursachung aufgrund der höheren Gefahrenschwelle des allgemeinen Polizei- und Ordnungsrechts keine Gefahr darstellte und damit damals auch keine polizeiliche Verhaltensverantwortlichkeit des Verursachers begründen konnte.

---

[758] Siehe Kapitel 3 § 13 A. (S. 98). So auch Frenz, BBodSchG, § 2 Rn. 64; Wüterich, in Landel/Vogg/Wüterich, BBodSchG, § 4 Rn. 27.

Dabei kann es keinen Unterschied machen, ob die Sanierungspflicht daran scheiterte, dass bei Vornahme der Handlung die Gefahrengrenze nicht überschritten wurde, oder ob zwar eine Gefahr begründet wurde, diese jedoch nicht unter Verstoß gegen die seinerzeit gültigen Verhaltenspflichten herbeigeführt wurde. In beiden Fällen konnte im Zeitpunkt der altlastenverursachenden Handlung keine materielle Polizeipflicht entstehen.

II. Verfassungsrechtliche Zulässigkeit der Verschärfung

1. Prüfung an den Maßstäben des Ersten Senats

a) Abgrenzung zwischen echter und unechter Rückwirkung

Führt ein zurückliegendes Verhalten durch das Absenken der Gefahrenschwelle erstmalig zur Haftung im Sinne einer Sanierungspflichtigkeit, so ist von einem abgeschlossenen Sachverhalt auszugehen. Dabei kann der bestehende Streit, ob zur Beurteilung der Abgeschlossenheit eines altlastenrechtlichen Sachverhaltes auf die gefahrverursachende Handlung oder aber auf die fortwirkende Gefahrenlage ankommt, dahinstehen. Beide Auffassungen müssen in der vorliegenden Konstellation einen abgeschlossenen Sachverhalt annehmen. Dieses Ergebnis leuchtet vom Standpunkt derjenigen, die auf die einwirkende Handlung abstellen, unmittelbar ein. Aber auch diejenigen, die auf die fortwirkende Gefahrenlage abstellen, dürften zu keinem anderen Ergebnis gelangen. Da die einwirkende Handlung keine Gefahr verursacht hat, konnte auch keine Gefahrenlage fortwirken. Gleiches gilt für eine öffentlich-rechtliche Pflicht zur Gefahrbeseitigung. Die Gefahrenlage und die Sanierungspflicht entstanden vielmehr erst mit der Absenkung der Gefahrenschwelle im Zeitpunkt der Gesetzesänderung, also am 1.3.1999.

In dieser Konstellation spricht auch der Sinn und Zweck des verfassungsrechtlichen Vertrauensschutzprinzips für die Annahme eines abgeschlossenen Sachverhalts. Das BVerfG hat dazu ausgeführt, dass der Bürger die ihm gegenüber möglichen Eingriffe voraussehen und sich darauf einrichten können müsse; er müsse darauf vertrauen können, dass sein dem geltendem Recht entsprechendes Handeln auch zukünftig anerkannt bleibt[759]. Der Bürger, der in der Vergangenheit auf den Boden einwirkte, ohne eine Gefahr

---

[759] BVerfG, Beschl. v. 7.11.1961, E 13, 261 (271); Beschl. v. 9.6.1964, E 18, 70 (81); Beschl. v. 26.2.1969, E 25, 269 (290); Beschl. v. 22.6.1971, E 31, 222 (225); Beschl. v. 8.6.1977, E 45, 142 (168).

zu verursachen, hielt sich im Rahmen des damals geltenden Rechts. Er muss darauf vertrauen dürfen, dass sein damaliges anerkanntes Handeln auch in Zukunft folgenlos bleibt.

Dem lässt sich auch nicht entgegenhalten, dass es dem Gesetzgeber erlaubt sein müsse, infolge des wissenschaftlich-technischen Fortschritts die Gefahrenschwelle zu verändern. Wenngleich man über die Zulässigkeit solcher Veränderungen streiten kann, liegt die vorliegende Konstellation anders. Derjenige, dessen Handlungen nur zu erheblichen Belästigungen oder erheblichen Nachteilen geführt haben, hat nämlich noch nicht einmal die aktuell geltende, mithin überhaupt keine Gefahrenschwelle überschritten.

Hier zeigt sich die Notwendigkeit der Differenzierung. Geht es um eine Erweiterung der Sanierungspflicht, so ist diese und die mit ihr zugrunde liegende Gefahrenlage maßgeblich. Ist die Sanierungspflicht entstanden, besteht sie solange, bis die Sanierung durchgeführt und die Gefahr beseitigt wurde. Insoweit handelt es sich um einen gegenwärtigen und fortwirkenden Sachverhalt. Geht es dagegen darum, rückwirkend eine Sanierungspflicht erst zu begründen, so muss auf die altlastenverursachende Handlung abgestellt werden.

Soweit das Bundes-Bodenschutzgesetz im Gegensatz zur früher geltenden Rechtslage die Eingriffsschwelle abgesenkt hat, begründet es erstmalig eine Sanierungspflicht und greift damit rückwirkend in abgeschlossene Sachverhalte ein.

b) Ausnahmsweise Zulässigkeit der echten Rückwirkung?

Damit stellt sich die Frage, ob die echte Rückwirkung, die das Bundes-Bodenschutzgesetz hinsichtlich der Eingriffsschwelle für schädlichen Bodenveränderungen vor seinem Inkrafttreten entfaltet, verfassungsrechtlich ausnahmsweise zuzulassen ist. Da hinsichtlich des Gefahrbegriffs zuvor keine unklare Rechtslage bestand, kommen nur zwingende Gründe des Allgemeinwohls in Betracht.

Teilweise wird das Vorliegen überragender Belange des Allgemeinwohls und dementsprechend die ausnahmsweise Zulässigkeit echter Rückwirkung im Altlastenrecht bejaht[760]. Die überragenden Gründe seien dabei in der Bedeutung des Bodens für die Allgemeinheit und seinen vielfältigen Funktionen zu sehen[761]. Das besondere Allgemeinwohlinteresse scheitere auch

---

[760] So Pohl, NJW 1995, 1645 (1650) sowie seiner Ansicht folgend Trurnit, Altlastenhaftung, S. 91 f.
[761] Ausführlich Trurnit, Altlastenhaftung, S. 92.

nicht an den durchaus bestehenden fiskalischen Interessen, da in Anbetracht der enormen und kaum kalkulierbaren Kosten der Altlastensanierung die Allgemeinheit ein überragendes Interesse daran habe, dass vor dem Gemeinlast- zunächst das Verursacherprinzip eingreife[762].

Andere sind der Ansicht, dass die Erweiterung der altlastenrechtlichen Haftung im Wege echter Rückwirkung nicht mit zwingenden Belangen des Allgemeinwohls begründbar sei[763]. Sie berufen sich dabei auf die Rechtsprechung des BVerfG, wonach rein fiskalische Interessen keine zwingenden Gründe für eine rückwirkende Gesetzgebung darstellen könnten[764]. Da bei der Altlastensanierung aber fiskalische Interessen im Vordergrund stünden, sei eine echte Rückwirkung nicht zu rechtfertigen[765].

Eine Entscheidung dieses Streits ist an dieser Stelle nicht erforderlich. Ein zwingendes Bedürfnis, die Eingriffsschwelle abzusenken und rückwirkend öffentlich-rechtliche Pflichten zu begründen kann nicht angenommen werden. Zwar trifft es zu, dass die überragende Bedeutung des Umweltschutzes Eingriffe in die Freiheitsrechte des Bürgers zulässt[766]. Bei der Absenkung der Eingriffsschwelle durch das Bundes-Bodenschutzgesetz geht es aber nicht um die Abwehr von Gefahren, sondern bloß um die Abwehr erheblicher Belästigungen und Nachteile und damit nur um unterhalb der Gefahrenschwelle liegende Beeinträchtigungen. Das heißt, Rechtsgüter des Einzelnen und der Allgemeinheit sind zwar betroffen, aber nicht gefährdet. Ein zwingendes Bedürfnis, nicht nur Gefahren, sondern auch erhebliche Nachteile und Belästigungen abzuwehren, kann nicht angenommen werden.

c) Ergebnis

Unter Zugrundelegung der Rückwirkungsdogmatik des Ersten Senats ist die Herabsenkung der Eingriffsschwelle durch § 4 Abs. 3 S. 1 i. V. m. § 2 Abs. 3, Abs. 4 und Abs. 5 BBodSchG insoweit unzulässig, als sie vor dem 1.3.1999 bestehende schädliche Bodenveränderungen und Altlasten betrifft.

---

[762] Trurnit, Altlastenhaftung, S. 93.
[763] Papier, DVBl. 1996, 125 (131); Mosler, Altlastensanierung, S. 42 f.; ihm folgend Gelen, UPR 1996, 212 (216 in Fn. 40).
[764] BVerfG, Urt. v. 1.7.1953, E 2, 380 (405); Beschl. v. 23.3.1971, E 30, 367 (391).
[765] So Mosler, Altlastensanierung, S. 42 f.; Gelen, UPR 1996, 212 (216 in Fn. 40). Auf den Finanzierungsaspekt stellt letztlich auch Papier, DVBl. 1996, 125 (131) ab, indem er ausführt, dass die Altlastensanierung auch ohne rückwirkende Rechtsänderungen aufgrund verschiedener Finanzierungsmodelle gesichert sei.
[766] Ausführlich Sendler, UPR 1983, 33 ff.

2. Prüfung an den Maßstäben des Zweiten Senats

Nach der Dogmatik des Zweiten Senats liegt mangels Vordatierung nur eine tatbestandliche Rückanknüpfung vor, die grundsätzlich zulässig ist.

An diesem Punkt lassen sich nochmals gut die Unterschiede in der Rechtsprechung beider Senate aufzeigen. Nach der Terminologie des Ersten Senats hätte es zwingender Gründe des Allgemeinwohls bedurft, um die Absenkung der Eingriffsschwelle auch für vor dem 1.3.1999 bestehenden Verunreinigungen zu rechtfertigen. Nach der Dogmatik des Zweiten Senats ist die Absenkung der Gefahrenschwelle nicht nur grundsätzlich zulässig, vielmehr muss umgekehrt das Vertrauen der Betroffenen, dass eine Sanierungspflicht nicht bestehe, generell schutzwürdiger sein als das öffentliche Interesse an der Beseitigung von erheblichen Belästigungen und erheblichen Nachteilen auch bei vor dem 1.3.1999 bestehenden Verunreinigungen. Gleichwohl ist Letzteres zu bejahen. Dies ist damit zu begründen, dass derjenige, der in der Vergangenheit auf den Boden eingewirkt hat, sich im Rahmen des seinerzeit geltenden Rechts bewegt hat. Er hat beispielsweise genehmigte Ablagerungen vorgenommen und dabei die Gefahrenschwelle nicht überschritten. Wenn von der Ablagerung in der Folgezeit etwa Geruchsbelästigungen ausgegangen sind, so durfte er darauf vertrauen, dass er ihretwegen nicht in Anspruch genommen wurde, nicht weil die Sanierungspflicht ihre Beseitigung nicht vorschrieb, vielmehr bestand mangels Überschreitung der Gefahrenschwelle gar keine Sanierungspflicht. Insoweit erlangte der Handelnde die schutzwürdige Vertrauensposition, dass sein gesetzeskonformes Handeln nicht nachträglich zu einer Inanspruchnahme führen würde. Diese Argumentation wird noch dadurch gestützt, dass nicht nur nach damaliger, sondern auch nach heutiger Rechtslage die Gefahrenschwelle zu keiner Zeit überschritten worden war. Hinter dem Vertrauen auf die Folgenlosigkeit seines Handelns tritt das öffentliche Interesse auch insoweit deutlich zurück, als es nur um die Begründung einer Beseitigungspflicht für erhebliche Belästigungen und erhebliche Nachteile geht und betroffene Rechtsgüter damit nur in Grenzen beeinträchtigt werden. Um auf das Beispiel zurückzukommen: Mögliche Geruchsbelästigungen, die nicht die Gefahrenschwelle überschreiten und damit noch keine Gesundheitsgefahr darstellen, rechtfertigen es nicht, nachträglich dem Verursacher eine Sanierungspflicht aufzuerlegen.

3. Ergebnis

Die Herabsenkung der Eingriffsschwelle durch § 4 Abs. 3 S. 1 i. V. m. § 2 Abs. 3, Abs. 4 und Abs. 5 BBodSchG ist insoweit unzulässig, als sie vor dem 1.3.1999 entstandene schädliche Bodenveränderungen und Altlasten betrifft, die nicht die Gefahrenschwelle überschritten, sondern lediglich zu erheblichen Belästigungen oder erheblichen Nachteilen geführt haben. Die Vorschriften sind daher verfassungskonform dahin auszulegen, dass nur bei nach dem 1.3.1999 entstandene Verunreinigungen, die lediglich erhebliche Belästigungen oder erhebliche Nachteile hervorgerufen haben, die Eingriffsschwelle überschritten ist und eine Sanierungspflicht begründet wird.

§ 18 Sanierungsverantwortlichkeit und Rückwirkungsverbot

Nicht nur hinsichtlich der Sanierungspflicht, sondern auch hinsichtlich der Verantwortlichkeit des Verursachers und seines Gesamtrechtsnachfolgers stellt sich die Frage, ob die Verantwortlichkeitsregelungen in § 4 Abs. 3 S. 1 BBodSchG auf Altfälle vor dem 1.3.1999, dem Inkrafttreten des Bundes-Bodenschutzgesetzes, anwendbar sind.

A. Verantwortlichkeit des Verursachers

Was die Sanierungsverantwortlichkeit des Verursachers anbelangt, lässt sich diese Frage kurz und knapp beantworten. Das Bundes-Bodenschutzgesetz enthält insoweit keine eigenständigen Regelungen, sondern greift vielmehr vollumfänglich auf einen „klassischen Störer" und damit auf die Dogmatik des allgemeinen Polizei- und Ordnungsrechts zurück. Rückwirkungsfragen stellen sich daher nicht[767].

B. Verantwortlichkeit des Gesamtrechtsnachfolgers

Die Verantwortlichkeit besteht nach dem reinen Wortlaut des § 4 Abs. 3 S. 1 BBodSchG grundsätzlich unabhängig von der Frage, wann die Gesamtrechtsnachfolge stattgefunden hat und damit nach allgemeiner Auffassung auch, wenn die Gesamtrechtsnachfolge vor Inkrafttreten des Gesetzes eingetreten ist[768]. Abgesehen vom Wortlaut[769] spricht dafür insbesondere auch der

---

[767] Siehe Kapitel 2 § 8 D. I. 1. (S. 47 f.).
[768] Allgemeine Ansicht: BGH, Urt. v. 2.4.2004, NVwZ 2004, 1267 (1268); VG Darmstadt, Beschl. v. 30.3.2004 (Juris-Nr. MWRE105880400 Rn. 29, ansonsten unveröffentlicht); Kloepfer, Umweltrecht, § 12 Rn. 172; Riedel, ZIP 1999, 94 (97); Becker, DVBl. 1999, 134 (136); v. Mutius/Nolte, DÖV 2000, 1 (3); Duesmann, Verantwortlichkeit für schädliche Bodenveränderungen und Altlasten nach dem Bundes-Bodenschutzgesetz, S. 94; tendenziell auch VGH Mannheim, Beschl. v. 25.10.1999, DÖV 2000, 782 (783), allerdings ohne sich im Ergebnis festzulegen.

Verzicht auf eine Stichtagsregelung, wie sie der Gesetzgeber etwa in § 4 Abs. 5 und Abs. 6 BBodSchG zur Beschränkung des zeitlichen Anwendungsbereichs dieser Vorschriften eingefügt hat[770]. Ferner lassen sich auch Sinn und Zweck der Regelung, das Verursacherprinzip zu stärken, für eine Einbeziehung der vor dem 1.3.1999 abgeschlossenen Gesamtrechtsnachfolgetatbestände anführen[771].

Dies wirft die Frage auf, ob die Verantwortlichkeit des Gesamtrechtsnachfolgers nach § 4 Abs. 3 S. 1 BBodSchG in den Fällen, in denen die Rechtsnachfolge vor dem Inkrafttreten des Bundes-Bodenschutzgesetzes erfolgt ist, gegen das verfassungsmäßige Rückwirkungsverbot verstößt. Dies ist eine der umstrittensten Fragen der Sanierungsverantwortlichkeit.

I. Streitstand

1. Rechtsprechung

Aus der oberverwaltungsgerichtlichen Rechtsprechung hat sich zu der Frage, ob die Verantwortlichkeit des Gesamtrechtsnachfolgers in den Fällen, in denen die Rechtsnachfolge vor dem Inkrafttreten des Bundes-Bodenschutzgesetzes erfolgt ist, gegen das verfassungsmäßige Rückwirkungsverbot verstößt, bisher nur der VGH Mannheim in zwei Entscheidungen geäußert, allerdings ohne diese entscheiden zu müssen. So hat es der 8. Senat in dem Beschluss vom 25.10.1999[772] nach Wiedergabe der konträren Standpunkte bei der Feststellung belassen, dass das Bundes-Bodenschutzgesetz insoweit mehr Fragen aufwerfe, als es beantworte. Auch der 10. Senat hat die Frage im Beschluss vom 11.12.2000[773] offen gelassen.

Aus der erstinstanzlichen verwaltungsgerichtlichen Rechtsprechung sind in diesem Zusammenhang bislang Entscheidungen des VG Freiburg, des VG Hamburg und des VG Darmstadt veröffentlicht worden. Das VG Freiburg sah in dem Urteil vom 16.10.2002[774] unter Berufung auf die Rechtsprechung

---

[769] Aus dem sich dies nach Ansicht des VGH Mannheim, Beschl. v. 25.10.1999, DÖV 2000, 782 (783) aber nicht ohne Weiteres entnehmen lassen soll.

[770] V. Mutius/Nolte, DÖV 2000, 1 (3); Becker, DVBl. 1999, 134 (136); Nolte, NVwZ 2000, 1135 (1136); Giesberts, in Fluck, Kreislaufwirtschafts-, Abfall- und Bodenschutzrecht, § 4 BBodSchG Rn. 213; Frenz, BBodSchG, § 4 Abs. 3 Rn. 174.

[771] BGH, Urt. v. 2.4.2004, NVwZ 2004, 1267 (1268); Nolte, NVwZ 2000, 1135 (1136); v. Mutius/Nolte DÖV 2000, 1 (3).

[772] DÖV 2000, 782 (783).

[773] UPR 2001, 274.

[774] ZUR 2003, 304 (nur LS); Gründe zitiert über Juris (Juris-Nr. MWRE008480300).

verschiedener Oberverwaltungsgerichte keine verfassungsrechtlichen Bedenken. Dagegen vertrat das VG Hamburg in dem Urteil vom 20.8.2003[775] die Auffassung, dass die Gesamtrechtsnachfolgeregelung aufgrund unzulässiger Rückwirkung im Wege verfassungskonformer Auslegung im Lichte des Rückwirkungsverbots zu reduzieren sei. Es hat allerdings nicht näher ausgeführt, ob und gegebenenfalls wo es eine zeitliche Grenze zwischen unzulässiger und zulässiger Rückwirkung ziehen will[776]. Auch das VG Darmstadt vertrat in dem Beschluss vom 30.3.2004[777] den Standpunkt, dass die Vorschrift aufgrund des rechtsstaatlichen Vertrauensschutzes in verfassungskonformer Auslegung einzuschränken sei, und zwar auf solche Rechtsnachfolgetatbestände, die nach Mitte der achtziger Jahre erfolgten. Dies wird damit begründet, dass die Anwendung des § 4 Abs. 1 S. 1 Alt. 2 BBodSchG auf Rechtsnachfolgetatbestände vor Inkrafttreten des Bundes-Bodenschutzgesetzes eine echte Rückwirkung entfalte, die nur ausnahmsweise gerechtfertigt sei. Als Rechtfertigungsgrund komme aber eine zuvor bestehende unklare oder verworrene Rechtslage in Betracht. Eine solche habe für die Frage des Übergangs abstrakter polizeilicher Pflichten aufgrund des heftigen Streits in der altlastenrechtlichen Diskussion ab Mitte der achtziger Jahre bestanden, so dass die echte Rückwirkung ab diesem Zeitpunkt gerechtfertigt sei.

Die vorgenannte Sichtweise, die maßgeblich auf *Papier*[778] zurückgeht, hat sich jüngst der BGH in dem zu § 24 Abs. 2 BBodSchG ergangenen Urteil vom 2.4.2004[779] zu Eigen gemacht. Dabei hat der BGH offen gelassen, wie lange der Zeitraum zurückreicht, in dem sich wegen der Kenntnis generell bestehender Pflichtenlagen ein schützenswertes Vertrauen, als Rechtsnachfolger nicht zur Beseitigung von Altlasten in Anspruch genommen werden zu können, nicht mehr bilden konnte. Jedenfalls ab Mitte der achtziger Jahre habe aufgrund der einsetzenden Diskussion um die rechtlichen Probleme der Altlasten und deren Bewältigung mit einer normativen Klärung auch der Rechtsnachfolgetatbestände gerechnet werden müssen.

2. Literatur

In der Aufsatz- und Kommentarliteratur zum Bundes-Bodenschutzgesetz weichen die Ansichten zu der Frage, ob die Regelung der Sanierungspflich-

---

[775] Juris-Nr. MWRE110430400 Rn. 81 ff., ansonsten unveröffentlicht.
[776] In dem der Entscheidung zugrunde liegendem Fall lag der Gesamtrechtsnachfolgetatbestand über 60 Jahre vor Inkrafttreten des Bundes-Bodenschutzgesetzes.
[777] Juris-Nr. MWRE105880400 Rn. 29, ansonsten unveröffentlicht.
[778] Papier, DVBl. 1996, 125 (133).
[779] NVwZ 2004, 1267 (1268).

tigkeit des Gesamtrechtsnachfolgers des Verursachers gegen das verfassungsrechtliche Rückwirkungsverbot verstößt, nicht nur im Ergebnis, sondern oft
schon im Begründungsansatz voneinander ab. Im Folgenden soll zunächst ein
Überblick über die zur zeitlichen Anwendbarkeit der Gesamtrechtsnachfolgeregelung in § 4 Abs. 3 S. 1 BBodSchG vertretenden Standpunkte gegeben
werden. Die Literaturstimmen lassen sich im Wesentlichen in drei Gruppen
einteilen.

a) Erste Gruppe: Maßgeblichkeit des fortwirkenden Gefahrentatbestan- des

Die erste Gruppe bilden *Schink*[780] und *Sondermann*[781]. Nach ihrer Auffassung
bestehen keine verfassungsrechtlichen Bedenken gegen die Einbeziehung des
Gesamtrechtsnachfolgers in den Kreis der Sanierungsverantwortlichen, da
das verfassungsrechtliche Rückwirkungsverbot die durch die Anordnung
einer Gesamtrechtsnachfolgerhaftung in § 4 Abs. 3 S. 1 BBodSchG geregelten Fälle nicht treffe. Denn für die Beurteilung sei nicht die Entstehung der
schädlichen Bodenveränderung maßgebend, sondern vielmehr der in die
Gegenwart reichende aktuelle Gefahrentatbestand. Aus diesem Grund werde
nicht ein abgeschlossener Sachverhalt neu geregelt, sondern es würden für
die Zukunft andere Rechtsfolgen an die Verursachung einer schädlichen
Bodenveränderung geknüpft, so dass nur eine tatbestandliche Rückanknüpfung vorliege. Eine solche sei zulässig, wenn sie Vertrauensschutzgesichts-
punkte beachte und verhältnismäßig sei. Diese Voraussetzungen lägen schon
deshalb vor, da die Regelung dazu diene, bestehende Unklarheiten zu beseitigen[782].

Beide Autoren gehen also davon aus, dass hinsichtlich der Beurteilung, ob
ein abgeschlossener Sachverhalt anzunehmen sei, auf den aktuellen, noch
bestehenden Gefahrentatbestand abzustellen sei[783], so dass stets nur eine
unechte Rückwirkung vorliege, die verfassungsrechtlich unproblematisch sei.
Die Anwendung der Rechtsnachfolgeregelung auf Altfälle sehen sie dementsprechend als unproblematisch an.

---

[780] DÖV 1999, 797 (802 f.); ders., in Erbguth, Aktuelle Fragen des Altlasten- und Bodenschutzrechts, S. 83 (117).
[781] In Versteyl/Sondermann, BBodSchG, § 4 Rn. 98 f.
[782] Schink, DÖV 1999, 797 (803).
[783] Ebenso schon VGH München, Beschl. v. 13.12.1994, NVwZ-RR 1995, 647 (648).

b) Zweite Gruppe: Maßgeblichkeit des Eintritts der Gesamtrechtsnachfolge

Die zweite Gruppe bilden *Frenz*[784], *Oerder*[785], *Kahl*[786], *v. Mutius/Nolte*[787], *Spieth/Wolfers*[788], *Kothe*[789], *Vierhaus*[790], *Ginzky*[791] und *Becker*[792]. Nach deren Ansicht ist für die Frage, ob hinsichtlich der Verantwortlichkeit des Gesamtrechtsnachfolgers ein abgeschlossener Sachverhalt vorliegt, allein der Eintritt der Gesamtrechtsnachfolge maßgeblich. Erfolgte die Rechtsnachfolge vor dem Inkrafttreten des Bundes-Bodenschutzgesetzes am 1.3.1999, so liege ein abgeschlossener Sachverhalt und damit eine echte Rückwirkung vor[793]. Gleichwohl bestehen im Detail Unterschiede.

aa) Ansicht von *Frenz*

Nach der Ansicht von *Frenz*[794] kann für die Frage, ob die Gesamtrechtsnachfolgeregelung im Bundes-Bodenschutzgesetz gegen das Rückwirkungsverbot verstößt, nicht darauf abgestellt werden, dass der Gesamtrechtsnachfolger in die Rechte und Pflichten des Vorgängers eintrete. Es gehe nämlich um die Begründung des Eintritts und nicht um seine Folgen. Abzustellen sei daher allein auf den Zeitpunkt des Eintritts der Rechtsnachfolge. Indem § 4 Abs. 3 S. 1 BBodSchG auch auf vor dem 1.3.1999 erfolgte Gesamtrechtsnachfolgen anwendbar sei, würden an in der Vergangenheit begründete und abgeschlossene Sachverhalte Rechtsfolgen geknüpft. Ausnahmsweise sei die echte Rückwirkung aber zulässig, da die Rechtslage hinsichtlich der Gesamtrechtsnachfolge in Polizeipflichten unklar und verworren gewesen sei[795]. Eine zeitliche Einschränkung der genannten Rechtfertigung nimmt Frenz nicht vor.

---

[784] BBodSchG, § 4 Abs. 3 Rn. 59.

[785] In Oerder/Numberger/Schönfeld, BBodSchG, § 4 Rn. 17.

[786] Die Verwaltung, Bd. 33 (2000), 29 (42 ff.).

[787] DÖV 2000, 1 (4 f.); ebenso Nolte, NVwZ 2000, 1135 (1136).

[788] Altlasten spektrum 1998, 75 (76).

[789] Altlasten, Rn. 179 ff.

[790] NZG 2000, 240 (241).

[791] NuR 2003, 727 (728 f.).

[792] DVBl. 1999, 134 (136).

[793] So auch schon – unabhängig von der Regelung in § 4 Abs. 3 S. 1 BBodSchG – Papier, DVBl. 1996, 125 (131); Trurnit, Altlastenhaftung, S. 93 f.; Ossenbühl, Rechtsnachfolge, S. 82.

[794] BBodSchG, § 4 Abs. 3 Rn. 59.

[795] Frenz, BBodSchG, § 4 Abs. 3 Rn. 60.

bb) Ansicht von *Oerder*

Oerder[796] nimmt an, dass eine Gesamtrechtsnachfolge in die abstrakte Verhaltensverantwortlichkeit nach der früheren Rechtslage ohne gesetzliche Anordnung nicht möglich gewesen sei, so dass der vor dem 1.3.1999 abgeschlossene Gesamtrechtsnachfolgevorgang rückwirkend mit einer zusätzlichen nachteiligen Rechtsfolge belastet werde. Da es sich um den Fall einer echten Rückwirkung auf einen abgeschlossenen Vorgang handele, spreche Vieles dafür, dass vor dem 1.3.1999 liegende Gesamtrechtsnachfolgetatbestände von der Neuregelung nicht erfasst würden[797].

cc) Ansicht von *Kahl, v. Mutius/Nolte* und *Spieth/Wolfers*

Kahl[798] stellt zunächst heraus, dass es hinsichtlich der Anordnung der Gesamtrechtsnachfolge in die abstrakte Sanierungsverantwortlichkeit an einer belastenden Regelung fehle, wenn es zuvor bereits eine entsprechende landesrechtliche Regelung gegeben habe, und zwar ab dem Zeitpunkt deren Inkrafttretens. Da entsprechende Regelungen allerdings erst zu Beginn der neunziger Jahre erlassen wurden, verbleibe es im Übrigen bei dem Problem der Rückwirkung. § 4 Abs. 3 S. 1 BBodSchG enthalte insoweit belastenden Charakter, da eine Rechtsnachfolge in die abstrakte Polizeipflicht nicht allgemein anerkannt, sondern umstritten gewesen sei[799]. Da die Vorschrift auch auf Altfälle Anwendung finde und maßgeblicher Anknüpfungspunkt der Eintritt der Rechtsnachfolge sei[800], sei sie als Rückbewirkung von Rechtsfolgen bzw. als Fall einer echten Rückwirkung zu qualifizieren, was beides grundsätzlich unzulässig sei[801]. Allerdings geht Kahl davon aus, dass aufgrund sich widersprechender Urteile und Literaturstimmen in den alten Bundesländern ab etwa 1985 und in den neuen Bundesländern ab 1990 eine unklare und verworrene Rechtslage vorgelegen habe. Im Ergebnis sei die Rechtsnachfolgeregelung im Bundes-Bodenschutzgesetz in verfassungskonformer Auslegung nur auf Fälle anzuwenden, in denen die Universalsukzession nach 1985 in den alten und nach 1990 in den neuen Ländern stattge-

---

[796] In Oerder/Numberger/Schönfeld, BBodSchG, § 4 Rn. 17.

[797] Oerder, in Oerder/Numberger/Schönfeld, BBodSchG, § 4 Rn. 17. Er merkt dort zusätzlich noch an, dass ungeklärt sei, ob etwas anderes in den Bundesländern gelte, in denen die Gesamtrechtsnachfolge in die Verhaltenshaftung bereits landesrechtlich geregelt war.

[798] Die Verwaltung, Bd. 33 (2000), 29 (42 ff.).

[799] Kahl, Die Verwaltung, Bd. 33 (2000), 29 (42 f.).

[800] Kahl, Die Verwaltung, Bd. 33 (2000), 29 (44).

[801] Kahl, Die Verwaltung, Bd. 33 (2000), 29 (46).

funden habe[802]. Zu diesem Ergebnis gelangen mit gleicher Begründung auch
v. Mutius/Nolte[803] und *Spieth/Wolfers*[804].

dd) Ansicht von *Ginzky*

Noch weiter geht *Ginzky*[805], nach dessen Meinung sich eine unklare Rechtslage bereits ab Ende der sechziger Jahre begründen lassen soll. In dieser Zeit
seien die ersten Entscheidungen zu der Gesamtrechtsnachfolge in allerdings
konkretisierte materielle Polizeipflichten ergangen. Da durch diese Entscheidungen das bis dato geltende Dogma der Höchstpersönlichkeit von polizeilichen Pflichten aufgegeben worden sei, habe aus Sicht der Betroffenen
durchaus die Möglichkeit bestanden, dass sich die Übergangsfähigkeit auch
auf abstrakte Polizeipflichten erstrecken könnte[806]. Aber auch über den Zeitpunkt Ende der sechziger Jahre hinaus sei eine Rechtfertigung der echten
Rückwirkung aus Gründen des Allgemeinwohls sowie aus Gerechtigkeits-
gedanken vertretbar[807].

ee) Ansicht von *Kothe*

Auch *Kothe*[808] ist der Auffassung, dass die Frage nach der verfassungsrechtlichen Zulässigkeit der Rückwirkung an dem Umstand der Rechtsnachfolge
anknüpft. Da diese Sachverhalte in der Vergangenheit abgeschlossen worden
seien, handele es sich um echte Rückwirkung[809]. Im Gegensatz zu den beiden
vorgenannten Auffassungen solle eine Problematisierung der Frage der Verantwortlichkeit des Gesamtrechtsnachfolgers für die Altlastensanierung in
Rechtsprechung und Literatur, insbesondere ab Mitte der achtziger Jahre,
jedoch nicht ausreichen, um von einer unklaren oder verworrenen Rechtslage
ausgehen zu können: Zum einen habe das BVerfG die Fallgruppe der
unklaren und verworrenen Rechtslage bislang nur auf missverständlich
formulierte Normen zurückgeführt und nicht auf das gänzliche Fehlen einer
Regelung[810]. Zum anderen sei ein rechtswissenschaftlicher Streit noch nicht

---

[802] Kahl, Die Verwaltung, Bd. 33 (2000), 29 (47 f.).
[803] DÖV 2000, 1 (4 f.); ebenso Nolte, NVwZ 2000, 1135 (1136).
[804] Altlasten spektrum 1998, 75 (76).
[805] NuR 2003, 727 (728 f.).
[806] Ginzky, NuR 2003, 727 (729) unter Hinweis auf OVG Saarlouis; Urt. v. 3.10.1969;
    BRS 22 Nr. 215 und BVerwG, Urt. v. 22.1.1971, NJW 1971, 1624 ff.
[807] Ginzky, NuR 2003, 727 (729).
[808] Altlasten, Rn. 179 ff.
[809] Kothe, Altlasten, Rn. 179.
[810] Kothe, Altlasten, Rn. 182 unter Verweis auf BVerfG, Beschl. v. 17.1.1979, E 50, 177
    (194) und Beschl. v. 4.5.1960, E 11, 64 (72 f.).

geeignet, das Vertrauen in die Beständigkeit des Rechts zu nehmen. Ein Zustand erheblicher Rechtsunsicherheit sei erst ab 1996/97 eingetreten, nachdem mehrere sich widersprechende Gerichtsentscheidungen zur Frage der Gesamtrechtsnachfolge in abstrakte Polizeipflichten ergangen seien[811].

ff) Ansicht von *Vierhaus*

Vierhaus[812] sieht in der Erstreckung der Gesamtrechtsnachfolgeregelung des § 4 Abs. 3 S. 1 BBodSchG auf vor deren Inkrafttreten erfolgte Rechtsnachfolgetatbestände insoweit eine Verschärfung der Rechtslage, als vor Inkrafttreten des Bundes-Bodenschutzgesetzes die Verursacherhaftung nach herrschender Meinung auf den Gesamtrechtsnachfolger nur übergehen konnte, wenn sie zuvor durch behördliche Anordnung konkretisiert worden war. Wegen des verfassungsrechtlichen Verbots echter Rückwirkung sei die Vorschrift verfassungskonform dahingehend auszulegen, dass von der Verantwortlichkeit nur solche Gesamtrechtsnachfolgetatbestände erfasst würden, die zeitlich nach dem Inkrafttreten des Gesetzes am 1.3.1999 erfolgt seien[813].

gg) Ansicht von *Becker*

Nach der Ansicht *Beckers*[814] ist bei der Frage, ob in der Begründung der Verantwortlichkeit des Gesamtrechtsnachfolgers des Verursachers durch § 4 Abs. 3 S. 1 BBodSchG im Zeitraum vor Inkrafttreten des Gesetzes eine zulässige oder unzulässige Rückwirkung zu sehen ist, zu unterscheiden: Bei Altlasten, die nach dem Inkrafttreten des modernen Wasserrechts 1960 oder dem Abfallgesetz 1972 entstanden seien, könne sich keine wirkliche Rückwirkungsproblematik ergeben, da Verursachung, Entstehen der Pflichtenlagen und Eintritt der Gesamtrechtsnachfolge in einen Geltungszeitraum bereits strenger Gesetze und in die Kenntnis generell bestehender Pflichtenlagen fielen. Wirkliche Rückwirkungsprobleme könne es daher nur bei Ur-Altlasten, die vor 1960 verursacht wurden, geben[815].

---

[811] Kothe, Altlasten, Rn. 182 unter Verweis auf OVG Bautzen, Urt. v. 12.6.1997, LKV 1998, 62 (64) und OVG Münster, Urt. v. 30.5.1996, NVwZ 1997, 507 (508) einerseits und OVG Lüneburg, Beschl. v. 7.3.1997, NJW 1998, 97 (98) andererseits.
[812] NZG 2000, 240 (241).
[813] Vierhaus, NZG 2000, 240 (241).
[814] DVBl. 1999, 134 (136).
[815] Becker, DVBl. 1999, 134 (136 f.).

c) Dritte Gruppe: bloße Kodifizierung der früheren Rechtslage

Der dritten Gruppe gehören *Müggenborg*[816], *Schoeneck*[817], *Turiaux/Knigge*[818], *Erbguth/Stollmann*[819], *Wüterich*[820], *Hilger*[821], *Duesmann*[822] und wohl auch *Kloepfer*[823] an. Sie vertreten die Auffassung, dass sich die Frage einer zulässigen oder unzulässigen Rückwirkung gar nicht stellt. Die Vorschrift habe rein deklaratorischen Charakter, da sie lediglich die bisher ungeschriebene und in richterlicher Rechtsfortbildung entwickelte Nachfolgefähigkeit in die abstrakte Verhaltensverantwortlichkeit kodifiziere und damit nur wiederhole, was bereits vorher gegolten habe.

3. Stellungnahme

Dem Streit zwischen den Autoren der ersten und zweiten Gruppe, ob zur Bestimmung der Art der Rückwirkung an den fortwirkenden Gefahrentatbestand oder den Eintritt der Rechtsnachfolge anzuknüpfen ist, ist – das wird oft nicht klar genug herausgestellt – eine grundsätzliche, selbst höchst umstrittene Frage vorgelagert. Denn zu dem Problem, auf welchen Zeitpunkt es ankommt, um für die Verantwortlichkeit des Gesamtrechtsnachfolgers von einem abgeschlossenen Sachverhalt ausgehen zu können, gelangen nur diejenigen, die die Möglichkeit der Gesamtrechtsnachfolge in die abstrakte Verhaltensverantwortlichkeit vor Inkrafttreten des Bundes-Bodenschutzgesetzes und damit – von einigen Länderregelungen abgesehen – auf der Grundlage des allgemeinen Polizei- und Ordnungsrechts verneinen. Nur dann läge in der Rechtsnachfolgeregelung des § 4 Abs. 3 S. 1 Alt 2 BBodSchG nämlich eine Verschärfung der früher geltenden Rechtslage vor. Erst danach würde sich überhaupt erst die Frage nach einem Verstoß gegen das Rückwirkungsverbot stellen und erst damit käme es darauf an, ob es sich bei vor dem 1.3.1999 erfolgten Gesamtrechtsnachfolgen um abgeschlossene oder noch fortwirkende Sachverhalte handelt.

Die Autoren der ersten und zweiten Gruppe haben den gemeinsamen Ausgangspunkt, dass sie eine Gesamtrechtsnachfolge in die abstrakte Ordnungs-

---

[816] SächsVBl. 2000, 77 (83).
[817] In Sanden/Schoeneck, BBodSchG, § 4 Rn. 38.
[818] BB 1999, 377 (378).
[819] Bodenschutzrecht, Rn. 145.
[820] In Landel/Vogg/Wüterich, BBodSchG, § 4 Rn. 83.
[821] In Holzwarth/Radtke/Hilger/Bachmann, BBodSchG, § 4 Rn. 91.
[822] Verantwortlichkeit für schädliche Bodenveränderungen und Altlasten nach dem Bundes-Bodenschutzgesetz, S. 94 ff.
[823] Umweltrecht, § 12 Rn. 172: keine Verschärfung, sondern nur verbindliche Feststellung einer zuvor uneinheitlichen Rechtslage.

pflicht auf der Grundlage des allgemeinen Polizei- und Ordnungsrechts verneinen. Sie unterscheiden sich lediglich in der Beantwortung der Frage, ob die Gesamtrechtsnachfolgeregelung im Bundes-Bodenschutzgesetz an einen noch gegenwärtigen oder bereits abgeschlossenen Sachverhalt anknüpft. Die Autoren, die einen noch gegenwärtigen Sachverhalt annehmen, unterliegen jedoch der irrigen Annahme, dass es in den Altlastenfällen pauschal auf die Fortwirkung der Gefahrenlage ankomme und daher stets von noch nicht abgeschlossenen Sachverhalten auszugehen sei. Wie sich aber gerade bei der Untersuchung der Frage der rückwirkenden Erweiterung der Sanierungspflicht und der rückwirkenden Absenkung der Eingriffsschwelle gezeigt hat, kann die Frage, ob ein abgeschlossener oder noch fortwirkender Sachverhalt anzunehmen ist, für das Altlastenrecht nicht allgemein beantwortet werden. Es ist jeweils im Einzelfall zu untersuchen, an welchen Sachverhalt die gesetzliche Neuerung anknüpft.

Anknüpfungspunkt der Nachfolgeanordnung in § 4 Abs. 3 S. 1 Alt. 2 BBodSchG ist nicht, wie bei der Frage der Rückwirkung der Sanierungspflicht, das Fortwirken der verursachten Gefahrenlage, sondern die Rechtsnachfolge, also etwa der Eintritt des Erbfalls oder der Verschmelzung. Bei der Begründung dieses Ergebnisses spielen ähnliche Erwägungen wie bei der rückwirkenden Absenkung der Eingriffsschwelle eine Rolle[824]. Ebenso wie dort setzt auch die Anordnung der Verantwortlichkeit des Gesamtrechtsnachfolgers nicht an der Fortwirkung bestehender Pflichten an. Wäre eine Gesamtrechtsnachfolge in die abstrakte Ordnungspflicht vor Inkrafttreten des Bundes-Bodenschutzgesetzes nicht möglich gewesen, so wäre die Polizeipflicht bei natürlichen Personen mit dem Tod des Verhaltensverantwortlichen nicht über-, sondern vielmehr untergegangen. Der Sachverhalt wäre damit unter öffentlich-rechtlichen Gesichtspunkten erledigt gewesen.

Als Zwischenergebnis lässt sich festhalten, dass die Anordnung des Übergangs der Sanierungspflicht auf den Gesamtrechtsnachfolger in § 4 Abs. 3 S. 1 BBodSchG auf vor dem 1.3.1999 erfolgte Gesamtrechtsnachfolgen echte Rückwirkung entfaltet, sofern man eine vorherige Rechtsnachfolge auf der Grundlage des allgemeinen Polizei- und Ordnungsrechts für unzulässig hält.

Die Autoren der dritten Gruppe nehmen dagegen an, dass ein Übergang der abstrakten Polizeipflicht auf den Gesamtrechtsnachfolger bereits auf der Grundlage des allgemeinen Polizei- und Ordnungsrechts möglich war. Nur dann stellt die Gesamtrechtsnachfolgeregelung des § 4 Abs. 3 S. 1 Alt. 2 BBodSchG keine Verschärfung der früheren Rechtslage dar, so dass sich schon gar kein Rückwirkungsproblem ergibt.

---

[824] Vgl. Kapitel 5 § 17 B. II. 1. a) (S. 195 f.).

Gegen die dritte Ansicht kann nicht eingewandt werden, dass von einer Kodifizierung dessen, was schon vorher galt, wegen der höchst umstrittenen Frage der Gesamtrechtsnachfolge in die abstrakte Ordnungspflicht keine Rede sein könne[825]. Wenn Teile der Rechtsprechung eine Gesamtrechtsnachfolge in die abstrakte Ordnungspflicht anerkennen, haben sie nämlich nicht neues Recht geschaffen, sondern nur für Recht erkannt, was nach ihrer Auffassung bereits vorher rechtens war[826].

Die Frage, ob der in § 4 Abs. 3 S. 1 BBodSchG angeordnete Übergang der abstrakten Sanierungsverantwortlichkeit auf den Gesamtrechtsnachfolger auch in den Fällen, in denen die Rechtsnachfolge vor dem 1.3.1999 erfolgte, mit dem Rückwirkungsverbot vereinbar ist, ist also notwendig mit der Frage verbunden, ob eine Gesamtrechtsnachfolge in die abstrakte Verhaltensverantwortlichkeit bereits auf der Grundlage des allgemeinen Polizei- und Ordnungsrechts erfolgte[827].

Um zu klären, ob das Bundes-Bodenschutzgesetz insoweit eine Verschärfung der – von einzelnen Länderregelungen abgesehen – bisherigen Rechtslage beinhaltet, kommt dem langjährigen Streit auch unter Geltung des Bundes-Bodenschutzgesetzes Bedeutung zu. Somit kann bereits festgehalten werden, dass das Bundes-Bodenschutzgesetz durch die ausdrückliche Normierung der Verantwortlichkeit des Gesamtrechtsnachfolgers nur für die nach seinem Inkrafttreten am 1.3.1999 erfolgten Gesamtrechtsnachfolgen die angestrebte Rechtsklarheit bringt.

II. Verschärfung oder bloße Kodifizierung der früheren Rechtslage durch das Bundes-Bodenschutzgesetz?

In der Beantwortung der Frage, ob eine Gesamtrechtsnachfolge in die abstrakte Verhaltensverantwortlichkeit schon vor Inkrafttreten der Regelung im Bundes-Bodenschutzgesetz stattfand, liegt die maßgebliche Weichenstellung. Denn sie entscheidet darüber, ob in der Gesamtrechtsnachfolgeregelung in § 4 Abs. 3 S. 1 Alt. 2 BBodSchG eine Verschärfung und nicht bloß die bloße Kodifizierung der schon bestehenden Rechtslage zu sehen ist und sich damit überhaupt erst die Frage zulässiger oder unzulässiger Rückwirkung stellt.

---

[825] So aber Trurnit, VBlBW 2000, 261 (264).
[826] Bickel, BBodSchG, § 4 Rn. 26; Maurer, HdbStR III, § 60 Rn. 109.
[827] Ebenso VGH Mannheim, Beschl. v. 25.10.1999, VWBlBW 2000, 154 (155).

1. Gesamtrechtsnachfolge in die abstrakte Verhaltensverantwortlichkeit auf der Grundlage spezialgesetzlicher Länderregelungen

Eindeutig enthält das Bundes-Bodenschutzgesetz keine Verschärfung der bestehenden Rechtslage, soweit der Gesamtrechtsnachfolger des Verursachers bereits auf der Grundlage früherer landesrechtlicher Altlastenregelungen sanierungspflichtig gewesen ist. Ein Rückwirkungsproblem stellt sich daher nicht für die zwischen dem Inkrafttreten der entsprechenden Landesregelung und dem Bundes-Bodenschutzgesetz erfolgten Gesamtrechtsnachfolgen in diesen Bundesländern, vorausgesetzt, die entsprechenden Regelungen waren wirksam. Dies ist für den in Rede stehenden Zeitraum, nämlich den Zeitraum nach ihrem Inkrafttreten, unproblematisch[828].

Da es mit § 4 Abs. 3 S. 1 Alt. 2 BBodSchG vergleichbare Regelungen nur in Berlin[829], Hessen[830] und Thüringen[831] gab und im Zeitpunkt des Inkrafttretens des Bundes-Bodenschutzgesetzes keine älter als zehn Jahre war, wurde von den landesrechtlichen Regelungen nur ein geringer Teil der Gesamtrechtsnachfolgen erfasst, nämlich unproblematisch nur die, die nach deren Inkrafttreten erfolgten. Die Bedeutung dieser Regelungen für die vorliegende Problematik ist daher eher gering.

2. Gesamtrechtsnachfolge in die abstrakte Verhaltensverantwortlichkeit im allgemeinen Polizei- und Ordnungsrecht

Soweit – wie in den meisten Fällen – keine spezialgesetzlichen Länderregelungen einschlägig sind, stellt sich die Frage, inwieweit der Gesamtrechtsnachfolger des Verursachers bereits auf der Grundlage des allgemeinen Polizei- und Ordnungsrechts in Anspruch genommen werden konnte. Eine ausdrückliche Regelung der Rechtsnachfolge in die Polizei- und Ordnungspflicht enthalten die Polizei- und Ordnungsgesetze der Länder nicht.

---

[828] Zwar wurden auch die landesrechtlichen Gesamtrechtsnachfolgeregelungen teilweise für verfassungswidrig gehalten (siehe etwa Papier, DVBl. 1996, 125 ff.), allerdings nur soweit es um die Anwendung auf vor ihrem Inkrafttreten erfolgte Gesamtrechtsnachfolgetatbestände ging. Die Problematik entspricht der vorliegenden um den zeitlichen Anwendungsbereich von § 4 Abs. 3 S. 1 Alt. 2 BBodSchG.

[829] § 13 Abs. 1 und 2 Bln BodSchG.

[830] § 12 Abs. 1 Nr. 1 und 2 HAltlastG.

[831] § 20 Abs. 1 Nr. 1 und 2 ThAbfAG.

a) Die Entwicklung der Rechtsprechung und Literatur in der Frage der Rechtsnachfolge in öffentlich-rechtliche Pflichten

Die Rechtsnachfolge in die Polizei- und Ordnungspflicht, insbesondere in die abstrakte, gehört seit langem zu den umstrittensten Problemkreisen im Polizei- und Ordnungsrecht[832]. Bis Ende der sechziger Jahre wurde die Rechtsnachfolge in Polizei- und Ordnungspflichten generell mit der Begründung abgelehnt, dass es sich dabei um höchstpersönliche und damit nicht rechtsnachfolgefähige Pflichten handele[833]. Erst danach setzte nach und nach für einzelne Nachfolgekonstellationen ein Stimmungsumschwung ein. Dabei ist allerdings eine Abgrenzung in dreifacher Hinsicht erforderlich: erstens zwischen der Zustandsverantwortlichkeit und der Verhaltensverantwortlichkeit, zweitens zwischen der Nachfolge in die abstrakte und die konkretisierte Pflicht und drittens zwischen der Gesamt- und der Einzelrechtsnachfolge. Obwohl es vorliegend nur um die Gesamtrechtsnachfolge in die abstrakte Polizei- und Ordnungspflicht geht, soll im Folgenden auch ein Überblick über die anderen Konstellationen gegeben werden, um die Entwicklung im Ganzen darzustellen.

aa) Rechtsnachfolge in die Zustandsverantwortlichkeit

Die Ansicht, dass Ordnungspflichten auf den Rechtsnachfolger übergehen können, setzte sich zuerst bei der Frage der Gesamtrechtsnachfolge in die konkretisierte Zustandsverantwortlichkeit für den Bereich des Bauordnungsrechts durch.

Die Wende in der Rechtsprechung leitete das OVG Saarlouis mit seinem Urteil vom 3.10.1969[834] ein. Das Gericht nahm den Übergang einer bauordnungsrechtlichen Beseitigungsanordnung auf den Rechtsnachfolger des Adressaten an, der als Zustandsverantwortlicher in Anspruch genommen worden war. Zur Absicherung seiner Position betrieb es einen hohen Argumentationsaufwand. Erstens griff es auf zwei historische Regelungen zurück, die den Geltungsanspruch grundstücksbezogener Verwaltungsakte auf den Rechtsnachfolger erstreckten[835]. Zweitens wies es mit dem Argu-

---

[832] Allgemein zur Rechtsnachfolge in öffentliche Rechte und Pflichten siehe Peine, DVBl. 1980, 941 ff; ders., JuS 1997, 984 ff sowie Stadie, DVBl. 1990, 501 ff.

[833] Besonders deutlich VGH München, Urt. v. 13.3.1969, BayVBl. 1970, 328 (329); zuvor beispielsweise bereits BVerwG, Urt. v. 9.5.1960, E 10, 282 (285) und OVG Münster, Beschl. v. 26.7.1968; OVGE 24, 91 f.

[834] BRS 22 Nr. 215 (S. 303 ff.)

[835] OVG Saarlouis; Urt. v. 3.10.1969; BRS 22 Nr. 215 (S. 304) unter Verweis auf § 6 der Badischen Vorordnung über das Verwaltungsverfahren von 31.8.1884 sowie § 2 des Sächsischen Baugesetzes vom 1.7.1900.

ment, es sei nicht einzusehen, warum für die Vollziehung einer unanfechtbar gewordenen Beseitigungsanordnung etwas grundsätzlich anderes gelten sollte als für die Vollstreckung eines rechtskräftigen Urteils, auf § 325 Abs. 1 ZPO hin[836]. Drittens leitete das Gericht aus der Regelung des § 96 Abs. 2 LBauO, dem heutigen § 66 Abs. 2 S. 2 LBauO, die die Geltung einer Baugenehmigung für und gegen den Rechtsnachfolger anordnet, einen allgemeinen Rechtsgedanken ab, der auch für Beseitigungsverfügungen gelte[837]. Viertens verneinte das OVG die Höchstpersönlichkeit der Beseitigungspflicht, da die Verfügung sachbezogen und es damit gleichgültig sei, wer sie durchführe[838]. Schließlich betonte es fünftens allgemein die praktische Notwendigkeit der Rechtsnachfolge, da die Vollziehung bestandskräftiger Verfügungen sonst durch die Veräußerung des Grundstücks verhindert werden könnte und gegenüber Rechtsnachfolgern neu erlassene Anordnungen wieder mit Rechtsmitteln angreifbar wären[839].

Mit Urteil vom 22.1.1971 hat auch das BVerwG[840] seine frühere Auffassung aufgegeben und den Übergang einer Baubeseitigungsanordnung im Wege der Gesamtrechtsnachfolge angenommen. Das BVerwG schloss sich dabei den Argumenten des OVG Saarlouis an unter besonderer Betonung der „Dinglichkeit" im Sinne einer Grundstücksbezogenheit der baupolizeilichen Verfügung[841]. Außerdem wies es darauf hin, dass es einer Rechtsnachfolge nicht im Wege stehe, dass die Beseitigungsanordnung im Ermessen der Behörde stehe. Sofern die Behörde dem Rechtsnachfolger gegenüber von dem Erlass einer Anordnung abgesehen hätte, ließen sich Härten im Vollstreckungsverfahren ausgleichen[842].

Diese Rechtsprechung des BVerwG zur Rechtsnachfolgefähigkeit der durch Ordnungsverfügung konkretisierten Polizeipflicht im Bereich des Bauordnungsrechts haben die Oberverwaltungsgerichte in der Folgezeit übernommen[843] und mit den Argumenten der Vertretbarkeit und der Sachbe-

---

[836] OVG Saarlouis; Urt. v. 3.10.1969; BRS 22 Nr. 215 (S. 305).

[837] OVG Saarlouis; Urt. v. 3.10.1969; BRS 22 Nr. 215 (S. 305 f.).

[838] OVG Saarlouis; Urt. v. 3.10.1969; BRS 22 Nr. 215 (S. 306 f.).

[839] OVG Saarlouis; Urt. v. 3.10.1969; BRS 22 Nr. 215 (S. 307).

[840] NJW 1971, 1624 ff.

[841] BVerwG, Urt. v. 22.1.1971, NJW 1971, 1624.

[842] BVerwG, Urt. v. 22.1.1971, NJW 1971, 1624 (1625).

[843] Vgl. – wenngleich in Details abweichend – etwa VGH Kassel, Beschl. v. 1.3.1976, NJW 1976, 1910; VGH Mannheim, Urt. v. 14.5.1976, NJW 1977, 861 f.; VGH München, Beschl. v. 26.03.1981, BayVBl. 1981, 371 (372); Beschl. v 5.8.1996, NJW 1997, 961 (962); OVG Münster, Urt. v. 9.9.1986, NVwZ 1987, 427. Eine ausführliche Darstellung dieser und weiterer Entscheidungen der Oberverwaltungsgerichte findet sich bei Ossenbühl, Rechtsnachfolge, S. 20 ff.

zogenheit der Polizeipflicht auch auf andere Bereiche außerhalb des Bauordnungsrechts ausgedehnt[844].

Als Ergebnis kann festgehalten werden, dass der Übergang der konkretisierten Zustandsverantwortlichkeit jedenfalls für den Fall der Gesamtrechtsnachfolge ganz herrschende Meinung ist, wobei zur Überleitung auf die zivilrechtlichen Nachfolgetatbestände in direkter oder entsprechender Anwendung zurückgegriffen wird[845].

Von der ganz überwiegenden Rechtsprechung wird darüber hinaus selbst der Übergang im Wege der Einzelrechtsnachfolge mit dem Argument der Grundstücksbezogenheit, das auf die Argumentation der „Pflichtennachfolge kraft Dinglichkeit" von Jellinek[846] zurückgeht, angenommen[847].

Hinsichtlich der abstrakten Zustandsverantwortlichkeit stellen sich keine Rechtsnachfolgeprobleme. Sie erlischt zwar bei jedem Übergang – gleich ob im Wege der Singular- oder Universalsukzession – des Eigentums oder der tatsächlichen Gewalt, entsteht aber im selben Moment kraft Gesetzes in der Person des Erwerbers neu[848].

bb) Rechtsnachfolge in die Verhaltensverantwortlichkeit

Wesentlich umstrittener war und ist die Frage der Rechtsnachfolge bei der Verhaltensverantwortlichkeit.

---

[844] OVG Münster, Urt. v. 18.10.1972, DVBl. 1973, 226 f. (bergbehördliche Ordnungsverfügung); VGH Mannheim, Beschl. v. 12.3.1991, NVwZ 1992, 392 (naturschutzrechtliche Verfügung).

[845] BVerwG, Urt. v. 22.01.1971, NJW 1971, 1624; VGH Kassel, Beschl. v. 1.3.1976, NJW 1976, 1910; OVG Münster, BRS 35 Nr. 217; Urt. v. 9.9.1986, NVwZ 1987, 427, OVG Koblenz, Urt. v. 26.7.1983, NVwZ 1985, 431 f.; VGH Mannheim, Beschl. v. 12.3.1991, NVwZ 1992, 392; Martens, in Drews/Wacke/Vogel/Martens, Gefahrenabwehr, S. 299 f.

[846] Verwaltungsrecht, S. 195 f. Siehe dazu auch v. Mutius, VerwArch 63 (1972), 87 ff.

[847] Z.B. OVG Münster, Urt. v. 18.10.1972, DVBl. 1973, 226; NVwZ 1987, 427; VGH Mannheim, Urt. v. 14.5.1976, NJW 1977, 861 f.; VGH München, Beschl. v. 23.3.1979, BRS 35 Nr. 214; Beschl. v. 26.03.1981, BayVBl. 1981, 371 (372); OVG Koblenz, Urt. v. 26.7.1983, NVwZ 1985, 431 f.; OVG Bremen, Urt. v. 9.10.1984, NJW 1985, 2660; Götz, Polizei- und Ordnungsrecht, Rn. 248, 251. A.A. ist aber VGH Kassel, Beschl. v. 1.3.1976, NJW 1976, 1910; Urt. v. 8.7.1985, NuR 1986, 126. Die herrschende Rechtsprechung wird von Teilen der Literatur unterstützt, siehe etwa Stadie, DVBl. 1990, 501 (507 f.), teils mangels eines einschlägigen Übergangstatbestandes abgelehnt, etwa von Schink, VerwArch 82 (1991), 357 (385 f.).

[848] Allgemeine Meinung: siehe z.B. VGH München, Beschl. v. 28.11.1988, ZfW 1989, 147 (150); Doerfert, VR 1999, 229 (231); Götz, Polizei- und Ordnungsrecht, Rn. 247.

aaa) Einzelrechtsnachfolge in die abstrakte oder konkretisierte Verhaltensverantwortlichkeit

Nach allgemeiner Auffassung scheidet ein Übergang sowohl der abstrakten als auch der konkreten Verhaltensverantwortlichkeit im Wege der Einzelrechtsnachfolge schon deshalb aus, da die ordnungsrechtliche Verantwortlichkeit nicht zur rechtsgeschäftlichen Disposition steht[849].

bbb) Gesamtrechtsnachfolge in die konkretisierte Verhaltensverantwortlichkeit

Auch wenn die Rechtsprechung eine Rechtsnachfolge ab dem Ende der sechziger Jahre zunächst nur in die konkretisierte Zustandsverantwortlichkeit angenommen hat, wurden die Formulierungen nach und nach allgemeiner.

Besonders erwähnenswert aus der Menge der oberverwaltungsgerichtlichen Rechtsprechung ist das Urteil des OVG Koblenz vom 12.6.1979[850], in dem es um die Frage des Übergangs einer durch Verwaltungsakt konkretisierten Abgrabungsuntersagung ging. Das Urteil ist deshalb besonders beachtenswert, weil das Gericht sehr abstrakte Aussagen über die Gesamtrechtsnachfolge in öffentlich-rechtliche Verpflichtungen traf und auch auf die anzuwendende Übergangsnorm einging. Es stellte nach Würdigung der Rechtsprechung des BVerwG fest, dass statt des früheren Grundsatzes, „Polizeipflichten können nicht übergehen, da sie höchstpersönlich sind", nunmehr gelte: „Polizeipflichten gehen nicht über, wenn sie höchstpersönlich sind."[851] Im Anschluss daran führte das Gericht aus, dass es keinen Grund gebe, bei der Frage der Rechtsnachfolge, insbesondere der Gesamtrechtsnachfolge, eine Differenzierung danach zu treffen, ob die Pflicht im öffentlichen Recht oder privaten Recht wurzele. Dementsprechend gingen in entsprechender Anwendung der §§ 1922, 1967 BGB, §§ 239 f., 325 Abs. 1, 727 f. ZPO alle öffentlich-rechtlichen Rechte und Pflichten über, die nicht höchstpersönlicher Natur seien[852].

---

[849] Allgemeine Meinung: OVG Schleswig, Urt. v. 23.8.2000, DVBl. 2000, 1877 (1879) OVG Münster, Urt. v. 30.5.1996, NVwZ 1997, 507 (508); Kloepfer, Umweltrecht, § 12 Rn. 168; Martens, in Drews/Wacke/Vogel/Martens, Gefahrenabwehr, S. 298; Schlabach/Simon, NVwZ 1992, 143 (144). Vgl. auch VGH München, Beschl. v. 28.11.1988, ZfW 1989, 147 (151 f.) sowie Schink, VerwArch 82 (1991), 357 (385), der allerdings im Ergebnis auf das Fehlen eines entsprechenden Nachfolgetatbestandes abstellt.

[850] DÖV 1980, 654 f.

[851] OVG Koblenz, Urt. v. 12.6.1979, DÖV 1980, 654 (655).

[852] OVG Koblenz, Urt. v. 12.6.1979, DÖV 1980, 654 (655).

Mit dem Übergang öffentlich-rechtlicher Pflichten hatte sich kurz danach auch nochmals das BVerwG[853] auseinander zu setzen. In Anknüpfung an seine frühere Rechtsprechung[854] führte es aus, dass öffentlich-rechtliche Pflichten unter entsprechender Anwendung der erbrechtlichen Vorschriften auf den Erben übergehen, soweit nicht öffentlich-rechtliche Sonderregelungen in Betracht kämen oder sich aus dem öffentlich-rechtlichen Rechtsverhältnis Abweichendes herleiten lasse[855].

Da im Polizei- und Ordnungsrecht überwiegend vertretbare Handlungen gefordert werden, besteht inzwischen weitgehend Einigkeit darüber, dass eine Gesamtrechtsnachfolge in die konkretisierte Verhaltensverantwortlichkeit stattfindet[856]. Dies gilt insbesondere auch für das Gebiet des Altlastenrechts, da die behördliche Anordnung, eine bestimmte Sanierungsmaßnahme vorzunehmen, sachbezogen ist und ohnehin nur in den seltensten Fällen vom Sanierungspflichtigen selbst durchgeführt werden kann.

ccc) Gesamtrechtsnachfolge in die abstrakte Verhaltensverantwortlichkeit

Die einzige Nachfolgekonstellation, deren Zulässigkeit als noch nicht eindeutig entschieden bezeichnet werden muss, ist die Gesamtrechtsnachfolge in die abstrakte, also in die noch nicht durch Verwaltungsakt konkretisierte Polizei- und Ordnungspflicht. Die Rechtsprechung hat auf die Frage, ob eine Gesamtrechtsnachfolge in die abstrakte Polizeipflicht ohne ausdrückliche Regelung im allgemeinen Polizei- und Ordnungsrecht stattfindet, bis heute keine einheitliche Linie gefunden.

Mit der Rechtsnachfolge in die abstrakte Verhaltensverantwortlichkeit beschäftigte sich – soweit ersichtlich – aus der oberverwaltungsgerichtlichen Rechtsprechung erstmalig das OVG Münster in seinem Urteil vom

---

[853] Urt. v. 18.9.1981, BVerwGE 64, 105 ff.

[854] BVerwG, Urt. v. 19.3.1956, E 3, 208 (210); Urt. v. 9.1.1963, E 15, 234 (238); Urt. v. 11.3.1977, E 37, 314 (317).

[855] BVerwG, Urt. v. 18.9.1981, E 64, 105 (108). So auch schon BVerwG, Urt. v. 11.3.1977, E 37, 314 (317).

[856] VGH Mannheim, Urt. v. 13.4.1977, BRS 32 Nr. 180; OVG Koblenz, Urt. v. 12.6.1979, DÖV 1980, 654 f.; VGH München, Beschl. v. 28.11.1988, ZfW 1989, 147 (150); OVG Bautzen, Urt. v. 12.6.1997, LKV 1998, 62 (64); Martens, in Drews/Wacke/Vogel/Martens, Gefahrenabwehr, S. 298 f.; Kloepfer, Umweltrecht, § 12 Rn. 168; Breuer, NVwZ 1987, 751 (756); Müggenborg, NVwZ 1992, 845 (849); Schlabach/Simon, NVwZ 1992, 143 (145). A.A. ist Schenke, in Steiner, Besonderes Verwaltungsrecht, Kap. II Rn. 188, der die Ordnungsverfügung als eine höchstpersönliche Regelung ansieht.

29.3.1984[857]. Ohne nähere Begründung meinte das Gericht, dass keine durch-greifenden Bedenken gegen die Annahme der Rechtsnachfolge in die abstrakte Verhaltenshaftung des allgemeinen Polizei- und Ordnungsrechts bestünden, wenn die verursachte Gefahr durch vertretbares Verhalten be-seitigt werden könne. Im Anschluss rechtfertigte das Gericht die Annahme der Rechtsnachfolge im konkreten Fall damit, dass es ein untragbares Ergeb-nis sei, wenn einer bergbautreibenden Kapitalgesellschaft die Möglichkeit eröffnet würde, sich durch Fusion von ihrer Störerhaftung zu befreien und auf diese Weise Folgeschäden der Allgemeinheit aufzubürden[858].

Mit der Rechtsnachfolge in einem Altlastenfall beschäftigte sich der VGH München in seinem Beschluss vom 28.11.1988[859]. Nachdem der Senat an-deutete, dass gegen eine Ausweitung der vornehmlich zum Baurecht ent-wickelten Rechtsprechung zum Übergang der Zustandsverantwortlichkeit auf das Wasserrecht und das allgemeine Sicherheitsrecht keine Bedenken be-stünden und auch einiges für die Annahme einer Rechtsnachfolge in die konkretisierte Verhaltenshaftung spräche, widmete er sich dem eigentlichen Problem des zu entscheidenden Falles, nämlich der Frage, ob die abstrakte Verhaltensverantwortlichkeit einer Rechtsnachfolge zugänglich ist. Zwar führte er dann aus, dass dagegen jedenfalls für den Fall einer Gesamtrechts-nachfolge durch gesellschaftsrechtliche Umwandlung keine Bedenken bestünden, wenn die Gefahr durch vertretbares Verhalten beseitigt werden könne[860]. Gegen Ende des Urteils werden die Ausführungen allgemeiner, wenn es heißt, der mit der (Verhaltens-) Verantwortlichkeit umschriebene Status sei grundsätzlich nachfolgefähig und gehe auf den Rechtsnachfolger über, soweit die übrigen Voraussetzungen hierfür erfüllt seien, etwa das Be-stehen eines Übergangstatbestandes. Diesen hat das Gericht im konkreten Fall in der analogen Anwendung von § 5 S. 1 UmwG erblickt[861].

Als nächstes Obergericht äußerte sich der VGH Kassel mit Beschluss vom 5.10.1989[862] zu der Frage, ob der Rechtsnachfolger des früheren Inhabers einer stillgelegten Abfallbeseitigungsanlage, die Trinkwasserbrunnen ge-fährdet, sofort vollziehbar zur Sanierung herangezogen werden kann. Auch

---

[857] UPR 1984, 279 f. In der Entscheidung ging es um die Frage, ob die Rechtsnachfolge-rin einen Tagebruch zu verfüllen und damit für eine bergbauliche Gefahr einzustehen habe, die aufgrund von ihrer Rechtsvorgängerin verursacht worden war. Zwar war die Rechtsvorgängerin mit Ordnungsverfügung in Anspruch genommen worden, die Entscheidung bezieht sich aber auf eine viele Jahre später gegenüber der Rechtsnach-folgerin erlassene neue Anordnung.
[858] OVG Münster, Urt. v. 29.3.1984, UPR 1984, 279 (280).
[859] ZfW 1989, 147 ff.
[860] VGH München, Beschl. v. 28.11.1988, ZfW 1989, 147 (150 f.).
[861] VGH München, Beschl. v. 28.11.1988, ZfW 1989, 147 (151).
[862] NVwZ 1990, 381 ff.

wenn die Entscheidung eine Rechtsnachfolge auf der spezialgesetzlichen Grundlage des § 21 Abs. 1 Nr. 2 HAbfAG, der eine ausdrückliche Regelung für die Pflichtenstellung des Rechtsnachfolgers des Ablagerers bzw. des Abfallerzeugers bei altlastenverdächtigen Altablagerungen enthält, annahm, gab der Senat zu erkennen, dass er die Rechtsnachfolge in die abstrakte Verhaltensverantwortlichkeit aufgrund allgemeiner Rechtsgrundsätze des Landespolizeirechts für zulässig erachte[863].

Auch das VG Köln sah in seinem Urteil vom 12.4.1994[864] keine Bedenken gegen die Annahme, dass bei der Verhaltenshaftung im Falle einer Universalsukzession die abstrakte Verantwortlichkeit der Rechtsnachfolge zugänglich sei, jedenfalls sofern die Gefahr durch vertretbares Handeln beseitigt werden könne[865]. Zum einen ergebe sich aus den Polizei- und Ordnungsgesetzen bereits eine materielle Polizeipflicht, die übertragungsfähig sei, zum anderen könne, um dem Vorbehalt des Gesetzes nach einer Rechtsgrundlage für den Übergang zu genügen, auf die zivilrechtlichen Gesamtrechtsnachfolgeregelungen zurückgegriffen werden[866].

Obwohl die Rechtsprechung in den achtziger und bis Mitte der neunziger Jahre klar zur Zulassung der Gesamtrechtsnachfolge in die abstrakte Polizei- und Ordnungspflicht tendierte, scheint die Frage seit Mitte der neunziger Jahre wieder offener geworden zu sein. Die Frage nicht entschieden, aber eine Rechtsnachfolge in die abstrakte Ordnungspflicht tendenziell befürwortet, haben das OVG Lüneburg mit Beschluss vom 7.3.1997[867] und das OVG Bautzen mit Urteil vom 12.6.1997[868]. Dagegen hat das OVG Münster mit Urteil vom 30.5.1996[869] und im Anschluss daran das VG Düsseldorf mit Urteil vom 6.4.1998[870] die Frage ausdrücklich als nicht hinreichend geklärt offen gelassen.

Auch das OVG Schleswig hat die Frage in dem Urteil vom 23.8.2000[871] offen gelassen, sich jedoch mit zwei Kernargumenten, die gegen eine Gesamtrechtsnachfolge in die abstrakte Polizeipflicht vorgebracht werden, auseinander gesetzt und diese als nicht durchgreifend bezeichnet.

---

[863] VGH Kassel, Beschl. vom 5.10.1989, NVwZ 1990, 381 f.

[864] NVwZ, 1994, 927 ff.

[865] VG Köln, Urt. v. 12.4.1994, NVwZ, 1994, 927 (929).

[866] VG Köln, Urt. v. 12.4.1994, NVwZ, 1994, 927 (929 f.).

[867] Beschl. v. 7.1.1997, NJW 1998, 97 (98).

[868] LKV 1998, 62 (64).

[869] NVwZ 1997, 507 (508).

[870] NVwZ 1999, 216.

[871] DVBl. 2000, 1877 (1878).

Die jüngsten obergerichtlichen Äußerungen stammen vom VGH Mannheim. Der 8. Senat hat die Frage der abstrakten Rechtsnachfolge in die Polizei- und Ordnungspflicht in seinem Beschluss vom 25.10.1999[872] zwar angerissen, musste sie aber nicht beantworten. Er betonte jedoch ausdrücklich die Bedeutung des Streits für den zeitlichen Anwendungsbereich der Gesamtrechtsnachfolgeregelung des § 4 Abs. 3 S. 1 BBodSchG und für die Frage nach einem Verstoß gegen das Rückwirkungsverbot. Dagegen hat der 10. Senat in den Beschlüssen vom 11.12.2000[873] und 3.9.2002[874] – allerdings eher beiläufig – festgestellt, dass es nach seiner Ansicht eine Rechtsnachfolge in die abstrakte Polizeipflicht ohne gesetzliche Grundlage nicht gebe.

Die Rechtsprechung, die sich in sämtlichen bisherigen Stellungnahmen mit der Problematik nicht dezidiert, sondern eher oberflächlich auseinander gesetzt hat, zeigt sich uneinheitlich, wenngleich mehrheitlich eher mit befürwortender Tendenz. Es kann aber noch nicht eindeutig prognostiziert werden, welche Ansicht sich letztlich durchsetzten wird.

In der Literatur war und ist das Meinungsbild geteilt. Die befürwortenden[875] und die ablehnenden[876] Stimmen halten sich in etwa die Waage.

Im Kern geht es um drei Streitpunkte, die im Folgenden im Einzelnen untersucht werden sollen.

---

[872] VBlBW 2000, 154 (155).

[873] UPR 2001, 274.

[874] NVwZ-RR 2003, 103 (106); folgend VG Sigmaringen, Beschl. v. 3.7.2003 (Juris-Nr. MWRE112690300 Rn. 9, ansonsten unveröffentlicht).

[875] Stadie, DVBl. 1990, 501 (505); Schlabach/Simon, NVwZ 1992, 143 (145); speziell aus der altlastenrechtlichen Literatur: Striewe, ZfW 1986, 273; (286 f.); Kloepfer, NuR 1987, 7 (17); ders., Umweltrecht, § 12 Rn. 81; Brandt, Altlastenrecht, Kap. IV Rn. 74.; Schink, VerwArch 82 (1991), 357 (386 f.); ders., GewArch 1996, 50 (60 f.); Doerfert, VR 1999, 229 (230 f.).

[876] Aus der Literatur zum allgemeinen Polizei- und Ordnungsrecht: Pieroth/Schlink/Kniesel, Polizei- und Ordnungsrecht, § 9 Rn. 61; Schenke, in Steiner, Besonderes Verwaltungsrecht, Kap. II Rn. 188; Götz, Polizei- und Ordnungsrecht, Rn. 248 ff.; Peine, DVBl. 1980, 941 (945 ff.); ders, JuS 1997, 984 (986 f.); aus der altlastenrechtlichen Literatur: Papier, DVBl. 1996, 125 (127 ff.), zuvor bereits ders., Altlasten, S. 63 ff.; ders., DVBl. 1985, 873 (878 f.); ders., NVwZ 1986, 256 (262); ders., JZ 1994, 810 (817 f.); Ossenbühl, Rechtsnachfolge, S. 29 ff., 65 ff.; Trurnit, Altlastenhaftung, S. 46 ff., insbesondere S. 58 ff.; Spieth/Wolfers, NVwZ 1999, 355 (359); Sparwasser/Engel/Voßkuhle, Umweltrecht, § 9 Rn. 217.

b) Voraussetzungen einer Gesamtrechtsnachfolge in die abstrakte Verhaltensverantwortlichkeit im allgemeinen Polizei- und Ordnungsrecht

Die Voraussetzungen, unter denen eine Rechtsnachfolge stattfinden kann, entsprechen denen im Zivilrecht. Um eine Gesamtrechtsnachfolge in die abstrakte, also die noch nicht durch einen Verwaltungsakt konkretisierte Verhaltensverantwortlichkeit auf der Grundlage des allgemeinen Polizeirechts annehmen zu können, müssen drei Voraussetzungen vorliegen[877]: Erstens muss schon vor einer behördlichen Inanspruchnahme überhaupt eine Pflichtenposition bestehen (a). Diese muss darüber hinaus rechtsnachfolgefähig sein (b). Schließlich bedarf es noch einer Übertragungsnorm (c).

aa) Bestehen einer Pflichtenposition – zur Existenz der materiellen Polizeipflicht

Erste Voraussetzung einer Gesamtrechtsnachfolge in die abstrakte Verhaltensverantwortlichkeit ist das Bestehen einer Pflichtenposition. Da der Verursacher einer Altlast bzw. – allgemeiner – einer polizeirechtlichen Gefahr oder Störung noch nicht mit behördlicher Verfügung in Anspruch genommen worden ist, muss sich eine solche Pflichtenposition unmittelbar aus dem Gesetz ergeben. Als eine solche gesetzesunmittelbare Pflicht kommt die materielle Polizeipflicht in Betracht.

aaa) Entstehen einer Pflichtenposition erst mit behördlicher Inanspruchnahme

Nach einer Auffassung soll die materielle Polizeipflicht des abstrakt Verhaltensverantwortlichen keine Pflichtenposition darstellen[878]. Das allgemeine Polizei- und Ordnungsrecht normiere keine subjektiven öffentlich-rechtlichen Pflichten des Bürgers, vielmehr enthalte es rein objektive öffentlich-recht-

---

[877] Allgemeine Auffassung: z.B. Schoch, JuS 1994, 1026 (1029); ders., in Schmidt-Aßmann, Besonderes Verwaltungsrecht, 2. Kap. Rn. 164; Ossenbühl, Rechtsnachfolge, S. 55; Duesmann, Verantwortlichkeit für schädliche Bodenveränderungen und Altlasten nach dem Bundes-Bodenschutzgesetz, S. 95.

[878] Papier, DVBl. 1996, 125 (127 f.); ders., JZ 1994, 810 (817 f.); ders., NVwZ 1986, 256 (262); Dietlein, Nachfolge, S. 85 ff.; Schoch, in Schmidt-Aßmann, Besonderes Verwaltungsrecht, 2. Kap. Rn. 163; Pieroth/Schlink/Kniesel, Polizei- und Ordnungsrecht, § 9 Rn. 49; Eschenbach, NdsVBl. 1998, 1 (3 ff.); Knoche, GewArch 2000, 448 (453); ähnlich auch Schwachheim, Unternehmenshaftung für Altlasten, S. 181 ff.. Aus der älteren Literatur siehe etwa Wagner, Polizeipflicht von Hoheitsträgern, S. 62 ff.

liche sicherheitsrechtliche Aufgaben, Zuständigkeiten und Befugnisse[879]. Es gehe bei der abstrakten Polizeipflicht weder um eine materielle Rechtspflicht des Verantwortlichen[880] noch um eine latente oder „im Werden" begriffene Pflicht, sondern um die gesetzliche Eingriffsermächtigung der Behörde zur Inanspruchnahme des Verantwortlichen durch eine Ordnungsverfügung. Diese Ermächtigung mache jemanden lediglich zum potentiellen Adressaten einer Ordnungsverfügung, was aber noch keinen relevanten Pflichtenstatus begründe. Zwar seien nicht nur Pflichten, sondern auch „im Werden" begriffene Rechtsbeziehungen nach den privatrechtlichen Vorschriften über die Gesamtrechtsnachfolge, sofern diese überhaupt zur Anwendung kommen könnten, übergangsfähig. Zwischen der Behörde und dem erst abstrakt Verhaltensverantwortlichen bestehe aber nicht einmal eine „im Werden" begriffene Rechtsbeziehung, weil aufgrund des behördlichen Entschließungs-, Auswahl- und Gestaltungsermessens weder Art noch Inhalt der Pflicht in irgendeiner Form bestimmbar seien. Eine Rechtspflicht könne vielmehr erst durch den Erlass einer Verfügung entstehen, die neben Art und Inhalt vor allem auch erst den Verantwortlichen konkretisiere, denn erst damit stehe fest, dass und mit welchen Mitteln gegen welchen abstrakt Polizeipflichtigen vorgegangen werde[881]. Insoweit habe eine Ordnungsverfügung nicht nur deklaratorischen, sondern konstitutiven Charakter.

bbb) Materielle Polizeipflicht als eine schon vor behördlicher Inanspruchnahme bestehende Pflichtenposition

Gegen den vorgenannten Standpunkt wird geltend gemacht, dass in jedem Fall – und damit unabhängig vom oben dargestellten[882] Streit, ob es sich bei der materiellen Polizeipflicht nur um eine Gefahrenbeseitigungs- oder auch eine Gefahrenvermeidungspflicht handelt – mit der Gefahrverursachung kraft Gesetzes die Pflicht des Störers entstehe, die Gefahr oder Störung zu beseitigen (so genannte materielle Polizeipflicht)[883]. Diese gesetzesunmittel-

---

[879] Papier, DVBl. 1996, 125 (127); ebenso Pieroth/Schlink/Kniesel, Polizei- und Ordnungsrecht, § 9 Rn. 49.

[880] Siehe bereits Kapitel 3 § 11 A. III. (S. 90 ff.).

[881] Papier, DVBl. 1996, 125 (127 f.).

[882] Siehe Kapitel 3 § 11 A. I. und II. (S. 88 ff.).

[883] Aus der Rechtsprechung: VGH München, Beschl. v. 28.11.1988, ZfW 1989, 147 (151); VGH Kassel, Beschl. v. 24.6.1991, NVwZ-RR 1992, 288 (289); OVG Lüneburg, Beschl. v. 7.1.1993, NJW 1993, 1671; VG Köln, Urt. v. 12.4.1994, NVwZ, 1994, 927 (929); VGH Mannheim, Beschl. v. 4.8.1995, NVwZ 1996, 1036 (1037); OVG Schleswig, Urt. v. 23.8.2000, DVBl. 2000, 1877 (1878). Siehe auch – allerdings ohne den Begriff der materiellen Polizeipflicht ausdrücklich zu nennen – OVG Münster, Urt. v. 24.2.1989, NVwZ 1989, 987, vgl. ferner BVerwG, Urt. v. 4.10.1985, NJW 1986, 1626 (1627). Daneben taucht der Begriff der materiellen Polizeipflicht noch in

bare Pflicht werde durch behördliche Maßnahmen lediglich aktualisiert und konkretisiert. Nach dieser Auffassung läge mit der so genannten materiellen Polizeipflicht eine Pflichtenposition vor, so dass die erste Voraussetzung für die Annahme einer Gesamtrechtsnachfolge in die abstrakte Verhaltensverantwortlichkeit gegeben wäre.

ccc) Stellungnahme

Der erste Einwand gegen das Bestehen einer materiellen Polizeipflicht dreht sich um die Frage, ob der aus dem verfassungsmäßigen Rechtsstaatsprinzip abgeleitete Vorbehalt des Gesetzes der Annahme einer materiellen Polizeipflicht entgegensteht[884]. So wird bezweifelt, dass eine materielle Polizeipflicht in den Polizei- und Ordnungsgesetzen der Länder eine ausreichende gesetzliche Grundlage finde. Zwar gehe die moderne Gesetzgebung etwa im Bereich des Umweltrechts durchaus den Weg der Konstituierung gesetzesunmittelbarer Pflichten, etwa in § 5 Abs. 1 und Abs. 3 BImSchG. Das geltende Polizei- und Ordnungsrecht sei diesen Weg nach seiner eindeutigen Formulierung und Konstruktion aber nicht gegangen. Es normiere keine subjektiv-öffentlichen Pflichten des Bürgers, sondern sicherheitsrechtliche Aufgaben, Zuständigkeiten, Befugnisnormen der öffentlichen Gewalt und Regelungen darüber, gegen wen sich polizeirechtliche Verfügungen richten dürfen[885].

---

weiteren Entscheidungen als Schlagwort und ohne nähere Erläuterung auf, siehe etwa VGH Mannheim, Urt. v. 27.11.1984, NVwZ 1986, 850; VG Köln, Urt. v. 12.4.1994, NVwZ 1994, 927 (929); OVG Münster, Beschl. v. 30.5.1996, NVwZ 1997, 507 (508). Aus der altlastenrechtlichen Literatur: Striewe, ZfW 1986, 273; (286 f.); Stadie, DVBl. 1990, 501 (505); Brandt, Altlastenrecht, Kap. IV Rn. 74; Schink, VerwArch 82 (1991), 357 (387); Doerfert, VR 1999, 229 (230). Dieser Auffassung sind auch einige Vertreter, die die Rechtsnachfolge in die abstrakte Ordnungspflicht im Ergebnis aus anderen Gründen ablehnen: Ossenbühl, Rechtsnachfolge, S. 56 f.; Trurnit, Altlastenhaftung, S. 52 f.
Aus der polizei- und ordnungsrechtlichen Literatur: Martens, in Drews/Wacke/Vogel/Martens, Gefahrenabwehr, S. 293; Götz, Polizei- und Ordnungsrecht, Rn. 192; Schenke, in Steiner, Besonderes Verwaltungsrecht, Kap. II Rn. 143; Pietzcker, DVBl. 1984, 457 (459); Wolf/Bachof, Verwaltungsrecht III, § 127, I. a) l.; Denninger, in Lisken/Denninger, Handbuch des Polizeirechts, Rn. E 54; Selmer, in Martens-Gedächtnisschrift, S. 483 (485 f.); Petersen, NJW 1992, 1202 (1204); Czeczatka, Einfluss privatrechtlicher Rechtsverhältnisse auf Erlass und Inhalt polizeilicher Hoheitsakte, S. 55 ff.; Griesbeck, Materielle Polizeipflicht des Zustandsstörers, S. 82 ff. (insbesondere S. 88 f.); Peine, DVBl. 1990, 733 (736); Martensen, DVBl. 1996, 286 (288).

[884] So besonders deutlich Eschenbach, NdsVBl. 1998, 1 (3 ff.).
[885] Papier, DVBl. 1996, 125 (127).

Zuzugeben ist, dass eine Pflicht zur Gefahrenvermeidung bzw. -abwehr in keinem Landespolizeigesetz festgeschrieben wurde. Vielmehr formulieren die Gesetze an die Polizei adressierte Eingriffsermächtigungen. Der Pflichtencharakter der polizeilichen Generalklausel und der Regelungen über die Verantwortlichkeit lässt sich aber aus der Entstehungsgeschichte und der Entwicklung des allgemeinen Polizei- und Ordnungsrechts begründen. Ausgangspunkt dieser historischen Auslegung ist, dass bereits das Preußische Oberverwaltungsgericht in ständiger Rechtsprechung vom Bestehen einer materiellen Polizeipflicht ausgegangen ist[886]. Diese Rechtsprechung hat im Preußischen Polizeiverwaltungsgesetz von 1.6.1931[887] ihren gesetzlichen Niederschlag gefunden. In der amtlichen Begründung zu § 70 PrPVG heißt es, dass es ein „anerkannter Grundsatz unseres gesamten bürgerlichen und öffentlichen Rechts" sei, dass „jedermann sein persönliches Verhalten ... polizeimäßig einzurichten"[888] habe, das heißt so einzurichten habe, dass keine Gefahr verursacht wird. Da die wesentlichen materiellen Bestimmungen des Preußischen Polizeiverwaltungsgesetzes von den heutigen Polizeigesetzen fortgeführt werden[889], hat *Peine*[890] zu Recht davon gesprochen, dass die Annahme einer materiellen Polizeipflicht seit nahezu hundert Jahren den jeweils geltenden Polizeigesetzen zugrunde liegt.

Das zweite Gegenargument knüpft am Inhalt der materiellen Polizeipflicht an. Eine Verpflichtung des Bürgers vor behördlicher Inanspruchnahme könne auch deshalb nicht bestehen, weil aufgrund des behördlichen Entschließungs-, Auswahl- und Gestaltungsermessens weder Art noch Inhalt der Pflicht in irgendeiner Form bestimmbar seien[891]. Eine Rechtspflicht könne vielmehr erst durch den Erlass einer Verfügung entstehen, die neben Art und Inhalt vor allem auch den Verantwortlichen konkretisiere, denn erst damit stehe fest, dass und mit welchem Mittel gegen welchen abstrakt Polizeipflichtigen vorgegangen werde[892].

---

[886] Beispielsweise PrOVG, Urt. v. 30.7.1889, E 18, 411 (414); Urt. v. 12.4.1907, E 51, 383 (386); Urt. v. 17.3.1910, E 56, 366 (367 f.); Urt. v. 31.1.1913, E 65, 369 (375). Weitere Nachweise und eine ausführliche Analyse der Entscheidungen finden sich bei Czeczatka, Einfluss privatrechtlicher Rechtsverhältnisse auf Erlass und Inhalt polizeilicher Hoheitsakte, S. 45 ff.

[887] Preuß. GS. S. 77.

[888] Amtliche Begründung zu § 70 PrPVG, zit. nach Klausener/Kerstiens/Kemper, Polizeiverwaltungsgesetz, S. 329.

[889] Siehe Kapitel 2 § 8 D. I. 1. (S. 47 f.).

[890] Peine, DVBl. 1990, 733 (736); ähnlich Martensen, DVBl. 1996, 286 (287), der von einer „Fortsetzung der Auffassung des preußischen OVG in das heute geltende Recht" spricht.

[891] Bender/Sparwasser/Engel, Umweltrecht, 3. Aufl. 1995, Kap. 5 Rn. 191 f.

[892] Papier, DVBl. 1996, 125 (127 f.).

Dieses zweite Argument, das im Gegensatz zum ersten Argument auch gegen das Bestehen einer materiellen Sanierungspflicht eingewandt wird, wurde bereits oben bei der Diskussion der Frage, ob es sich bei der Sanierungspflicht des § 4 Abs. 3 S. 1 BBodSchG um eine gesetzesunmittelbare und damit materielle Rechtspflicht handelt, widerlegt[893]. Das Gesetz beschreibt mit der Pflicht, eine eingetretene Gefahr zu beseitigen, das Maximum des Pflichtenumfangs, die behördliche Verfügung führt durch die Konkretisierung gegebenenfalls zur Reduzierung der Sanierungspflicht auf das durchsetzbare Maß[894]. Insoweit weist *Duesmann*[895] zu Recht darauf hin, dass zwischen dem Bestehen einer Pflicht einerseits und deren Durchsetzbarkeit andererseits unterschieden werden muss: Der Verwaltungsakt hat in diesem Zusammenhang die Funktion, den Verantwortlichen auf seine bestehende Pflicht aufmerksam zu machen, den ihn – wegen des Grundsatzes der Verhältnismäßigkeit – am wenigsten belastenden Weg zur Gefahrenbeseitigung aufzuzeigen und der Behörde für den Fall, dass der Verantwortliche seine Pflicht nicht erfüllt, einen vollstreckungsfähigen Titel zu verschaffen.

Im Übrigen kann gegen das Bestehen einer gesetzesunmittelbaren Pflichtenposition nicht geltend gemacht werden, dass diese für einen Verantwortlichen vor der behördlichen Inanspruchnahme oftmals überhaupt nicht erkennbar sei. Nichts anderes gilt auch im Zivilrecht hinsichtlich des Bestehens von für den Laien schwer erkennbaren Rechtsverhältnissen zwischen Privatpersonen. Auch dort verzichtet man nicht etwa solange auf deren Existenz, bis die Rechtsverhältnisse durch Gerichte festgestellt worden sind.

Die materielle Polizeipflicht ist schließlich auch hinreichend bestimmt, da die tatbestandlichen Rechtsbegriffe wie „Gefahr" oder „öffentliche Sicherheit", die das die Polizeipflichtigkeit auslösende Verhalten umschreiben, durch die Rechtsprechung ausreichend konkretisiert sind. Damit ist das Maximum des Pflichtenumfangs festgelegt. Gleichzeitig ist hinreichend vorhersehbar, wie weit die Behörde bei der Inanspruchnahme des Verantwortlichen gehen kann[896].

---

[893] Ausführlich Kapitel 3 § 11 B. III. (S. 92 ff.).
[894] So zutreffend Bickel, BBodSchG, § 4 Rn. 15.
[895] Verantwortlichkeit für schädliche Bodenveränderungen und Altlasten nach dem Bundes-Bodenschutzgesetz, S. 96.
[896] Duesmann, Verantwortlichkeit für schädliche Bodenveränderungen und Altlasten nach dem Bundes-Bodenschutzgesetz, S. 96.

bb) Rechtsnachfolgefähigkeit der Pflichtenposition

Hinsichtlich der Rechtsnachfolgefähigkeit ist zunächst allgemein anerkannt, dass – wie im Zivilrecht[897] – höchstpersönliche Rechte und Pflichten nicht übergangsfähig sind[898].

aaa) Erste Ansicht: uneingeschränkte Rechtsnachfolgefähigkeit

Lange Zeit wurde eine Rechtsnachfolgefähigkeit mit dem Argument abgelehnt, es handele sich bei der abstrakten Polizei- und Ordnungspflicht um eine Pflicht von höchstpersönlicher Natur[899]. Inzwischen ist die Ansicht herrschend, dass die abstrakte Polizei- und Ordnungspflicht grundsätzlich nicht personengebunden bzw. höchstpersönlich sei, soweit sich die Pflicht nicht ausnahmsweise aus bestimmten Merkmalen einer Person ergebe oder ihre Ausführung eine unvertretbare Handlung darstelle[900].

bbb) Zweite Ansicht: Höchstpersönlichkeit der abstrakten Polizei- und Ordnungspflicht

In neuerer Zeit bejaht nur noch *Schenke*[901] die Höchstpersönlichkeit. Er begründet seine Auffassung zum einen mit dem Argument, dass die abstrakte Polizei- und Ordnungspflicht seit jeher als höchstpersönlich angesehen werde, und zum anderen damit, dass der Umfang der Pflichtenstellung zu einem wesentlichen Teil durch persönliche Umstände bestimmt werde, die eine Loslösung der Pflicht von einer Person im Wege der Gesamtrechtsnachfolge problematisch erscheinen lasse.

---

[897] Palandt/Edenhofer, BGB, § 1922 Rn. 40.

[898] BVerwG, Urt. v. 9.1.1963, E 15, 234 (238); Urt. v. 18.9.1981, E 64, 105 (110); Peine, JuS 1997, 984 (987); Striewe, ZfW 1986, 273 (286); Stadie, DVBl. 1990, 501 (503 f.); Ossenbühl, Rechtsnachfolge, S. 55; Schenke, in Steiner, Besonderes Verwaltungsrecht, Kap. II Rn. 187.

[899] Siehe Stadie, DVBl. 1990, 501 (504 mit Nachweisen in Fn. 34).

[900] OVG Schleswig, Urt. v. 23.8.2000, DVBl. 2000, 1877 (1878); Schoch, JuS 1994, 1026 (1030); ders., in Schmidt-Aßmann, Besonderes Verwaltungsrecht, 2. Kap. Rn. 164; Martens, in Drews/Wacke/Vogel/Martens, Gefahrenabwehr, S. 299, 301; Striewe, ZfW 1986, 273; (286); Stadie, DVBl. 1990, 501 (504); Schall/Horn, ZIP 2003, 327 (332).

[901] Schenke, in Steiner, Besonderes Verwaltungsrecht, Kap. II Rn. 188.

ccc) Dritte Ansicht: Fehlen eines Übertragungsgrundes

Demgegenüber stellt insbesondere *Ossenbühl*[902] auf das Fehlen eines Übertragungsgrundes ab. Ausgangspunkt seiner Überlegung ist zwar auch der allgemein anerkannte Standpunkt, dass höchstpersönliche Pflichten nicht übergangsfähig sind. Der höchstpersönliche Charakter einer Pflicht könne aber nicht von der Vertretbarkeit der zu erbringenden Handlung her, sondern nur ausgehend vom Sinn und Zweck der Pflicht bestimmt werden. Es komme also auf die Pflicht selbst und nicht auf ihre Erfüllbarkeit an[903]. Ergäben Sinn und Zweck der Pflicht ihre Personengebundenheit, so sei entscheidend, ob die spezifischen polizei- und ordnungsrechtlichen Zurechnungsgründe, die eine Person zum Verhaltensverantwortlichen machten, auch in der Person des Rechtsnachfolgers fortwirkten oder selbst neu entstünden und somit ein Übertragungsgrund vorliege[904]. Der Zurechnungsgrund der Verhaltensverantwortlichkeit sei die besondere Nähe des Verursachers zur Gefahr. Dieser Grund sei aber an die Person des Verursachers gebunden und bleibe in der Person des Rechtsnachfolgers nicht erhalten. Damit fehle es an einem den Übergang der personengebundenen Polizeipflicht rechtfertigenden Übertragungsgrund[905].

ddd) Vierte Ansicht: Rechtsnachfolgefähigkeit je nach Zweck der Verbindlichkeit

Nach *Knöpfle*[906] und ihm folgend *Duesmann*[907] liegt der Grund dafür, dass der Übergang einiger Rechte und Pflichten auf den Gesamtrechtsnachfolger ausgeschlossen ist, darin, dass ein solcher Übergang mit dem Zweck der Verbindlichkeit nicht zu vereinbaren sei, wie etwa bei Zwangsgeldern. Bei der abstrakten Polizei- und Ordnungspflicht sei es aber so, dass auch nach dem Tod des Verursachers ein öffentliches Interesse an der Gefahrenbeseitigung fortbestehe, so dass von der Rechtsnachfolgefähigkeit der abstrakten Polizei- und Ordnungspflicht auszugehen sei.

---

[902] Ossenbühl, Rechtsnachfolge, S. 60 ff.; ebenso Papier, DVBl. 1996, 125 (128).
[903] Ossenbühl, Rechtsnachfolge, S. 60 f.
[904] Ossenbühl, Rechtsnachfolge, S. 60 ff.
[905] Zusammenfassend Ossenbühl, Rechtsnachfolge, S. 69; ebenso Papier, DVBl. 1996, 125 (128).
[906] In Maunz-Festgabe, S. 225 (230 ff.).
[907] Verantwortlichkeit für schädliche Bodenveränderungen und Altlasten nach dem Bundes-Bodenschutzgesetz, S. 98.

eee) Stellungnahme

Die Abwehr einer Gefahr, die von einer schädlichen Bodenveränderung bzw. Altlast ausgeht, kann regelmäßig auch durch eine andere Person erbracht werden, was sich schon daran zeigt, dass es dem Pflichtigen freigestellt ist, ein auf die Beseitigung von Altlasten spezialisiertes Unternehmen zu beauftragen[908]. Dies wird in den meisten Fällen sogar unabdingbar sein. Im Übrigen würde eine Weigerung des Pflichtigen nicht etwa zu einer Zwangsgeldfestsetzung zwecks Willensbeugung, sondern zur Gefahrbeseitigung im Wege der Ersatzvornahme führen. Die abstrakte Polizei- und Ordnungspflicht ist daher regelmäßig keine höchstpersönliche Pflicht.

Entgegen der Ansicht *Ossenbühls* und *Papiers* kann auch nicht entscheidend sein, ob die Umstände, die zur Entstehung der Pflichtigkeit geführt haben, ebenfalls in der Person des Rechtsnachfolgers gegeben sind. Damit würde das Institut der Rechtsnachfolge insgesamt überflüssig gemacht, denn dann könnte der Rechtsnachfolger selbst als Verhaltensverantwortlicher in Anspruch genommen werden. Ferner ist es auch nicht zutreffend, dass es an einem den Übergang rechtfertigenden Grund fehlt, denn ein solcher ist mit der Vermögenskontinuität gegeben. Hinzu kommt, dass der Gesamtrechtsnachfolger, etwa der Erbe, gerade als ansprechbares Rechts- und Pflichtsubjekt in allen einer Vererbung zugänglichen Belangen an die Stelle der durch den Tod erloschenen Rechtsperson des Erblassers eintritt[909]. Es ist gerade das Wesen der Rechtsnachfolge, dass beim Rechtsvorgänger entstandene Rechte und Pflichten auf den Rechtsnachfolger übergehen, ohne dass die einzelnen Entstehungsvoraussetzungen auch beim Rechtsnachfolger gegeben sind. Insofern kann die Rechtsnachfolgefähigkeit einer Rechts- oder Pflichtenposition nicht danach bestimmt werden, ob der Entstehungsgrund an den Rechtsvorgänger gebunden ist oder nicht und ob im Falle der Gebundenheit diese auch beim Rechtsnachfolger vorliegt. Im Übrigen ist die Annahme einer Personengebundenheit der abstrakten Polizei- und Ordnungpflicht sachlich nichts anderes als die Annahme der Höchstpersönlichkeit einer solchen Pflicht, die aber – wie dargelegt – gerade nicht gegeben ist.

Im Ergebnis stehen der Rechtsnachfolgefähigkeit der abstrakten Polizei- und Ordnungspflicht keine Gründe entgegen.

---

[908] Striewe, ZfW 1986, 273; (286).
[909] Statt vieler: Marotzke, in Staudinger, BGB, Vorbem. zu §§ 1967-2017, Rn. 7.

cc) Übertragungstatbestand

Es ist allgemeine Ansicht, dass es sich bei der Gesamtrechtsnachfolge in die abstrakte Polizei- und Ordnungspflicht um öffentlich-rechtliches Eingriffs- recht handelt, so dass es im Hinblick auf den verfassungsrechtlichen, sich aus Art. 20 Abs. 3 GG ableitbaren Gesetzesvorbehalt eines Übertragungstat- bestandes bedarf[910].

aaa) Erste Ansicht: Fehlen einer Übertragungsnorm

Teilweise wird vorgetragen, dass es für die Annahme einer Gesamtrechts- nachfolge in die abstrakte Polizei- und Ordnungspflicht an einer formalge- setzlichen Übertragungsgrundlage fehle[911]. Insoweit könne die Rechtsnach- folge weder auf Richterrecht oder Gewohnheitsrecht gestützt noch aus allgemeinen Prinzipien abgeleitet werden[912]. An dem Vorhandensein einer entsprechenden formalgesetzlichen Rechtsgrundlage scheitere die Rechts- nachfolge in die abstrakte Ordnungspflicht, da es im öffentlichen Recht keine gebe und die zivilrechtlichen Übertragungsgrundlagen weder unmittelbar noch analog anwendbar seien[913]. Nach der Ansicht von *Peine* und *Trurnit* verbietet sich eine direkte Anwendung der zivilrechtlichen Nachfolgetatbe- stände, insbesondere der §§ 1922, 1967 BGB, da die Normen rein privat- rechtlichen Charakter hätten und nicht ausdrücklich erkennen ließen, dass sie auch öffentlich-rechtliche Pflichten erfassten[914]. Auch eine Analogie komme nicht in Betracht[915]. Funktion einer Analogie sei es nämlich, Lücken im Gesetz zu füllen, die dadurch entstünden, dass der Gesetzgeber die Regelung eines Teilbereichs der sozialen Wirklichkeit übersehen bzw. sich die Wirk- lichkeit gegenüber dem Zeitpunkt des Gesetzeserlasses in unvorhersehbarer Weise verändert habe[916]. Die fehlende Normierung eines allgemeinen Rechts-

---

[910] Ausdrücklich mit dieser Begründung: VG Köln, Urt. v. 12.4.1994, NVwZ, 1994, 927 (929); Würtenberger, in Achterberg/Püttner/Würtenberger, Besonderes Verwaltungs- recht II, § 21 Rn. 215; Pieroth/Schlink/Kniesel, Polizei- und Ordnungsrecht, § 9 Rn. 61; Schoch, JuS 1994, 1026 (1030 in Fn. 72); Trurnit, Altlastenhaftung, S. 37; Ossen- bühl, Rechtsnachfolge, S. 58; ohne verfassungsrechtliche Erwägungen, aber im Ergebnis ebenso: VGH München, Beschl. v. 28.11.1988, ZfW 1989, 147 (151); Striewe, ZfW 1986, 273 (286); Peine, DVBl. 1980, 941 (945).

[911] Trurnit, Altlastenhaftung, S. 55 ff., insbesondere S. 70 ff.; Peine, DVBl. 1980, 941 (945 ff.); zweifelnd auch Ossenbühl, Rechtsnachfolge, S. 69.

[912] Trurnit, Altlastenhaftung, S. 76 ff.; Ossenbühl, Rechtsnachfolge, S. 58.

[913] Peine, DVBl. 1980, 941 (946 f.); ders., JuS 1997, 984 (986 f.); Trurnit, Altlastenhaf- tung, S. 70 ff..

[914] Peine, DVBl. 1980, 941 (946); Trurnit, Altlastenhaftung, S. 70 f.

[915] Ausführlich Trurnit, Altlastenhaftung, S. 72 ff.

[916] Peine, DVBl. 1980, 941 (946).

227

nachfolgetatbestandes im öffentlichen Recht beruhe aber auf der Nichtkodifizierung dieser Materie, so dass eine analoge Anwendung der zivilrechtlichen Nachfolgetatbestände keine Lücke fülle, sondern die unterbliebene Kodifikation ersetzen würde[917].

bbb) Zweite Ansicht: Anwendung der zivilrechtlichen Übertragungstatbestände

Die überwiegende Ansicht hält – zumeist ohne größeren Begründungsaufwand – dagegen die zivilrechtlichen Übergangstatbestände, insbesondere §§ 1922, 1967 BGB, für direkt oder zumindest analog anwendbar[918].

ccc) Stellungnahme

Der Auffassung, dass die zivilrechtlichen Nachfolgetatbestände rein privatrechtlichen Charakter haben, kann nicht gefolgt werden. *Stadie*[919] hat zutreffend dargelegt, dass es sich bei den zivilrechtlichen Nachfolgetatbeständen um übergreifende Vorschriften handelt, die trotz ihrer Stellung im Privatrecht auch ins öffentliche Recht hineinwirken. So handele es sich bei den Begriffen „Vermögen" und „Verbindlichkeiten" um indifferente Begriffe. Ob eine Rechtsposition einen Vermögensgegenstand oder eine Verbindlichkeit darstelle, bestimme sich nach ihrem Gehalt und nicht nach ihrem Ursprung.

Insbesondere geht aber auch der Gesetzgeber von der Anwendbarkeit der zivilrechtlichen Nachfolgetatbestände aus, denn mehrere Bestimmungen des öffentlichen Rechts wie etwa § 57 Abs. 2 S. 2 SGB I oder § 101 OWiG setzen voraus, dass öffentlich-rechtliche Rechtspositionen von den im Zivilrecht normierten Gesamtrechtsnachfolgetatbeständen erfasst werden[920]. Bestes und jüngstes Beispiel dafür ist die Gesamtrechtsnachfolgeregelung in § 4 Abs. 3 S. 1 BBodSchG. Wie bereits ausführlich dargestellt[921], handelt es sich dabei um eine derivative Haftung, bei der sich der Übergang der Sanierungsverantwortlichkeit nach den Vorschriften des Zivilrechts vollzieht.

---

[917] Peine, DVBl. 1980, 941 (946).

[918] BVerwGE, Urt. v. 18.9.1981, E 64, 105 (108); OVG Koblenz; Urt. v. 26.7.1983, NVwZ 1985, 431 f.; OVG Münster, Urt. v. 30.5.1996, NVwZ 1997, 507 (508); VG Köln, NVwZ, 1994, 927 (929 f.); Palandt/Edenhofer, BGB, § 1922 Rn. 49; Martens in Drews/Wacke/Vogel/Martens, Gefahrenabwehr, S. 300; Erichsen, in Erichsen/Ehlers., Allgemeines Verwaltungsrecht, § 11 Rn. 51; Stadie, DVBl. 1990, 501 ff.; Knöpfle, in Maunz-Festgabe, S. 225 (236 f.); Doerfert, VR 1999, 229 (230).

[919] Stadie, DVBl. 1990, 501 (503); Striewe, ZfW 1986, 273; (286).

[920] Ausführlich Stadie, DVBl. 1990, 501 (502 f.).

[921] Siehe Kapitel 4 § 15 B. I. (S. 157 ff.).

Schließlich zeigt auch § 133 UmwG[922], dass die Argumentation, die zivilrechtlichen Nachfolgetatbestände hätten rein privatrechtlichen Charakter und ließen nicht erkennen, dass sie auch öffentlich-rechtliche Pflichten erfassten, unzutreffend ist. Die Norm, die den Umfang der Haftung des partiellen Gesamtrechtsnachfolgers im Fall der Unternehmensspaltung regelt und in Abs. 3 eine zeitliche Beschränkung der Haftung vorsieht, erwähnt in Abs. 3 S. 2 ausdrücklich öffentlich-rechtliche Verbindlichkeiten. Eine Haftung des Gesamtrechtsnachfolgers für diese setzt aber zwingend voraus, dass sie auf den Gesamtrechtsnachfolger übergehen, was mangels öffentlich-rechtlicher Nachfolgeregelungen nur im Wege der zivilrechtlichen Übertragungstatbestände – im Umwandlungsrecht der des Umwandlungsgesetzes – erfolgen kann.

dd) Ergebnis

Der Gesamtrechtsnachfolger des Verursachers konnte schon vor dem Inkrafttreten des Bundes-Bodenschutzgesetzes am 1.3.1999 und auch bereits vor dem Inkrafttreten von altlastenrechtlichen Spezialregelungen zur Rechtsnachfolge in einigen Bundesländern ab Ende der achtziger Jahre auf der Grundlage des allgemeinen Polizei- und Ordnungsrechts in Anspruch genommen werden. Wie die Untersuchung gezeigt hat, stellt die abstrakte Polizeipflicht bereits eine Pflichtenposition dar, die rechtsnachfolgefähig ist, von den zivilrechtlichen Übertragungstatbeständen erfasst wird und daher auf den Gesamtrechtsnachfolger des Verursachers übergeht. Die Anordnung der Sanierungsverantwortlichkeit des Gesamtrechtsnachfolgers des Verursachers in § 4 Abs. 3 S. 1 Alt. 2 BBodSchG stellt somit keine Verschärfung der früher geltenden Rechtslage dar. In der Anwendung der Vorschrift auf bereits vor dem Inkrafttreten des Bundes-Bodenschutzgesetzes erfolgte Gesamtrechtsnachfolgetatbestände liegt daher kein Verstoß gegen das Verbot der Rückwirkung von Gesetzen. Die Regelung, die insoweit nur klarstellende Bedeutung hat, ist vielmehr verfassungsrechtlich unbedenklich.

c) Problem der rückwirkenden Rechtsprechungsänderung

Werden somit auch lange vor dem Inkrafttreten des Bundes-Bodenschutzgesetzes erfolgte Gesamtrechtsnachfolgetatbestände von § 4 Abs. 3 S. 1 BBodSchG erfasst, so stellt sich noch die Frage, ob nicht dadurch, dass die Rechtsprechung bis Ende der sechziger Jahre eine Rechtsnachfolge in Polizei- und Ordnungspflichten verneinte[923], eine rückwirkende Rechtspre-

---

[922] Zu der Regelung siehe Kapitel 4 § 15 D. I. 2. (S. 166 f.).
[923] Siehe Kapitel 5 § 18 B. II. 2. a) (S. 211 f.).

chungsänderung vorliegt. Das Problem rückwirkender Änderungen der höchstrichterlichen Rechtsprechung wird insbesondere im Straf-, Zivil-, Arbeits- und Steuerrecht diskutiert[924]. Anknüpfungspunkt ist die Behauptung, dass der Bürger, der sich auf die bisherige Rechtsprechung verlassen und entsprechend disponiert habe, in seinem Vertrauen enttäuscht und seinen Dispositionen durch eine geänderte Rechtsprechung die rechtliche Grundlage entzogen werde[925]. Deshalb hätten rückwirkende Rechtsprechungsänderungen die gleichen Auswirkungen wie rückwirkende Gesetzesänderungen, so dass sie auf dieselben verfassungsrechtlichen Grenzen stoßen müssten[926]. Auch wenn dieser Ansatz bereits aufgrund der funktionellen Unterschiede zwischen Gesetzgebung und Rechtsprechung sehr zweifelhaft erscheint, da durch die Änderung der Rechtsprechung nicht neues Recht geschaffen wird, sondern nur für Recht erkannt wird, was bereits zuvor rechtens war, also nur aufgedeckt wird, dass die bisherige Gesetzesauslegung unzutreffend war[927], braucht auf die Problematik nicht vertieft eingegangen werden, da sie sich vorliegend schon nicht stellt. Die frühere Rechtsprechung bezog sich nämlich nur auf einzelne, meist dem Baurecht entstammende Fallkonstellationen. Im Übrigen hat sich das BVerwG in dem Urteil vom 9.5.1960[928] zudem die Möglichkeit offen gehalten, einen Übergang zumindest der auf öffentlich-rechtlichen Polizei- und Ordnungspflichten beruhenden Kostenersatzpflicht im Wege der zivilrechtlichen Nachfolgetatbestände anzuerkennen. Schließlich lagen für das mit Ausnahme einiger Bundesgesetze den Ländern zufallende Polizei- und Ordnungsrecht nur Entscheidungen weniger Oberverwaltungsgerichte bzw. Verwaltungsgerichtshöfe vor. Es konnte sich daher schon kein Vertrauen in eine höchst- oder einheitliche oberverwaltungsgerichtliche Rechtsprechung bilden. Und ab Ende der sechziger Jahre ist die Frage der Rechtsnachfolge in Polizei- und Ordnungspflichten ohnehin – differenziert nach den oben dargestellten unterschiedlichen Konstellationen – in die Diskussion und in Streit geraten.

---

[924] Vgl. z.B. Maurer, HdbStR III, § 60 Rn. 100 ff.; Grunsky, Rückwirkung bei einer Änderung der Rechtsprechung; Robbers, JZ 1988, 481 ff.; Medicus, NJW 1995, 2577 ff., zuletzt Schimansky, WM 2001, 1889 ff.

[925] Maurer, HdbStR III, § 60 Rn. 106.

[926] Z.B. Grunsky, Rückwirkung bei einer Änderung der Rechtsprechung, S. 14 ff.

[927] So zutreffend Maurer, HdbStR III, § 60 Rn. 106; Bickel, BBodSchG, § 4 Rn. 26.

[928] E 10, 282 (285).

Kapitel 6
Zusammenfassende Bewertung

Mit dem Bundes-Bodenschutzgesetz hat der Gesetzgeber ein umfassendes und bundeseinheitliches Regelungswerk zur Erfassung, Untersuchung, Bewertung und Sanierung von Altlasten geschaffen, das die Vielzahl der unterschiedlichen und gerade in ihrer Regelungsdichte hinsichtlich der Verantwortlichkeit stark divergierenden Landesregelungen ersetzt und die zuvor herrschende Rechtszersplitterung weitestgehend – abgesehen von den spezielleren Regelungen der in § 3 BBodSchG genannten Fachgesetze und den dadurch zu erwartenden Abgrenzungsproblemen – beendet hat. Die Sanierungsverantwortlichkeit ist im Bundes-Bodenschutzgesetz bundeseinheitlich und abschließend geregelt, die Länder verfügen insoweit über keinerlei Regelungskompetenz mehr.

Die Freude über diesen Gewinn an Rechtssicherheit wird jedoch nicht unerheblich getrübt, sobald man die Regelungen zur Sanierungsverantwortlichkeit in § 4 BBodSchG, und zwar insbesondere die zur Verantwortlichkeit des Verursachers und seines Gesamtrechtsnachfolgers im Detail betrachtet.

Indem das Bundes-Bodenschutzgesetz keine normative Eingrenzung des Verursacherbegriffs vorgenommen hat, wurden die Unsicherheiten, die früher bei einer Inanspruchnahme auf der Grundlage des allgemeinen Polizei- und Ordnungsrechts bestanden, nicht beseitigt. Dabei war freilich nicht zu erwarten gewesen, dass der Gesetzgeber den grundsätzlichen Streit um die anzuwendende Zurechnungstheorie entscheiden würde. Doch selbst von der normativen Konkretisierung einzelner besonders problematischer Teilaspekte wie der Legalisierungswirkung behördlicher Genehmigungen, der Frage der Verjährung der Sanierungsverantwortlichkeit und insbesondere der Auswirkungen der Veränderung des wissenschaftlich-technischen Erkenntnisstandes auf die Sanierungsverantwortlichkeit hat der Gesetzgeber abgesehen. Die Zurückhaltung des Gesetzgebers ist unter dem Gesichtspunkt der Rechtssicherheit insoweit kaum verständlich, als die einzelnen Fragestellungen seit langem erkannt waren. Hinsichtlich der Sanierungsverantwortlichkeit des Verursachers bringt das Bundes-Bodenschutzgesetz daher keinen Fortschritt gegenüber der früheren Rechtslage. Vielmehr stellt es im Vergleich zu einigen landesrechtlichen Altlastenregelungen sogar einen Rückschritt dar, indem es altlastspezifische Probleme offen lässt, um deren normative Lösung sich ab Ende der achtziger Jahre bereits vielfach einzelne Länder in ihren Altlastengesetzen bemüht hatten. So bestanden in Hessen und Thüringen mit § 12 Abs. 3 HAltlastG und § 20 Abs. 2 ThAbfAG Regelungen für die häufig auftretende Problematik der Veränderung des wissenschaftlich-technischen Erkenntnisstandes und in Berlin mit § 13 Abs. 3 Bln BodSchG eine Vorschrift zur Legalisierungswirkung behördlicher Genehmigungen.

Der Gesetzgeber hat es aber nicht nur versäumt, normative Einschränkungen der Verhaltensverantwortlichkeit vorzunehmen. Dies wäre mit rein fiskalischen Interessen und aus der Motivation heraus, eine Abwälzung des Sanierungsaufwandes auf die öffentliche Hand zu verhindern und die öffentlichen Haushalte zu entlasten[929], noch erklärbar gewesen. Die Reichweite der Verantwortlichkeit des Verursachers nach dem Bundes-Bodenschutzgesetz geht nicht nur über einige differenziertere Länderregelungen hinaus, sie bleibt teilweise auch dahinter zurück, insbesondere bei der Frage der Verantwortlichkeit des Abfallproduzenten. Im Sinne der Rechtssicherheit wäre auch insoweit eine normative Konkretisierung wünschenswert gewesen. Ansatzpunkte für eine entsprechende Regelung hätten mit § 12 Abs. 1 HAltlastG und § 20 Abs. 1 ThAbfAG zur Verfügung gestanden.

Eine Klärung der offenen Fragen rund um den Verursacherbegriff wäre rechtlich möglich gewesen, insbesondere hätten kompetenzrechtliche Bedenken dergestalt, dass das Gesetz polizeirechtliche und damit der Länderkompetenz unterliegende Fragestellungen regele, nicht erhoben werden können. Der Begriff des Verursachers ist im Bereich der Altlasten durch das Bundes-Bodenschutzgesetz zu einem Begriff des Bundesrechts geworden.

Die Klärung der verbliebenen Problemkreise der Sanierungsverantwortlichkeit des Verursachers bleibt damit wie schon zuvor der Rechtsprechung überlassen. Da es sich bei dem Begriff des Verursachers aber nunmehr um einen des Bundesrechts handelt, kann in Zukunft immerhin eine höchstrichterliche und damit bundeseinheitliche Klärung durch das BVerwG erfolgen. Bis zu ihrem Ergehen wird der momentane Zustand bestehender Rechtsunsicherheit andauern.

Die gesetzliche Regelung der Sanierungsverantwortlichkeit des Gesamtrechtsnachfolgers des Verursachers ist zu begrüßen. Sie klärt die in der Literatur umstrittene und auch von der Rechtsprechung nur teilweise befürwortete Gesamtrechtsnachfolge in die abstrakte Verhaltensverantwortlichkeit für die Altlastenfälle und sorgt damit für Rechtssicherheit. § 4 Abs. 3 S. 1 Alt. 2 BBodSchG begründet weder eine originäre Haftung des Gesamtrechtsnachfolgers noch einen öffentlich-rechtlichen Übertragungstatbestand. Der Übergang der Verantwortlichkeit des Verursachers erfolgt vielmehr nach den zivilrechtlichen Übertragungstatbeständen. Die Akzessorietät der Sanierungs-

---

[929] BT-Drucks. 13/8182, S. 3 f.; vgl. auch Stellungnahme des Bundesrates vom 29.11.1996 zum Regierungsentwurf, BT-Drucks. 13/6701, S. 52; Ginzky, DVBl. 2003, 169 (170).

verantwortlichkeit des Gesamtrechtsnachfolgers zu der des Verursachers führt dazu, dass sich die oben genannten ungelösten Rechtsfragen bei der Sanierungsverantwortlichkeit des Verursachers auch auf die des Gesamtrechtsnachfolgers auswirken.

Indem das Bundes-Bodenschutzgesetz auf die zivilrechtliche Figur der Gesamtrechtsnachfolge zurückgreift, ohne Modifizierungen vorzunehmen, verweist es auf das geschlossene zivilrechtliche Konzept der Gesamtrechtsnachfolge einschließlich der Folgeregelungen, die mit der Gesamtrechtsnachfolge notwendigerweise zusammenhängen, und damit auf die entsprechenden zivilrechtlichen Regelungen zum gegenständlichen und zeitlichen Haftungsumfang. Eine darüber hinausgehende und stets eingreifende wertmäßige Beschränkung der Haftung des Gesamtrechtsnachfolgers auf das übergegangene Vermögen ist – selbst vor dem Hintergrund der grundlegenden Entscheidung des Bundesverfassungsgerichts zur Beschränkung der Zustandsverantwortlichkeit des Grundstückseigentümers – von Verfassungs wegen nicht erforderlich.

Wie die Untersuchung gezeigt hat, ist die Frage einer möglichen unzulässigen Rückwirkung differenziert zu betrachten. Soweit das Bundes-Bodenschutzgesetz den Umfang der Sanierungspflicht um die Beseitigung von erheblichen Nachteilen und erheblichen Belästigungen erweitert und die Eingriffsschwelle insoweit herabsetzt, als dass auch schon erhebliche Nachteile und erhebliche Belästigungen eine Sanierungspflicht begründen, verstößt das Gesetz gegen das verfassungsrechtliche Rückwirkungsverbot und ist verfassungskonform dahin auszulegen, dass diese Erweiterungen nur für nach dem 1.3.1999 entstandene schädliche Bodenveränderungen gelten.

Dagegen ist die Regelung der Sanierungsverantwortlichkeit des Gesamtrechtsnachfolgers des Verursachers nicht lediglich auf nach dem Inkrafttreten am 1.3.1999 erfolgte Gesamtrechtsnachfolgetatbestände beschränkt. In der Anwendung der Vorschrift auf bereits vor dem Inkrafttreten des Bundes-Bodenschutzgesetzes erfolgte Gesamtrechtsnachfolgetatbestände liegt kein Verstoß gegen das Verbot der Rückwirkung von Gesetzen, da § 4 Abs. 3 S. 1 Alt. 2 BBodSchG keine Verschärfung der früher geltenden Rechtslage darstellt. Die Regelung, die nur klarstellt, was bereits zuvor geltendes Recht war, ist verfassungsrechtlich unbedenklich.

Bezieht man in die abschließende Bewertung ferner die erhebliche Erweiterung des Kreises der Sanierungsverantwortlichen in § 4 BBodSchG im Vergleich zu den klassischen Verantwortlichen des allgemeinen Polizei- und Ordnungsrechts mit ein, so zeigt sich, dass das Bundes-Bodenschutzgesetz keine sachgerechte Risikoverteilung und keinen angemessenen Ausgleich zwischen den Belangen der Allgemeinheit und den Interessen des Einzelnen erreicht hat, da in der Diskussion stehende oder bereits in Ländergesetzen enthaltene Erweiterungen der Sanierungsverantwortlichkeit, insbesondere die Erweiterung des verantwortlichen Personenkreises, konsequent aufgenommen, ebenfalls diskutierte oder bereits in Ländergesetzen enthaltene den Einzelnen entlastende Begrenzungen dagegen ignoriert wurden. Zwar enthielten auch die landesrechtlichen Altlastenregelungen, insbesondere die Hessens und Thüringens, bereits erhebliche Erweiterungen der Sanierungsverantwortlichkeit, diese sahen im Gegensatz zum Bundes-Bodenschutzgesetz aber eben auch Einschränkungen der Verantwortlichkeit vor.

Dieses Ergebnis ist im Wesentlichen auf das Verhalten der Länder im Bundesrat zurückzuführen, die das in den Gesetzesmaterialen auftauchende, mittelbare Ziel, nämlich eine Abwälzung des Sanierungsaufwandes auf die öffentliche Hand zu verhindern und die öffentlichen Haushalte zu entlasten, zum generellen Leitmotiv der Regelung der Sanierungsverantwortlichkeit gemacht haben. Diese rein fiskalischen Interessen verhinderten ein umfassendes, ausgewogenes und in sich geschlossenes Regelungssystem der Sanierungsverantwortlichkeit, dem deutlich anzumerken ist, dass es das Ergebnis eines Kompromisses zwischen den Vorstellungen der Länder und dem ursprünglichen Konzept, nur die Verantwortlichkeit der „klassischen Verantwortlichen" zu regeln, ist.

Literaturverzeichnis

Albrecht, Eike

Die Wertausgleichsregelung im Bundes-Bodenschutzgesetz
in NVwZ 2001, S. 1120 ff.

Antweiler, Clemens / Probst, Peter

Sanierungsverantwortlichkeit für Altlasten im Konzern
in UPR 2002, S. 206 ff.

Assenmacher, Stefan

Anmerkung zum Beschluss des OVG Berlin vom 19.1.2001,
Az. 2 S 7/00
in NJ 2001, S. 498 f.

Bamberger, Heinz Georg / Roth, Herbert

Kommentar zum Bürgerlichen Gesetzbuch
Bd. 2, §§ 611-1296
München 2003
(zit.: Bearbeiter, in Bamberger/Roth, BGB)

Bar, Christian von

Verkehrspflichten
Köln u.a. 1980
(zit.: v. Bar, Verkehrspflichten)

Becker, Bernd

Bundes-Bodenschutzgesetz, Loseblatt-Kommentar
Starnberg 1999, Stand: 15. Ergänzungslieferung 2005
(zit.: Becker, BBodSchG)

ders.

Die neue öffentlich-rechtliche Haftung für die Sanierung schädlicher
Bodenveränderungen und Altlasten nach § 4 III BBodSchG
in DVBl. 1999, S. 134 ff.

Becker, Florian / Fett, Torsten

Verantwortlichkeit für Verunreinigungen nach dem neuen Bundes-
Bodenschutzgesetz im Spannungsfeld von Umwelt- und Gesellschaftsrecht
in NZG 1999, S. 1189 ff.

Beckmann, Martin / Hagmann, Joachim

Rechtsgrundlagen der Rekultivierung und Nachsorge von Deponien nach In-Kraft-Treten des BBodSchG
in DVBl. 2001, S. 1636 ff.

Bender, Bernd / Sparwasser, Reinhard / Engel, Rüdiger

Umweltrecht
Heidelberg 1988
(zit.: Bender/Sparwasser/Engel, Umweltrecht, 1. Aufl. 1988)

dies.

Umweltrecht
3. Aufl. Heidelberg 1995
(zit.: Bender/Sparwasser/Engel, Umweltrecht, 3. Aufl. 1995)

dies.

Umweltrecht
4. Aufl. Heidelberg 2000
(zit.: Bender/Sparwasser/Engel, Umweltrecht, 4. Aufl. 2000)

Bickel, Christian

Bundes-Bodenschutzgesetz (Kommentar)
4. Aufl. Köln u.a. 2004
(zit.: Bickel, BBodSchG)

ders.

Grenzen der Zustandshaftung des Eigentümers für die Grundstückssanierung bei Altlasten
in NJW 2000, S. 2562 f.

ders.

Die Sanierungspflichtigen nach dem BBodSchG und die behördlichen Gesichtspunkte der Störerauswahl
in altlasten spektrum 2001, S. 61 ff.

ders.

Bodenschutz und Abfallrecht – Behördliche Befugnisse und Überwachung
in altlasten spektrum 2001, S. 137 ff.

ders.

Verdrängung von Landesrecht durch das Bundes-Bodenschutzgesetz
in NVwZ 2000, S. 1133 ff.

Bihler, Michael / Koch, Michael / Mücke, Wolfgang / Weindl, Jörg

Kursbuch Altlasten: Recht, Toxikologie, Technik
München 2001
(zit.: Bihler/Koch/Mücke/Weindl, Kursbuch Altlasten)

Brandner, Thilo

Gefahrenerkennbarkeit und polizeiliche Verhaltensverantwortlichkeit –
Zur Störerverantwortlichkeit insbesondere bei Altlasten
Berlin 1990
(zit.: Brandner, Gefahrenerkennbarkeit und polizeiliche Verhaltensverantwortlichkeit)

Brandt, Edmund

Gesetzgebungskompetenz des Bundes für ein Bundes-Bodenschutzgesetz
in DÖV 1996, S. 675 ff.

ders.

Altlastenrecht
Heidelberg 1993
(zit.: Brandt, Altlastenrecht)

ders.

Grundfragen des Altlasten- und Bodenschutzrechts
in Erbguth, Wilfried (Hrsg.), Aktuelle Fragen des Altlasten- und Bodenschutzrechts, Baden-Baden 1997, S. 29 ff.
(zit.: Brandt, in Erbguth, Aktuelle Fragen des Altlasten- und Bodenschutzrechts)

Brandt, Edmund / Kiesewetter, Rudolf

Der Umfang der Zustandshaftung des Eigentümers bei der Sanierung
von Altlasten nach dem Beschluss des Bundesverfassungsgerichts
in Franzius, Volker (Hrsg.), Handbuch der Altlastensanierung
(Loseblattwerk)
2. Auflage Heidelberg 1995, Stand: 43. Ergänzungslieferung 2005
(zit.: Brandt/Kiesewetter, in Franzius, Handbuch der Altlastensanierung,
Nr. 10152)

Breuer, Rüdiger

„Altlasten" als Bewährungsprobe der polizeilichen Gefahrenabwehr und des Umweltschutzes – OVG Münster NVwZ 1985, 355
in JuS 1986, S. 359 ff.

ders.

Rechtsprobleme der Altlasten
in NVwZ 1987, S. 751 ff.

ders.

Empfehlen sich ergänzende gesetzliche oder untergesetzliche Regelungen der Altlasten, und welchen Inhalt sollten sie haben?
in DVBl. 1994, S. 890 ff.

ders.

Umweltschutz und Gefahrenabwehr bei Anscheins- und Verdachtslagen
in Selmer, Peter / Münch, Ingo von (Hrsg.), Gedächtnisschrift für Wolfgang Martens, S. 317 ff.
Berlin u.a. 1987
(zit.: Breuer, in Martens-Gedächtnisschrift)

Brodersen, Carsten

Anmerkung zum Beschluss des VGH Mannheim vom 25.10.1999, Az. 8 S 2407/99
in JuS 2001, S. 302 f.

Brüning, Christoph

Die Rückwirkung von Legislativakten
in NJW 1998, S. 1525 ff.

Buch, Ulrich von

Die Gesetzgebungskompetenz für das Bundes-Bodenschutzgesetz
in NVwZ 1998, S. 822 f.

Buchholz, Georg

Untersuchungsanordnungen nach dem Bundes-Bodenschutzgesetz
in NVwZ 2002, S. 563 ff.

Buck, Carsten

Die Störerhaftung nach dem Bundes-Bodenschutzgesetz
in NVwZ 2001, S. 51 f.

Bundesministerium für Umwelt, Naturschutz und Reaktorsicherheit (Hrsg.)

Umweltgesetzbuch: (UGB-KomE), Entwurf der Unabhängigen Sachverständigenkommission zum Umweltgesetzbuch beim Bundesministerium für Umwelt, Naturschutz und Reaktorsicherheit
Berlin 1998
(zit.: BMU, UGB-KomE)

Czeczatka, Sighart

Der Einfluss privatrechtlicher Rechtsverhältnisse auf Erlass und Inhalt polizeilicher Hoheitsakte: zugleich ein Beitrag zur Begründung der materiellen Polizeipflicht
Frankfurt a.M. u.a. 1978
(zit.: Czeczatka, Einfluss privatrechtlicher Rechtsverhältnisse auf Erlass und Inhalt polizeilicher Hoheitsakte)

Czybulka, Detlef

Kompetenzverteilung im Bodenschutz- und Altlastenrecht
in UPR 1997, S. 15 ff.

Degenhart, Christoph

Bundeskompetenz für ein Bodenschutzgesetz
in ZRP 1997, S. 397 ff.

ders.

Staatsrecht I – Staatsorganisationsrecht
20. Aufl. Heidelberg 2004
(zit.: Degenhart, Staatsrecht)

Dietlein, Johannes

Nachfolge im Öffentlichen Recht
Berlin 1999
(zit.: Dietlein, Nachfolge)

Doerfert, Carsten

Die Haftung des Rechtsnachfolgers nach dem Bundes-Bodenschutzgesetz
in VR 1999, S. 229 ff.

Dombert, Matthias

Streben nach effektiverem Bodenschutz an den Grenzen des Grundgesetzes – Zur Verfassungsmäßigkeit des § 4 VI BBodSchG im Hinblick auf Art. 14 GG
in NJW 2001, S. 927 ff.

Dreier, Horst (Hrsg.)

Grundgesetz (Kommentar)
Band 2, Art. 20-82 GG
Tübingen 1998
(zit.: Bearbeiter, in Dreier, GG)

Drews, Bill / Wacke, Gerhard / Vogel, Klaus / Martens, Wolfgang

Gefahrenabwehr
9. Aufl. Köln u.a. 1986
(zit.: Bearbeiter, in Drews/Wacke/Vogel/Martens, Gefahrenabwehr)

Droese, Julia

Die Erweiterung des Kreises der Zustandsverantwortlichen nach dem Bundes-Bodenschutzgesetz
in UPR 1999, S. 86 ff.

Duesmann, Lars

Die Verantwortlichkeit für schädliche Bodenveränderungen und Altlasten nach dem Bundes-Bodenschutzgesetz
Frankfurt a.M. u.a. 2003
(zit.: Duesmann, Verantwortlichkeit für schädliche Bodenveränderungen und Altlasten nach dem Bundes-Bodenschutzgesetz)

Enders, Rainald

Rechtsprobleme der Behandlung von Abfallanlagen und Altlasten in den neuen Bundesländern
in DVBl. 1993, S. 82 ff.

ders.

Die zivilrechtliche Verantwortlichkeit für Altlasten und Abfälle
Berlin 1999
(zit.: Enders, Verantwortlichkeit)

Erbel, Günther

Zur Polizeipflichtigkeit des sogenannten „Zweckveranlassers"
in JuS 1985, S. 257 ff.

Erbguth, Wilfried / Stollmann, Frank

Bodenschutzrecht
Baden-Baden 2001
(zit.: Erbguth/Stollmann, Bodenschutzrecht)

dies.

Einzelfragen der Sanierung und des Altlastenmanagements im Bundes-
Bodenschutzgesetz
in NuR 1999, S. 127 ff.

dies.

Verantwortlichkeit im Bodenschutzrecht
in DVBl. 2001, S. 601 ff.

dies.

Zum Stand des Bodenschutzrechts – dargestellt unter Berücksichtigung
der Altlastenproblematik
in NuR 1994, S. 319 ff.

dies.

Das neue Bodenschutzrecht des Bundes
in GewArch 1999, S. 223 ff.

dies.

Zum Anwendungsbereich des Bundes-Bodenschutzrechts
in NuR 2001, S. 241 ff.

Erichsen, Hans-Uwe

Der Schutz der Allgemeinheit und der individuellen Rechte durch die
polizei- und ordnungsrechtlichen Handlungsvollmachten der Exekutive
in VVDStRL 35 (1977), S. 171 ff.

ders.

Das Verwaltungshandeln
in Erichsen, Hans-Uwe / Ehlers, Dirk (Hrsg.), Allgemeines
Verwaltungsrecht
12. Aufl. Berlin 2002
(zit.: Erichsen, in Erichsen/Ehlers, Allgemeines Verwaltungsrecht)

Erman, Walter / Westermann, Harm Peter (Hrsg.)

Handkommentar zum Bürgerlichen Gesetzbuch
2. Band, §§ 856-2385
11. Aufl. Münster u.a. 2004
(zit.: Erman/Bearbeiter, BGB)

Eschenbach, Jürgen

Die materielle Polizeipflicht, der Vorbehalt des Gesetzes und der Appell
an die Vernunft
in NdsVBl. 1998, S. 1 ff.

Fehn, Karsten

Öffentlich-rechtliche Verantwortlichkeit und zivilrechtliche Haftung für
Altlasten
Frankfurt a. M. 1998
(zit.: Fehn, Verantwortlichkeit und Haftung für Altlasten)

Feil, Marcus

Auswirkungen des Bundes-Bodenschutzgesetzes auf die Landesboden-
schutzgesetze und den Ländern verbleibende Gesetzgebungsspielräume
Berlin 2000
(zit.: Feil, Auswirkungen des Bundes-Bodenschutzgesetzes)

Fiedler, Jürgen

Neuorientierung der Verfassungsrechtsprechung zum Rückwirkungsverbot und zum Vertrauensschutz?
in NJW 1988, S. 1624 ff.

Fischer, Hartmut

Bundes-Bodenschutzgesetz verdrängt Landesrecht – Handlungsbedarf
für Altlastenbetroffene?
in altlasten spektrum 2000, S. 360 f.

Fleischer, Holger / Empt, Martin

Gesellschaftsrechtliche Durchgriffs- und Konzernhaftung und öffentlich-rechtliche Altlastenverantwortlichkeit
in ZIP 2000, S. 905 ff.

Fluck, Jürgen

Die „Legalisierungswirkung" von Genehmigungen als ein Zentral-
problem öffentlich-rechtlicher Haftung für Altlasten
in VerwArch 78 (1988), S 406 ff.

ders.

Die immissionsschutzrechtliche Nachsorgepflicht als neues Instrument zur Verhinderung und Beseitigung von Altlasten.
in BB 1991, S. 1797 ff.

ders.

Fehlerhafte Überplanung von Altlasten – keine Verantwortung der Kommune nach dem BBodSchG?
in DVBl. 2002, S. 375 ff.

ders.

Kreislaufwirtschafts-, Abfall- und Bodenschutzrecht (Loseblattwerk)
Heidelberg, Stand: 57. Ergänzungslieferung 2005
(zit.: Bearbeiter, in Fluck, Kreislaufwirtschafts-, Abfall- und Bodenschutzrecht)

Fluck, Jürgen / Kirsch, Andrea

§ 24 Abs. 2 BBodSchG – Ist stets allein der Handlungsstörer ausgleichspflichtig?
in UPR 2001, S. 253 ff.

Foquet, Helmut

Die Sanierungsverantwortlichkeit nach dem Bundes-Bodenschutzgesetz
Heidelberg 2000
(zit.: Foquet, Sanierungsverantwortlichkeit)

Freisburger, Anke

Gesetzgeberische Reaktion der Länder auf das Bundes-Bodenschutzgesetz
in UPR 1999, S. 381 ff.

Frenz, Walter

Bundes-Bodenschutzgesetz (Kommentar)
München 2000
(zit.: Frenz, BBodSchG)

ders.

Das Einstehenmüssen für Sanierungspflichten aus gesellschafts- bzw. handelsrechtlichem Rechtsgrund nach § 4 Abs. 3 S. 4 BBodSchG
in altlasten spektrum 2000, S. 157 ff.

ders.

Anmerkung zum Urteil des OVG Münster vom 16.11.2000, 20 A 1774/99
in ZUR 2001, S. 337 ff.

ders.

Kreislaufwirtschafts- und Abfallgesetz
3. Aufl. Köln u.a. 2002
(zit.: Frenz, KrW-/AbfG)

ders.

Der Störerausgleichsanspruch nach § 24 Abs. 2 BBodSchG
in DB 2000, S. 2461 ff.

ders.

Abfall- und Bodenschutzrecht: Abgrenzung, Parallelen und Zusammenspiel
in UPR 2002, S. 201 ff.

Frenz, Walter / Sieben, Peter

Das Verhältnis von Bodenschutz- und Wasserrecht
in ZfW 2001, S. 152 ff.

Friauf, Karl Heinrich

Polizei- und Ordnungsrecht
in Schmidt-Aßmann, Eberhard (Hrsg.), Besonderes Verwaltungsrecht, Zweiter Abschnitt
11. Aufl. Berlin u.a. 1999
(zit.: Friauf, in Schmidt-Aßmann, Besonderes Verwaltungsrecht, 11. Aufl. 1999)

ders.

Zur Problematik des Rechtsgrundes und der Grenzen der polizeilichen Zustandshaftung – Untersucht am Beispiel der Haftung für Zufallsfolgen des modernen Massenverkehrs
in Vogel, Klaus / Tipke, Klaus (Hrsg.), Verfassung – Verwaltung – Finanzen, Festschrift für Gerhard Wacke zum 70. Geburtstag, S. 293 ff.
Köln 1972
(zit.: Friauf, in Wacke-Festschrift)

Gantner, Volker

Verursachung und Zurechnung im Recht der Gefahrenabwehr
Dissertation Tübingen 1983
(zit.: Gantner, Verursachung und Zurechnung im Recht der Gefahrenabwehr)

Gärtner, Bertholt-Dietrich

Kann die Sanierungsverantwortlichkeit bei Altlasten verjähren?
in UPR 1997, S. 452 ff.

Gelen, Timur

Das Rückwirkungsverbot im Altlastenrecht
in UPR 1996, S. 212 ff.

Gerhold, Thomas

Die Behandlung streitiger Rechtsfragen der Sanierungsverantwortlichkeit durch das Bundes-Bodenschutzgesetz (BBodSchG)
in altlasten spektrum 1998, S. 107 ff.

Giesberts, Ludger / Frank, Oliver

Sanierungsverantwortlichkeit nach BBodSchG bei Erwerb, Veräußerung und Umwandlung von Unternehmen und bei Grundstückstrans-
aktionen
in DB 2000, S. 505 ff.

Ginzky, Harald

Sanierungsverantwortlichkeit nach dem BBodSchG – Rechtsprechungs-
übersicht
in DVBl. 2003, S. 169 ff.

ders.

Gesamtrechtsnachfolge von Unternehmen im Bodenschutzrecht – unter
Berücksichtigung der Zeit des Nationalsozialismus und der Kontrolle
durch die Alliierten
in NUR 2003, S 727 ff.

Götz, Volkmar

Allgemeines Polizei- und Ordnungsrecht
13. Aufl. Göttingen 2001
(zit.: Götz, Polizei- und Ordnungsrecht)

ders.

Bundesverfassungsgericht und Vertrauensschutz
in Starck, Christian (Hrsg.), Bundesverfassungsgericht und Grundgesetz, Festgabe aus Anlass des 25-jährigen Bestehens des Bundesverfassungsgerichts, Zweiter Band, Verfassungsauslegung, S. 421 ff.
Tübingen 1976
(zit.: Götz, Festgabe BVerfG, Bd. 2)

Griesbeck, Michael

Die materielle Polizeipflicht des Zustandsstörers und die Kostentragungspflicht nach unmittelbarer Ausführung und Ersatzvornahme
Berlin 1991
(zit.: Griesbeck, Materielle Polizeipflicht des Zustandsstörers)

Grunsky, Wolfgang

Grenzen der Rückwirkung bei einer Änderung der Rechtsprechung
Karlsruhe 1970
(zit.: Grunsky, Rückwirkung bei einer Änderung der Rechtsprechung)

Grzeszick, Bernd

Eigentum verpflichtet – auf ewig? Grundrechtliche Grenzen für Störerbestimmungen am Beispiel der Sanierungspflicht früherer Eigentümer nach § 4 VI BBodSchG
in NJW 2001, S. 721 ff.

Gusy, Christoph

Polizeirecht
5. Aufl. Tübingen 2003
(zit.: Gusy, Polizeirecht)

Hansmann, Klaus

Die Nachsorgepflichten im Immissionsschutzrecht
in NVwZ 1993, S. 921 ff.

Herrmann, Nikolaus

Verantwortlichkeit im allgemeinen Polizei- und Ordnungsrecht
in DÖV 1987, S. 666 ff.

ders.

Flächensanierung als Rechtsproblem
Baden-Baden 1989
(zit.: Herrmann, Flächensanierung)

Hesse, Konrad

Grundzüge des Verfassungsrechts der Bundesrepublik Deutschland
20. Aufl. Heidelberg 1999 (Nachdruck)
(zit.: Hesse, Grundzüge des Verfassungsrechts)

Hilger, Bernd

Die Legalisierungswirkung von Genehmigungen
Frankfurt a. M. 1996
(zit.: Hilger, Legalisierungswirkung von Genehmigungen)

Hipp, Ludwig / Rech, Burkhard / Turian, Günther

Das Bundes-Bodenschutzgesetz mit Bodenschutz- und Altlastenverordnung
München u.a. 2000
(zit.: Hipp/Rech/Turian, BBodSchG)

Hösch, Ulrich

Zustandsverantwortlichkeit und Sozialbindung bei Altlastengrundstücken
in VBlBW 2004, S. 7 ff.

Holzwarth, Fritz / Radtke, Hansjörg / Hilger, Bernd / Bachmann, Günther

Bundes-Bodenschutzgesetz (Kommentar)
2. Aufl. Berlin 2000
(zit.: Bearbeiter, in Holzwarth/Radtke/Hilger/Bachmann, BBodSchG)

Hoppe, Werner / Beckmann, Martin / Kauch, Petra

Umweltrecht
2. Aufl. München 2000
(zit.: Hoppe/Beckmann/Kauch, Umweltrecht)

Hummel, Konrad

Durchgriffsverantwortlichkeit von Gesellschaftern nach dem Bundes-Bodenschutzgesetz
in GewArch 2002, S. 52 ff.

Hurst, Werner

Zur Problematik der polizeilichen Handlungshaftung
in AöR 83 (1958), S. 43 ff.

Jarass, Hans D.

Bundes-Immissionsschutzgesetz
6. Aufl. München 2005
(zit.: Jarass, BImSchG)

ders.

Regelungsspielräume des Landesgesetzgebers im Bereich der konkurrierenden Gesetzgebung und in anderen Bereichen
in NVwZ 1996, S. 1041 ff.

Jarass, Hans D. / Pieroth, Bodo

Grundgesetz für die Bundesrepublik Deutschland (Kommentar)
7. Aufl. München 2004
(zit.: Bearbeiter, in Jarass/Pieroth, GG)

Jellinek, Walter

Verwaltungsrecht
3. Aufl. Berlin 1931
(zit.: Jellinek, Verwaltungsrecht)

Kahl, Wolfgang

Die Sanierungsverantwortlichkeit nach dem Bundes-Bodenschutzgesetz
in Die Verwaltung, Bd. 33 (2000), S. 29 ff.

Klausener, Erich / Kerstiens, Christian / Kempner, Robert

Das Polizeiverwaltungsgesetz vom 1. Juni 1931
Berlin 1932
(zit.: Klausener/Kerstiens/Kempner, Polizeiverwaltungsgesetz)

Kloepfer, Michael

Umweltrecht
2. Aufl. München 1998
(zit.: Kloepfer, Umweltrecht, 2. Aufl. 1998)

ders.

Umweltrecht
3. Aufl. München 2004
(zit.: Kloepfer, Umweltrecht)

ders.

Die Verantwortlichkeit für Altlasten im öffentlichen Recht – Dargestellt am Problem der Deponiesanierung
in NuR 1987, S. 7 ff.

Knemeyer, Franz-Ludwig

Polizei- und Ordnungsrecht
10. Aufl. München 2004
(zit.: Knemeyer, Polizei- und Ordnungsrecht)

Kniesel, Michael

Verantwortlichkeit für Altlasten und ihre Grenzen
in BB 1997, S 2009 ff.

Knoche, Joachim

Ausgleichsansprüche nach § 24 II BBodSchG ohne behördliche Verpflichtung eines Sanierungsverantwortlichen?
in NVwZ 1999, S. 1198 ff.

ders.

Der Anfang vom Ende der privaten Sanierungsverantwortlichkeit für Altlasten – Öffentlich-rechtliche und zivilrechtliche Konsequenzen des BVerfG-Beschlusses vom 16.02.2000
in GewArch 2000, S. 448 ff.

ders.

Altlasten und Haftung
Heidelberg 2001
(zit.: Knoche, Altlasten)

Knöpfle, Franz

Die Nachfolge in verwaltungsrechtliche Rechts- und Pflichtstellungen
in Spanner, Hans / Lerche, Peter / Zacher, Hans / Badura, Peter / v. Camphausen, Axel (Hrsg.), Festgabe für Theodor Maunz zum 70. Geburtstag am 1.9.1971
München 1971
(zit.: Knöpfle, in Maunz-Festgabe)

Knopp, Lothar

Anmerkung zum Beschluss des BVerfG vom 16.2.2000, 1 BvR 242/91 und 315/99
in DB 2000, S. 1373 ff.

ders.

Bundes-Bodenschutzgesetz und erste Rechtsprechung
in DÖV 2001, S. 441 ff.

ders.

Bundes-Bodenschutzgesetz – Katalog der Sanierungsverantwortlichen
und Wertausgleichsregelung
in ZUR 1999, S. 210 ff.

ders.

„Flucht aus der Zustandsverantwortlichkeit?" und neues Bundes-Bodenschutzgesetz
in DVBl. 1999, S. 1010 ff.

ders.

„Altlasten"-Regelungen im hessischen Abfallrecht
in DÖV 1990, S. 683 ff.

Knopp, Lothar / Albrecht, Eike

Altlastenrecht in der Praxis
2. Aufl. Herne u.a. 1998
(zit.: Knopp/Albrecht, Altlastenrecht)

dies.

Das neue Bundes-Bodenschutzgesetz und Altlasten. Im Blickpunkt:
Ausgewählte Fragen aus betrieblicher Sicht
in BB 1998, S. 1853 ff.

Knopp, Lothar / Heinze, Anke

Vorsorgender Bodenschutz und Bundes-Bodenschutzgesetz – Eine kriti-
sche Bestandsaufnahme
in altlasten spektrum 2000, S. 227 ff.

Kobes, Stefan

Endlich: Haftungsgrenzen für den Zustandsstörer
in altlasten spektrum 2000, S. 273 ff.

ders.

Das Bundes-Bodenschutzgesetz
in NVwZ 1998, S. 786 ff.

ders.

Die Untersuchung, Bewertung und Sanierung von Altlasten nach dem
Bundes-Bodenschutzgesetz – Zugleich ein Beitrag zur Bundes-Boden-
schutz- und Altlastenverordnung
in NVwZ 2000, S. 261 ff.

Koch, Hans-Joachim

Bodensanierung nach dem Verursacherprinzip
Heidelberg 1985
(zit.: Koch, Bodensanierung)

Kochenburger, Christoph

Die Neuordnung des Altlastenrechts in Hessen
in NVwZ 1996, S. 249 ff.

Kohls, Malte

Vertrauensschutz für Erben von Altlastengrundstücken? – Zur nachwir-
kenden Sanierungsverantwortlichkeit der Erben von Altlastengrundstücken gemäß § 4 Abs. 6 BBodSchG
in ZUR 2001, S. 183 ff.

ders.

Nachwirkende Zustandsverantwortlichkeit – Insbesondere zur verfassungsrechtlichen Dimension der Sanierungsverantwortlichkeit ehemaliger Grundstückseigentümer nach dem Bundes-Bodenschutzgesetz
Berlin 2002
(zit.: Kohls, Nachwirkende Zustandsverantwortlichkeit)

Kornmann, Joachim

Lastenverteilung bei Mehrheit von Umweltstörern
in UPR 1983, S. 281 ff.

Kothe, Peter

Altlasten und schädliche Bodenveränderungen / Gefahrabschätzung,
Sanierung, Verantwortlichkeit
2. Aufl. Stuttgart u.a. 2000
(zit.: Kohte, Altlasten)

ders.

Altlastenrecht in den neuen Bundesländern: Sanierung – Haftung – Zuständigkeit
Stuttgart u.a. 1996
(zit.: Kohte, Altlastenrecht in den neuen Bundesländern)

ders.

Verantwortlichkeit bei der Altlastensanierung
in VerwArch 88 (1997), S. 456 ff.

ders.

Was ändert sich im Umgang mit Altlasten und Verdachtsflächen? Ausgewählte Probleme im Lichte des neuen Bundes-Bodenschutzgesetzes
in UPR 1999, S. 96 ff.

ders.

Altlastenbehandlung in Thüringen als bundesdeutsches Modell
in DÖV 1994, S. 716 ff.

Kügel, J. Wilfried

Die Entwicklung des Altlasten- und Bodenschutzrechts
in NJW 2004, S. 1570 ff.

ders.

Die Entwicklung des Altlastenrechts
in NJW 1996, S. 2477 ff.

Kummermehr, Michael

Zeitliche Grenzen des polizeilichen Gefahrbeseitigungsspruchs – Die ordnungsrechtliche Ewigkeitshaftung und ihre Begrenzbarkeit unter besonderer Berücksichtigung des BBodSchG
(zit.: Kummehrmehr, Zeitliche Grenzen des polizeilichen Gefahrbeseitigungsanspruchs)

Kunig, Philip / Paetow, Stefan / Versteyl, Ludger-Anselm

Kreislaufwirtschafts- und Abfallgesetz (Kommentar)
2. Aufl. München 2003
(zit.: Bearbeiter, in Kunig/Paetow/Versteyl, KrW-/AbfG)

dies.

Kreislaufwirtschafts- und Abfallgesetz (Kommentar)
München 1998
(zit.: Bearbeiter, in Kunig/Paetow/Versteyl, KrW-/AbfG, 1. Aufl. 1998)

Kunig, Philip / Schwermer, Gerfried / Versteyl, Ludger-Anselm

Abfallgesetz (Kommentar)
2. Aufl. München 1992
(zit.: Bearbeiter, in Kunig/Schwermer/Versteyl, AbfG)

Landel, Christoph /Vogg, Reiner / Wüterich, Christoph

Bundes-Bodenschutzgesetz (Kommentar)
Stuttgart u.a. 2000
(zit.: Bearbeiter, in Landel/Vogg/Wüterich, BBodSchG)

Landmann, Robert von / Rohmer, Gustav

Umweltrecht (Kommentar, Loseblattwerk)
Band 3: Sonstiges Umweltrecht
München, Stand: 45. Ergänzungslieferung 2005
(zit.: Bearbeiter, in Landmann/Rohmer, Umweltrecht)

Lange, Heinrich / Kuschinke, Kurt

Erbrecht
5. Aufl. München 2001
(zit.: Lange/Kuschinke, Erbrecht)

Lautner, Gerd

Pflichten und Pflichtige nach § 4 Bundes-Bodenschutzgesetz
in VR 2000, S. 415 ff.

Lepsius, Oliver

Zu den Grenzen der Zustandshaftung des Grundeigentümers
in JZ 2001, S. 22 ff.

Lersner, Heinrich von

Das dritte Medium
in NuR 1982, S. 201 ff.

Lisken, Hans / Denninger, Erhard

Handbuch des Polizeirechts
München 3. Aufl. 2001
(zit.: Bearbeiter, in Lisken/Denninger, Handbuch des Polizeirechts)

Losch, Bernhard

Zur Dogmatik der Gefahrerforschungsmaßnahmen
in DVBl. 1994, S. 781 ff.

Lübbe-Wolf, Gertrude

Das Bundesimmissionsschutzgesetz als Instrument des Bodenschutzes
in NVwZ 1986, S. 178 ff.

Lwowski, Hans-Jürgen / Tetzlaff, Christian

Banken und Umweltschäden – Auswirkungen des neuen Bundes-Bodenschutzgesetzes auf die Kreditwirtschaft –
in WM 2001, S. 385 ff. und S. 437 ff.

Mangoldt, Hermann von / Klein, Friedrich / Starck, Christian

Das Bonner Grundgesetz
Band 1: Präambel, Art. 1 - 19 GG, 4. Aufl. München 1999
Band 2: Art. 20 – 78 GG, 4. Aufl. München 2000
(zit.: Bearbeiter, in Mangoldt/Klein/Starck, GG)

Martensen, Jürgen

Materielle Polizeipflicht und polizeiliche Verpflichtbarkeit des Bürgers in Anscheins- und Verdachtslagen
in DVBl. 1996, S. 286 ff.

ders.

Die Verjährung als Grenze polizeilicher Verantwortung
in NVwZ 1997, S. 442 ff.

Maunz, Theodor / Dürig, Günther

Grundgesetz, Loseblatt-Kommentar
Band IV, Art. 53a-88 GG
München, Stand: 44. Ergänzungslieferung 2005
(zit.: Bearbeiter, in Maunz/Dürig, GG)

Maurer, Hartmut

Kontinuitätsgewähr und Vertrauensschutz
in Isensee, Josef / Kirchhof, Paul (Hrsg.), Handbuch des Staatsrechts der
Bundesrepublik Deutschland, Band III, Das Handeln des Staates, § 60
2. Aufl. Heidelberg 1996
(zit.: Maurer, in Isensee/Kirchhof, HdbStR III)

Medicus, Dieter

Über die Rückwirkung von Rechtsprechung
in NJW 1995, S. 2577 ff.

Meißner, Martin

Anmerkung zum BVerfG-Beschluss vom 16.2.2000, 1 BvR 242/91 und
315/99
in ZfIR 2000, S. 471 ff.

Mohr, Hellmuth

Die Urteile des Bundesverfassungsgerichts zur Haftung des Zustandsstörers – Meilensteine oder Stolpersteine?
in altlasten spektrum 2001, S. 36 f.

ders.

Nochmals: Zur Begrenzung der Zustandshaftung im Altlastenrecht
in NVwZ 2001, S. 540

ders.

Zum zeitlichen Geltungsbereich des Ausgleichsanspruchs nach § 24
Abs. 2 BBodSchG
in UPR 2001, S. 258 f.

Möller, Johannes / Rührmair, Alfred

Die Bedeutung der Grundrechte für die verfassungsrechtlichen Anforderungen an rückwirkende Gesetze
in NJW 1999, S. 908 ff.

Müggenborg, Hans-Jürgen

Zur Begrenzung der Zustandshaftung bei Altlasten
in NVwZ 2001, S. 39 ff.

ders.

Rechtliche Aspekte der Altlastenproblematik und der Freistellungs-
klausel
in NVwZ 1992, S. 845 ff.

ders.

Die Haftung des früheren Eigentümers nach § 4 VI BBodSchG
in NVwZ 2000, S. 50 ff.

ders.

Die bodenschutzrechtliche Konzernhaftung nach § 4 III 4 Fall 1
BBodSchG
in NVwZ 2001, S. 1114 ff.

ders.

Grundfragen des Bodenschutz- und Altlastenrechts nach dem Bundes-
Bodenschutzgesetz
in SächsVBl. 2000, S. 77 ff und 108 ff.

Müller, Reinhard / Süß, Wolfgang

Die Heranziehung des Gesamtrechtsnachfolgers als Verhaltensstörer zur
Sanierung von Altlasten in den neuen Bundesländern
in altlasten spektrum 1999, S. 91 ff.

Münch, Ingo von / Kunig, Philip

Grundgesetz-Kommentar
Band 3: Art. 70 - 146 GG
5. Aufl. München 2003
(zit.: Bearbeiter, in v. Münch/Kunig, GG)

Mutius, Albert von

Zur Pflichtennachfolge „kraft Dinglichkeit"
in VerwArch 63 (1972), S. 87 ff.

ders.

Der „Störer" im Polizei- und Ordnungsrecht
in Jura 1983, S. 298 ff.

Mutius, Albert von / Nolte, Martin

Die Rechtsnachfolge im Bundes-Bodenschutzgesetz – Zu ausgewählten Fragen des § 4 Abs. 3 S. 1 Var. 2 BBodSchG im System öffentlich-rechtlichen Pflichtenübergangs –
in DÖV 2000, S. 1 ff.

Natter, Harald

Bodenschutz ist mehr als das Bundes-Bodenschutzgesetz
in NuR 1999, S. 541 ff.

Niewerth, Johannes

Kostenumlegung bei der Altlastensanierung – zu § 24 Abs. 2 des neuen Bundes-Bodenschutzgesetzes
in NuR 1999, S. 558 ff.

Nolte, Martin

Gesamtrechtsnachfolge in die abstrakte Verhaltenspflicht bei Altlasten vor und nach Inkrafttreten des § 4 III 1 Alt. 2 BBodSchG
in NVwZ 2000, S. 1135 ff.

ders.

Erste Rechtsprechung zum Bundes-Bodenschutzgesetz – Anmerkung zum Beschluss des VG Frankfurt a. M. vom 23.7.1999 (NuR 1999, 711)
in NuR 2000, S. 258 ff.

Oerder, Michael

Empfiehlt sich eine eigenständige bundesgesetzliche Regelung der Altlasten, und welchen Inhalt sollte sie haben?
in NJW 1994, S. 2181 ff.

ders.

Ordnungspflichten und Altlasten
in NVwZ 1992, S. 1031 ff.

Oerder, Michael / Numberger, Ulrich / Schönfeld, Thomas

Bundes-Bodenschutzgesetz (Kommentar)
Stuttgart u.a. 1999
(zit.: Bearbeiter, in Oerder/Numberger/Schönfeld, BBodSchG)

Oldiges, Martin

Verantwortlichkeit im Bodenschutz- und Altlastenrecht
in Oldiges, Martin (Hrsg.), Das neue Bundes-Bodenschutzgesetz –
Fragen und Erwartungen, S. 73 ff.
Leipzig 1996
(zit.: Oldiges, in ders., Das neue Bundes-Bodenschutzgesetz)

Ossenbühl, Fritz

Verzicht, Verwirkung und Verjährung als Korrektive einer polizeilichen
Ewigkeitshaftung
in NVwZ 1995, S. 547 ff.

ders.

Zur Haftung des Gesamtrechtsnachfolgers für Altlasten
Baden-Baden 1995
(zit.: Ossenbühl, Rechtsnachfolge)

Ott, Wolfgang

Grenzwerte zum Schutz des Bodens gegen Schadstoffe – Zur Anwendung von Grenzwerten im Umweltrecht insbesondere zum Schutz
des Bodens unter besonderer Berücksichtigung der Sanierung von
Bodenverunreinigungen aus Sicht der Eingriffsverwaltung
Frankfurt a.M. u.a. 1996
(zit.: Ott, Grenzwerte)

Paetow, Stefan

Das Abfallrecht als Grundlage der Altlastensanierung
in NVwZ 1990, S. 510 ff.

Palandt, Otto

Bürgerliches Gesetzbuch
64. Aufl. München 2005
(zit.: Palandt/Bearbeiter, BGB)

Pape, Kay Artur

Die Bewältigung von Altlasten in der Praxis
in NJW 1992, S. 2661 ff.

Papier, Hans-Jürgen

Altlasten und polizeiliche Störerhaftung
Köln u.a. 1985
(zit.: Papier, Altlasten)

ders.

Rechtsgrundlagen der Altlastensanierung
in NWVBl. 1989, S. 322 ff.

ders.

Die Verantwortlichkeit für Altlasten im öffentlichen Recht
in NVwZ 1986, S. 256 ff.

ders.

Empfehlen sich ergänzende gesetzliche oder untergesetzliche Regelungen der Altlasten, und welchen Inhalt sollten sie haben?
in JZ 1994, S. 810 ff.

ders.

Altlasten und polizeiliche Störerhaftung
in DVBl. 1985, S. 873 ff.

ders.

Zur rückwirkenden Haftung des Rechtsnachfolgers für Altlasten
in DVBl. 1996, S. 125 ff.

Peine, Franz-Josef

Die Gesetzgebungskompetenz des Bundes für den Bodenschutz
in NuR 1992, S. 353 ff.

ders.

Umfassender Bodenschutz in einem Landesbodenschutzgesetz und die
Kompetenz des Landesgesetzgebers
In NVwZ 1999, S. 1165

ders.

Die Rechtsnachfolge in öffentlich-rechtliche Rechte und Pflichten
in DVBl. 1980, S. 941 ff.

ders.

Zur Problematik rückwirkender Gesetze im Altlastensanierungsrecht
in NVwZ 1993, S. 958 ff.

ders.

Bodenschutzrecht und Wasserrecht – Anwendungsbereich, Voraussetzungen sowie Inhalte gefahrenabwehrender Maßnahmen –
in UPR 1999, S. 361 ff.

ders.

Das Bundes-Bodenschutzgesetz
in NuR 1999, S. 121 ff.

ders.

Bodensanierungen und Übergangsrecht – Das Verhältnis des Bundes-Bodenschutzgesetzes zum Altlastensanierungsrecht bei der Erhebung des Wertausgleichs für Bodensanierungen –
in NuR 2000, S. 255 ff.

ders.

Die Ausweisung von Bodenschutzgebieten nach § 21 Abs. 3 BBodSchG
in NuR 2001, S. 246 ff.

ders.

Probleme der Umweltgesetzgebung im Bundesstaat
in NuR 2001, S. 421 ff.

ders.

Die Rechtsnachfolge in öffentlich-rechtliche Rechte und Pflichten –
OVG Münster, NVwZ-RR 1997, 70
in JuS 1997, S. 984 ff.

ders.

Rüstungsaltlasten
in DVBl. 1990, S. 733 ff.

ders.

Die Legalisierungswirkung
in JZ 1990, S 201 ff.

Peters, Heinz-Joachim

Das neue Altlastenrecht in Baden-Württemberg
in VBlBW 1991, S. 49 ff.

Petersen, Jan

Ordnungsrechtliche Verantwortlichkeit und Insolvenz
in NJW 1992, S. 1202 ff.

Petri, Thomas Bernhard

Der Gefahrerforschungseingriff
in DÖV 1996, S. 443 ff.

Pieroth, Bodo

Die neuere Rechtsprechung des Bundesverfassungsgerichts zum Grundsatz des Vertrauensschutzes
in JZ 1990, S. 279 ff.

ders.

Die neuere Rechtsprechung des Bundesverfassungsgerichts zum Grundsatz des Vertrauensschutzes
in JZ 1984, S. 971 ff.

Pieroth, Bodo / Schlink, Bernhard / Kniesel, Michael

Polizei- und Ordnungsrecht
2. Aufl. München 2004
(zit.: Pieroth/Schlink/Kniesel, Polizei- und Ordnungsrecht)

Pietzcker, Jost

Polizeiliche Störerbestimmung nach Pflichtwidrigkeit und Risikosphäre
in DVBl. 1984, S. 457 ff.

Pischel, Gerhard

Zustandsstörer und Haftungsgrenzen
in JA 1999, S. 43 ff.

Pohl, Andreas

Die Altlastenregelungen der Länder
in NJW 1995, S. 1645 ff.

Pützenbacher, Stefan

Der Ausgleichsanspruch nach § 24 II BBodSchG
in NJW 1999, S. 1137 ff.

Pützenbacher, Stefan / Görgen, Kilian

Keine analoge Anwendung von § 24 II BBodSchG
in NJW 2001, S. 490 ff.

Raeschke-Kessler, Hilmar

Amtshaftung, vertragliche Haftung und Störerausgleich bei Altlasten
in NJW 1993, S. 2275 ff.

Rat von Sachverständigen für Umweltfragen

Altlasten, Sondergutachten, Dezember 1989
Stuttgart u.a. 1989 (enthalten in BT-Drucks. 11/6191)
(zit.: SRU, Altlasten I)

ders.

Altlasten II, Sondergutachten, Februar 1995
Stuttgart u.a. 1995 (enthalten in BT-Drucks. 13/380)
(zit.: SRU, Altlasten II)

ders.

Umweltgutachten 1978
Stuttgart u.a. 1978 (enthalten in BT-Drucks. 8/1938)
(zit.: SRU, Umweltgutachten 1978)

ders.

Umweltgutachten 1987
Stuttgart u.a. 1987 (enthalten in BT-Drucks. 11/1568)
(zit.: SRU, Umweltgutachten 1987)

ders.

Umweltgutachten 2004
Baden-Baden 2004 (enthalten in BT-Drucks. 15/3600)
(zit.: SRU, Umweltgutachten 2004)

Rehbinder, Eckard

Die Freistellung von Anlagenerwerbern von der Verantwortlichkeit für
die Sanierung von Altlasten in den neuen Bundesländern
in DVBl. 1991, S. 421 ff.

Rensmann, Thilo

Reformdruck und Vertrauensschutz
in JZ 1999, S. 168 ff.

Rid, Urban / Froeschle, Frank

Gesetzgebungskompetenz für ein Bundes-Bodenschutzgesetz
in UPR 1994, S. 321 ff.

Rid, Urban / Petersen, Frank

Konzeption für ein Bundes-Bodenschutzgesetz Bodenschutz- oder Altlastensanierungsgesetz?
in NVwZ 1994, S. 844 ff.

Riedel, Ulrike

Das Bundes-Bodenschutzgesetz und die Sanierungsverantwortlichkeit
in ZIP 1999, S. 94 ff.

Robbers, Gerhard

Rückwirkende Rechtsprechungsänderung
in JZ 1988, S. 481 ff.

Rossi, Matthias

Anmerkung zum Urteil des OVG Weimar vom 11.6.2001, 4 KO 52/97
in NJ 2002, S. 219 f.

Sachs, Michael (Hrsg.)

Grundgesetz-Kommentar
3. Aufl. München 2003
(zit.: Bearbeiter, in Sachs, GG)

Sanden, Joachim / Schoeneck, Stefan

Bundes-Bodenschutzgesetz (Kommentar)
Heidelberg 1998
(zit.: Bearbeiter, in Sanden/Schoeneck, BBodSchG)

Sandner, Wolfram

Schafft das Bundes-Bodenschutzgesetz mehr Rechtssicherheit bei der
Altlastensanierung?
in NJW 2000, S. 2542 ff.

ders.

Wer sind die Beteiligten des Anspruchs auf Ausgleich der Sanierungskosten nach § 24 II BBodSchG?
in NJW 2001, S. 2045 ff.

Schäfer, Kurt

Stilllegung von Deponien
in NVwZ 2001, S. 1133

ders.

Zum Altlastenregime des Bundes-Bodenschutzgesetzes
in NuR 2001, S. 429 ff.

Schall, Alexander / Horn, Michael

Der Übergang öffentlich-rechtlicher Pflichten in der Spaltung am Beispiel der abstrakten Polizeipflicht
in ZIP 2003, S. 327 ff.

Schenke, Wolf-Rüdiger

Polizei- und Ordnungsrecht
in Steiner, Udo (Hrsg.), Besonderes Verwaltungsrecht, Kapitel II, S. 185 ff.
7. Aufl. Heidelberg 2003
(zit.: Schenke, in Steiner, Besonderes Verwaltungsrecht)

Scherer-Leydecker, Christian

Haftungsbegrenzung bei der Zustandsverantwortlichkeit für Altlasten
in altlasten spektrum 2000, S. 225 f.

Schimansky, Herbert

Probleme aus der Rückwirkung höchstrichterlicher Rechtsprechung
in WM 2001, S. 1889 ff.

Schink, Alexander

Rechtsfragen der Altlasten
in GewArch 1995, S. 441 ff.; 1996, S. 6 ff.; S. 50 ff.

ders.

Verantwortlichkeit im Bodenschutz- und Altlastenrecht
in Erbguth, Wilfried (Hrsg.), Aktuelle Fragen des Altlasten- und Bodenschutzrechts,
Baden-Baden 1997, S. 83 ff.
(zit.: Schink, in Erbguth, Aktuelle Fragen des Altlasten- und Bodenschutzrechts)

ders.

Abfallrechtliche Probleme der Sanierung von Altlasten
in DVBl. 1985, S. 1149 ff.

ders.

Wasserrechtliche Probleme bei der Sanierung von Altlasten
in DVBl. 1986, S. 161 ff.

ders.

Verantwortlichkeit für die Gefahrenabwehr und die Sanierung schädlicher Bodenveränderungen nach dem Bundes-Bodenschutzgesetz
in DÖV 1999, S. 797 ff.

ders.

Grenzen der Störerhaftung bei der Sanierung von Altlasten
in VerwArch 82 (1991), S. 357 ff.

ders.

Die Altlastenregelungen des Entwurfs des Bundesbodenschutzgesetzes
in DÖV 1995, S. 213 ff.

Schink, Alexander / Schmeken, Werner / Schwade, Wolfgang

Abfallgesetz des Landes Nordrhein-Westfalen
Düsseldorf 1993
(zit.: Bearbeiter, in Schink/Schmeken/Schwade, AbfG NW)

Schlabach, Erhard

Das Bodenschutzgesetz von Baden-Württemberg
in VBlBW 1993, S. 121 ff.

Schlabach, Erhard / Heck, Matthias

Die Verantwortlichkeit des Zustandsstörers für schädliche Bodenveränderungen und Altlasten nach dem BBodSchG
in VBlBW 1999, S. 406 ff.

dies.

Verhaltensverantwortlichkeit nach dem BBodSchG
in VBlBW 2001, S. 46 ff.

dies.

Erkundung von Verdachtsflächen im Weg der Amtsermittlung nach § 9 Abs. 1 BBodSchG – Generelle Kostenfreiheit für den ermittelten Störer?
in BayVBl. 2001, S. 262 ff.

Schlabach, Erhard / Simon, Alexander

Die Rechtsnachfolge beim Verhaltensstörer
in NVwZ 1992, S. 143 ff.

Schlemminger, Horst / Friedrich, Guido

Die bodenschutzrechtliche Verantwortlichkeit des Alteigentümers – der „dünne Draht" zwischen Ent- und Ewigkeitshaftung
in NJW 2002, S. 2133 ff.

Schlette, Volker

Ausgleichsansprüche zwischen mehreren Umweltstörern gemäß § 24 Abs. 2 Bundes-Bodenschutzgesetz
in VerwArch 91 (2000), S. 41 ff.

Schmidt-Ränsch, Anette / Sanden, Joachim

Das untergesetzliche Regelwerk zum Bundes-Bodenschutzgesetz
in NuR 1999, S. 555 ff.

Schmitz-Rode, Wolfgang / Bank, Stephan

Die konzernrechtliche Haftung nach dem Bundes-Bodenschutzgesetz
in DB 1999, S. 417 ff.

Schnur, Roman

Probleme um den Störerbegriff im Polizeirecht
in DVBl. 1962, S. 1 ff.

Schoch, Friedrich

Polizei- und Ordnungsrecht
in Schmidt-Aßmann, Eberhard (Hrsg.), Besonderes Verwaltungsrecht, Zweites Kapitel, S. 111 ff.
12. Aufl. Berlin u.a. 2003
(zit.: Schoch, in Schmidt-Aßmann, Besonderes Verwaltungsrecht)

ders.

Grundfälle zum Polizei- und Ordnungsrecht, 6. Teil: Polizei- und ordnungsrechtlich Verantwortliche
in JuS 1994, S. 932 ff. und S. 1026 ff.

Schwachheim, Jürgen

Zum Gesamtschuldnerausgleich unter mehreren Störern
in NVwZ 1988, S. 225 ff.

ders.

Unternehmenshaftung für Altlasten: die polizeirechtliche Verantwortlichkeit der Industrie unter besonderer Berücksichtigung des Verfassungsrechts
Köln 1991
(zit.: Schwachheim, Unternehmenshaftung für Altlasten)

Schwartmann, Rolf

Zur Einschränkung der Haftung des Gesamtrechtsnachfolgers gemäß
§ 4 Abs. 3 Satz 1 BBodSchG
in ZfIR 2000, S. 256 ff.

Schwartmann, Rolf / Vogelheim, Markus

Die Beschränkung der öffentlich-rechtlichen Altlastenhaftung des Erben
in ZEV 2001, S. 101 ff.

dies.

Die bodenschutzrechtliche Zustandshaftung für geerbte Grundstücke
in ZEV 2001, S. 343 ff.

Schwerdtner, Eberhard

Die Lastenverteilung unter mehreren Störern
in NVwZ 1992, S. 141 ff.

Seibert, Max-Jürgen

Die Bindungswirkung von Verwaltungsakten
Baden-Baden 1989
(zit.: Bindungswirkung von Verwaltungsakten)

ders.

Altlasten in der verwaltungsgerichtlichen Rechtsprechung
in DVBl. 1992, S. 664 ff.

ders.

Bodenschutz durch Begrenzung von Emissionen und Immissionen nach
dem Bundes-Immissionsschutzgesetz
in NVwZ, 1993, S. 16 ff.

ders.

Gesamtschuld und Gesamtschuldnerausgleich im Polizei- und
Ordnungsrecht
in DÖV 1983, S. 964 ff.

Selmer, Peter

Gedanken zur polizeirechtlichen Verantwortlichkeit – Zugleich ein Beitrag zur angeblichen Dichotomie Störer/Nichtstörer
in Selmer, Peter / Münch, Ingo von (Hrsg.), Gedächtnisschrift für Wolfgang Martens, S. 483 ff.
Berlin u.a. 1987
(zit.: Selmer, in Martens-Gedächtnisschrift)

Sendler, Horst

Wer gefährdet wen: Eigentum und Bestandsschutz den Umweltschutz –
oder umgekehrt?
in UPR 1983, S. 33 ff.

Sparwasser, Reinhard

Bodenschutzrecht
in Redeker, Konrad / Uechtritz, Michael (Hrsg.), Anwaltshandbuch für
Verwaltungsverfahren, Band II, Kapitel 23
Köln, Stand: 22. Ergänzungslieferung 2004
(zit.: Sparwasser, in Anwaltshandbuch für Verwaltungsverfahren)

Sparwasser, Reinhard / Engel, Rüdiger / Voßkuhle, Andreas

Umweltrecht
5. Aufl. Heidelberg 2003
(zit.: Sparwasser/Engel/Voßkuhle, Umweltrecht)

Sparwasser, Reinhard / Geißler, Birgit

Grenzen der Zustandshaftung am Beispiel des Altlastenrechts
in DVBl. 1995, S. 1317 ff.

Spieth, Wolf Friedrich

Öffentlich-rechtlicher Vertrag bei Altlasten
in altlasten spektrum 1996, S. 163 ff.

Spieth, Wolf Friedrich / Oppen, Matthias von

Begrenzung der Sanierungsverantwortlichkeit für Altlasten – Konsequenzen aus dem Beschluss des BVerfG vom 16. Februar 2000 und neuerer Entscheidungen der Obergerichte
in ZUR 2002, S. 257 ff.

Spieth, Wolf Friedrich / Wolfers, Benedikt

Haftung ohne Grenzen?
in altlasten spektrum 1998, S. 75 ff.

dies.

Die neuen Störer – Zur Ausdehnung der Altlastenhaftung in § 4 BBodSchG
in NVwZ 1999, S. 355 ff.

Spindler, Gerald

Gesellschaftsrechtliche Verantwortlichkeit und Bundes-Bodenschutzgesetz: Grundlagen und Grenzen
in ZGR 2001, S. 385 ff.

Stadie, Holger

Rechtsnachfolge im Verwaltungsrecht
in DVBl. 1990, S. 501 ff.

Ständige Deputation des Deutschen Juristentages

Verhandlungen des Sechzigsten Deutschen Juristentages, Münster 1994
Band I, Gutachten
München 1994
(zit.: Verhandlungen des 60. DJT; Bd. I)

Staudinger, Julius von

Kommentar zum Bürgerlichen Gesetzbuch
§§ 1967-2063
14. Aufl. Berlin 2002
(zit.: Bearbeiter, in Staudinger, BGB)

Stern, Klaus

Das Staatsrecht der Bundesrepublik Deutschland
Band II: Staatsorgane, Staatsfunktionen, Finanz- und Haushaltsverfassung, Notstandsverfassung
München 1980
(zit.: Stern, Staatsrecht II)

Stollmann, Frank

Bodenschutz- und Altlastenrecht der Länder
in Erbguth, Wilfried (Hrsg.), Aktuelle Fragen des Altlasten- und Bodenschutzrechts, Baden-Baden 1997, S. 59 ff.
(zit.: Stollmann, in Erbguth, Aktuelle Fragen des Altlasten- und Bodenschutzrechts)

Storm, Peter-Christoph

Bodenschutzrecht
in DVBl. 1985, S. 317 ff.

Striewe, Peter

Rechtsprobleme der Altlastenbeseitigung
in ZfW 1986, S. 273 ff.

Theuer, Andreas

Die Sanierungsverantwortlichkeit des Gesamtrechtsnachfolgers nach
dem Bundes-Bodenschutzgesetz am Beispiel der Spaltung von Unternehmen
in DB 1999, S. 621 ff.

Tröndle, Herbert / Fischer, Thomas

Strafgesetzbuch, Kommentar
52. Aufl. München 2004
(zit.: Tröndle/Fischer, StGB)

Trurnit, Christoph

Erneut: BVerfG und die Grenzen der Zustandsverantwortlichkeit bei
Altlasten
in altlasten spektrum 2001, S. 143 f.

ders.

Die Altlastenhaftung des Rechtsnachfolgers
Baden-Baden 1998
(zit.: Trurnit, Altlastenhaftung)

ders.

Zur Verjährung der Sanierungsverantwortlichkeit für schädliche Bodenveränderungen und Altlasten nach dem Bundes-Bodenschutzgesetz
in NVwZ 2001, S. 1126 ff.

ders.

Sanierungsverantwortlichkeit nach § 4 Abs. 3 und Abs. 6 Bundes-
Bodenschutzgesetz (BBodSchG)
in VBlBW 2000, S. 261 ff.

ders.

Grenzen der Zustandsverantwortlichkeit für Altlasten
in altlasten spektrum 2000, S. 272 ff.

Turiaux, André / Knigge, Dagmar

Bundes-Bodenschutzgesetz – Altlastensanierung und Konzernhaftung
in BB 1999, S. 377 ff.

Umweltbundesamt

Umweltgesetzbuch, Besonderer Teil (UGB-BT)
Berlin 1994
(zit.: Umweltbundesamt, UGB-BT)

Vallendar, Willi

Die Betriebseinstellung – ein neuer Tatbestand im BImSchG
in UPR 1991, S. 91 ff.

Versteyl, Ludger-Anselm / Dageförde, Angela

Rechtliche Rahmenbedingungen zur Entsorgung von Böden und Bau-
schutt aus der Altlastensanierung
in NuR 2002, S. 189 ff.

Versteyl, Ludger-Anselm / Sondermann, Wolf Dieter

Bundes-Bodenschutzgesetz, Kommentar
München 2002
(zit.: Bearbeiter, in Versteyl/Sondermann, BBodSchG)

Vierhaus, Hans-Peter

Das Bundes-Bodenschutzgesetz
in NJW 1998, S. 1262 ff.

ders.

Die Ausweitung des Kreises der Verantwortlichen durch das Bundes-
Bodenschutzgesetz
in NZG 2000, S. 240 ff.

Vogel, Klaus

Rechtssicherheit und Rückwirkung zwischen Vernunftrecht und Verfassungsrecht
in JZ 1988, S. 833 ff.

Vollmuth, Joachim

Die Bestimmung der polizeirechtlich relevanten Ursache
Diss. München 1972
(zit.: Vollmuth, Bestimmung der polizeirechtlich relevanten Ursache)

ders.

Unmittelbare und rechtswidrige Verursachung als Voraussetzungen der Störerhaftung im allgemeinen Polizei- und Ordnungsrecht
in VerwArch 68 (1977), S. 45 ff.

Wacke, Gerhard

Der Begriff der Verursachung im Polizeirecht (Bedingungslehre)
in DÖV 1960, S. 93 ff.

Wagner, Gerhard

Ausgleichsansprüche unter mehreren Verantwortlichen nach dem Bundes-Bodenschutzgesetz
in BB 2000, S. 417 ff.

Wagner, Wolfgang

Die Polizeipflicht von Hoheitsträgern: Überlegungen zur Entstehung polizeilicher Rechtspflichten
Berlin 1991
(zit.: Wagner, Polizeipflicht von Hoheitsträgern)

Werner, Sascha

Das Bodenschutzgesetz des Landes Nordrhein-Westfalen im Gefüge des Bundes-Bodenschutzgesetzes und der Bundes-Bodenschutz- und Altlastenverordnung
in VR 2002, S. 129 ff.

Wolf, Rainer

Bodenfunktion, Bodenschutz und Naturschutz
in NuR 1999, S. 545 ff.

Wolff, Hans J. / Bachof, Otto

Verwaltungsrecht, Band 3, Ordnungs-, Leistungs- und Verwaltungsver-
fahrensrecht
4. Aufl. München 1978
(zit.: Wolff/Bachof, Verwaltungsrecht III)

Würtenberger, Thomas

Polizei- und Ordnungsrecht
in Achterberg, Norbert / Püttner, Günter / Würtenberger, Thomas
(Hrsg.), Besonderes Verwaltungsrecht, Band II, S. 381 ff.
2. Aufl. Heidelberg 2000
(zit.: Würtenberger, in Achterberg/Püttner/Würtenberger, Besonderes
Verwaltungsrecht II)

Ziegler, Wolfgang

Das Bodenschutzgesetz des Landes Baden-Württemberg
in NVwZ 1991, S. 1154 ff.

Ziehm, Hanno

Die Störerverantwortlichkeit für Boden- und Wasserverunreinigungen:
ein Beitrag zur Haftung für sogenannte Altlasten
Berlin 1989
(zit.: Ziehm, Störerverantwortlichkeit für Boden- und Wasserverunreinigungen)

www.ingramcontent.com/pod-product-compliance
Lightning Source LLC
Chambersburg PA
CBHW021517210326
41599CB00012B/1285